楚系簡帛字形合編系列五種

俞紹宏　主編

豫出楚簡字形合編

宋麗璇　編著

上海古籍出版社

國家社科基金重大項目"楚系簡帛文字職用研究與字詞合編"
（20&ZD310，校編號 KW2023001）

集美大學科研啟動金項目"楚簡字形合編、引得與《古文字字形譜》編撰"
（C622154)

主編簡介

俞紹宏，安徽巢湖人，集美大學文法學院教授。

作者簡介

宋麗璇，女，1998 年生，河南信陽人，鄭州大學漢字文明研究中心研究生，
導師俞紹宏教授，主要從事漢字學與古文字學研究。

楚系簡帛字形合編系列五種
編寫説明

　　楚系簡帛材料具有很高的學術價值，爲了方便學者查檢、使用楚系簡帛資料，我們擬編撰叢書"楚系簡帛字形合編"。考慮到包山簡已經有了比較完善的《包山楚墓文字全編》，清華簡、安大簡正陸續刊佈，不僅所出各册自帶字表，其整理團隊還會編纂多種字形合編，我們選擇2022年以前公佈的上述三種之外的楚系簡帛材料，包括上海博物館藏楚簡、郭店楚簡、曾侯乙墓簡、新蔡葛陵簡、信陽長臺關簡，以及湘鄂兩省所出楚系簡帛，編成《楚系簡帛字形合編系列五種》。

　　曾侯乙墓竹簡國別屬於曾國，時代屬於戰國早期，相對於楚系其他簡牘，其字形具有一定的特殊性，故單獨編成《曾侯乙墓竹簡字形合編》。新蔡、信陽地處故楚國北界，現在又同屬河南省，故合編成《豫出楚簡字形合編》。湘鄂所出楚系簡帛二十五種多爲零散竹簡，每種字數不多，故合編成《湘鄂所出楚系簡帛字形合編（二十五種）》。郭店楚簡、上海博物館藏楚簡分別編成《郭店楚簡字形合編》與《上海博物館藏楚簡字形合編》。

　　儘管已刊的楚系簡帛文字材料大多數都有了字編，但或多或少地存在以下不足：或爲摹本而字形走樣，或爲選編而收録不全，或不附帶文例，或集成度不高，或因時代較早而誤釋較多，等等。我們力爭避免這些問題，力求窮盡地收録相關簡帛材料字形打造出字形全編，力求吸收文字考釋新成果、提高釋字準確率與可靠性，並附列出處與文例。

　　本叢書系列五種同已有的《包山楚墓文字全編》和清華簡、安大簡各册自帶字編一起，涵蓋了已刊的楚系簡帛材料字形。這些字形編在目前尚無收集材料比較齊全的楚系簡帛文字引得類工具書的情況下，擔當了"引得"的功能。在楚系簡帛成爲學術研究熱點的今天，這無疑會更加便利學者查檢、使用楚系簡帛材料。

　　由於我们學識所限，本叢書缺點與不當之處在所難免，真誠歡迎讀者朋友們批評指正。

主編　俞紹宏

2023 年 12 月 6 日

凡　　例

　　一、本編收録河南省出土的新蔡葛陵楚墓竹簡、信陽長臺關楚墓竹簡全部文字。材料主要依據河南省文物考古研究所編著《新蔡葛陵楚墓》（大象出版社，2003 年）與武漢大學簡帛研究中心、河南省文物考古研究所編著《楚地出土戰國簡册合集（二）葛陵楚墓竹簡　長臺關楚墓竹簡》（文物出版社，2013 年），並參考了學界的考釋成果。

　　二、所收文字按照《説文》條目次序排列，不見於《説文》的條目，若字形可以辨認隸定的，一般按照筆畫數從少到多的順序排在見於《説文》的同部首字條後，標注"☆"號。

　　三、以《説文》中的非部首字爲部首者，附列於該非部首字條目之後。

　　四、凡某一條目下有不同異體者，在條目代表性字形後括注不同的異體字形。如 A 爲某字條代表字形，該字條有 A、B、C 三體，條目標注爲"A(A、B、C)"；若 A 不見於簡文，則標注爲"A(B、C)"。以條目代表性字形統領不同的字位、字樣，相同的字位、字樣靠近編排，不同字位、字樣的編排盡量反映字形沿革關係。

　　五、若甲爲乙的異體字，則其字形、文例均列於乙字條下，甲字條下僅注"見卷幾某部乙字條下"。若甲爲乙的通假字，則其字形、文例均列於甲字條下，乙字條下僅注"甲用作乙，見卷幾某部甲字條下"。

　　六、每一條目下收録原字形照片，然後附列該字形出處、文例，字形出處用簡號表示，與文例之間用"/"隔開。同一段文例一字重出者，字形按順序排列，文例併爲一條。

　　七、釋文用嚴式隸定字，括注通行字或破讀後的本字。文例中的條目字用"～"代替，若借用作別的字，在其後括注本字（某些詞無本字，括注後世通用或常用的假借字）；若後世有通行字形的，括注與其對應的通行字形。

　　八、合文義類相同者排在一起，然後一般按照從簡到繁的順序排列。存疑字按照從簡到繁順序排列。

　　九、斷簡用"☒"標注，字形漫漶不清者或存疑字用"□"代替，殘缺而可辨者用"〔〕"括注。

目　　録

卷　一

一　部

一（一、弌）

一

葛卜·甲一 2/☑～犬，門一羊☑

葛卜·甲一 2/☑～犬，門一羊☑

葛卜·甲一 4/☑厭禱～勛。歸佩玉於二天子各二璧，歸☑

葛卜·甲一 7/☑衛簹，祈福於太，～駢牢、一熊牢；司戠、司折☑

葛卜·甲一 11/☑祈福於北方，墨禱～佩璧☑

葛卜·甲一 15/☑於司命～勛，墨禱於☑

葛卜·乙四 86/☑於地主～痒（牂）

葛卜·乙一 3/☑各～牂☑

葛卜·甲三 52/☑咎☐☐☐禱地主～痒（牂），佩玉卦，以☐至室☑☑

葛卜·零 402/☑太～犧☑

葛卜·零 237/☑郇山～☐☑

葛卜·零 371/☑～璧☐☑

葛卜·乙三 42/☑飲。是日祭王孫厭～豕，酉食☑

葛卜·甲三 111/☑之日薦太～犧，纓之以卦玉，祈之

葛卜·乙四 12/☑～精，臺（就）禱卲（昭）王、蕙（惠）王，屯☑

葛卜·零 71、137/☑～熊牡（牢）、～羊（駢）〔牡（牢）〕☑

葛卜·零 57/☑玉～璧☑

葛卜·乙一 15/公北、埅（地）宔（主）各～青義（犧）；司命、司褶（禍）各～勛，與禱厝之。或☑

葛卜·乙三 50/☑生之敓（說），歸～璧☑

葛卜·乙三 41/☑玉，墨禱於三楚祅（先）各～痒（牂），瑗（瓔）之卦〔玉〕☑

葛卜·乙二 22/☑命～痒（牂），瑗（瓔）之以〔卦玉〕☑

葛卜·零 587、598、569/☑～痒（牂），瑗（瓔）☑

葛卜·零 325/☑之户，～户☑

葛卜·甲三 56/☑戠（特）牛，樂之。臺（就）禱户～羊，臺（就）禱行～犬，臺（就）禱門☑

葛卜·乙三 5/☑〔不〕瘒（懌）之古（故），忻（祈）福於司褶（禍）、司詑、司髋各～痒（牂）☑

葛卜・乙四 139/☑～勛，北方晜禀（禱）乘良馬、珈（加）〔璧〕☑

葛卜・甲三 214/☑□歔（就）禱三楚先屯～牂，緌（緅）之牪玉；歔禱□□☑

葛卜・甲三 110/☑瘇～巳。或以肓（胃）鼀求丌（其）縶（説），又（有）祱（祟）於大（太）、北☑

葛卜・乙三 17/☑禱陞（地）宝（主）～牂，臺（就）☑

葛卜・乙一 28/遠（就）禱靁（靈）君子～猶，遠（就）禱門、户屯～羺（殺），遠（就）禱行～犬

葛卜・乙一 4、10、乙二 12/夏祭（栾）之月己丑〔之日〕以君不瘇（懌）之古（故），遠（就）禱陳宗～猶

葛卜・乙一 17/遠（就）禱三楚先屯～瘇（牂），瑗（瓔）之玉

葛卜・零 15/☑〔司〕命～勛☑

葛卜・甲三 142－1/☑选（先）之～璧☑

葛卜・乙一 24/融、空（穴）酓（熊）各～瘇（牂），緌（緅）之牪玉。壬脣（辰）之日禱之☑

葛卜・乙二 20/☑之，悥（賽）禱大（太）～☑

葛卜・零 188/☑以～璧，既☑

葛卜・乙二 38、46、39、40/☑……～青義（犧），〔先〕之～璧

葛卜・乙二 38、46、39、40/毀禱於陞（地）宝（主）〔一〕青義（犧），先之～璧

葛卜・乙四 48、零 651/之，歔（敢）甬（用）～元犅瘇（牂），先之☑

葛卜・乙四 70/☑少（小）臣成拜手稽首，歔（敢）甬（用）～元☑

葛卜・甲三 174/☑羺（殺），道～豕□☑

葛卜・甲三 35/☑〔老〕童、祝融、穴熊芳屯～☑

葛卜・甲二 29/☑五宝（主）山各～羺（殺）☑

葛卜・乙三 40/☑於北方～犅，先之以☑

葛卜・乙二 30/古（故）歔（説）之。邇（逐）彭定之祱（説）。於北方～犅，先之☑

葛卜・零 344/☑□～牂。嘉占☑

葛卜・甲二 7/☑陞（地）宝（主）～瘇（牂）。辛酙（酉）之☑

葛卜・甲三 207/☑珥、衣常，戲（且）祭之以～猶於東陵。占之：吉☑

葛卜・乙一 13/峇（文）夫人，毀禱各～備（佩）璧

葛卜・乙一 21、33/☑王，峇（文）君。毀禱於邵（昭）王獻（獻）惠王、峇（文）君各～備（佩）玉。辛未之日禱之☑

葛卜・甲三 269/☑珥、衣常，戲（且）祭之以～猶於東陵，占☑

葛卜・甲三 81、182－1/☑～勛，歸備（佩）玉於二天子，各二

葛卜・乙三 44、45/☑備（佩）玉，於郇山～珽璜，□☑

葛卜・甲三 163/八月辛巳之夕歸～璧於☑

葛卜・甲三 99/犠馬,先之以～璧,迈而逗(歸)之

葛卜・甲三 237-1/罌禱～乘大迨(路)黄軺,～紛玉夏□□

葛卜・甲三 79/□白,～乘絑迨(路),驪犠馬,～□

葛卜・甲三 121/□〔平〕夜文君各～玉□

葛卜・乙四 14/禱北方～精,先之～璧,敫(就)□

葛卜・零 278/□先之各～□

葛卜・零 229、261/□～精,司□

葛卜・甲三 146/□罌禱於祆(太)～精□

葛卜・乙四 124/□～羋,遌(就)□

葛卜・零 191/□咎,疾～□

葛卜・零 29/□～痒(羋)□

葛卜・零 351/□～勎□

葛卜・甲三 50/□槀(禱)～□□

葛卜・零 119/□□王各～□□

(左残)葛卜・乙四 127/□～勎歔之,遌(就)□

葛卜・零 185/□□爲□代□～□□

葛卜・零 476/□北宗,各～□□

葛卜・零 553/□～羋□

葛簿甲・甲三 220/～匝,丌(其)鈺(重)～勻(鈞)

葛簿甲・甲三 220/宋良志受四匝,又～赤。李絓爲

葛簿甲・零 343/宋木受～匝,又□

葛簿甲・甲三 203/□吳殹無受～赤,又豹,又畀□,又鳶(雁)首

葛簿甲・甲三 203/吳憙受～匝,二赤,畀

葛簿甲・甲三 89/□劃良受～□

葛簿甲・甲三 206/□三赤。王孫達受～匝,又三赤

葛簿甲・甲三 90/□八十匝又三匝,又～剴,豹,鳶(雁)首□

葛簿甲・乙三 4/□匝～□□。奠(鄭)迏受二□□

葛簿甲・零 407/□昀～□

葛簿乙・乙三 23/□□髃之里～豢,鄁里～獵,王□

葛簿乙・甲二 27/繮子之里～豢□

葛簿乙・甲三 77/□～豢,駩里～豢□

葛簿乙・甲三 74/□櫟(楷)里～□

葛簿乙・零 91/□夜之里～豢□

葛簿乙・甲三 367/某丘～冢□

葛簿乙・甲三 378/茅丘～冢□

葛簿乙・甲三 123/下瞳～獵□

葛簿乙・甲三 309/綮與～冢□

葛簿乙・甲三 323/奭～冢□

葛簿乙・乙四 92/□堵父～冢□

葛簿乙・甲三 395/利桮～冢□

葛簿乙・零 35/冒猶～冢□

葛簿乙・甲三 338/□塑～冢。新□

葛簿乙・甲三 375/□見～冢。新□□

葛簿乙·甲三 179/中春竽我之里～冢☐

葛簿乙·零 88/☐里人禱於丌（其）祗（社）～☐

葛簿乙·乙四 76/☐禱於梟鄢之祗（社）～朕（豢）☐

葛簿乙·乙三 65/☐禱於丌（其）祗（社）～朕（豢）☐

葛簿乙·乙三 53/☐禱於丌（其）祗（社）～朕（豢）☐

葛簿乙·乙四 81/☐禱於丌（其）祗（社）～猎☐

葛簿乙·乙二 7/☐禱於丌（其）祗（社）～猎☐

葛簿乙·零 531/☐〔禱〕於丌（其）祗（社），～朕（豢）☐

葛簿乙·零 196/☐丌（其）祗（社）～朕（豢）☐

葛簿乙·零 486/☐祗（社）～朕（豢）☐

葛簿乙·零 252/☐祗（社）～朕（豢）

葛簿乙·乙二 16/☐祗（社）～朕（豢）☐

葛簿乙·乙四 74/☐祗（社）～朕（豢）☐

葛簿乙·乙二 43/☐祗（社）～猎☐

葛簿乙·零 380/☐～朕（豢）☐

葛簿乙·零 78/～朕（豢）

葛簿乙·零 43/☐祗（社）～牛☐

葛簿乙·零 152/☐～牛☐

葛簿乙·零 517/☐～牛☐

葛簿乙·零 31/☐～牛☐

葛簿乙·零 609/☐～牛☐

葛簿乙·甲三 327－1/☐～豻（貑），禱～冢☐

葛簿乙·甲三 326－1/下獻司城己之橐人䂨～豻（貑），禱☐

葛簿乙·甲三 398/邡豊之述（遂）䂨於臼☐～豻（貑）☐

葛簿乙·甲三 379/☐述（遂）䂨於俟壁～

葛簿乙·甲三 308/☐～祗（社）～猎，䂨於☐☐

葛簿乙·零 340/姑瘤～祗（社）☐

葛簿乙·甲三 405/☐祗（社）～朕，～猎，～冢，䂨於麓☐

葛簿乙·甲三 363/☐～祗（社）～猳（豢），䂨於燹

葛簿乙·甲三 396/☐祗（社）～猳（豢）☐

葛簿乙·甲三 353/固二祗（社）～猎、～冢，䂨於鄠思虚～豻（貑），禱☐

葛簿乙·甲三 414、412/礣二祗（社）～豢、～猎，䂨於淋（沉／湛）☐

葛簿乙·甲三 250/王虚二祗（社）～猎、～冢，䂨於☐

葛簿乙·甲三 387/☐寺二祗（社）二冢，䂨於高寺～豻（貑），禱～冢☐

葛簿乙·甲三 340/☐禱～冢

葛簿乙·甲三 354/獻（獻）二祗（社）～牛、～☐

葛簿乙·甲三 361、344－2/～豬,～冢。睏於郚獻組二豟

葛簿乙·零 400/☐二袿(社)～豬、～☐

葛簿乙·甲三 317/浮四袿(社)四冢、～豟(豭),睏於桐者☐

葛簿乙·甲三 321/舟室～冢,睏於魚是～豟(豭),禱～☐

葛簿乙·零 317/蔓丘～冢

葛簿乙·零 304/睏於丌(其)舊虛～☐

葛簿乙·甲三 397/夫它～冢,睏於☐

葛簿乙·甲三 366/☐空～冢

葛簿乙·甲三 376/～豟(豭),禱～冢☐

葛簿乙·甲三 355/莆泉～冢,睏於栗溪～豟(豭),禱～冢☐

葛簿乙·甲三 374、385/筲生～冢,睏於正虢☐

葛簿乙·甲三 386/邔～冢,睏☐

葛簿乙·甲三 411、415/☐冢,睏於上蓄～豟(豭),禱☐

葛簿乙·甲三 325－1/藁～豢,睏於霜(桑)丘、桐寀(集)二豟(豭)☐

葛簿乙·甲三 393/南郲～豢,睏於☐

葛簿乙·甲三 392/塦城～豢,睏於☐

葛簿乙·甲三 409/上郊以豢,睏於枛～豟(豭)☐

葛簿乙·甲三 350/箴～豬,睏於舊虛、幣父二豟(豭)☐

葛簿乙·甲三 313/亡夜～

豬,睏於隋～豟(豭),禱～冢☐

葛簿乙·甲三 390/蒭丘～豬,睏〔於〕經寺～豟(豭),禱～冢☐

葛簿乙·甲三 377/惻墜～豬,睏於竺☐

葛簿乙·甲三 403/漳溪～豬,睏於酤丘、某丘二☐

葛簿乙·甲三 404/☐～豬,睏於窮鵒、解溪三豟(豭),三☐

葛簿乙·甲三 394/☐～豬☐

葛簿乙·零 346/北郲～豬☐

葛簿乙·甲三 337/☐郚父～

葛簿乙·甲三 333/豬,某～冢,睏～☐

葛簿乙·甲三 410/下蓄～☐

葛簿乙·乙三 58/☐某～〔豟〕

葛簿乙·甲三 345－2/醓～豟(豭)☐

葛簿乙·甲三 336/☐睏於競方～豟(豭),禱☐

葛簿乙·甲三 331/☐於倉墜～豟(豭),禱～冢☐

葛簿乙·甲三 180/☐睏於江～豟(豭),禱～冢☐

葛簿乙·乙三 59/☐睏～豟(豭)☐

葛簿乙·甲三 418/☐於蒿丘～豟(豭),禱☐

葛簿乙·甲三 332/☐睏安～豟(豭),禱～冢☐

葛簿乙·甲三 346－1/☐夜～豟(豭),禱～冢☐

葛簿乙·零 349/☐☐～豬

（貊），禱～豕☑

　　　葛簿乙・甲三 281/☑城～黏
（貊），禱～豕☑

　　　葛簿乙・甲三 328/☑𠬝～黏
（貊），禱～豕☑

　　　葛簿乙・甲三 326－2/☑～黏
（貊），禱～豕☑

　　　葛簿乙・甲三 249/☑～黏
（貊），禱～豕☑

葛簿乙・乙三 55/☑禱～豕☑

葛簿乙・甲三 371/☑禱～豕☑

葛簿乙・零 273/☑禱～豕☑

葛簿乙・零 316/☑禱～豕☑

葛簿乙・乙三 64/☑禱～豕☑

葛簿乙・零 362/☑丘～豕，剛☑

葛簿乙・零 528/☑□～豕☑

葛簿乙・零 299/☑□～黏（貊）☑

葛簿乙・甲三 407/☑～豕☑

葛簿乙・乙三 57/☑禱～豕☑

葛簿乙・零 719/☑～豕☑

葛簿乙・乙二 15/☑～豕☑

　　　葛簿乙・甲三 335/皂～禝～
牛，五

葛簿乙・甲三 251/袿（社）～猪、四
豕。丌（其）國之寵偄𤻮苫☑

　　　葛簿乙・乙四 90/邡～禝～牛，
三袿（社）☑

　　　葛簿乙・甲三 341/☑□～禝～
牛☑

葛簿乙・甲三 228/☑之里害～黏
（貊）☑

葛未・甲二 4/☑～☑

葛未・零 435/蠡～☑

葛未・零 558/☑～☑

葛未・零 573/☑～☑

葛未・零 588/☑～豕☑

葛未・零 648/～□

長竹書 1－037、1－060/□三查（本）～
子時

長竹書 1－046/～會（答）𩵋

長遣策 2－01/～鑒（盤）

長遣策 2－01/～□

長遣策 2－01/～銖

長遣策 2－01/～䨓（罍）

長遣策 2－02/～司𦋺珥

長遣策 2－02/～司齒珥

　　　長遣策 2－02/～組綉（帶），～
革，皆又（有）鉤

長遣策 2－02/～兩繡韐縷（屨）

長遣策 2－02/～兩絲紙縷（屨）

長遣策 2－02/～兩𣪘（漆）緹（鞮）縷
（屨）

長遣策 2－02/～兩誣縷（屨）

長遣策 2－02/～兩緅縷（屨）

長遣策 2－04/～良囩（圓）軒，載紡蕳
（蓋），綾

長遣策 2－04/～良女乘

長遣策 2-04/～乘良轄

長遣策 2-07/〔實〕：～繻□衣，絵(錦)緅之夾，純惪，組緣，弁(辮)繢(繻)

長遣策 2-07/～索(素)緄繡(帶)，又(有)□〔鉤〕，黃金與白金之爲(錯)

長遣策 2-08/□人之器：～鈔(繰)筶(席)，□綿之純

長遣策 2-08/～房梠(几)

長遣策 2-08/～洣(浣)鎜(盤)

長遣策 2-08/～鉈

長遣策 2-08/～歛(合)□

　長遣策 2-09/□〔室〕之器：～筭，丌(其)實：～洣帕

長遣策 2-09/～沐帕

長遣策 2-09/～捉蔓之帕

長遣策 2-09/～齒〔毘〕，□□〔絵〕之〔毘〕襄(囊)，緕(緹)綿之裏

長遣策 2-010/～□□□，又(有)□□，丌(其)〔璜〕：～少(小)鐶，㞢(徑)二〔弅(寸)〕

長遣策 2-010/～□□□，又(有)□□，丌(其)〔璜〕：～少(小)鐶，㞢(徑)二〔弅(寸)〕

長遣策 2-010/～□□□長六弅(寸)，泊組之〔垩〕

長遣策 2-010/～青尻(處)□之瑞(璧)，㞢(徑)四弅(寸)□弅(寸)

長遣策 2-015/尃(博)～弅(寸)〔少〕弅(寸)，厚釰(錙)弅(寸)

長遣策 2-015/～青緅緵(緵)組

長遣策 2-015/～綊常，儲(赭)膚之純，帛棗(攝)

長遣策 2-015/～丹緅之衧，□裏，〔組〕棗(攝)，絵(錦)緣

長遣策 2-015/～絲褧

長遣策 2-015/～紡□與絹，紫裏，組

長遣策 2-013/～牪齊緅之斂(袷)，帛裏，組緣

長遣策 2-013/～墜笄緄紅

長遣策 2-013/～少(小)墜笄

長遣策 2-013/～紅介之留衣，帛裏，綊會(合)

長遣策 2-011/～厚奉之旅(旮)

長遣策 2-011/～籛

長遣策 2-011/～□

長遣策 2-011/～酋(尊)〔棍(樾)，刹(漆)〕

長遣策 2-011/～白

長遣策 2-012/緅與索(素)絵(錦)之板(緐)襄(囊)二十又～

長遣策 2-014/籆。～澄坘

　長遣策 2-014/～辻缶，～湯鼎，屯又(有)盍(蓋)

長遣策 2-014/～沐之鯏鼎

長遣策 2-014/～沐鎜(盤)

長遣策 2-014/～柔(承)韣(燭)之鎜(盤)。三□

長遣策 2-017/丌(其)木器：～刹(漆)橐，〔四〕鈇(鋪)頁，屯又(有)鐶

長遣策 2－017／～榓（橛）☒

長遣策 2－018／樂人〔之〕器：～〔樂〕坐㞷（棧）鐘，少（小）大十又三，梩條，剹（漆）劃，金玹

長遣策 2－018／～ 樂〔坐〕□□，〔少（小）〕大十又九，梩條，剹（漆）劃，繩維

長遣策 2－018／～□□

長遣策 2－018／～□〔竺〕

長遣策 2－03／二笙，～簫竽，皆又（有）襐（韜）

長遣策 2－03／～□□

長遣策 2－03／～彫簰

長遣策 2－03／～威盟（盟）之柜，□土蔞，剹（漆）青黃之劃

長遣策 2－03／～良㺝（㺜）

長遣策 2－03／～㺝（㺜）

長遣策 2－019／～牪羸膚，綆（錦）襐（韜），又（有）盍（蓋）

長遣策 2－019／～長羽翣

長遣策 2－019／～瑯翣

長遣策 2－019／二竹篓，～〔收〕□

長遣策 2－020／～榓（橛）

長遣策 2－021／鉉。～□□□之以綆（錦）

長遣策 2－021／～壓食洰（醬）

長遣策 2－021／～垪某（梅）洰（醬）

長遣策 2－021／～簹箕

長遣策 2－021／～帚

長遣策 2－021／～梩，賞角

長遣策 2－021／～白

長遣策 2－021／～綵（緒）紫之帰（寢）祔（茵），綵（緒）緑之裏

長遣策 2－021／～綆（錦）伾（坐）祔（茵），綵（緒）

長遣策 2－022／～□□□□□，〔丹〕緅之罬

長遣策 2－022／～囩（圓）□

長遣策 2－022／～大裹（囊）糫（糗）

長遣策 2－023／～綆（錦）条（終）楷（枕）

長遣策 2－023／～帚（寢）箟（莞），～帚（寢）篆（筵），屯結芒之純

長遣策 2－023／～柿枳，綆（錦）〔純〕，組績（繢）

長遣策 2－024／～耿垈

長遣策 2－024／～□□

長遣策 2－024／四倉（合）釶，～烏（錯）釶，屯又（有）盍（蓋）

長遣策 2－025／～榓（橛）

長遣策 2－026／～□脛。～䜌□

長遣策 2－027／～〔齊鑐〕

長遣策 2－027／～膚倉（合）

長遣策 2－027／～鋏杓

長遣策 2－027／～脛

長遣策 2－027／～莿□

長遣策 2－027／～䜌刀

長遣策 2－027／～鉤

長遣策 2 - 027/～銘

長遣策 2 - 027/～□〔鉉〕

長遣策 2 - 027/丌（其）木〔器〕：～□〔脛〕

　　長遣策 2 - 028/～簟〔竹筴（嫛）。～〕兩靪（鞄）〔縷（屨）〕，紫韋之納，紛純，紛曐（繩）

長遣策 2 - 028/～□□□□，〔劾（漆）青〕黄之劃

長遣策 2 - 029/～〔轅〕，又（有）鋡

長遣策 2 - 029/丌（其）木器：～〔梱（橛），劾（漆）彫〕

長遣策 2 - 016 - 2/□〔貹〕八益削〔益〕～朱（銖）

弎

葛卜・乙四 82/□君，埅（地）宔（主）、霝（靈）君子。己未之日～（一）禱卲（昭）

葛卜・乙四 148/□酉之日，～（一）禱大（太）、北方□□

元

葛卜・甲三 15、60/□隹（顀）栗忎（恐）瞿，甬（用）受諸～龜，晉箸（筮）曰：

葛卜・乙四 48、零 651/之，敌（敢）甬（用）一～犅痒（牂），先之□

葛卜・乙四 70/□少（小）臣成拜手稽首，敌（敢）甬（用）一～□

葛卜・零 207/□弡～龜、箸（筮）、義（犧）牲，珪璧唯□□

葛未・零 250/□王～年□

葛卜・零 297/□珥～龜、箸（筮）□□

天

葛卜・甲一 4/□厝（厭）禱一勛。歸備（佩）玉於二～子各二璧，歸□

葛卜・甲三 81、182 - 1/□一勛，歸備（佩）玉於二～子，各二

葛卜・甲三 166、162/□擧禱於二～子各兩痒（牂），瑗（瓔）之以抃玉

葛卜・乙二 38、46、39、40/擧禱於二～子各痒（牂）□

葛卜・乙四 26/□三楚先、埅（地）宔（主）、二～子、郦山、北〔方〕□

葛卜・零 114/□于～之□□

葛卜・零 335/□二～子屯

（右殘）葛未・零 599/□～□弝□

長竹書 1 - 009/～下爲之女（如）可？

長竹書 1 - 012/而君～下

長竹書 1 - 025/～下又（有）□，民〔則〕

（右殘）長竹書 1 - 035/〔事～子〕而卿

長竹書 1 - 044、1 - 099/□□～〔道〕□

（右殘）長竹書 1 - 075/〔～〕下

長竹書 1 - 090/～

上 部

丄(上、走)

上

葛簿乙·甲三 285/☑里二豭、三豕。丌(其)國☑三袿(社)，～☑

葛簿乙·甲三 400/甸尹宋之述(遂)覰於～桑丘

葛簿乙·甲三 343‑2/豨羌之述(遂)覰於～獻、友焚二䝬(䝬)☑

葛簿乙·甲三 409/～邠以㣇，覰於枛一䝬(䝬)☑

葛簿乙·甲三 411、415/☑豕，覰於～蓄一䝬(䝬)，禱☑

長竹書 1‑001/易(狄)，夫戔(賤)人吝(格)～則型(刑)瘳(戮)至。剛

走

葛卜·乙四 9/☑渚浞(沮)、章，亟(及)江，～(上)逾取菑☑

葛卜·甲三 103/☑汜～(上)壁☑

長竹書 1‑002/又(有)～(上)孿

帝

長竹書 1‑040/～而☑〔之〕

丅(下)

下

葛卜·甲二 40/☑～内外禔神句所☑

葛簿乙·甲三 123/～矈一豬☑

葛簿乙·甲三 312/奠(鄭)視之述(遂)覰於～彤、藁，二䝬(䝬)，禱二家☑

葛簿乙·甲三 314/玄恴之述(遂)覰於～爨、～姑留二䝬(䝬)，禱☑

葛簿乙·甲三 326‑1/～獻司城己之䆃人覰一䝬(䝬)，禱☑

葛簿乙·甲三 410/～蓄一☑

葛簿乙·甲三 413/☑～邠以㣇☑

長竹書 1‑009/天～爲之女(如)可?

長竹書 1‑012/而君天～

長竹書 1‑025/天～又(有)☑，民〔則〕

長竹書 1‑075/〔天〕～

示 部

禄(录)

录用作禄。見卷七录部录字條。

福

葛卜·甲一 7/☑䡄(衛)篁，忻(祈)～於秋(太)，一𢋬(驛)牡(牢)、一熊牡(牢);司戠、司折☑

葛卜·甲一 11/☑忻(祈)～於北方，嬰禱一備(佩)璧☑

葛卜・甲一 21/☑篁爲君貞,忻(祈)～於卲(昭)王、獻(獻)惠王、柬大王☑

葛卜・甲三 20/齊客陳異至(致)～於王〔之〕歲(歲)獻☑

葛卜・甲三 27/齊客陳異至(致)～於王之歲(歲)獻☑

葛卜・甲三 33/齊客陳異至(致)～於王之歲(歲)獻馬之月,𩵋𪔅以龙鼉爲君采(卒)歲(歲)☑

葛卜・甲三 217/齊客陳異至(致)～於王之歲(歲)獻馬之月乙丑之日

葛卜・甲三 272/齊客陳異至(致)～於王之歲(歲)☑

葛卜・甲三 419/☑之,慫～罌禱杏(文)君,大牢饋之☑

葛卜・乙三 5/☑〔不〕瘅(懌)之古(故),忻(祈)～於司禍(禍)、司禓、司脆各一痒(牂)☑

葛卜・乙三 6/☑篁爲君貞,忻(祈)～罌禱於☑

葛卜・零 165、19/齊客陳異至(致)～於王之歲(歲)獻(獻)☑

葛卜・零 448、零 691/☑箸(筮),恒(亙)忻(祈)～於大(太)☑

葛卜・乙四 113/☑郢之古(故),命惢(祈)～☑

神

葛卜・甲二 40/☑下内外褮～句所☑

葛卜・零 561/☑之～☑

齋

葛卜・甲三 134、108/☑甲戌興乙亥禱楚先與五山,庚午之夕内～☑

祭

葛卜・甲二 38、39/☑樂之,饋～子西君㓇

葛卜・甲三 161/☑壬午之日～卲(昭)王☑

葛卜・甲三 201/擇日於八月脞(棧)～競坪王,以逾至杏(文)君,占之:吉

葛卜・甲三 207/珥、衣常,戲(且)～之以一猶於東陵。占之:吉☑

葛卜・甲三 212、199-3/☑瘅(瘥)。以丌(其)古(故)敚(說)之。遬(逾)氲牯之敚,餯～卲(昭)王大牢,脞(棧)鐘樂之。鄭☑

葛卜・甲三 269/☑珥、衣常,戲(且)～之以一猶於東陵,占☑

葛卜・甲三 304/☑酭(酉)之日～之,大膚(牢)饋之於黄李

(上殘)葛卜・乙三 24/☑～王孫厝☑

葛卜・乙三 42/☑飤。是日～王孫厭一豲,酉(酒)食☑

(左殘)葛卜・零 262/☑～各☑

葛卜・零 313/▨是日～王孫□▨

 （右殘）葛未・零 666/▨～王▨

祀

 葛卜・零 282/▨舊丘，是日敭（就）禱五～▨

祖（禣）

禣

 葛卜・甲三 227/▨於累（盥）～（詛），無▨

 葛卜・甲三 231/▨於累（盥）～（詛）□▨

祠

 葛卜・乙四 53/▨□□禱～，祇有▨

祝（祝、阩）

祝

 葛卜・甲三 35/▨〔老〕童、～融、穴熊芳屯一▨

 葛卜・甲三 188、197/墾禱楚先老童、～融、禬（鬻）酓（熊），各兩痒（牂）。旂（祈）▨

 葛卜・甲三 268/是日敭（就）禱楚祂（先）老嬇（童）、～▨

 葛卜・甲三 298/▨樂之，百之，贛之。～

 葛卜・零 209/▨不瘥（懌）疠之古（故），～□▨

 葛卜・零 249/▨虢命～▨

 葛卜・零 720/▨之～▨

阩

 葛卜・甲三 159 - 1/▨～（祝）昊（戾）禱之▨

 葛卜・乙一 22/又（有）敓（祟）見於司命、老嬇（童）、～（祝）融、空（穴）酓（熊）

祈（旂、悊、忻）

旂用作祈。見卷七㫃部旂字條。

悊用作祈。見卷十心部悊字條。

忻用作祈。見卷十心部忻字條。

禱（檮、礻）

檮

 葛卜・甲一 4/▨厴（厭）～一勋。歸備（佩）玉於二天子各二璧，歸▨

 葛卜・甲一 10/▨贛。凡是戊厴（辰）以敔（合）己巳～之

 葛卜・甲一 11/▨忻（祈）福於北方，墾～一備（佩）璧▨

 葛卜・甲一 15/▨於司命一勋，墾～於▨

 葛卜・甲一 23/▨與賓～之

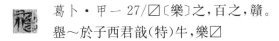 葛卜·甲一 27/□〔樂〕之，百之，贛。罌～於子西君戠（特）牛，樂□

 葛卜·甲二 12/□罌～□

葛卜·甲三 56/□戠（特）牛，樂之。臺（就）～戶一羊，臺（就）～行一犬，臺（就）～門□

葛卜·甲三 88/□之日～之□

葛卜·甲三 102/□之，是日逯（就）～於□

葛卜·甲三 109/□□籤。庚申之昏以起，辛酉之日～之

葛卜·甲三 136/□璧，以罷～大牢饋，膡（棧）鐘樂之，百之，贛

葛卜·甲三 137/□罌～備（佩）玉，各弇璜

葛卜·甲三 138/□既瞖（皆）告獻（且）～巳□

葛卜·甲三 144/□起（起），己酉～之□

葛卜·甲三 146/□罌～於祑（太）一精□

葛卜·甲三 147/□罌～於□

葛卜·甲三 148/□敓（說）之，罌～酱□

葛卜·甲三 159-1/□𥚁（祝）吴（昃）～之□

葛卜·甲三 166、162/□罌～於二天子各兩痒（牂），瑗（瓔）之以卦玉

 葛簿乙·甲三 180/□刖於江一貈（貒），～一豭□

 葛卜·甲三 188、197/罌～楚先老童、祝融、禮（鬻）酓（熊），各兩痒（牂）。旆（祈）□

 葛卜·甲三 195/□罌～五山、祠祟□

葛卜·甲三 200/□樂之，罌～子西君、文夫人各戠（特）牛饋

葛卜·甲三 202、205/□臺（就）～子西君戠（特）牛。壬辱（辰）之日～之□

葛卜·甲三 213/□戶、門。又（有）祝（祟）見於邵（昭）王、蕙（惠）王、文君、文夫人、子西君。歔（就）～□

葛卜·甲三 214/□□歔（就）～三楚先屯一痒（牂），緩（纓）之卦玉；歔～□□□

葛卜·甲三 237-1/罌～一乘大迖（路）黃轺，一籵玉夏□□

葛卜·甲三 14/□审（中）戠（特）牛，樂之。臺（就）～□

葛卜·甲三 46/之，贛，樂之。辛酻（酉）之日～之□

葛卜·甲三 52/□咎□□□～堕（地）宝（主）一痒（牂），備（佩）玉卦，以□至室□□

葛卜·甲三 134、108/□甲戌興乙亥～楚先與五山，庚午之夕内齋□

葛卜·甲三 243/□之，罌～酱祏酱單（牢）、酉（酒）食

葛卜·甲三 243/夏祍䏁（特）牛、酉（酒）食，舉～☒

葛簿乙·甲三 249/☒一䝬（貑），～一豙☒

葛簿乙·甲三 262/賓之命，命里人～☒

葛卜·甲三 265/☒迖（遲）恚（蠲）癥（瘥），又（有）祱（祟），以丌（其）古（故）敓（說）之。舉～☒

葛卜·甲三 268/是日敓（就）～楚祱（先）老嫷（童）、祝☒

葛卜·甲三 276/文君，□～□□□☒

葛卜·甲三 278/☒虛，䠟二䝬（貑），～二豙☒

葛簿乙·甲三 281/☒城一䝬（貑），～一豙☒

葛簿乙·甲三 282/☒□虛，聿（盡）割以九䝬（貑），～以九☒

葛卜·甲三 303/☒之祱（說）。戰（擇）日於八月之宷（中）賽～☒

葛卜·甲三 305/☒□之日～之☒

葛簿乙·甲三 312/奠（鄭）視之述（遂）䠟於下肜、橐，二䝬（貑），～二豙☒

葛簿乙·甲三 313/亡夜一豬，䠟於隋一䝬（貑），～一豙☒

葛簿乙·甲三 314/玄恚之述（遂）䠟於下窫，下姑留二䝬（貑），～☒

葛簿乙·甲三 316/司馬魚之述（遂）䠟於獚宗、余疋二䝬（貑），～二豙☒

葛簿乙·甲三 320/酉（許）智（智），酉（許）智（智）之述（遂）䠟於鹽取三䝬（貑），～三豙☒

葛簿乙·甲三 321/舟室一豙，䠟於魚是一䝬（貑），～一☒

葛簿乙·甲三 326-1/下獻司城己之㝅人䠟一䝬（貑），～☒

葛簿乙·甲三 326-2/☒一䝬（貑），～一豙☒

葛簿乙·甲三 327-1/☒一䝬（貑），～一豙☒

葛簿乙·甲三 327-2/☒縈、聖二䝬（貑），～二豙☒

葛簿乙·甲三 328/☒友一䝬（貑），～一豙☒

葛簿乙·甲三 331/☒於倉墜一䝬（貑），～一豙☒

葛簿乙·甲三 332/☒䠟安一䝬（貑），～一豙☒

葛簿乙·甲三 336/☒䠟於競方一䝬（貑），～☒

（左殘）葛簿乙·甲三 340/☒～一豙

葛簿乙·甲三 343-1/伔己之述（遂）䠟於濯、脣（辰）祄（社），二䝬（貑），～二☒

葛卜·甲三 344-1/☒痞，又（有）祱（祟）。以丌（其）古（故）敓（說）之。舉～卲（昭）王、文君☒

葛簿乙·甲三 346-1/☒夜一䝬（貑），～一豙☒

葛簿乙·甲三 346－2、384/墜無龍之述（遂）鄎於蕫丘，寊二豻（貑），～二冡☐

（左殘）葛簿乙·甲三 349/司城均之述（遂）鄎於洛、酈二袿（社）二豻（貑），～☐

（下殘）葛簿乙·甲三 353/固二袿（社）一貚、一冡，鄎於郙思虛一豻（貑），～☐

葛簿乙·甲三 355/莆泉一冡，鄎於栗溪一豻（貑），～一冡☐

葛簿乙·甲三 358/☐二豻（貑），～二☐

葛簿乙·甲三 364/芒、郎二豻（貑），～二冡☐

葛簿乙·甲三 371/☐～一冡☐

葛簿乙·甲三 372/☐三袿（社）～三冡

葛簿乙·甲三 376/一豻（貑），～一冡☐

葛簿乙·甲三 387/☐寺二袿（社）二冡，鄎於高寺一豻（貑），～一冡☐

葛簿乙·甲三 390/蔀丘一貚，鄎〔於〕經寺一豻（貑），～一冡☐

葛卜·甲三 401/日於九月鷹（薦）敓（且）～之，吉☐

（下殘）葛簿乙·甲三 408/☐烾丘，三豻（貑），～☐

葛簿乙·甲三 411、415/☐冡，鄎於上畜一豻（貑），～☐

葛簿乙·甲三 418/☐於茐丘一豻（貑），～☐

葛卜·甲三 419/☐之，恋福嬰～吝（文）君，大牢饋之☐

葛卜·乙一 4、10、乙二 12/夏祭（桼）之月己丑〔之日〕以君不瘴（懌）之古（故），還（就）～陳宗一貚

葛卜·乙一 4、10、乙二 12/壬脣（辰）之日～之☐

　葛卜·乙一 11/～於吝（文）夫人，酓宰（牢），樂啟（且）贛之；嬰～於子西君，酓宰（牢），樂☐

葛卜·乙一 13/吝（文）夫人，嬰～各一備（佩）璧

葛卜·乙一 13/或嬰～於壄武君、命尹之子瀻（璿）各大牢，百☐

葛卜·乙一 15/公北、陸（地）宝（主）各一青義（犠）；司命、司禍（禍）各一勳，與～厝之。或☐

葛卜·乙一 17/還（就）～三楚先屯一瘴（牂），瑗（瓔）之玉

葛卜·乙一 17/壬脣（辰）之日～之☐

　葛卜·乙一 21、33/☐王、吝（文）君。嬰～於卲（昭）王獻（獻）惠王、吝（文）君各一備（佩）玉。辛未之日～之☐

葛卜·乙一 22/癸酓（酉）之日嬰～☐

葛卜·乙一 24/融、空（穴）酓（熊）各一瘴（牂），緅（纓）之弝玉。壬脣（辰）之日～之☐

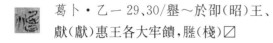葛卜・乙一 28/迻（就）～霝（靈）君子一貓，迻（就）～門、戶屯一羖（羖），迻（就）～行一犬

葛卜・乙一 29、30/塈～於卲（昭）王、獻（獻）惠王各大牢饋，膡（棧）☒

葛卜・乙二 6、31/☒□戊申以记，己酉～之☒

葛簿乙・乙二 7/☒～於丌（其）袿（社）一貓☒

葛卜・乙二 9/☒兩義（犧）馬，以塈～☒

葛卜・乙二 23、零 253/☒兩痒（牂），瑗（瓔）之尗玉。壬唇（辰）之日～之☒

葛卜・乙二 24、36/☒塈～子西君，吝（文）夫人☒

葛卜・乙二 38、46、39、40/塈～於埅（地）宔（主）〔一〕青義（犧），先之一璧

葛卜・乙二 38、46、39、40/塈～於二天子各痒（牂）☒

葛卜・乙三 6/☒篁爲君貞，忻（祈）福塈～於☒

葛卜・乙三 8/☒□以丌（其）古（故）塈～吝（文）☒

葛卜・乙三 17/☒～埅（地）宔（主）一牂，臺（就）☒

葛卜・乙三 28/☒塈良之敓（說）。塈～於卲（昭）王、吝（文）☒

葛卜・乙三 31/☒□臺（就）～三楚☒

葛卜・乙三 41/☒玉，塈～於三楚祙（先）各一痒（牂），瑗（瓔）之尗〔玉〕☒

葛簿乙・乙三 52/☒貼（牒），～二冢。硅☒

葛簿乙・乙三 53/☒～於丌（其）袿（社）一艕（豢）☒

（下殘）葛簿乙・乙三 54/楮室之里人～☒

葛簿乙・乙三 55/☒～一冢☒

葛簿乙・乙三 56/☒虚二貼（牒），～二☒

（上殘）葛簿乙・乙三 57/☒～一冢☒

葛簿乙・乙三 62/～二冢。硅☒

葛簿乙・乙三 64/☒～一冢☒

葛簿乙・乙三 65/☒～於丌（其）袿（社）一艕（豢）☒

葛卜・乙四 12/☒一精，臺（就）～卲（昭）王、蕙（惠）王，屯☒

葛卜・乙四 14/～北方一精，先之一璧，敢（就）☒

葛卜・乙四 53/☒□□～祠，脈有☒

葛簿乙・乙四 76/☒～於鳧鄮之袿（社）一艕（豢）☒

葛簿乙・乙四 81/☒～於丌（其）袿（社）一貓☒

葛卜・乙四 82/☒君、埅（地）宔（主）、霝（靈）君子。己未之日弍（一）～卲（昭）

葛簿乙・乙四 88/椙里人～於丌（其）袿（社）☒

葛卜·乙四 91/□寙（賽）～□

葛卜·乙四 97/□宝（主）與司命，禧（就）～璧玉觓□

葛卜·乙四 109/□己未之日，敫（就）～三殜（世）之殤（殤）□

葛簿乙·乙四 137、甲三 360/□斗句逾三䄘（殺），～三冢。未内□

葛卜·乙四 145/□霝（靈）君子舁亓（其）敊（特）牛之～。奠（鄭）憲占之：觓□

葛簿乙·乙四 146/□淠，敭二䄘（殺），～□

葛卜·乙四 148/□酉之日，弌（一）～大（太）、北方□□

葛卜·零 1/牛，酉（酒）食。𡎊～於□

葛卜·零 10/□～之□

葛卜·零 12/所觓者以迷（速）寙（賽）～□

葛卜·零 21/□～以□

葛卜·零 40/□王大牢，百之，贛。壬脣（辰）之日～之□

葛簿乙·零 44/～□

葛簿乙·零 48、零 512/□～於亓（其）祍（社）□

（左殘）葛簿乙·零 68/□～於亓（其）□

（左殘）葛簿乙·零 72/楊里人～□

葛簿乙·零 88/□里人～於亓（其）祍（社）一□

葛簿乙·零 116/堵里人～於亓（其）□

（上殘）葛簿乙·零 133/□～於亓（其）□

　葛卜·零 147/□～子西君敊（特）牛。壬脣之日～之□

葛簿乙·零 168/□里人～於亓（其）祍（社）□

（右殘）葛簿乙·零 218/□～二冢。硅□

葛卜·零 231/□敫（就）～大（太）□

葛卜·零 243/□褋（揖）～於

葛卜·零 248/□遠栾、䣜屌寙（賽）～□

葛卜·零 254、162/□〔祝〕融、穴酓（熊），敫（就）～北□

葛卜·零 255/□遹（就）～文□

葛簿乙·零 263/□丘二䄘（殺），～二

（左殘）葛簿乙·零 273/□～一冢□

葛卜·零 281/□塞槀（盟）～，是日□

葛卜·零 282/□舊丘，是日敫（就）～五祀□

葛卜·零 290/☐之日～之。氏（是）日臺（就）〔禱〕☐

 葛卜·零 307/☐亡咎，己酉脣（辰）～之☐

 葛簿乙·零 310/☐四貈（貒），～四家☐

 葛卜·零 314/☐之，遶（就）～三楚☐

 葛簿乙·零 316/☐～一家☐

 （右殘）葛卜·零 324/☐瘴（憚）之古（故），遶（就）～☐

 葛簿乙·零 348/貈（貒），～☐

 葛簿乙·零 349/☐□一貈（貒），～一家☐

 葛卜·零 394/☐□有（侑），～安☐

 葛卜·零 410/☐墨～☐

 葛卜·零 439/☐之，褢（揖）～於□晟☐

 葛卜·零 442/☐～門、户

 葛卜·零 452/☐之日朁（皆）告戲（且）～之☐

 葛卜·零 477/☐□～☐

 葛卜·零 533/☐之，褢（揖）～於☐

 （右殘）葛簿乙·零 618/☐～於丌（其）祉（社）☐

 （右殘）葛卜·零 689/☐與～☐

 （左殘）葛卜·零 690/☐大（太），臺（就）～☐

 葛卜·零 312/☐於大（太），臺（就）～☐

 葛卜·甲二 31/☐～以☐

 葛卜·甲三 5/☐□楽寙（賽）～於酓（荆）王以偷（逾），訓（順）至文王以偷（逾）☐

 葛卜·乙二 1/☐□壆～於邵（昭）王大牢，樂之，百，贛☐

 葛卜·乙二 20/☐之，寙（賽）～大（太）一☐

 葛卜·乙三 60、乙二 13/☐巳之昏鷹（薦）虘～之堲（地）宔（主），八月辛酉☐

 葛卜·乙三 61/☐癀（續）。以丌（其）古（故）敚（説）之，寙（賽）～北方☐

 葛卜·乙四 43/☐夏层、宫月寙（賽）～大水，備（佩）玉尗。罩日於屈楽

 葛卜·零 518/☐之日～之☐

 葛卜·甲三 4/大（太），備（佩）玉尗，罩日於是皃（幾），寙（賽）～司命、司录（禄）☐

㝅

  葛卜·乙四 96/☐以尗玉，酓

（荆）王熹（就）～（禱）罰牢卦，文王以
偸（逾）熹（就）禱大牢卦

葛卜・乙四 139/☒一勦，北方聂～
（禱）乘良馬，珈（加）〔璧〕☒

葛卜・乙四 140/☒～（禱）墬（地）宔
（主）☒

葛卜・甲三 50/☒～（禱）一□☒

（右殘）葛卜・零 151/解於大（太），熹
（就）～（禱）□□□□

社（社、袿）

社

葛卜・零 163/☒□～褪髊（豢），山義
（犧）☒

葛卜・甲三 271/☒薇邡～，大殤坪夜
之楚褪，東

袿

葛簿乙・甲三 250/王虗二～（社）一
豬、一豕，睨於☒

葛簿乙・甲三 251/～（社）一豬、四
豕。亓（其）國之鷹伄鼞苩☒

葛簿乙・甲三 285/☒里二豬、三豕。
亓（其）國□三～（社），上☒

葛簿乙・甲三 308/□一～（社）一豬，
睨於□☒

葛簿乙・甲三 317/浮四～（社）四豕、
一豟（殽），睨於桐者☒

葛簿乙・甲三 325 - 2/馬人二～（社）
二☒

葛簿乙・甲三 329/苛三～（社）☒

葛簿乙・甲三 330/☒二～（社）☒

葛簿乙・甲三 334/聞（關）郎三～
（社）三豕☒

葛簿乙・甲三 343 - 1/伱己之述（遂）
睨於灄、唇（辰）～（社），二豟（殽），禱
二☒

葛簿乙・甲三 347 - 1/鬴良之述（遂）
睨於鄝、于二～（社），二豟（殽）☒

葛簿乙・甲三 349/司城均之述（遂）
睨於洛、鄷二～（社）二豟（殽），禱
☒

葛簿乙・甲三 351/角二～（社）二
豕☒

葛簿乙・甲三 353/固二～（社）一豬、
一豕，睨於鄆思虗一豟（殽），禱☒

葛簿乙・甲三 354/獻（獻）二～（社）
一牛、一☒

葛簿乙・甲三 362/髦二～（社）

葛簿乙・甲三 363/☒一～（社）一甕
（豢），睨於戔

葛簿乙・甲三 372/☒三～（社）禱
三豕

葛簿乙・甲三 387/☒寺二～（社）二
豕，睨於高寺一豟（殽），禱一豕☒

葛簿乙・甲三 396/☒～（社）一甕
（豢）☒

葛簿乙・甲三 405/☒～（社）一豢、一
豬、一豕，睨於麓☒

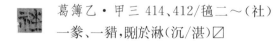

葛簿乙‧甲三 414、412/禰二～(社)一豭，一豬，刵於湫(沉/湛)☐

葛簿乙‧乙二 7/☐禱於丌(其)～(社)一豬☐

(上殘)葛簿乙‧乙二 16/☐～(社)一塍(豢)☐

(上殘)葛簿乙‧乙二 43/☐～(社)一豬☐

葛簿乙‧乙三 30/☐～(社)☐

葛簿乙‧乙三 53/☐禱於丌(其)～(社)一塍(豢)☐

葛簿乙‧乙三 65/☐禱於丌(其)～(社)一塍(豢)☐

葛簿乙‧乙四 74/☐～(社)一塍(豢)☐

葛簿乙‧乙四 76/☐禱於梟鄴之～(社)一塍(豢)☐

葛簿乙‧乙四 81/☐禱於丌(其)～(社)一豬☐

葛簿乙‧乙四 88/栢里人禱於丌(其)～(社)☐

葛簿乙‧乙四 90/郘一禝一牛，三～(社)☐

葛簿乙‧零 43/☐～(社)一牛☐

葛簿乙‧零 45/☐於丌(其)～(社)☐

葛簿乙‧零 48、零 512/☐禱於丌(其)～(社)☐

葛簿乙‧零 88/☐里人禱於丌(其)～(社)一☐

(右殘)葛簿乙‧零 168/☐里人禱於丌(其)～(社)☐

葛簿乙‧零 196/☐丌(其)～(社)一塍(豢)☐

葛簿乙‧零 252/☐～(社)一塍(豢)

葛卜‧零 338、零 24/丌(其)～(社)禝，芒～(社)命蠽(夋)☐

(下殘)葛簿乙‧零 340/姑瘤一～(社)☐

葛簿乙‧零 400/☐二～(社)一豬、一☐

葛簿乙‧零 430/☐～(社)二豬☐

葛簿乙‧零 486/☐～(社)一塍(豢)☐

葛簿乙‧零 531/☐〔禱〕於丌(其)～(社)，一塍☐

(右殘)葛簿乙‧零 618/☐禱於丌(其)～(社)☐

(左殘)葛簿乙‧零 718/☐於丌(其)～(社)☐

祟(祟、祝、敓、鰲)

祟

葛卜‧零 241/☐～，與龜同敓(祟)☐

葛卜‧甲三 184 - 2、185、222/或爲君貞，以丌(其)不良恚(蠚)瘦之古(故)，尚毋又(有)～

葛卜・甲三 112/逊（遲）出。▋▋（大過　旅）或爲君貞，以丌（其）逊（遲）出之古（故），尚毋又（有）～

葛卜・甲三 112/嘉占之曰：無亘（噩）～

葛卜・甲三 112/▋▋（泰　觀）或爲君貞，以丌（其）無亘（噩）～之古（故）▨

祝用作祟。見本部祝字條。

攷用作祟。見卷三攴部攷字條。

祭用作祟。見本部祝字條。

禍（褐）

褐

葛卜・乙一 15/公北、墬（地）宝（主）各一青義（犧）；司命、司～（禍）各一勋，與禱屚之。或▨

葛卜・乙三 5/▨〔不〕瘵（懌）之古（故），忻（祈）福於司～（禍）、司禭、司觥各一痒（牂）▨

葛卜・零 266/▨折、公北、司命、司～（禍）▨

☆紅

葛卜・甲三 111/既成，～（攻）逾而屚（厭）之。氏（是）日國▨

葛卜・甲三 189/卜箁（筮）爲～（攻），既▨

葛卜・零 465/▨～（攻）▨

☆祉

葛卜・甲三 243/▨之，舉禱畱～畱罩（牢）、酉（酒）食

葛卜・甲三 243/夏～戠（特）牛、酉（酒）食，舉禱▨

☆屍

葛卜・甲三 51/▨畱～之月己巳之日▨▨

葛卜・乙四 43/▨夏～、亯月寰（賽）禱大水，備（佩）玉卦。睪日於屈祅

葛卜・甲三 8、18/▨大戬（城）郵（茲）郲之戠（歲），夏屍之月癸嬛（亥）之日，趄鼃以郙繇爲▨

（左殘）葛卜・零 248/▨遠祅、畱～寰（賽）禱▨

☆祆

葛卜・甲一 7/▨甄（衛）筆，忻（祈）福於～（太），一羋（騂）牡（牢）、一熊牡（牢）；司戠、司折▨

葛卜・甲三 146/▨舉禱於～（太）一精▨

☆祔

葛卜・甲三 195/▨舉禱五山、～棠▨

☆祧

見卷八先部先字條。

☆祅（祅、祭）

祅

葛卜・乙四 43/▨夏屍、亯月寰（賽）禱大水，備（佩）玉卦。睪日於屈～

葛卜·甲三 5/▨□～䰜（賽）禱於䣵（荆）王以偷（逾），訓（順）至文王以偷（逾）▨

葛卜·甲三 114、113/▨〔王徙於〕鄩郢之歳（歳），夏～之月乙卯之日

葛卜·甲三 159 - 3/▨夏～之月乙卯▨

葛卜·零 200、323/▨夏～之月丙唇（辰）之日，陵君（尹）懌▨

（左殘）葛卜·零 248/▨遠～、䣵尻䰜（賽）禱▨

葛卜·乙一 14/句鄩公奠（鄭）余穀大城邨（兹）竝（方）之歳（歳）屈～之月癸未〔之日〕▨

䋽

葛卜·甲三 42/▨蔓荅受女於楚之歳（歳）覸～（栾）之月丁酉之日▨

葛卜·甲三 34/▨〔蔓荅受女〕於楚之歳（歳）遠～（栾）之月丁酉▨

葛卜·甲三 107/▨□貞，七月至冬～（栾）之月尚▨

葛卜·乙一 12/王遅（徙）於敔（鄩）郢之歳（歳）夏～（栾）之月乙巳之日

葛卜·乙四 63、147/▨〔王復於〕藍郢之歳（歳）冬～（栾）之月丁嬛（亥）之日，鄭疧以駮䓃爲君▨

葛卜·零 294、482、乙四 129/▨〔王復於藍郢之歳（歳）冬～（栾）之月丁嬛（亥）之日，䵃尹〔丹〕▨

（下殘）葛卜·零 496/▨之歳（歳）冬～（栾）▨

葛卜·乙一 18/王遅（徙）於敔（鄩）郢之歳（歳）夏～（栾）之月乙巳之日，湢瞀以陵▨

葛卜·乙一 19/自夏～（栾）之月以至坴（來）歳（歳）夏～（栾）尚毋又（有）大咎。湢〔瞀〕▨

葛卜·乙一 23、1/大䡄（城）邨（兹）竝（方）之歳（歳）屈～（栾）之月癸未之日，諆〔生〕▨

葛卜·零 503、零 700/屈～（栾）▨

葛卜·零 414/▨歳（歳）屈～（栾）之▨

葛卜·乙三 49、乙二 21/夏～（栾）之月己丑之日

葛卜·乙一 5/▨郢之歳（歳），夏～（栾）之月己丑之日，君䚀於客▨

葛卜·零 267、269/▨〔夏〕～（栾）之月，己丑之日▨

葛卜·乙一 28/夏～（栾）之月己丑之日，以君不瘵（懌）志古（故）

葛卜·乙一 4、10、乙二 12/夏～（栾）之月己丑〔之日〕以君不瘵（懌）之古（故），邌（就）禱陳宗一豬

葛卜·乙一 17/夏～（栾）之月己丑之日，以君不瘵（懌）之古（故）

葛卜·乙一 20/王遅（徙）於鄩（鄩）郢之歳（歳），夏～（栾）

葛卜·甲三 117、120/～（栾）之月以至坴（來）歳（歳）之夏～（栾），尚毋又（有）大咎

葛卜·甲三 225、零 332－2/王遅(徙)
於敔(郢)郢之戠(歲)，夏～(祟)之月
乙巳之日▨

葛卜·甲三 299/王遅(徙)於敔(郢)
郢之戠(歲)，夏～(祟)之月癸丑▨

葛卜·甲二 8/▨悗(悶)，釆(卒)戠
(歲)或至夏～(祟)

葛卜·甲三 204/王遅(徙)於鄝(郢)
郢之戠(歲)，夏～(祟)之月癸嬛(亥)
之日

葛卜·甲三 248/釆(卒)戠(歲)國至
坴(來)戠(歲)之夏～(祟)▨

葛卜·零 221、甲三 210/以痒(胖)瘕
(脹)、心悗(悶)，釆(卒)戠(歲)或至夏
～(祟)之月尚▨

葛卜·甲三 159－2/王遅(徙)於鄝
(郢)郢之戠(歲)，夏～(祟)之月▨

葛卜·乙一 31、25/自夏～(祟)
之月以至冬～(祟)之月，盡(盡)七月
尚毋又(有)大▨

葛卜·零 275/▨～(祟)之月尚

(左殘)葛卜·乙四 15/▤▦(遯謙)。
王遅(徙)於敔(郢)郢之戠(歲)，夏～
(祟)▨

葛卜·甲三 151/之夏～(祟)，毋又
(有)大咎▨

葛卜·甲三 155/～(祟)毋又(有)大
咎。占▨

葛卜·零 379/～(祟)▨

葛卜·零 360/▨戠(歲)夏～(祟)▨

葛卜·零 96/▨夏～(祟)之月▨

葛卜·零 182/▨夏～(祟)之月▨

葛卜·甲二 9/▨夏～(祟)▨

葛卜·零 27/▨夏～(祟)▨

葛卜·甲三 87/悗(悶)，釆(卒)戠
(歲)或至夏～(祟)▨

葛未·零 36/▨～(祟)之月▨

☆祩

葛簿乙·甲三 309/～與一冢▨

☆睪

見卷七囧部盟字條。

☆祪(禮)

禮

葛卜·甲三 188、197/墾禱楚先老童、
祝融、～(鬻)酓(熊)，各兩庠(牂)。旅
(祈)▨

☆祝(祝、祟)

祝

葛卜·甲三 39/無瘳，至癸卯之日安
良癥(瘥)。丌(其)～(祟)與龜▨

葛卜・乙四 111/☑又（有）～（祟）見

葛卜・零 4/☑田，又（有）～（祟）見☑

葛卜・乙四 100、零 532、678/占曰：卦亡（無）咎。又（有）～（祟）☑

葛卜・甲三 213/☑戶、門。又（有）～（祟）見於邵（昭）王、蕙（惠）王、文君、文夫人、子西君。歜（就）禱☑

葛卜・甲三 219/既爲貞，而歜（說）丌（其）祝（祟），自夏

葛卜・零 198、203/有～（祟）見于大川有沿，少（小）臣成敬之瞿

葛卜・零 339/☑罷（一）已，又（有）～（祟）☑

葛卜・甲三 344－1/☑疧，又（有）～（祟）。以丌（其）古（故）歜（說）之。舉禱邵（昭）王、文君☑

葛卜・甲三 96/☑迠（遲）巳，又（有）～（祟）。以丌（其）古（故）歜（說）之。☑☑

葛卜・甲三 303/☑之～（說）。戠（擇）日於八月之审（中）賽禱☑

葛卜・乙二 30/古（故）歜（說）之。逃（逃）彭定之～（說）。於北方一懤，先之☑

葛卜・甲三 208/郦（應）愴寅習之以大央，占之：〔吉〕，迷（速）又（有）閞（間），無～（祟）☑

葛卜・乙四 50/☑無咎、無～（祟）☑

葛卜・甲三 265/☑迠（遲）恚（蠲）癋（瘥），又（有）～（祟），以丌（其）古（故）歜（說）之。舉禱☑

葛卜・甲三 110/☑瘩一巳。或以肯（胃）蘢求丌（其）繇（說），又（有）～（祟）於大（太）、北☑

葛卜・甲三 40/☑毋死。占之：卦不死，亡（無）～（祟）☑

葛卜・甲三 45/☑□之～（說）。占之：吉。既成☑

葛卜・甲三 300、307/解於大（太），逃（逃）丌（其）疋～（說），八月壬午之日鴈（薦）大

（下殘）葛卜・甲三 99/逃（逃）斉（文）君之～（說）□☑

葛卜・零 295/☑歜（說）氏（是）～（祟）□□☑

（右殘）葛卜・零 520/☑咎無～（祟）☑

葛卜・零 265/☑～☑

繇

葛卜・零 38/～（祟）見於☑

葛卜・甲三 110/☑瘩一巳。或以肯（胃）蘢求丌（其）～（說），又（有）祝（祟）於大（太）、北☑

葛卜・甲三 19/☑卦亡（無）咎，又（有）～（祟）☑

葛卜・乙三 36/☒ 求亓（其）～
（說），又（有）～（祟）於☒

☆裳

　葛卜・甲三 195/☒ 塑禱五山、祠～☒

☆褔

　葛卜・零 533/☒ 之，～（揖）禱於☒

　葛卜・零 243/☒ ～（揖）禱於

　葛卜・零 439/☒ 之，～（揖）禱於☐晟☒

☆禔

　葛卜・甲二 40/☒ 下內外～神句所☒

☆褉

見本部褔字條。

☆槐

見卷九鬼部鬼字條。

☆禪

　葛卜・零 190/☒ 之日～☒

☆稴

見本部禀字條。

☆裇

　葛卜・乙三 5/☒〔不〕瘥（懌）之古（故），忻（祈）福於司褔（禍）、司～、司骩各一痒（牂）☒

☆褑

見卷七禾部稷字條。

☆縏

　葛卜・零 127/☒ ～胛☒

☆襦

　葛卜・乙二 42/☒ 亥之日瞥（皆）～（薦）之，吉☒

三　部

三

　葛卜・乙四 35/☒ 郜聯爲君貞，才（在）郢爲～月，尚自宜訓（順）也。酓占之：亡（無）

　葛卜・乙四 151/☒ ～乘，尚吉。占之：吉。癸☒

　葛卜・零 693/☒ ～羍（驛）☒

　葛卜・乙三 41/☒ 玉，塑禱於～楚洗（先）各一痒（牂），瑗（瓔）之卦〔玉〕☒

　葛卜・甲三 214/☒ ☐歔（就）禱～楚先屯一牂，綏（纓）之卦玉；歔禱☐☐☒

葛卜·乙一 17/還（就）禱～楚先屯一痒（牂），瑗（瓔）之玉

 葛卜·乙四 109/☒己未之日，歚（就）禱～殜（世）之殤（殤）☒

 葛卜·甲三 191/☒以至十月，～月☒

 葛卜·甲三 105/☒薦（薦）～楚先，客☒

 葛卜·乙四 26/☒～楚先、坓（地）宔（主）、二天子、郇山、北〔方〕☒

 葛卜·乙三 31/☒□臺（就）禱～楚☒

 葛卜·零 314/☒之，還（就）禱～楚☒

 葛卜·乙四 98/☒八月乙卯之日，鄭卜子悆以畕頁之瓏爲君～歚（歲）貞☒

 葛簿甲·甲三 224/或受～臣，二赤☒

 葛簿甲·甲三 206/☒～赤。王孫達受一臣，又～赤

 葛簿甲·甲三 90/☒八十臣又～臣，又一刵，豹、鳶（雁）首☒

 葛簿甲·甲三 254/☒……～赤，又刵……☒

 葛簿甲·甲三 255/☒～人之歔□☒

 葛簿乙·甲三 320/䜈（許）智（智），䜈（許）智（智）之述（遂）刵於盬取～貏（貕），禱～豕☒

 葛簿乙·甲三 334/闉（關）郇～祉（社）～豕☒

 葛簿乙·甲三 329/苟～祉（社）☒

 葛簿乙·甲三 372/☒～祉（社）禱～豕

 葛簿乙·甲三 404/☒一獵，刵於窮鴣、解溪～貏（貕），～☒

  葛簿乙·零 345/☒□素自中，刵～☒

 葛簿乙·甲三 408/☒奎丘，～貏（貕），禱☒

 葛簿乙·乙四 90/郇一襖一牛，～祉（社）☒

 葛簿乙·乙四 137、甲三 360/☒斗句逾～貏（貕），禱～豕。未內☒

 葛簿乙·甲三 285/☒里二獵、～豕。丌（其）國□～祉（社），上☒

 長竹書 1-03/教言～歚（歲）

 長竹書 1-005/〔君〕子之道必若五浴之〔溥〕，～

 長竹書 1-006/民則夜皆～代之子孫

 長竹書 1-029/亞（惡），不智（智）丌（其）賊。～

 長竹書 1-037、1-060/☒～杏（本）一子時

 長竹書 1-055/～□□

 長遣策 2-011/～彤旂（旀）

　 長遣策 2-014/一柔（承）㶡（燭）之䀌（盤）。～□

長遺策 2-018/樂人〔之〕器：一〔樂〕坐𣏓（棧）鐘，少（小）大十又～，柅條，𥿤（漆）劃，金玥

長遺策 2-03/～𥿤（漆）瑟，絑

王　部

王

葛卜·甲三 1/我～於林丘之歔（歲）九月☐

葛卜·甲三 128/☐〔無〕咎，又（有）㪝（祟）見於卲（昭）～☐

葛卜·乙四 110、117/☐少迲（遲），迷（速）從郢埅（來），公子見君～，尚悗（怡）懌，毋見☐

葛卜·乙四 44/☐君貞，既才（在）郢，牆（將）見～，還返毋又（有）咎。𧻚𧾐☐

葛卜·乙三 42/☐飤。是日祭～孫厭一冡，酉（酒）食☐

葛卜·乙四 54/～復於藍郢之〔歲〕☐

葛卜·甲三 297/～復於藍郢之〔歲〕☐

葛卜·零 421/～復於藍〔郢之歲〕☐

葛卜·零 670/～復於☐

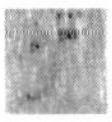

葛卜·乙四 23/☐〔占〕之：卦亡（無）咎。中兂（幾）君～又（有）亞（惡）於外☐

葛卜·零 47/☐～☐☐兂（幾）☐

葛卜·甲三 43/☐黃佗占之：卦亡（無）咎。未及中兂（幾）君～☐

葛卜·甲三 217/齊客陳異至（致）福於～之歔（歲）獻馬之月乙丑之日

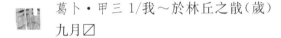
葛卜·乙四 96/☐以卦玉，眀（荊）～臺（就）臬（禱）眀牢卦，文～以徧（逾）臺（就）禱大牢卦

葛卜·甲三 27/齊客陳異至（致）福於～之歔（歲）獻☐

葛卜·甲三 33/齊客陳異至（致）福於～之歔（歲）獻馬之月，稣黿以龙竃爲君�141（卒）歔（歲）☐

葛卜·甲三 20/齊客陳異至（致）福於～〔之〕歔（歲）獻☐

葛卜·零 165、19/齊客陳異至（致）福於～之歔（歲）獻（獻）☐

葛卜·甲三 272/齊客陳異至（致）福於～之歔（歲）☐

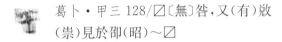
葛卜·甲三 5/☐□㮣䆘（賽）禱於眀（荊）～以徧（逾），訓（順）至文～以徧（逾）☐

葛卜·零 214/☐〔齊客陳異致福於〕～之歔（歲）獻馬之月乙買（亥）之日☐

葛卜·乙四 12/☐一精，臺（就）禱卲（昭）～、蕙（惠）～，屯☐

葛卜·甲三 240/～自肥遺郢遟（徙）於鄩郢之歔（歲），亯月☐

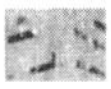

葛卜·乙一 18/～遟（徙）於敔（鄩）郢之歔（歲）夏㮣（柰）之月乙巳之日，湣瞀以陵☐

葛卜・乙一 26、2/～遅（徙）於敔（鄦）郢之散（歲）亯月己巳之日

葛卜・乙二 1/☐□舉禱於卲（昭）～大牢，樂之，百，贛☐

葛卜・乙一 16/～遅（徙）於敔（鄦）郢之散（歲）亯月己巳之日，公子虨命諸生以衛箄

葛卜・零 361/☐〔昭〕～、惠〔王〕☐

葛卜・零 313/☐是日祭～孫□☐

葛卜・乙三 24/☐祭～孫厴☐

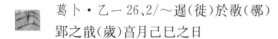 葛卜・甲三 213/☐户、門。又（有）祝（祟）見於卲（昭）～、蕙（惠）～、文君、文夫人、子西君。敳（就）禱☐

（上殘）葛卜・零 40/☐～大牢，百之，贛。壬厴（辰）之日禱之☐

葛卜・乙三 28/☐舉良之敓（說）。舉禱於卲（昭）～、斉（文）☐

葛卜・乙一 20/～遅（徙）於敔（鄦）郢之散（歲），夏蒅（栾）

葛卜・乙四 67/～遅（徙）於敔（鄦）郢之散（歲），夏〔栾〕

葛卜・甲三 225、零 332 - 2/～遅（徙）於敔（鄦）郢之散（歲），夏蒅（栾）之月乙巳之日☐

（右殘）葛卜・零 79/☐～暹（徙）於敔（鄦）

葛卜・甲三 299/～遅（徙）於敔（鄦）郢之散（歲），夏蒅（栾）之月癸丑☐

葛卜・甲三 204/～遅（徙）於敔（鄦）郢之散（歲），夏蒅（栾）之月癸嬛（亥）之日

葛卜・甲三 241/☐樂之。占之：吉。惠～

葛卜・甲三 344 - 1/☐痽，又（有）祝（祟）。以丌（其）古（故）敓（說）之。舉禱卲（昭）～、文君☐

葛卜・甲三 209/☐競坪～大罩（牢）饋，迣（棧）鐘樂之。邀（迻）睸

（上殘）葛卜・甲三 183 - 2/～遅（徙）於敔（鄦）郢之散（歲）☐

葛卜・甲二 21/☐～爲坪夜☐

葛卜・甲三 159 - 2/～遅（徙）於敔（鄦）郢之散（歲），夏蒅（栾）之月☐

葛卜・乙四 15/〓〓〓（遁 謙）。～遅（徙）於敔（鄦）郢之散（歲），夏蒅（栾）☐

葛卜・甲三 280/☐競坪～以逾，至☐

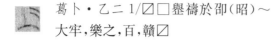 葛卜・甲一 21/☐箄爲君貞，忻（祈）福於卲（昭）～、獻（獻）惠～、柬大～☐

葛卜・甲二 6、30、15/～遅（徙）於敔（鄦）郢之散（歲）八月丁巳之日，盬壽君以吳夏〔之〕☐

葛卜・乙一 12/～遅（徙）於敔（鄦）郢之散（歲）夏蒅（栾）之月乙巳之日

（右殘）葛卜・甲一 3/～遅（徙）於敔（鄦）郢之散（歲）八月丁巳之日，雁愴以大央爲坪☐

葛卜・甲三 258/～遷（徙）於敔（鄗）
鄝之散（歲）八月丁巳之日，鄅（應）愴
以大央☐

葛卜・乙四 47/～遷於嘿鄝之

葛卜・零 112/～遷於☐

葛卜・零 301、150/☐郘（荆）
～、文～，以逾至文君，巳解☐☐

葛卜・零 445/☐卲（昭）～、文☐

葛卜・零 546、687/☐於文～、☐☐☐

葛卜・乙四 121/☐君～，定占之☐

葛卜・甲三 259/～遷（徙）於墊（鄗）
鄝之散（歲）

（右殘）葛卜・乙四 126/☐月辛酢（酉）
之日西陵執事人台君～☐

葛卜・乙一 6/☐敓（祟）見於卲（昭）
～、斉（文）君、斉（文）夫人、子西君。
是☐

葛卜・乙一 29、30/昪禱於卲
（昭）～、獻（獻）惠～各大牢饋，膡
（棧）☐

葛卜・甲三 215/～遷（徙）於鄝（鄗）
鄝之散（歲）八月己巳之日

葛卜・乙四 66/～遷（徙）於鄝（鄗）鄝
之散（歲）☐

葛卜・甲三 223/～〔徙〕於鄝鄝之散
（歲）八月己巳之日，鄅建以☐☐

葛卜・甲三 212、199－3/☐瘳（瘥）。
以亓（其）古（故）敓（說）之。遻（逐）醯
猪之敓，饓祭卲（昭）～大牢，膡（棧）鐘
樂之。鄭☐

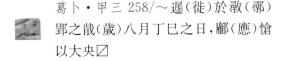葛卜・甲三 137/册告自斉（文）
～以臺（就）聖趄～，各束緂（錦）珈
（加）璧

葛卜・零 49、62/～遷（徙）☐

葛卜・甲一 5/☐之曰：吉，無咎。又
（有）敓（祟）見於卲（昭）～、獻（獻）惠

葛卜・乙一 21、33/☐～、
斉（文）君。舉禱於卲（昭）～獻（獻）惠
～、斉（文）君各一備（佩）玉。辛未之
日禱之☐

葛卜・甲三 2/☐咎。又（有）敓（祟）
見於卲（昭）～、文☐

葛卜・甲三 161/☐壬午之日祭卲
（昭）～☐

葛卜・甲三 201/擇日於八月膡（棧）
祭競坪～，以逾至斉（文）君，占之：吉

葛簿甲・甲三 206/☐三赤。～孫達
受一臣，又三赤

葛卜・乙四 2/～遷（徙）於鄝鄝之

葛卜・零 677/～遷（徙）☐

葛卜・零 25/～遷（徙）於鄝（鄗）☐

（右殘）葛卜・零 507/～遷（徙）☐

葛卜·零 274/～遲（徙）☑

 葛卜·甲三 83/☑〔祝〕融、穴〔熊〕、卲（昭）～、獻〔惠王〕☑

 葛卜·甲三 267/☑佚占之曰：吉。冊告自酓（文）～以遺（就）聖趄〔王〕☑

 葛卜·零 111/☑卲（昭）～、酓（文）君各大牢☑

 　葛卜·甲三 69/之，賡於競坪～、卲（昭）～☑

 葛卜·零 395/☑坪～☑

 葛卜·零 629/☑～傑☑

 葛卜·零 350/☑～☑

 葛卜·零 119/☑□～各一□☑

 葛卜·零 436/☑卲（昭）～□☑

 葛卜·零 505/☑～自☑

 葛卜·零 498/～遲（徙）於敔（鄩）邡〔之歲〕☑

 葛簿甲·甲三 221/～遲（徙）於鄩（鄩）邡之歔（歲）八月庚唇（辰）之日，所受盟於

 葛簿乙·甲二 14、13/～遲（徙）於鄩（鄩）邡之歔（歲）八月辛彤（酉）之日，東☑

 葛簿乙·乙三 23/☑□鬃之里一豙，鄈里一豴，～☑

 葛簿乙·甲三 250/～虘二袿（社）一豴、一豙，既於☑

 葛未·零 250/☑～元年☑

 （下殘）葛未·零 666/☑祭～☑

 （右殘）葛未·零 676/☑～文☑

 長竹書 1-007/昜（狄）之鄙（聞）之於先～之瀍也

皇

 長遣策 2-025/丌（其）木器：十～豆，屯塗（漆）彤，厚奉之〔砼〕

 長遣策 2-026/～脛二十又五，□脛二十〔又〕五，屯〔塗（漆）〕劃

玉　部

玉

 葛卜·甲三 52/☑咎□□□禱陛（地）宝（主）一痒（牂），備（佩）～卦，以□至室□☑

 葛卜·甲三 111/☑之日鳶（薦）大（太）一犆，緌（縷）之以卦～，旂（祈）之

 葛卜·乙四 96/☑以卦～，酊（荆）王豪（就）槀（禱）酊牢卦，文王以愈（逾）豪（就）禱大牢卦

葛卜·甲三 4/大（太），備（佩）～ 卦，
罨日於是兒（幾），竆（賽）禱司命、司录
（禄）☐

葛卜·零 219/☐備（佩）～ 卦，罨日於
☐☐

葛卜·乙四 43/☐夏屄、亯月竆（賽）
禱大水，備（佩）～ 卦。罨日於屈夽

葛卜·零 57/☐～ 一璧☐

葛卜·乙三 41/☐～，罨禱於三楚祱
（先）各一痒（牂），瑗（瓔）之卦〔玉〕☐

葛卜·甲三 166、162/☐罨禱於二天
子各兩痒（牂），瑗（瓔）之以卦～

葛卜·甲三 214/☐☐歗（就）禱三楚
先屯一牂，緵（纓）之卦～；歗禱☐
☐☐

葛卜·乙一 17/遠（就）禱三楚先屯一
痒（牂），瑗（瓔）之卦～

葛卜·乙二 23、零 253/☐兩痒（牂），
瑗（瓔）之卦～。壬屄（辰）之日禱
之☐

葛卜·乙四 97/☐宔（主）與司命，襢
（就）禱璧～ 卦☐

葛卜·乙一 24/融、空（穴）酓（熊）各
一痒（牂），緵（纓）之卦～。壬屄（辰）
之日禱之☐

葛卜·甲三 170/☐痒（牂），緵（纓）之
卦～。定占之曰：吉☐

葛卜·甲二 10/☐聿（盡）緵（纓）以卦
～，旂（祈）☐

葛卜·甲三 137/☐罨禱備（佩）～，各
羿璜

葛卜·甲一 4/☐屌（厭）禱一勮。歸
備（佩）～ 於二天子各二璧，歸☐

葛卜·甲二 2/☐痒（牂），緵（纓）之以
〔卦〕～ 罳☐

葛卜·乙一 21、33/☐王、峇（文）君。
罨禱於卲（昭）王獻（獻）惠王、峇（文）
君各一備（佩）～。辛未之日禱之☐

葛卜·甲三 81、182 - 1/☐一勮，歸備
（佩）～ 於二天子，各二

葛卜·乙三 44、45/☐備（佩）～，於郚
山一珽璜，☐☐

葛卜·甲三 237 - 1/☐罨禱一乘大迖
（路）黃軯，一觕～ 夏☐☐

葛卜·甲三 121/☐〔平〕夜文君各一
～☐

葛卜·乙三 32/☐或以義（犧）生、璧
～☐

長竹書 1 - 033/丌（其）金～，民乃

璿（璬）

葛卜·乙一 13/或罨禱於盅武君、命
尹之子～（璿）各大牢，百☐

璧（璧、瑞）

璧

葛卜·零 371/☐一～☐☐

（下殘）葛卜·零 57/☐玉一～☐

（下殘）葛卜·零 727/☐珈（加）～☐

葛卜·甲三 136/☐～，以罷禱大牢
饋，腄（棧）鐘樂之，百之，贛

葛卜・甲三 163/八月辛巳之夕歸一
～於☑

 葛卜・乙四 14/禱北方一精,先之一
～,敫(就)☑

 葛卜・零 207/☑弭元龜、箬(筮)、義
(犧)牲,珪～唯□☑

 葛卜・乙三 32/☑或以義(犧)生、～
玉☑

 葛卜・乙三 50/☑生之敚(說),歸一
～☑

 葛卜・甲三 142－1/☑选(先)之一
～☑

 葛卜・零 188/☑以一～,既☑

 葛卜・乙二 38、46、39、40/☑……一
青義(犧),〔先〕之一～

 葛卜・乙二 38、46、39、40/墾禱於埅
(地)宔(主)〔一〕青義(犧),先之一～

 葛卜・甲一 11/☑忻(祈)福於北方,
墾禱一備(佩)～☑

 葛卜・甲三 181/☑～。占之:甚吉

 葛卜・乙一 13/睿(文)夫人,墾禱各
一備(佩)～

 葛卜・甲三 137/册告自睿(文)王以
䜴(就)聖趄王,各束綵(錦)珈(加)～

 葛卜・零 397/☑珈(加)～,以☑

 葛卜・乙四 97/☑宔(主)與司命,禮
(就)禱～玉牪☑

 葛卜・甲一 4/☑䰞(厭)禱一勠。歸
備(佩)玉於二天子各二～,歸☑

 葛卜・甲三 171/～,□☑

 葛卜・甲三 99/犧馬,先之以一～,边
而逗(歸)之

瑞

 長遺策 2－010/一青尻(處)□之～
(璧),坒(徑)四斧(寸)□斧(寸)

璜

 葛卜・甲三 137/☑墾禱備(佩)玉,各
羿～

 葛卜・乙三 44、45/☑備(佩)玉,於郋
山一珽～,□☑

珥

 葛卜・甲三 207/～、衣常,戲(且)祭
之以一豬於東陵。占之:吉☑

 葛卜・甲三 269/☑～、衣常,戲(且)
祭之以一豬於東陵,占☑

 長遺策 2－02/一司翠～

 長遺策 2－02/一司齒～

玩

 (右殘)葛卜・零 272/☑～,己未☑

瑤

 葛卜・零 187/～命鄝(許)☑

 葛卜・零 171/☑之日～☑

靈(霝、蕭)

霝用作靈。見卷十一雨部霝字條。

蕭用作靈。見本卷艸部蕭字條。

珈

 葛卜·零 727/☑～(加)璧☑

 (右殘)葛卜·乙四 139/☑一勑,北方
耳槗(禱)乘良馬,～(加)〔璧〕☑

 葛卜·甲三 137/冊告自吝(文)王以
𩪾(就)聖趄王,各束緓(錦)～(加)璧

 葛卜·零 397/☑～(加)璧,以☑

☆玬

 長遣策 2-018/樂人〔之〕器:一〔樂〕
坐𦱒(棧)鐘,少(小)大十又三,柅條,
劀(漆)劃,金～

☆珢

 葛卜·乙三 44、45/☑備(佩)玉,於郎
山一～璜,☑☑

☆琦

 長遣策 2-012/亓(其)木器:八方～。
二十豆,屯

☆璮

 長遣策 2-07/亓(其)～

 長遣策 2-010/一☑☑☑,又(有)
☑☑,亓(其)〔～〕:一少(小)鐶,乭
(徑)二〔夻(寸)〕

☆瓔(瑗)

瑗

 葛卜·乙三 41/☑玉,舉禱於三楚詵
(先)各一痒(牂),～(瓔)之紏〔玉〕☑

 葛卜·甲三 166、162/☑舉禱於二天
子各兩痒(牂),～(瓔)之以紏玉

 葛卜·乙二 22/☑命一痒(牂),～
(瓔)之以〔紏玉〕☑

 葛卜·零 587、598、569/☑一痒(牂),
～(瓔)☑

 葛卜·乙一 17/遠(就)禱三楚先屯一
痒(牂),～(瓔)之玉

 葛卜·乙二 23、零 253/☑兩痒(牂),
～(瓔)之紏玉。壬脣(辰)之日禱之☑

士　部

☆切

 葛卜·零 115、22/☑☑。䷗䷖(同人
比)。是嬴(臝)～而口亦不爲大訽,勿
卹,亡(無)咎☑

｜　部

中(中、宋)

中

 葛卜·乙四 95/☑～,君又行,君又
子,迺(將)慼之,弗卹也。䷁䷀(坤
姤)。習之以衛☑

葛卜・乙四 23/☑〔占〕之：卦亡(無)咎。～覎(幾)君王又(有)亞(惡)於外☑

葛卜・甲三 270/亡(無)故(祟)，覎(幾)～又(有)外齋(喪)☑

葛卜・甲三 43/☑黄佗占之：卦亡(無)咎。未及～覎(幾)君王☑

葛卜・乙四 136/☑壯～尚大筈，占☑

葛卜・零 336、341/☑卦亡(無)咎，畿(幾)～☑

葛卜・甲三 339/☑睪日八月之～脃(棧)☑

葛卜・零 236、186/☑車，鄭公～、大司馬子砺、郗(宛)公☑

葛卜・甲三 17/☑占～無咎，又(有)閒(間)☑

葛卜・零 28/☑～無咎，牆(將)☑

葛卜・零 497/☑〔占〕之：卦亡(無)咎，〔期〕～☑

葛簿乙・甲三 275/☑大邑以牛；～邑以豢；少(小)☑

葛簿乙・甲三 179/～春竽我之里一冢☑

(右殘)葛簿乙・零 30/～楊里人☑

葛簿乙・零 345/☑□素自～，肭三☑

审

葛卜・乙一 8/☑室～(中)戠(特)☑

葛卜・甲三 303/☑之祝(説)。戠(擇)日於八月之～(中)賽禱☑

葛卜・甲三 236/吉。酓之～(中)疾☑

葛卜・甲三 14/☑～(中)戠(特)牛，樂之。豪(就)禱☑

葛卜・乙四 134/☑□擇之囿(牢)～(中)，晉□爲酓相之敀(昭)告大☑

中　部

屯

葛卜・乙四 12/☑一精，豪(就)禱卲(昭)王、蕙(惠)王，～☑

葛卜・甲三 214/☑□戠(就)禱三楚先～一羘，緩(纓)之卦玉；戠禱□□☑

葛卜・乙一 28/遠(就)禱霝(靈)君子一豬，遠(就)禱門、户～一劜(殺)，遠(就)禱行一犬

葛卜・乙一 17/遠(就)禱三楚先～一痒(羘)，瑗(瓔)之玉

葛卜・甲三 35/☑〔老〕童、祝融、穴熊芳～一☑

葛卜・零 335/☑二天子～

長遣策 2－01/二囿(圓)監，～青黄之劃

長遣策 2－05/〔卻(漆)，～〕四鈇(鋪)頁，又(有)

長遣策 2－05/〔鑲。竹〕器：十笑(簀)，～赤綿之帽

長遣策 2-06/四十笑（簨），～紫緻之
帽,紫緻之□

長遣策 2-09/二方濫（鑑），～彫裏

長遣策 2-013/七見褪（鬼）之衣,～
又（有）常

長遣策 2-011/二牺白膚,～爵韋之
襋（韜）,紃

長遣策 2-012/〔寒（集）腥（廚）〕之
器:十〔醩〕垪,～又（有）盍（蓋）

長遣策 2-012/亓（其）木器:八方琦。
二十豆,～

長遣策 2-014/一辻缶,一湯鼎,～又
（有）盍（蓋）

長遣策 2-014/二銅（鉼），～又（有）
盍（蓋）

長遣策 2-017/亓（其）木器:一翀
（漆）槖,〔四〕銖（鋪）頁,～又（有）鐶

長遣策 2-020/二疋桱（桱），～□彫,
八金足

長遣策 2-023/一帚（寢）笑（莞），一
帚（寢）篗（筳），～結芒之純

長遣策 2-023/六簡（篋）篗（筳），～
綐（錦）純

長遣策 2-024/二□□,～緻帽

長遣策 2-024/二牪□,～又（有）盍
（蓋）

長遣策 2-024/四䜌（合）鈘,一鵀
（錯）鈘,～又（有）盍（蓋）

長遣策 2-025/十□,～又（有）〔鈘〕

長遣策 2-025/亓（其）木器:十皇豆,
～翀（漆）彫,厚奉之〔硁〕

長遣策 2-025/二槖,～

長遣策 2-026/皇脛二十又五,□脛
二十〔又〕五,～〔翀（漆）〕劃

長遣策 2-029/百善米,紫緻百裹
（囊）,米～緻帽

艸　部

芋

長遣策 2-01/□□□器:二～（華）瓟
（壺）

長遣策 2-022/□□,番～（華）之□

藍

葛卜・乙四 54/王復於～鄸之〔歲〕□

葛卜・甲三 297/王復於～鄸之〔歲〕
□

葛卜・乙四 63、147/□〔王復於〕～鄸
之散（歲）冬祭（欒）之月丁嬛（亥）之
日,鄭痎以駁䨄爲君□

葛卜・零 294、482、乙四 129/□〔王〕
復於～鄸之散（歲）冬祭（欒）之月丁嬛
（亥）之日,鼀尹〔丹〕□

（下殘）葛卜・零 421/王復於～〔鄸之
歲〕□

（下殘）葛卜・零 633、634/▨～▨

（下殘）葛卜・零 416/▨～饀▨

蘭

長竹書 1-024/猶芑～㬝。敓（播）者

苕

葛卜・甲三 42/▨蔓～受女於楚之戡（歲）親禜（欒）之月丁酉之日▨

長遺策 2-028/～炭罌

茅

葛簿乙・甲三 378/～丘一冢▨

莞（笑）

笑用作莞。見卷五竹部笑字條。

蔓

葛卜・甲三 42/▨～苕受女於楚之戡（歲）親禜（欒）之月丁酉之日▨

葛簿乙・零 317/～丘一冢

葛（劀）

劀用作葛。見卷四刀部劀字條。

蘦

葛卜・甲三 215/盬痁以駝～為坪夜君貞，既心

芒

葛卜・零 338、零 24/丌（其）祼（社）襫，～祼（社）命蠱（癹）▨

葛簿乙・甲三 364/～、廊二黏（䝏），禱二冢▨

長遺策 2-023/一帚（寢）笑（莞），一帚（寢）篗（筵），屯結～之純

兹（邥）

邥用作兹。見卷六邑部邥字條。

苟

葛簿乙・甲三 329/～三祼（社）▨

蔡（鄒）

鄒

葛卜・零 660/～（蔡）□▨

蔪

葛簿乙・甲三 418/▨於～丘一黏（䝏），禱▨

薄

見卷十一水部泊字條。

芳

葛卜・甲三 35/▨〔老〕童、祝融、穴熊～屯一▨

蓋（盍、箊）

盍用作蓋。見卷五皿部盍字條。

箊用作蓋。見卷五竹部箊字條。

若

 　葛卜·甲三 31/☐丌（其）縣曰：是日未兌，大言讘讘（絶），少（小）言惙惙，～組～結，夂（終）以☐☐

　葛卜·甲三 61/成啟（敢）甬（用）解訛（過）瘳（釋）戗（尤），～

　長竹書 1－005/〔君〕子之道必～五浴之〔溥〕，三

　長竹書 1－048/～沍

茵（裀）

裀用作茵。見卷八衣部裀字條。

折

　葛卜·甲一 7/☐葟（衛）篔，忻（祈）福於祅（太），一羍（驊）牡（牢）、一熊牡（牢）；司戠、司～☐

　葛卜·零 266/☐～、公北、司命、司褙（禍）☐

苟（句）

句用作苟。見卷三句部句字條。

苣

　長竹書 1－024/猶～蘭擧。敡（播）者

春

　葛簿乙·甲三 179/中～竿我之里一冢☐

芺

　長遣策 2－029/二～（簞）〔和（梁）。四〕☐☐☐

☆若

見卷七巾部席字條。

☆荊（畃）

畃用作荊。見卷十三田部畃字條。

☆莆

　葛簿乙·甲三 355/～泉一冢，覻於栗溪一豻（猳），禱一冢☐

☆萴

　長遣策 2－027/一～☐

☆蒿

　葛卜·乙一 26、2/牉（將）逾取～，還

　葛卜·甲一 12/爲君貞，牉（將）逾取～，還返尚毋又（有）咎。生占之曰：䣜☐

　(右殘)葛卜·乙四 9/☐渚汦（沮）、章，扱（及）江，走（上）逾取～☐

☆幕

長遣策 2－021/一～

☆菉

葛卜・乙三 7/▢～滺諸生以長篿爲君貞,既▢

☆蒂

葛未・零 381/▢～▢

☆蒒

(疑爲蒒字)葛簿乙・甲三 390/～丘一豬,跙〔於〕經寺一豻(貒),禱一豕▢

☆蓋

葛簿乙・乙四 94/▢～丘之▢

葛簿乙・甲三 346－2、384/墮無龍之述(遂)跙於～丘,寞二豻(貒),禱二豕▢

☆蓄

葛簿乙・甲三 411、415/▢豕,跙於上～一豻(貒),禱▢

葛簿乙・甲三 410/下～一▢

☆蘽

葛簿乙・甲三 312/奠(鄭)視之述(遂)跙於下肜、～,二豻(貒),禱二豕▢

葛簿乙・甲三 325－1/▢～一豢,跙於矞(桑)丘、桐寠(集)二豻(貒)▢

☆蕙

見卷四重部惠字條。

☆蕲

葛未・零 461/▢大～以▢

☆藠

見卷二辵部逐字條。

☆藪

葛卜・乙三 29/▢〔王徙〕於～(鄀)郢之戩(歲)八月辛肜(酉)之▢

☆蘷

(左殘)葛卜・零 467/▢大～□▢

☆苫

(下殘)葛簿乙・甲三 251/袥(社)一豬、四豕。丌(其)國之尨伿舝～▢

茻　部

莫（莫、㒼）

莫

 葛卜・甲三 36/☒大～嚻膓（陽）爲獸（戰）於長城之〔歲〕☒

 葛卜・甲三 296/☒～嚻易（陽）爲、晉帀（師）獸（戰）於長〔城〕☒

㒼

 葛卜・零 9、甲三 23、57/於（嗚）虖悢（哀）哉！少（小）臣成～（暮）生㗊（早）孤☒

卷　二

小　部

少

葛卜·零 302/☑之～多我飤☑

葛卜·零 376/☑以～央☑

葛卜·甲三 135/☑難出，今亦～☑

葛卜·甲三 198、199－2/嘉占之曰：亙貞吉，～

（右殘）葛卜·乙四 110、117/☑～逸（遲），迷（速）從郢埜（來），公子見君王，尚忉（怡）懌，毋見☑

葛卜·乙四 84/☑□毋有咎。占之曰：亙貞吉，～（小）逸（遲）

葛卜·零 179/～（小）逸（遲）癥（瘥）。以丌（其）☑

葛卜·零 201/☑〔占〕之：亙貞亡（無）咎，君身～（小）又（有）

葛卜·甲三 133/☑之月己丑之日，公子命彭定以～（小）龍籠爲☑

葛卜·甲三 10/☑先，～（小）又（有）外言感也，不爲慾（尤）。君牁（將）又（有）志成也☑

葛卜·零 136/☑〔占之〕曰：宜～（小）☑

葛卜·甲三 31/☑丌（其）繇曰：是日未兌，大言讘讘（絶），～（小）言惙惙，若組若結，夂（終）以□☑

葛卜·甲三 16/☑～（小）臣成迷（速）瘳，是☑

葛卜·甲三 172、乙三 19/☑癸丑之日，彭定以～（小）寵（龍）籠爲☑

葛卜·乙三 38/☑丑之日，彭定以～（小）寵（龍）籠爲☑

（右殘）葛卜·乙三 43/以～（小）寵（龍）籠爲君貞，怀（背）

葛卜·乙二 3、4/☑吉。疾遬（速）敓（損），～（小）逸（遲）恚（蠿）癥（瘥）。以丌（其）古（故）敓（説）☑

葛卜·甲三 22、59/罷日癸丑，～（小）☑

葛卜·零 198、203/有祝（祟）見于大川有沿，～（小）臣成敬之瞿

葛卜·零 9、甲三 23、57/於（鳴）虖（嗚）悕（哀）哉！～（小）臣成薆（暮）生暴（早）孤☑

葛卜·甲三 64/☑□～（小）臣成奉遺（害）戲（虐）☑

葛卜・甲三 21/☐食，卲(昭)告大川有汾。～(小)臣

葛卜・乙四 70/☐～(小)臣成拜手稽首，敔(敢)甬(用)一元☐

葛卜・甲三 204/彭定以～(小)尨麓☐

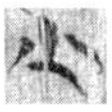
葛卜・甲一 25/☐褚公子虩命彭定以～(小)冟(尨)醠爲君貞，既怀(背)☐

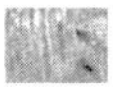
葛卜・甲二 5/☐之日，褚公子虡(虩)命彭定以～(小)冟(尨)醠爲君貞，既怀(背)☐

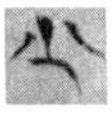
葛卜・乙三 47/☐疾遬(速)敗(損)，～(小)達(遲)恚(蠲)☐

葛卜・甲三 153/☐□□宜～(小)達(遲)叡(且)☐

葛卜・甲二 22、23、24/☐〔王徙〕於鄩(鄩)郢之散(歲)八月丁巳之日，雁(膺)寅以～(小)央爲☐

葛卜・乙二 2/☐毋又(有)咎。☶☷(頤 謙)占之曰：吉，宜，～(小)達(遲)瘋(瘥)。以亓(其)

葛卜・甲三 233、190/鄴～(小)司馬陳覞惩(愆)以白靁(靈)爲君坪夜君貞

葛卜・甲三 12/☐占之曰：吉，義(宜)～(小)疫(瘥)，以☐

葛卜・零 419/咎，～(小)又(有)□☐

葛卜・零 515/☐以～(小)尨☐

葛簿乙・甲三 275/☐大邑以牛；中邑以豢；～(小)☐

長遣策 2－06/〔～(小)筭〕十又二

長遣策 2－010/一□□□，又(有)□□，亓(其)〔瑚〕：一～(小)鐶，巠(徑)二〔夯(寸)〕

長遣策 2－015/尃(博)一夯(寸)〔～〕夯(寸)，厚釮(錙)夯(寸)

長遣策 2－013/一～(小)墾笄

長遣策 2－018/樂人〔之〕器：一〔槃〕坐𦙶(棧)鐘，～(小)大十又三，柅條，㯃(漆)劃，金玐

長遣策 2－018/一槃〔坐〕□□，〔～(小)〕大十又九，柅條，㯃(漆)劃，緄維

長遣策 2－022/～(小)襄(囊)糗(糗)四十又八

八 部

八

葛卜・乙四 106/☐□～月又(有)女子之貴，九月、十月又(有)外□☐

葛卜・乙三 60、乙二 13/☐巳之昏廌(薦)虘禱之陛(地)宔(主)，～月辛酉☐

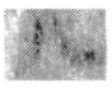
葛卜・甲三 26/散(歲)～月己未之日，鹽券以長☐

葛卜・甲三 215/王遅(徙)於鄩(鄩)郢之散(歲)～月己巳之日

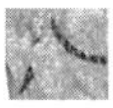
葛卜・甲三 223/王〔徙〕於鄩郢之散(歲)～月己巳之日，鄭建以□☐

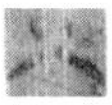
葛卜・零 530/☐～月☐

葛卜・零 305/☐自～☐

葛卜・零 194/散（歲）～☐

葛簿甲・甲三 221/王遲（徙）於鄝（鄢）郢之散（歲）～月庚唇（辰）之日，所受圖於

長遣策 2－020/二疋桱（桱），屯☐彫，～金足

長遣策 2－012/丌（其）木器：～方琦。二十豆，屯

長遣策 2－022/少（小）襄（囊）糗（糗）四十又～

長遣策 2－028/～聚（盟）僮

長遣策 2－016－2/☐〔眡〕～益剴〔益〕一朱（銖）

尚

葛卜・甲三 107/☐☐貞，七月至冬鞣（欒）之月～☐

葛卜・乙四 103/☐以龙電爲君采（卒）散（歲）之貞，～毋☐

葛卜・乙四 110、117/☐少逞（遲），迷（速）從鄩垰（來），公子見君王，～忉（怡）懌，毋見☐

葛卜・乙四 35/☐郘鑠爲君貞，才（在）郢爲三月，～自宜訓（順）也。醫占之：亡（無）

葛卜・乙四 85/☐長篡爲君采（卒）散（歲）貞，居郢～毋又（有）咎。魂占☐

葛卜・零 63/☐～果見☐

葛卜・乙四 151/☐三乘，～吉。占之：吉。癸☐

葛卜・甲三 38/☐～毋又（有）咎。占☐

葛卜・乙四 122/〔爲〕君集散之貞，～毋又（有）咎。占曰：𦤝亡（無）咎，君牆（將）喪祂，又（有）火戒，又（有）外☐

葛卜・乙四 100、零 532、678/居郢，還反（返）至於東陵，～毋又（有）咎

葛卜・乙四 136/☐杜中～大筜，占☐

葛卜・甲三 229/☐還返～毋又（有）咎。〔占〕之：𦤝亡（無）咎。未☐

葛卜・零 169/返～☐

葛卜・甲一 12/爲君貞，牆（將）逾取蒿，還返～毋又（有）咎。生占之曰：𦤝☐

葛卜・甲三 143/☐～毋爲蚘（尤）。諸生占之☐

葛卜・甲三 117、120/鞣（欒）之月以至垈（來）散（歲）之夏鞣（欒），～毋又（有）大咎

葛卜・乙一 9、乙二 17/之月～毋又（有）咎，窮（躬）身～自宜訓（順）。定☐

（上殘）葛卜・零 148/☐～敘故（拈）☐

葛卜・零 221、甲三 210/以痄（胖）瘑（脹）、心悗（悶），采（卒）散（歲）或至夏鞣（欒）之月～☐

葛卜・甲三 114、113/既又（有）疾，～遴（速）癥（瘥），毋又（有）☐

葛卜・零 121/☐又疾～遴（速）

葛卜・甲三 194/☐君貞，既又（有）疾，～遬（速）瘥（瘥），毋又（有）咎

葛卜・甲一 24/☐疾，～遬（速）瘥（瘥）

葛卜・乙一 31、25/自夏祭（祭）之月以至冬祭（祭）之月，聿（盡）七月～毋又（有）大☐

葛卜・乙一 19/自夏祭（祭）之月以至坓（來）戠（歲）夏祭～毋又（有）大咎。洍〔瞖〕☐

葛卜・甲二 33/☐瘳（悶），～母又（有）咎☐

葛卜・零 275/☐祭（祭）之月～

葛卜・零 329/☐君七日貞，～大☐

葛卜・甲一 9/☐又（有）瘳，躬身～☐

葛卜・甲三 184-2、185、222/或爲君貞，以丌（其）不良恵（蠲）瘳之古（故），～毋又（有）祟

葛卜・甲三 165/☐遲去氏（是）尻（處）也，～吉。定占之曰：甚

葛卜・甲三 247、274/毋又（有）大咎，窮（躬）身～自宜訓（順）。占之：亘貞吉，疾遬（速）☐

葛卜・甲三 131/☐疾，骼（脅）疾，以心瘳（悶），～毋死。☐良志☐

葛卜・乙四 40/☐戠（歲）之貞，～毋又（有）咎☐

葛卜・甲三 198、199-2/☐悗（悶），叔（且）瘠不出，以又（有）痞，～遬（速）出，毋爲忧

葛卜・甲三 112/逞（遲）出。▦▦（大過 旅）或爲君貞，以丌（其）逞（遲）出之古（故），～毋又（有）祟

葛卜・乙二 35、34/☐又（有）大咎，窮（躬）身～自宜訓（順）。定占☐

葛卜・零 685/☐～☐

葛卜・零 129/☐～購之☐

葛卜・乙四 22/☐～毋死。占之：不死

葛卜・甲三 58/☐午之日～毋癀（續）。占之：亘☐

葛卜・乙四 60/☐陵，～毋又（有）☐

葛卜・甲三 62、63/☐～毋又（有）咎。貞無☐

（下殘）葛卜・零 475/☐瘳（悶），～☐

（上殘）葛卜・零 65/☐～自宜訓（順）☐

葛卜・零 233-2/☐之月～☐

葛卜・甲三 302/☐▦▦（咸 剝）。～毋☐

葛卜・零 626/～毋

葛卜・零 210-1/☐～毋☐

（上殘）葛卜・零 55/☐～毋又（有）咎☐

（上殘）葛卜・零 144/☐～毋☐

葛卜・甲三 127/☐疾，～迷（速）☐

葛卜・零 521/戠～毋又☐

(左殘)葛卜・零543/⧄日～毋⧄

介

長遣策2－013/一紅～之留衣,帛裏,緂倉(合)

公

葛卜・乙四110、117/⧄少迟(遲),迷(速)從郢逨(來),～子見君王,尚怭(怡)懌,毋見⧄

葛卜・甲三133/⧄之月己丑之日,～子命彭定以少(小)尨龍爲⧄

葛卜・乙一32/句鄂～鄭

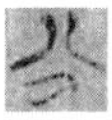
葛卜・乙一15/～北、陛(地)宔(主)各一青義(犧);司命、司禑(禍)各一鼽,與禱曆之。或⧄

葛卜・乙一14/句鄂～奠(鄭)余穀大城邶(兹)竝(方)之戢(歲)屈栾之月癸未〔之日〕⧄

葛卜・零222/⧄〔句鄂〕～鄭途〔穀〕⧄

葛卜・甲三30/⧄□～城鄭之戢(歲)亯月⧄

葛卜・乙一16/王遲(徙)於敦(鄩)郢之戢(歲)亯月己巳之日,～子虩命謠生以衛簟

葛卜・甲一25/⧄禝～子虩命彭定以少(小)冟(尨)黔爲君貞,既伓(背)⧄

葛卜・甲二5/⧄之日,禝～子虡(虩)命彭定以少(小)冟(尨)黔爲君貞,既伓(背)⧄

葛卜・零101/⧄之日,定爲～子⧄

葛卜・零67/古(故),～子爲⧄

葛卜・零236、186/⧄車,鄴～中、大司馬子砌、郈(宛)～⧄

葛卜・零266/⧄折、～北、司命、司禑(禍)⧄

(左殘)葛卜・零161/⧄～北⧄

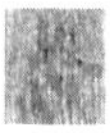
葛簿甲・零495/□□譖(許)～⧄

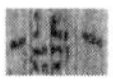
長竹書1－001/〔周～〕戒肰(然)乍(作)色曰

長竹書1－012/虗(吾)瑁(聞)周～

(左殘)長竹書1－074/□周～曰

必

葛卜・甲三160/⧄〔占之〕曰:甚吉。未弐(盡)八月疾～瘨(瘥)

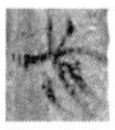
葛卜・甲二19、20/⧄叡(且)君～遲尻(處)安善

長竹書1－005/〔君〕子之道～若五浴之〔溥〕,三

(左殘)長竹書1－073/□〔～〕

余(余、途)

余

葛卜・乙一14/句鄂公奠(鄭)～穀大城邶(兹)竝(方)之戢(歲)屈栾之月癸未〔之日〕⧄

葛卜・零342/⧄奠(鄭)～豰⧄

葛卜・甲三391/⧄奠(鄭)～豰⧄

葛卜・零16/⧄～鐯紅□⧄

葛簿乙・甲三316/司馬魚之述(遂)䏁於獾宗、～疋二牯(豭),禱二⧄

葛簿乙・甲三322/郲～豰之述(遂)䏁於温父、鵅(鳩),二⧄

葛簿乙・甲三406/邱～二⧄

葛簿乙・甲三368/䏁於～城

途用作余。見本卷辵部途字條。

采　部

番

長遣策2-022/□□,～芓(華)之□

釋(瘴)

瘴用作釋。見卷七疒部瘴字條。

牛　部

牛

葛卜・甲三56/⧄戠(特)～,樂之。亯(就)禱户一羊,亯(就)禱行一犬,亯(就)禱門⧄

葛卜・甲三202、205/⧄臺(就)禱子西君戠(特)～。壬脣(辰)之日禱之⧄

葛卜・零147/⧄禱子西君戠(特)～。壬脣之日禱之⧄

葛卜・乙一27/夫人各戠(特)～⧄

葛卜・甲三200/樂之,舉禱子西君、文夫人各戠(特)～饋

葛卜・甲三14/⧄宔(中)戠(特)～,樂之。亯(就)禱⧄

葛卜・乙四145/⧄霝(靈)君子咠丌(其)戠(特)～之禱。奠(鄭)憲占之:卝⧄

葛卜・甲一27/⧄〔樂〕之,百之,贛。舉禱於子西君戠(特)～,樂⧄

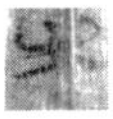
葛卜・零1/～,酉(酒)食。舉禱於⧄

葛卜・零303/⧄戠(特)～。既薦(薦)之於東陵

葛卜・零226/⧄～,占⧄

(右殘)葛卜・甲三243/夏祋戠(特)～、酉(酒)食,舉禱⧄

葛卜・零174/⧄各戠(特)～,酉(酒)〔食〕⧄

葛簿乙・甲三275/⧄大邑以～;中邑以豢;少(小)⧄

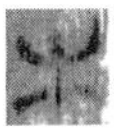
葛簿乙・零383/⧄以～,丘以⧄

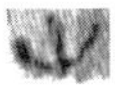
(下殘)葛簿乙・零43/⧄袿(社)一～⧄

葛簿乙・零152/⧄一～⧄

葛簿乙・零 517/☑一～☑

　葛簿乙・零 31/☑一～☑

　(左殘)葛簿乙・零 609/☑一～☑

　葛簿乙・甲三 354/獻(獻)二袿(社)一～、一☑

　葛簿乙・甲三 335/皀一襖一～,五

　葛簿乙・乙四 90/郊一襖一～,三袿(社)☑

　葛簿乙・甲三 341/☑□一襖一～☑

　葛未・零 595/☑～□☑

牡

見本部牢字條。

牲

　葛卜・零 207/☑弨元龜、箁(筮)、義(犧)～、珪璧唯□☑

牢(牢、牧、單、牡、宰、圉、留、瘤)

牢

 　葛卜・乙四 96/☑以卦玉,䭫(荊)王薹(就)槑(禱)䭫～卦,文王以愉(逾)薹(就)禱大～卦

　葛卜・乙二 1/☑□罌禱於卲(昭)王大～,樂之,百,贛☑

　葛卜・零 40/☑王大～,百之,贛。壬脣(辰)之日禱之☑

　葛卜・乙一 29、30/罌禱於卲(昭)王、獻(獻)惠王各大～饋,膡(棧)☑

　葛卜・乙一 13/或罌禱於壚武君、命尹之子䁷(璿)各大～,百☑

　葛卜・甲三 212、199－3/☑瘝(瘥)。以丌(其)古(故)敓(説)之。遬(迻)鹽眚之敓,礜祭卲(昭)王大～,膡(棧)鐘樂之。鄭☑

　葛卜・甲三 136/☑璧,以罷禱大～饋,膡(棧)鐘樂之,百之,贛

　葛卜・甲三 419/☑之,慈福罌禱吝(文)君,大～饋之☑

　葛卜・甲三 86/☑䭫～酉(酒)食,夏夗哉(特)☑

　葛卜・零 111/☑卲(昭)王、吝(文)君各大～☑

　葛卜・零 470/☑～□☑

　葛卜・零 537/☑～☑

牧

　葛卜・乙四 128/☑君、文夫人,昪丌(其)大～(牢),百

單

　葛卜・零 13/☑各大～(牢)饋,延(棧)鐘

　葛卜・甲三 209/☑競坪王大～(牢)饋,延(棧)鐘樂之。遬(迻)晲

　葛卜・甲三 243/☑之,罌禱䭫祂䭫～(牢)、酉(酒)食

葛卜・甲三 261/☑大～(牢)饋，延(棧)鐘樂之

牡

葛卜・零 71、137/☑一熊～(牢)、一羊(驊)〔牡(牢)〕☑

　葛卜・甲一 7/☑衛(衛)篡，忻(祈)福於祄(太)，一羊(驊)～(牢)、一熊～(牢)；司戠、司折☑

囷

葛卜・乙四 134/☑□擇之～(牢)审(中)，晉□爲膚相之敓(昭)告大

宰

　葛卜・乙一 11/禱於斉(文)夫人，䚡～(牢)，樂戲(且)贛之；舉禱於子西君，䚡宰(牢)，樂☑

牘

葛卜・甲三 304/☑彭(酉)之日祭之，大～(牢)饋之於黃李

留用作牢，見卷十三田部留字條。

特(戠)

戠用作特。見卷十二戈部戠字條。

犧(犧、義)

犧

　(上殘)葛卜・零 146/☑～以逨(來)☑

葛卜・零 242/☑～與☑

葛卜・零 2/☑□熊～□☑

葛卜・甲三 99/～馬，先之以一璧，迻而逴(歸)之

葛卜・甲三 79/☑白，一乘絑迻(路)，驪～馬，一☑

葛卜・乙四 58/☑～六女□☑

義用作犧。見卷十二我部義字條。

☆牪

長遣策 2－013/一～齊緅之敚(袷)，帛裏，組緣

長遣策 2－019/一～贏膚，絵(錦)襩(韜)，又(有)盍(蓋)

長遣策 2－024/二～□，屯又(有)盍(蓋)

☆精(精、犕)

精

葛卜・乙四 14/禱北方一～，先之一璧，歖(就)☑

葛卜・乙四 12/☑一～，臺(就)禱卲(昭)王、蕙(惠)王，屯☑

葛卜・零 229、261/☑一～，司☑

葛卜・甲三 146/☑舉禱於祄(太)一～☑

櫗

 葛卜·零 402/☑大(太)一～☑

 葛卜·甲三 111/☑之日鷹(薦)大(太)一～，緩(緌)之以卦玉，旂(祈)之

 葛卜·乙四 48、零 651/之，敔(敢)甬(用)一元～痒(羘)，先之☑

 葛卜·乙三 40/☑於北方一～，先之以☑

 葛卜·乙二 30/古(故)敓(説)之。遝(逡)彭定之祝(説)。於北方一～，先之☑

☆單

見本部牢字條。

☆犧

見本部犧字條。

☆犝

 葛簿乙·零 333/☑～，阋以二黏(稄)☑

告　部

告

 葛卜·零 432/☑～大☑

 葛卜·零 102、59/☑爲賢子鄟果～大司城瘏☑

 葛卜·乙四 57/☑爲賢子猷哀～大☑

 葛卜·零 235、545/☑～大司城☑

 葛卜·乙四 134/☑□擇之圉(牢)审(中)，晉□爲奮相之敀(昭)～大☑

 葛卜·乙三 33/☑爲箸～我悎所取於□☑

 葛卜·零 9、甲三 23、57/☑食，卲(昭)～大川有汻，曰：

 葛卜·甲三 21/☑食，卲(昭)～大川有汻。少(小)臣

 葛卜·甲三 136/齬堭占之曰：吉。既～戙(且)☑

 葛卜·甲三 137/册～自斉(文)王以憙(就)聖赻王，各束緈(錦)珈(加)璧

 葛卜·甲三 138/☑既臂(皆)～戙(且)禱巳☑

 葛卜·零 452/☑之日臂(皆)～戙(且)禱之☑

 葛卜·甲三 267/☑伙占之曰：吉。册～自斉(文)王以還(就)聖赻〔王〕☑

口　部

口

 葛卜·零 115、22/☑□。　　(同人比)。是羸(麻)切而～亦不爲大詢，勿卹，亡(無)咎☑

含

見卷五亼部今字條。

名

 長竹書 1-017/□邦以城兀(其)～者

君

葛卜・甲一 8/☑吉。～身☑

葛卜・甲一 12/爲～貞，泊（將）逾取
茵，還返尚毋又（有）咎。生占之曰：
尗☑

葛卜・甲一 21/☑篿爲～貞，忻（祈）
福於卲（昭）王、獻（獻）惠王、柬大
王☑

葛卜・甲一 25/☑褣公子號命彭定以
少（小）宛（龍）驂爲～貞，既怀（背）☑

葛卜・甲一 27/☑〔樂〕之，百之，贛。
罌禱於子西～戠（特）牛，樂☑

葛卜・甲二 5/☑之日，褣公子勮（號）
命彭定以少（小）宛（龍）驂爲～貞，既
怀（背）☑

葛卜・甲二 6、30、15/王遷（徙）於鄩
（鄩）郢之戠（歲）八月丁巳之日，鹽壽
～以吳夏〔之〕☑

葛卜・甲二 16/☑諾生以□□爲～
貞，泊（將）逾☑

葛卜・甲二 19、20/☑戲（且）～必遷
尻（處）安善

葛卜・甲二 19、20/▤▤（同人 比）。
或爲～貞，□□□

葛卜・甲二 38、39/☑樂之，饋祭子西
～酓

葛卜・甲三 6/☑坪夜～貞，既☑

葛卜・甲三 10/☑先，少（小）又（有）
外言感也，不爲慭（尤）。～泊（將）又
（有）志成也☑

（左殘）葛卜・甲三 33/齊客陳異至
（致）福於王之戠（歲）獻馬之月，鮇鼀
以龙靁爲～羍（卒）戠（歲）☑

葛卜・甲三 43/☑黄佗占之：尗亡
（無）咎。未及中昦（幾）～王☑

葛卜・甲三 48/☑占之：～身亡（無）
咎☑

葛卜・甲三 72/☑以□之大彤篖（筮）
爲～貞，既心疾，以☑

葛卜・甲三 76/☑靁（靈）～子、戶、
步、門□☑

葛卜・甲三 99/遾（逐）肙（文）～之祝
（說）□☑

葛卜・甲三 112/遾（遲）出。▤▤（大
過 旅）或爲～貞，以丌（其）遾（遲）出
之古（故），尚毋又（有）祟

葛卜・甲三 112/▤▤（泰 觀）或爲～
貞，以丌（其）無亙（殛）祟之古（故）☑

葛卜・甲三 114、113/鄜（應）嘉以衛
侯之篿（筮）爲坪夜～貞

葛卜・甲三 115/☑鹽痐以黜靁爲坪
夜～

葛卜・甲三 116/☑〔平〕夜肙～，戊午
之昏以☑

葛卜・甲三 121/☑〔平〕夜肙～各一
玉☑

葛卜・甲三 132、130/☑□。或爲～
貞，以丌（其）不安於氏（是）尻（處）也，
亙（殛）遷去☑

葛卜・甲三 152/☑以衛篿爲～☑

葛卜・甲三 164/己未之日以～不瘴
（懌）之古（故）☑

葛卜·甲三176/☒□以亓(其)古(故)敓(説)之。吝(文)～、吝(文)夫人歸☒

葛卜·甲三184-2、185、222/或爲～貞,以亓(其)不良恚(蠲)瘳之古(故),尚毋又(有)祟

葛卜·甲三189/☒坪夜～貞,既心悗(悶)、痵(肨)痮(脹),以百膭體疾

葛卜·甲三194/☒～貞,既又(有)疾,尚遫(速)瘉(瘥),毋又(有)咎

葛卜·甲三200/樂之,舉禱子西～、文夫人各戠(特)牛饋

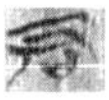
葛卜·甲三201/擇日於八月腟(棧)祭競坪王,以逾至吝(文)～,占之:吉

葛卜·甲三202、205/☒臺(就)禱子西～戠(特)牛。壬唇(辰)之日禱之☒

葛卜·甲三213/☒户、門。又(有)祱(祟)見於卲(昭)王、蕙(惠)王、文～、文夫人、子西～。敼(就)禱☒

葛卜·甲三215/盬痏以點蘦爲坪夜～貞,既心

葛卜·甲三218/占之:兆亡(無)咎。～又(有)☒

葛卜·甲三219/以陵尹懌之大保(寶)豪(家)爲～貞

葛卜·甲三233、190/鄴少(小)司馬陳覞惡(愆)以白需(靈)爲～坪夜～貞

葛卜·甲三242/☒坪郙文～子良,樂,贛

葛卜·甲三246/☒豪(家)爲坪夜～貞,既(將)☒

葛卜·甲三257/☒爲～貞,既伓(背)、膺(膺)疾,以痵(肨)痮(脹),癗☒

葛卜·甲三260/☒吝(文)～。占之曰:吉☒

葛簿甲·甲三273-1/☒與休～受十☒

葛卜·甲三276/文～,□禱□□□☒

葛卜·甲三283/☒之日,以～之不瘻(懌)也☒

葛卜·甲三300、307/☒吝(文)～與啻

葛卜·甲三342-1、零309/☒〔王徙於鄩郢〕之散(歲)八月丁巳之日,盬壽～以吴夏之☒

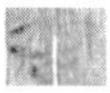
葛卜·甲三344-1/☒瘔,又(有)祱(祟)。以亓(其)古(故)敓(説)之。舉禱卲(昭)王、文～☒

葛卜·甲三419/☒之,趆福舉禱吝(文)～,大牢饋之☒

葛卜·乙一4、10、乙二12/夏柰(栾)之月己丑〔之日〕以～不瘻(懌)之古(故),遼(就)禱陳宗一豬

葛卜·乙一5/☒郢之散(歲),夏柰(栾)之月己丑之日,～礜於答☒

葛卜·乙一6/☒敓見於卲(昭)王、吝(文)～、吝(文)夫人、子西～。是☒

葛卜·乙一7/☒子西～、吝(文)

葛卜・乙一 11/禱於郜（文）夫人，甜宰（牢），樂叡（且）贛之；舉禱於子西～，甜宰（牢），樂☑

葛卜・乙一 13/或舉禱於蝪武～、命尹之子瓅（璠）各大牢，百☑

葛卜・乙一 17/夏㮮（柰）之月己丑之日，以～不瘥（懌）之古（故）

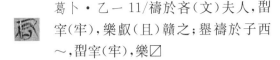 葛卜・乙一 21、33/☑王、郜（文）～。舉禱於卲（昭）王獻（獻）惠王、郜（文）～各一備（佩）玉。辛未之日禱之☑

葛卜・乙一 26、2/誃生以蓳（衛）篁爲～貞

葛卜・乙一 28/夏㮮（柰）之月己丑之日，以～不瘥（懌）志古（故）

葛卜・乙一 28/遼（就）禱霝（靈）～子一豬，遼（就）禱門、戶屯一羖（羖），遼（就）禱行一犬

葛卜・乙二 8/～磬於答☑

葛卜・乙二 24、36/☑舉禱子西～、郜（文）夫人☑

葛卜・乙二 27/☑之日，醬（許）定以陵尹懌之大保（寶）豦（家）爲～貞

葛卜・乙二 37/☑以坪夜～不瘥（懌），怀（背）、雁（膺）

葛卜・乙三 6/☑篁爲～貞，忻（祈）福舉禱於☑

葛卜・乙三 7/☑箓滬誃生以長篁爲～貞，既☑

葛卜・乙三 22/～貞，既怀（背）、雁（膺）疾，以☑☑

葛卜・乙三 43/以少（小）冠（龙）鼉爲～貞，怀（背）

葛卜・乙四 5/八月己未之夕，以～之疠之☑

葛卜・乙四 23/☑〔占〕之：卦亡（無）咎。中昃（幾）～王又（有）亞（惡）於外☑

葛卜・乙四 34/☑之鼉爲～采（卒）戠（歲）之貞☑

葛卜・乙四 35/☑酙聏爲～貞，才（在）郢爲三月，尚自宜訓（順）也。鼉占之：亡（無）

葛卜・乙四 44/☑～貞，既才（在）郢，牀（將）見王，還返毋又（有）咎。䞗鼉☑

葛卜・乙四 46/彭定以駁鼉爲～采（卒）戠（歲）貞，占

葛卜・乙四 55/☑篁爲～貞，才（在）行，還☑

葛卜・乙四 56/☑疭受～鏶☑

葛卜・乙四 59/☑□馬之箸（筮）復惠爲～☑

葛卜・乙四 61/☑龙鼉爲～貞，以亓（其）啟（肩）怀（背）疾☑

（下殘）葛卜・乙四 63、147/☑〔王復於〕藍郢之戠（歲）冬㮮（柰）之月丁嬛（亥）之日，鄭疫以駁鼉爲～☑

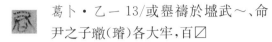 葛卜・乙四 82/☑～、坓（地）宝（主）、霝（靈）～子。己未之日弌（一）禱卲（昭）

葛卜・乙四 85/☑長篁爲～采（卒）戠（歲）貞，居郢尚毋又（有）咎。颺占☑

葛卜・乙四 95/☑中，～又行，～又子，酒（將）感之，弗卹也。▤▤（坤 姤）。習之以衛☑

　葛卜・乙四 98/☑八月乙卯之日，鄭卜子愖以疊頁之瑝爲～三散（歲）貞☑

　葛卜・乙四 100、零 532、678/☑□□祝箬（筮）爲～貞

　葛卜・乙四 102/☑之月丁睘（亥）之日邧輓以鄅韋（篳）爲～采（卒）散（歲）之貞

　葛卜・乙四 103/☑以龙鼄爲～采（卒）散（歲）之貞，尚毋☑

　葛卜・乙四 105/☑□之月丁嬛（亥）之日，奠（鄭）愖以長篳爲～采（卒）散（歲）貞☑

　葛卜・乙四 110、117/☑少迸（遲），迷（速）從郢垈（來），公子見～王，尚忻（怡）懌，毋見☑

　葛卜・乙四 121/☑～王，定占之☑

 　葛卜・乙四 122/〔爲〕～集散之貞，尚毋又（有）咎。占曰：卦亡（無）咎，～酒（將）喪祍，又（有）火戒，又（有）外☑

　葛卜・乙四 123/☑陵～爲☑

　葛卜・乙四 125/以～之窮（躬）身不安之古（故）☑

　（下殘）葛卜・乙四 126/☑月辛酘（酉）之日西陵執事人台～王☑

　（左殘）葛卜・乙四 128/☑～、文夫人，耳丌（其）大牧（牢），百

　葛卜・乙四 130/☑龙鼃爲～采（卒）散（歲）貞，占之□☑

　葛卜・乙四 132/☑以～之樂寻（得）瘎□☑

　（右殘）葛卜・乙四 133/☑貞，□占之：卦亡（無）咎。～☑

　葛卜・乙四 144/☑〔我王於林丘〕之散（歲）九月甲申之日，攻差以～命取惪霝（靈）☑

　葛卜・乙四 145/☑霝（靈）～子耳丌（其）散（特）牛之禱。奠（鄭）憲占之：卦☑

　葛卜・零 66、甲三 234/☑爲坪夜～卜之☑

　葛卜・零 73/☑爲～貞☑

　葛卜・零 89/☑～酒（將）又（有）悥□☑

　葛卜・零 109、105/☑之，丙唇（辰）之日，台～☑

　葛卜・零 111/☑卲（昭）王、吝（文）～各大牢☑

　葛卜・零 147/☑禱子西～散（特）牛。壬唇之日禱之☑

　葛卜・零 156/☑〔平〕夜～城□□□□□☑

　（左殘）葛卜・零 170/☑〔獻馬〕之月乙嬛（亥）之日，黄佗以詃□□爲～☑

　葛卜・零 189/☑思坪夜～城（成）□瘳迷（速）瘲（瘥）☑

　葛卜・零 199/☑爲～貞，怀（背）膺疾，以☑

葛卜・零 201/☐〔占〕之：亘貞亡（無）咎，～身少（小）又（有）

 （右殘）葛卜・零 221、甲三 210/☐爲～貞，伓（背）膚疾

 葛卜・零 238/☐遫（速）瘝（瘥），起病經命坪夜～☐

 葛卜・零 245/☐～觙龜☐

 葛卜・零 285/☐～貞，既☐

 葛卜・零 289/☐爲～貞☐

 葛卜・零 301、150/☐㓝（荊）王、文王，以逾至文～，巳解☐☐

 葛卜・零 329/☐～七日貞，尚大☐

 葛卜・零 355/☐霝（靈）～子☐

 葛卜・零 365/☐☐～之☐

 （上、右殘）葛卜・零 372/☐～貞以丌（其）☐

 葛卜・零 408/☐～身☐

 葛卜・零 453/☐占之：～☐

 葛卜・零 454/☐☐～身以☐

 葛卜・零 480/☐～鏃☐

 葛卜・零 481/☐☐☐之，～牂（將）遫（速）瘝（瘥）☐

 （右殘）葛卜・零 490/☐☐爲坪夜～

 葛卜・零 499/☐～文夫人☐

 葛未・零 502/☐☐☐～☐

 葛卜・零 511/☐吝（文）～☐

 （左殘）葛卜・零 570/☐坪夜～☐

 葛卜・零 584、甲三 266、277/☐之日，暊與良志以陵尹憚之髆髀爲～貞

 葛未・零 632/☐～☐

 葛卜・零 640/☐吝（文）～，辛☐

 葛卜・零 664/☐☐～至☐☐

 （左殘）葛未・零 707/～☐☐

 （右殘）葛未・零 708/☐以～☐

 葛卜・零 741/☐～貞☐

 （上殘）長竹書 1－005/〔～〕子之道必若五浴之〔溥〕，三

 長竹書 1－011/數（愷）弟～子，〔民〕

 長竹書 1－012/而～天下

 長竹書 1－051/～子☐

（右殘）長竹書 1－072/〔～而〕

長竹書 1－087/□～子古昔

（右殘）長竹書 1－114/〔～而〕

命

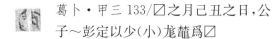葛卜・甲三 133/□之月己丑之日,公子～彭定以少（小）龙鼋爲□

葛卜・乙四 144/□〔我王於林丘〕之歲（歲）九月甲申之日,攻差以君～取惥靁（靈）□

葛卜・零 378/□方、司～□

（右殘）葛卜・零 84/□～舍尹以□

葛卜・乙四 113/□郢之古（故）,～悤（祈）福□

葛卜・甲三 4/大（太）,備（佩）玉牂,罫日於是㠯（幾）,悤（賽）禱司～、司录（禄）□

葛卜・乙一 15/公北、陞（地）宔（主）各一青義（犧）;司～、司禑（禍）各一䝅,與禱層之。或□

葛卜・乙一 16/王遲（徙）於敔（鄢）郢之歲（歲）宵月己巳之日,公子號～諸生以衛筭

葛卜・乙二 22/□～一痒（牂）,瑗（瓔）之以〔牂玉〕□

（右殘）葛卜・零 15/□〔司〕～一䝅□

葛卜・甲一 15/□於司～一䝅,舉禱於□

葛卜・甲一 25/□褍公子號～彭定以少（小）冤（龙）驋爲君貞,既怀（背）□

葛卜・甲二 5/□之日,褍公子虗（號）～彭定以少（小）冤（龙）驋爲君貞,既怀（背）□

（重文）葛簿乙・甲三 262/賓之～,～里人禱□

葛卜・零 228/□之古（故）～西陵人□

葛卜・乙一 13/或舉禱於壍武君、～尹之子璥（璙）各大牢,百□

葛卜・乙一 22/又（有）敓（祟）見於司～、老嬞（童）、厥（祝）融、空（穴）舍（熊）

葛卜・乙四 97/□宔（主）與司～,褹（就）禱璧玉牂□

葛卜・零 187/瑤～酆（許）□

葛卜・零 238/□遬（速）瘥（瘥）,起病緷～坪夜君□

葛卜・零 266/□折、公北、司～、司禑（禍）□

葛卜・零 338、零 24/丌（其）祑（社）禝,芒祑（社）～駂（登）□

葛卜・零 249/□號～祝□

唯（唯、隹）

唯

葛卜・零 207/□弜元龜、簭（筮）、義（犧）牲、珪璧～□□

隹用作唯。見卷四隹部隹字條。

哉(哉、才)

哉

葛卜・零 9、甲三 23、57/於(嗚)唬悢(哀)～！少(小)臣成蔞(暮)生曓(早)孤▨

才用作哉。見卷六才部才字條。

叴

葛卜・乙四 139/▨一勛,北方～槑(禱)乘良馬,珈(加)〔璧〕▨

葛卜・乙四 145/▨霝(靈)君子～丌(其)哉(特)牛之禱。奠(鄭)憲占之:釙▨

葛卜・乙四 128/▨君、文夫人,～丌(其)大牧(牢),百

葛卜・零 127/▨槑～▨

台

葛卜・甲三 11、24/宅兹沮(沮)、章,～選(先)䢅(遷)凥(處)

葛卜・零 109、105/▨之,丙脣(辰)之日,～君▨

葛卜・乙四 126/▨月辛酘(酉)之日西陵執事人～君王▨

咸

長竹書 1－054/〔四曰～〕

啻

葛卜・甲三 356/爲之～,以微䣋(宰)尹弢與▨

葛卜・甲三 304/占之:吉。～□□▨

葛卜・甲三 300、307/▨齐(文)君與～

吉

葛卜・甲一 5/▨之曰:～,無咎。又(有)敓(祟)見於邵(昭)王、獻(獻)惠

葛卜・甲一 8/▨～。君身▨

葛卜・甲一 22/▨〔占〕之:亙貞～,無咎

葛卜・甲二 25/▨占之曰:～。聿(盡)八月疾瘲(瘥)▨

葛卜・甲二 34/▨〔占〕之曰:～,無咎,遬(速)瘥(瘥)▨

葛卜・甲三 12/▨占之曰:～,義(宜)少(小)瘊(瘥),以▨

葛卜・甲三 45/▨□之祝(説)。占之:～。既成▨

(下殘)葛卜・甲三 53/▨□以髆髀〔占〕之曰:～▨

葛卜・甲三 71/▨□縢彖占之曰:～▨

葛卜・甲三 73/▨占之曰:～▨

葛卜・甲三 75/▨嘉占之曰:～▨

 葛卜·甲三 117、120/湢瞀占之：亙貞～，亡（無）咎☐

 葛卜·甲三 129/☐占之曰：甚～，女（如）西北☐

葛卜·甲三 136/鹽坱占之曰：～。既告戲（且）☐

葛卜·甲三 154/☐～。釆（卒）☐

葛卜·甲三 160/〔占之〕曰：甚～。未肂（盡）八月疾必瘥（瘥）

葛卜·甲三 165/☐遲去氏（是）尻（處）也，尚～。定占之曰：甚

葛卜·甲三 170/☐痒（痒），緂（纓）之釸玉。定占之曰：～☐

葛卜·甲三 181/☐璧。占之：甚～

葛卜·甲三 187/☐占之曰：～，遬（速）☐

葛卜·甲三 192、199-1/鹽痑習之以馲黿，占之：～，不瘔（續）☐

葛卜·甲三 198、199-2/嘉占之曰：亙貞～，少

葛卜·甲三 200/定占之曰：～。氏（是）月之☐

葛卜·甲三 201/擇日於八月腿（桟）祭競坪王，以逾至斉（文）君，占之：～

葛卜·甲三 207/珥、衣常，戲（且）祭之以一豬於東陵。占之：～☐

葛卜·甲三 236/～。旮之审（中）疾☐

葛卜·甲三 241/☐樂之。占之：～。惠王

葛卜·甲三 247、274/毋又（有）大咎，窮（躬）身尚自宜訓（順）。占之：亙貞～，疾遬（速）☐

葛卜·甲三 260/☐斉（文）君。占之曰：～☐

葛卜·甲三 267/☐俟占之曰：～。册告自斉（文）王以遶（就）聖趄〔王〕☐

葛卜·甲三 304/占之：～。帝☐☐

葛卜·甲三 401/日於九月薦（薦）戲（且）禱之，～☐

葛卜·乙二 2/☐毋又（有）咎。（頤 謙）占之曰：～，宜，少（小）迠（遲）瘥（瘥）。以丌（其）

葛卜·乙二 3、4/☐～。疾遬（速）敓（損），少（小）迠（遲）恚（蠲）瘥（瘥）。以丌（其）古（故）敓（說）☐

葛卜·乙二 42/☐亥之日瞽（皆）攜（薦）之，～☐

葛卜·乙四 24/☐之，甚～

葛卜·乙四 62/☐☐兩牂。占之：～☐

葛卜·乙四 84/☐☐毋有咎。占之曰：亙貞～，少（小）迠（遲）

葛卜·乙四 151/☐三乘，尚～。占之：～。癸☐

葛卜·零 41、零 86/☐〔占〕之：～☐

葛卜·零 61/☐占之曰：～☐

葛卜·零 120/☐〔占之〕曰：亙貞～☐

葛卜・零 184、零 681/☑〔占〕之：～，不瘠(續)☑

 葛卜・零 208/☑占之：亙貞～☑

 葛卜・零 223/☑曰～，無☑

 (左殘)葛卜・零 246/☑占之：～。牂(將)☑

 葛卜・零 251/☑□亙貞～

 葛卜・零 396/☑～。既成☑

 葛卜・零 398/☑曰～☑

 葛卜・零 458/☑〔占之〕曰：～□☑

 (下、右殘)葛未・零 451/☑～☑

 葛卜・零 463/☑□～日，悥(賽)丌(其)☑

周

 長竹書 1 - 001/〔～公〕戚肰(然)乍(作)色曰

 長竹書 1 - 012/虗(吾)聝(聞)～公

 (右殘)長竹書 1 - 014/夫〔～〕

 (左殘)長竹書 1 - 074/□～公曰

 長遣策 2 - 020/～者二十

 葛卜・零 213、212/☑～墨習之以實龜☑

吝

 葛卜・零 387/☑～(文)夫人☑

葛卜・乙二 24、36/☑舉禱子西君、～(文)夫人☑

葛卜・乙一 11/禱於～(文)夫人，刵宰(牢)，樂戲(且)贛之；舉禱於子西君，刵宰(牢)，樂☑

葛卜・乙一 6/☑敓(祟)見於卲(昭)王、～(文)君、～(文)夫人、子西君。是☑

葛卜・甲三 176/☑□以丌(其)古(故)敓(說)之。～(文)君、～(文)夫人歸☑

葛卜・甲三 300、307/☑～(文)君與啻

葛卜・甲三 201/擇日於八月腉(棧)祭競坪王，以逾至～(文)君，占之：吉

葛卜・甲三 267/☑佚占之曰：吉。冊告自～(文)王以邎(就)聖赿〔王〕☑

葛卜・零 640/☑～(文)君，辛☑

葛卜・零 111/☑卲(昭)王、～(文)君各大牢☑

葛卜・乙三 28/☑舉良之敓(說)。舉禱於卲(昭)王、～(文)☑

(下殘)葛卜・乙三 8/☑□以丌(其)古(故)舉禱～(文)☑

 葛卜・乙一 7/☑子西君、～(文)

葛卜·甲三 260/▢～（文）君。占之曰：吉▢

葛卜·乙三 46/▢□於～（文）夫人卅（三十）乘▢

葛卜·乙一 13/～（文）夫人，舉禱各一備（佩）璧

葛卜·甲三 137/册告自～（文）王以豪（就）聖趄王，各束綅（錦）珈（加）璧

葛卜·乙一 21、33/▢王、～（文）君。舉禱於卲（昭）王獻（獻）惠王、～（文）君各一備（佩）玉。辛未之日禱之▢

葛卜·甲三 419/▢之，慫福舉禱～（文）君，大牢饋之▢

葛卜·甲三 99/邀（逊）～（文）君之祝（說）□▢

葛卜·零 511/▢～（文）君▢

各（各、豋、客）

各

葛卜·零 409/▢～束綅（錦）▢

葛卜·乙一 15/公北、陛（地）宔（主）～一青義（犧）；司命、司禍（禍）～一勆，與禱厝之。或▢

葛卜·乙三 41/▢玉，舉禱於三楚祱（先）～一痒（牂），瑬（瓔）之卦〔玉〕▢

葛卜·甲三 166、162/▢舉禱於二天子～兩痒（牂），瑬（瓔）之以卦玉

葛卜·乙三 5/▢〔不〕瘅（懌）之古（故），忻（祈）福於司禍（禍）、司裚、司毁～一痒（牂）▢

葛卜·乙一 3/▢～一痒（牂）▢

葛卜·乙一 24/融、空（穴）酓（熊）～一痒（牂），綏（纓）之卦玉。壬唇（辰）之日禱之▢

葛卜·乙一 27/夫人～哉（特）牛▢

葛卜·乙二 38、46、39、40/舉禱於二天子～痒（牂）▢

葛卜·零 13/▢～大單（牢）饋，延（棧）鐘

葛卜·甲三 200/樂之，舉禱子西君、文夫人～哉（特）牛饋

葛卜·甲二 29/▢五宔（主）山～一羢（殺）▢

葛卜·乙一 29、30/舉禱於卲（昭）王、獻（獻）惠王～大牢饋，朕（棧）▢

葛卜·乙一 13/吝（文）夫人，舉禱～一備（佩）璧

葛卜·乙一 13/或舉禱於墉武君、命尹之子瀲（璠）～大牢，百▢

葛卜·甲三 137/▢舉禱備（佩）玉，～弊璜

葛卜·甲三 137/册告自吝（文）王以豪（就）聖趄王，～束綅（錦）珈（加）璧

葛卜·甲一 4/▢厝（厭）禱一勆。歸備（佩）玉於二天子～二璧，歸▢

葛卜·乙一 21、33/▢王、吝（文）君。舉禱於卲（昭）王獻（獻）惠王、吝（文）君～一備（佩）玉。辛未之日禱之▢

葛卜・甲三 81、182 - 1/☒一勛,歸備(佩)玉於二天子,～二

葛卜・甲三 188、197/墾禱楚先老童、祝融、禮(鬻)舍(熊),～兩瘁(牂)。旂(祈)☒

葛卜・甲三 121/☒〔平〕夜文君～一玉☒

(下殘)葛卜・零 288/☒〔祝〕融、空(穴)舍(熊)、～☒

葛卜・零 278/☒先之～一☒

葛卜・零 111/☒卲(昭)王、斈(文)君～大牢☒

(左殘)葛卜・零 262/☒祭～☒

葛卜・零 119/☒□王～一□☒

葛卜・零 174/☒～戠(特)牛,酉(酒)〔食〕☒

(左殘)葛卜・零 476/☒北宗,～一□☒

昌

長竹書 1 - 001/易(狄),夫戔(賤)人～(格)上則型(刑)瘳(戮)至。剛

客用作各。見卷七宀部客字條。

哀(哀、愄)

哀

葛卜・乙四 57/☒爲賢子獣～告大☒

愄

(右殘)葛卜・零 9、甲三 23、57/於(嗚)唬～(哀)哉！少(小)臣成薆(暮)生曓(早)孤☒

唬

葛卜・甲三 295/～☒

葛卜・零 9、甲三 23、57/於(嗚)～愄(哀)哉！少(小)臣成薆(暮)生曓(早)孤☒

☆酉

見卷十四丙部丙字條。

☆時

葛未・甲三 196/☒～☒

☆晉

見卷五巫部晉字條。

☆臽

長竹書 1 - 026、1 - 067/退囂～而欲貴

(左殘)長竹書 1 - 069/〔也〕～

長竹書 1 - 046/一倉(答)～

☆箐

見卷五竹部箐字條。

☆罋

長竹書 1 - 024/猶芑蘭～。歔(播)者

哭　部

喪（喪、麗、纛）

喪

 葛卜・乙四 122/〔為〕君集戠之貞，尚毋又（有）咎。占曰：卦亡（無）咎，君牆（將）～衼，又（有）火戒，又（有）外☑

 葛卜・乙四 45/☑白文末白□，是以胃（謂）之～衼，駛龜禹（遇）□□□以火□☑

麗

 葛卜・乙四 52/☑行，又（有）外～（喪）☑

 葛卜・甲三 270/亡（無）攸（祟），弖（幾）中又（有）外～（喪）☑

纛用作喪。見卷六叕部纛字條。

走　部

趣（趡）

趡用作趣。見本卷辵部趡字條。

起（起、起、记）

起

 葛卜・甲三 109/〔☑□籤。庚申之昏以～，辛酉之日禱之

 葛卜・零 238/☑遬（速）瘥（瘥），～疴經命坪夜君☑

 葛卜・甲三 119/☑甲戌之昏以～，乙亥之日鷹（薦）之

 葛卜・乙二 6、31/☑□戊申以～，己酉禱之☑

起

 葛卜・甲三 144/☑～（起），己酉禱之☑

记

 葛卜・甲三 126、零 95/☑戊申之夕以～（起），己〔酉禱之〕☑

☆趄

 葛卜・乙四 44/☑君貞，既才（在）鄢，牆（將）見王，還返毋又（有）咎。～醫☑

 葛卜・甲三 8、18/☑大戠（城）郙（兹）郙之戠（歲），夏层之月癸嬛（亥）之日，～醫以郙聅為☑

 （左殘）葛卜・乙四 4/☑□之月己亥之日～醫☑

 葛卜・甲三 137/冊告自斉（文）王以豪（就）聖～王，各束縊（錦）珈（加）璧

 葛卜・甲三 267/☑侠占之曰：吉。冊告自斉（文）王以遳（就）聖～〔王〕☑

止　部

莳

 長遣策 2-018/樂人〔之〕器：一〔樂〕坐～（棧）鐘，少（小）大十又三，杋條，剹（漆）劃，金玎

歸(歸、逿)

歸

葛卜・乙三 50/☐生之敓(説)，～一璧☐

葛卜・零 197/☐而～之☐☐

葛卜・甲三 176/☐☐以亓(其)古(故)敓(説)之。斉(文)君、斉(文)夫人～☐

　葛卜・甲一 4/☐厭(厭)禱一勛。～備(佩)玉於二天子各二璧，～☐

葛卜・甲三 81、182 - 1/☐一勛，～備(佩)玉於二天子，各二

葛卜・甲三 163/八月辛巳之夕～一璧於☐

逿

葛卜・甲三 99/犧馬，先之以一璧，迈而～(歸)之

☆坒

見卷一上部上字條。

☆塈

見卷五來部坒字條。

☆塈

見卷十二手部舉字條。

☆塈

見卷八尸部履字條。

☆臺

見卷五京部就字條。

☆衝

見本卷行部衛字條。

址　部

癹(蹳)

蹳

葛卜・零 338、零 24/亓(其)袿(社)褽,芒袿(社)命～(癹)☐

步　部

步

(右殘)葛卜・甲三 76/☐霝(靈)君子、户、～、門☐☐

歲(嵗)

嵗

長竹書 1 - 03/☐教箸(書)晶(參)～(歲)

長竹書 1 - 03/教言三～(歲)

長竹書 1 - 038/母教之七～(歲)

葛卜・甲一 3/王遅(徙)於郚(鄀)郚之～(歲)八月丁巳之日,雁(膺)愴以大央爲坪☐

葛卜·甲一 16/悗（悶），釆（卒）～（歲）或至夏

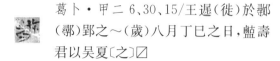 葛卜·甲二 6、30、15/王遅（徙）於鄩（鄩）郢之～（歲）八月丁巳之日，鹽壽君以吳夏〔之〕☑

 葛卜·甲二 8/☑悗（悶），釆（卒）～（歲）或至夏祭（欒）

 葛簿乙·甲二 14、13/王遅（徙）於樊（鄩）郢之～（歲）八月辛酉（酉）之日，東☑

 葛卜·甲二 22、23、24/☑〔王徙〕於鄩（鄩）郢之～（歲）八月丁巳之日，雁（膺）寅以少（小）央爲☑

 葛卜·甲三 8、18/☑大䫉（城）邨（茲）郘之～（歲），夏屎之月癸嬡（亥）之日，趄醫以郜聯爲☑

 葛卜·甲三 20/齊客陳異至（致）福於王〔之〕～（歲）獻☑

 葛卜·甲三 26/～（歲）八月己未之日，鹽券以長☑

 葛卜·甲三 27/齊客陳異至（致）福於王之～（歲）獻☑

 葛卜·甲三 30/☑□公城鄩之～（歲）𥅆月☑

 （下殘）葛卜·甲三 33/齊客陳異至（致）福於王之～（歲）獻馬之月，鯀鼉以龙電爲君釆（卒）～（歲）☑

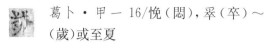 葛卜·甲三 34/☑〔蔓茖受女〕於楚之～（歲）遠祭（欒）之月丁酉☑

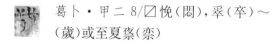 葛卜·甲三 37/之～（歲）十月壬戌☑

 葛卜·甲三 42/☑蔓茖受女於楚之～（歲）覿祭（欒）之月丁酉之日☑

 葛卜·甲三 49/☑至師於陳之～（歲）十月壬〔戌〕☑

 葛卜·甲三 87/悗（悶），釆（卒）～（歲）或至夏祭（欒）☑

葛卜·甲三 114、113/☑〔王徙於〕鄩郢之～（歲），夏祭（欒）之月乙卯之日

葛卜·甲三 117、120/祭（欒）之月以至垈（來）～（歲）之夏祭（欒），尚毋又（有）大咎

葛卜·甲三 158/☑閖（間），釆（卒）～（歲）無咎☑

葛卜·甲三 159‐2/王遅（徙）於鄩（鄩）郢之～（歲），夏祭（欒）之月☑

葛卜·甲三 178/☑〔王徙〕於鄩（鄩）郢之～（歲）八月丁巳之日，郦（應）寅☑

葛卜·甲三 183‐2/王遅（徙）於敫（鄩）郢之～（歲）☑

葛卜·甲三 204/王遅（徙）於鄩（鄩）郢之～（歲），夏祭（欒）之月癸嬡（亥）之日

葛卜·甲三 215/王遅（徙）於鄩（鄩）郢之～（歲）八月己巳之日

葛卜·甲三 217/齊客陳異至（致）福於王之～（歲）獻馬之月乙丑之日

葛簿甲·甲三 221/王遅（徙）於鄩（鄩）郢之～（歲）八月庚唇（辰）之日，所受盟於

葛卜·甲三 223/王〔徙〕於鄩郢之～（歲）八月己巳之日，鄭建以□☑

葛卜·甲三225、零332-2/王遷(徙)於敔(鄅)郢之～(歲)，夏祭(栾)之月乙巳之日☐

葛卜·甲三240/王自肥遺郢遷(徙)於鄅郢之～(歲)，亯月☐

葛卜·甲三248/采(卒)～(歲)國至坒(來)～(歲)之夏祭(栾)☐

葛卜·甲三248/采(卒)～(歲)國至坒(來)～(歲)之夏祭(栾)☐

葛卜·甲三258/王遷(徙)於敔(鄅)郢之～(歲)八月丁巳之日，郎(應)愴以大央☐

葛卜·甲三272/齊客陳異至(致)福於王之～(歲)☐

葛卜·甲三299/王遷(徙)於敔(鄅)郢之～(歲)，夏祭(栾)之月癸丑☐

葛卜·甲三342-1、零309/☐〔王徙於鄅郢〕之～(歲)八月丁巳之日，鑑壽君以吳夏之☐

葛卜·乙一5/☐郢之～(歲)，夏祭(栾)之月己丑之日，君饗於客☐

葛卜·乙一12/王遷(徙)於敔(鄅)郢之～(歲)夏祭(栾)之月乙巳之日

葛卜·乙一14/句鄅公奠(鄭)余穀大城郢(兹)立(方)之～(歲)屈栾之月癸未〔之日〕☐

葛卜·乙一16/王遷(徙)於敔(鄅)郢之～(歲)亯月己巳之日，公子虢命諸生以衛筲

葛卜·乙一18/王遷(徙)於敔(鄅)郢之～(歲)夏祭(栾)之月乙巳之日，泗瞽以陵☐

葛卜·乙一19/自夏祭(栾)之月以至坒(來)～(歲)夏祭尚毋又(有)大咎。泗〔瞽〕☐

葛卜·乙一20/王遷(徙)於鄅(鄅)郢之～(歲)，夏祭(栾)

葛卜·乙一23、1/大馘(城)郢(兹)立(方)之～(歲)屈祭(栾)之月癸未之日，諸〔生〕☐

葛卜·乙一26、2/王遷(徙)於敔(鄅)郢之～(歲)亯月己巳之日

葛卜·乙三29/☐〔王徙〕於蔽(鄅)郢之～(歲)八月辛酌(酉)之☐

葛卜·乙四15/☰☷（遁謙）。王遷(徙)於敔(鄅)郢之～(歲)，夏祭(栾)☐

葛卜·乙四16/☐嘟(鄅)郢之～(歲)，夏

葛卜·乙四21/☐城郢(兹)立(方)之～(歲)

葛卜·乙四34/☐之黽爲君采(卒)～(歲)之貞☐

葛卜·乙四38/☐采(卒)～(歲)貞，占之：卦亡(無)咎，又(有)☐

葛卜·乙四40/☐～(歲)之貞，尚毋又(有)咎☐

葛卜·乙四46/彭定以駁黽爲君采(卒)～(歲)貞，占

葛卜·乙四63、147/☐〔王復於〕藍郢之～(歲)冬祭(栾)之月丁嬛(亥)之日，鄭疲以駁黽爲君☐

(下殘)葛卜·乙四66/王遷(徙)於鄅(鄅)郢之～(歲)☐

葛卜·乙四 67/王遅（徙）於郫（郢）郢之～（歲），夏〔柰〕

 葛卜·乙四 85/☒長簞爲君釆（卒）～（歲）貞，居郢尚毋又（有）咎。脱占☒

 葛卜·乙四 102/☒之月丁睘（亥）之日郱輓以鄬韋（篿）爲君釆（卒）～（歲）之貞

 葛卜·乙四 98/☒八月乙卯之日，鄭卜子忧以疊頁之禩爲君三～（歲）貞☒

 葛卜·乙四 103/☒以尨䵺爲君釆（卒）～（歲）之貞，尚毋☒

 葛卜·乙四 105/☒□之月丁嬛（亥）之日，奠（鄭）忧以長簞爲君釆（卒）～（歲）貞☒

 葛卜·乙四 122/〔爲〕君集～（歲）之貞，尚毋又（有）咎。占曰：卦亡（無）咎，君牉（將）喪衻，又（有）火戒，又（有）外☒

 葛卜·乙四 130/☒尨䶂爲君釆（卒）～（歲）貞，占之□☒

 葛卜·乙四 144/☒〔我王於林丘〕之～（歲）九月甲申之日，攻差以君命取葸霝（靈）☒

 葛卜·零 17/☒釆（卒）～（歲）☒

 （右殘）葛卜·零 51/☒之～（歲）宣月☒

 葛卜·零 70/☒之～（歲）☒

 葛卜·零 97/☒釆（卒）～（歲）☒

 葛卜·零 113/☒〔王徙〕於鄩郢之～（歲）八月戊☒

 葛卜·零 135/☒瘏（悶），爲集～（歲）貞，自☒

 葛卜·零 142/郢之～（歲），夏☒

 葛卜·零 165、19/齊客陳異至（致）福於王之～（歲）獻（獻）☒

 葛卜·零 177/☒～（歲）貞，自☒

 葛卜·零 194/～（歲）八☒

 葛卜·零 214/☒〔齊客陳異致福於〕王之～（歲）獻馬之月乙睘（亥）之日☒

 葛卜·零 216/☒敔（郢）郢之～（歲）

 葛卜·零 221、甲三 210/以疥（胖）瘲（脹）、心悗（悶），釆（卒）～（歲）或至夏柰（柰）之月尚☒

 葛卜·零 294、482、乙四 129/☒〔王〕復於藍郢之～（歲）冬祭（柰）之月丁嬛（亥）之日，龜尹〔丹〕☒

 葛卜·零 360/☒～（歲）夏祭（柰）☒

 葛未·零 384/☒之～（歲）☒

 葛卜·零 414/☒～（歲）屈祭（柰）之☒

 葛卜·零 459/☒□之～（歲）☒

 葛未·零 479/☒□～（歲）☒

葛卜·零 492/☐悗（悶），采（卒）～（歲）或至☐

 葛卜·零 496/☐之～（歲）冬榃（栾）☐

 （上殘）葛卜·零 513/☐～（歲）無☐

 葛卜·零 521/～（歲）尚毋又☐

 葛卜·零 584、甲三 266、277/怀（背）、膚疾，以痹（胖）瘕（脹）、心悗（悶），采（卒）～（歲）或至☐

 葛未·零 735/☐之～（歲）☐

此　部

此

 葛卜·零 76/☐～至東☐

 葛卜·乙四 10/～果廷☐

 （上殘）葛未·零 143/☐～至☐

 長竹書 1－031/☐監於～，以☐

是　部

是（是、氏）

是
葛卜·零 115、22/☐☐。≡≡（同人比）。～羸（鰜）切而口亦不爲大訽，勿卹，亡（無）咎☐

葛卜·甲三 31/☐丌（其）繇曰：～日未兌，大言讔讔（絶），少（小）言惙惙，若組若結，久（終）以☐☐

葛卜·零 232/☐☐☐～以胃（謂）之又（有）言。丌（其）卦亡（無）〔咎〕☐

（右殘）葛卜·乙四 45/☐白文未白☐，～以胃（謂）之喪祆，駁黿禺（遇）☐☐☐以火☐☐

葛卜·甲三 4/犬（太），備（佩）玉卦，罜日於～炅（幾），慁（賽）禱司命、司录（祿）☐

葛卜·甲三 102/☐之，～日邎（就）禱於☐

葛卜·甲三 16/☐少（小）臣成迷（速）瘳，～☐

葛卜·乙一 6/☐敚（祟）見於卲（昭）王、吝（文）君、吝（文）夫人、子西君。～☐

葛卜·甲一 10/☐贛。凡～戊唇（辰）以斂（合）己巳禱之

葛卜·甲三 98/☐鐘樂之。～日☐

葛簿乙·甲三 321/舟室一冢，趴於魚～一狤（猏），禱一☐

（左殘）葛未·零 635/☐☐～☐

長竹書 1－019/☐〔與宜～〕之才（哉）。☐

長竹書 1－028/箸（書）～胃（謂）☐☐宜

長竹書 1－043/☐☐〔～胃（謂）〕

氏用作是。見卷十二氏部氏字條。

辵　部

隨(陸)

陸用作隨。見卷十四阜部陸字條。

述

葛簿乙・甲三 400/甸尹宋之～(遂)
趄於上桑丘

葛簿乙・甲三 316/司馬魚之～(遂)
趄於獞宗、余疋二𧉫(獂),禱二☐

葛簿乙・甲三 310/喬尹申之～(遂)
趄於赳昏、鄒思,二𧉫(獂)☐

葛簿乙・甲三 349/司城均之～(遂)
趄於洛、酆二祉(社)二𧉫(獂),禱☐

葛簿乙・甲三 346－2、384/墜無龍之
～(遂)趄於葍丘,寞二𧉫(獂),禱二豤☐

葛簿乙・甲三 324/屈九之～(遂)趄
於邔生𣟸,二𧉫(獂)☐

葛簿乙・甲三 343－1/偯己之～(遂)
趄於灈、唇(辰)祉(社),二𧉫(獂),禱
二☐

葛簿乙・甲三 347－1/镐良之～(遂)
趄於郟、于二祉(社),二𧉫(獂)☐

葛簿乙・甲三 312/奠(鄭)視之～(遂)
趄於下彤、藁,二𧉫(獂),禱二豤☐

葛簿乙・甲三 320/酉(許)智(智),酉
(許)智(智)之～(遂)趄於醫取三𧉫
(獂),禱三豤☐

葛簿乙・甲三 398/邔昺之～(遂)趄
於舊☐一𧉫(獂)☐

葛簿乙・甲三 315/黃宜日之～(遂)
趄於新邑、龍郯☐

葛簿乙・甲三 322/邟余穀之～(遂)
趄於溫父、鷦(鳩),二☐

葛簿乙・甲三 314/玄悳之～(遂)趄
於下窯、下姑留二𧉫(獂),禱☐

葛簿乙・甲三 343－2/縣羌之～(遂)
趄於上獻、友焚二𧉫(獂)☐

葛簿乙・甲三 175/肥陵陳蒱之～
(遂)趄☐

葛簿乙・甲三 348/閑(間)墜大宮果
之～(遂)☐

葛簿乙・甲三 379/☐～(遂)趄於係
豎一

葛簿乙・甲三 402/☐～(遂)趄於汜
林櫚☐

(上殘)葛簿乙・甲三 370/☐～(遂)☐

長竹書 1－070/～☐

過(迊、訛)

迊

長竹書 1－004/～如盦

訛用作過。見卷三言部訛字條。

逾(逾、偷)

逾

葛卜・甲三 111/既成,社(攻)～而厭
(厭)之。氏(是)日國☐

葛卜・甲二 16/☑諆生以□□爲君貞，牲（將）～☑

 葛卜・乙一 26、2/牲（將）～取菖，還

 葛卜・甲一 12/爲君貞，牲（將）～取菖，還返尚毋又（有）咎。生占之曰：尗☑

 葛卜・零 58/☑□成～☑

 葛卜・乙四 9/☑渚汜（沮）、章，汲（及）江，走（上）～取菖☑

 葛卜・甲三 280/☑競坪王以～，至☑

 葛卜・零 301、150/☑酯（荆）王、文王，以～至文君，已解□☑

 葛卜・甲三 201/擇日於八月腄（棧）祭競坪王，以～至酓（文）君，占之：吉

 葛簿乙・甲三 373/☑剆於～

 葛簿乙・乙四 137、甲三 360/☑斗句～三豻（貑），禱三冢。未内☑

偂

 葛卜・乙四 96/☑以尗玉，酯（荆）王豪（就）槀（禱）酯牢尗，文王以～（逾）豪（就）禱大牢尗

 葛卜・甲三 5/☑□欒憇（賽）禱於酯（荆）王以～（逾），訓（順）至文王以～（逾）☑

速（迷、遬）

迷

 葛卜・甲三 16/☑少（小）臣成～（速）瘥，是☑

 葛卜・甲三 22、59/☑怀膺悗（悶）心之疾，怀膺悗（悶）心之疾，～（速）瘥～（速）瘬（瘥）

 葛卜・甲三 127/☑疾，尚～（速）☑

 葛卜・甲三 208/郎（應）愴寅習之以大央，占之：〔吉〕，～（速）又（有）閒（間），無祝（祟）☑

 葛卜・乙四 110、117/☑少迻（遲），～（速）從郢坴（來），公子見君王，尚忬（怡）懌，毋見☑

 葛卜・零 12/所尗者以～（速）憇（賽）禱☑

 葛卜・零 189/☑思坪夜君城（成）□瘥～（速）瘬（瘥）☑

遬

 葛卜・乙三 2、甲三 186/☑牲（將）～（速）瘬（瘥），無咎無敓（祟）☑

 葛卜・甲三 232、95/☑牲（將）～（速）又（有）閒（間），無咎無敓（祟）☑

 葛卜・甲三 114、113/☑既又（有）疾，尚～（速）瘬（瘥），毋又（有）☑

 葛卜・零 121/☑又疾尚～（速）

葛卜・甲三 235 - 2/☑ 占之：義～(速)(宜)又(有)閒(間)，無咎無敓(祟)□☑

葛卜・甲三 194/☑ 君貞，既又(有)疾，尚～(速)瘥(瘥)，毋又(有)咎

葛卜・乙二 45/☑ □酒(將)～(速)瘥(瘥)。瞿或☑

葛卜・甲一 24/☑ 疾，尚～(速)瘥(瘥)

葛卜・乙二 3、4/☑ 吉。疾～(速)敓(損)，少(小)迖(遲)恚(蠲)瘥(瘥)。以丌(其)古(故)敓(說)☑

葛卜・甲二 34/☑〔占〕之曰：吉，無咎，～(速)瘥(瘥)☑

葛卜・乙三 47/☑ 疾～(速)敓(損)，少(小)迖(遲)恚(蠲)☑

葛卜・甲三 247、274/毋又(有)大咎，窅(躬)身尚自宜訓(順)。占之：亘貞吉，疾～(速)☑

葛卜・甲三 198、199 - 2/☑ 悗(悶)，叡(且)瘠不出，以又(有)瘖，尚～(速)出，毋爲忧

(左殘)葛卜・甲三 187/☑ 占之曰：吉，～(速)☑

(左殘)葛卜・零 238/☑ ～(速)瘥(瘥)，起病經命坪夜君☑

　葛卜・零 300、零 85、零 593/☑ 城(成)□瘳～(速)瘥(瘥)，敓(敢)不～(速)☑

葛卜・零 481/☑ □□之，君酒(將)～(速)瘥(瘥)☑

(左殘)葛卜・零 508/☑ 敓(敢)不～(速)☑

遇(禺)

禺用作遇。見卷九甶部禺字條。

逢(奉)

奉用作逢。見卷三卅部奉字條。

徙(星、遑、遟)

星

葛卜・零 79/☑ 王～(徙)於敔(鄩)

遑

葛卜・甲三 240/王自肥遺郢～(徙)於鄩郢之散(歲)，亯月☑

葛卜・甲三 259/王～(徙)於塾(鄩)郢之散(歲)

葛簿乙・甲二 14、13/王～(徙)於燮(鄩)郢之散(歲)八月辛彤(酉)之日，東☑

葛卜・乙四 2/王～(徙)於鄩郢之

葛卜・零 677/王～(徙)☑

遟

葛卜・乙一 26、2/王～(徙)於敔(鄩)郢之散(歲)亯月己巳之日

葛卜・乙四 67/王～（徙）於鄴（鄴）郢
之散（歲），夏〔棽〕

葛卜・乙四 66/王～（徙）於鄴（鄴）郢
之散（歲）☒

葛卜・乙一 12/王～（徙）於敔（鄴）郢
之散（歲）夏棽（棽）之月乙巳之日

葛卜・乙一 18/王～（徙）於敔（鄴）郢
之散（歲）夏棽（棽）之月乙巳之日，湢
瞀以陵☒

葛卜・乙一 16/王～（徙）於敔（鄴）郢
之散（歲）亯月己巳之日，公子虢命諸
生以衛箪

葛卜・乙一 20/王～（徙）於鄴（鄴）郢
之散（歲），夏棽（棽）

葛卜・甲三 225、零 332－2/王～（徙）
於敔（鄴）郢之散（歲），夏棽（棽）之月
乙巳之日☒

葛卜・甲三 299/王～（徙）於敔（鄴）
郢之散（歲），夏棽（棽）之月癸丑☒

葛卜・甲三 204/王～（徙）於鄴（鄴）
郢之散（歲），夏棽（棽）之月癸嬛（亥）
之日

葛卜・甲三 183－2/王～（徙）於敔
（鄴）郢之散（歲）☒

葛卜・甲三 159－2/王～（徙）於鄴
（鄴）郢之散（歲），夏棽（棽）之月☒

葛卜・乙四 15/▆▆▆（遁 謙）。王～
（徙）於 敔（鄴）郢之散（歲），夏棽
（棽）☒

葛卜・甲二 19、20/☒叡（且）君必～
（徙）尻（處）安善

葛卜・甲三 132、130/☒□。或爲君
貞，以丌（其）不安於氏（是）尻（處）也，
亘（嘔）～（徙）去☒

（上殘）葛卜・甲三 165/☒～（徙）去氏
（是）尻（處）也，尚吉。定占之曰：甚

葛卜・甲二 6、30、15/王～（徙）於鄴
（鄴）郢之散（歲）八月丁巳之日，鹽壽
君以吳夏〔之〕☒

葛卜・甲一 3/王～（徙）於鄴（鄴）郢
之散（歲）八月丁巳之日，雁（膺）愴以
大央爲坪☒

葛卜・甲三 258/王～（徙）於敔（鄴）
郢之散（歲）八月丁巳之日，郮（應）愴
以大央☒

葛卜・乙四 47/王～（徙）於嘟（鄴）郢
之

葛卜・零 112/王～（徙）於☒

葛卜・甲三 215/王～（徙）於鄴（鄴）
郢之散（歲）八月己巳之日

葛卜・零 49、62/王～（徙）☒

葛卜・零 498/王～（徙）於敔（鄴）郢
〔之歲〕☒

葛卜・零 25/王～（徙）於鄴（鄴）☒

（左、右殘）葛卜・零 507/王～（徙）☒

葛卜・零 274/王～（徙）☒

葛簿甲・甲三 221/王～(徙)於鄩(鄩)郢之戲(歲)八月庚唇(辰)之日，所受盥於

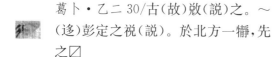迻(邎、蔉)

邎

葛卜・甲三 209/☑競坪王大單(牢)饋，延(棧)鐘樂之。～(迻)瞋

葛卜・甲三 169/☑古(故)敓(說)之。～(迻)☑

葛卜・乙二 30/古(故)敓(說)之。～(迻)彭定之祝(說)。於北方一牂，先之☑

葛卜・甲三 212、199 - 3/☑瘕(瘥)。以丌(其)古(故)敓(說)之。～(迻)鹽𥄫之敓，䄈祭卲(昭)王大牢，脠(棧)鐘樂之。鄭☑

葛卜・甲三 300、307/解於大(太)，～(迻)丌(其)疋祝(說)，八月壬午之日鷹(薦)犬

葛卜・甲三 99/～(迻)斎(文)君之祝(說)□☑

蔉

葛卜・零 270/☑或～(迻)彭定之☑

遷(罨)

見卷三舁部罨字條。

返(返、反)

返

葛卜・乙四 44/☑君貞，既才(在)郢，牂(將)見王，還～毋又(有)咎。趄齧☑

葛卜・甲三 229/☑還～尚毋又(有)咎。〔占〕之：尜亡(無)咎。未☑

葛卜・零 169/～尚☑

葛卜・甲一 12/爲君貞，牂(將)逾取菌，還～尚毋又(有)咎。生占之曰：尜☑

反用作返。見卷三又部反字條。

還(還、徆)

還

葛卜・乙四 44/☑君貞，既才(在)郢，牂(將)見王，～返毋又(有)咎。趄齧☑

葛卜・乙四 55/☑筮爲君貞，才(在)行，～☑

葛卜・甲三 342 - 2/獻(獻)馬之月乙～(亥)之日，盧𡆡以𡚸竈爲☑

葛卜・甲三 32/獻馬之月〔乙〕～(亥)之日，觀喜以定☑

葛卜・甲三 229/☑～返尚毋又(有)咎。〔占〕之：尜亡(無)咎。未☑

葛卜・乙一 26、2/牂(將)逾取菌，～

葛卜・甲一 12/爲君貞，牂(將)逾取菌，～返尚毋又(有)咎。生占之曰：尜☑

徆

葛卜・乙四 100、零 532、678/居郢，～反(返)至於東陵，尚毋又(有)咎

選

見卷八先部先字條。

遲(逞、迊)

逞

葛卜·乙四 84/☑□毋有咎。占之曰：亙貞吉，少(小)～(遲)

葛卜·零 179/少(小)～(遲)瘑(瘥)。以丌(其)☑

(右殘)葛卜·乙四 110、117/☑少～(遲)，迷(速)從郢坴(來)，公子見君王，尚悧(怡)懌，毋見☑

葛卜·乙三 39/☑無咎。疾～(遲)瘑(瘥)，又(有)瘸(續)。以丌(其)古(故)敚(說)☑

葛卜·乙二 3、4/☑吉。疾遬(速)敓(損)，少(小)～(遲)恚(蠲)瘑(瘥)。以丌(其)古(故)敚(說)☑

葛卜·甲一 24/定貞之：亙貞無咎，疾～(遲)瘑(瘥)，又(有)瘸(續)。惎(以)

葛卜·甲三 96/☑～(遲)巳，又(有)祱(祟)。以丌(其)古(故)敚(說)之。□☑

葛卜·乙三 47/☑疾遬(速)敓(損)，少(小)～(遲)恚(蠲)☑

葛卜·甲三 153/☑□□宜少(小)～(遲)叔(且)☑

葛卜·乙二 2/☑毋又(有)咎。䷚䷠(頤 謙)占之曰：吉，宜，少(小)～(遲)瘑(瘥)。以丌(其)

葛卜·甲三 112/～(遲)出。䷛(大過 旅)或爲君貞，以丌(其)～(遲)出之古(故)，尚毋又(有)祟

(左殘)葛卜·甲三 265/☑～(遲)恚(蠲)瘑(瘥)，又(有)祱(祟)，以丌(其)古(故)敚(說)之。舉禱☑

迊

葛卜·零 330/☑亙貞無咎，～(遲)瘑(瘥)。以丌(其)☑

逗

葛卜·甲三 182－2/☑司馬虵～於鐕☑

達

葛簿甲·甲三 206/☑三赤。王孫～受一臣，又三赤

連

葛簿甲·甲三 294、零 334/攻叟～爲攻人受六臣☑

葛簿甲·零 354/羍(卒)。卲～嚻受☑

遺

葛卜·甲三 240/王自肥～郢遏(徙)於鄂郢之散(歲)，宮月☑

遂(遂、述)

遂

葛卜·甲三 13/☑麗夜～先人☑

述用作遂。見本部述字條。

遠(遠、親)

遠

葛卜·甲三 34/☑〔蔓箸受女〕於楚之散(歲)～蔡(祭)之月丁酉☑

（左殘）葛卜・零 248/□ ～棽、剳屎宬（賽）禱□

親用作遠。見卷八見部親字條。

道

葛卜・甲三 174/□ 翔（殺），～一冢□□

長竹書 1-005/〔君〕子之～必若五浴之〔溥〕，三

長竹書 1-016/又（有）首，行又（有）～

（右殘）長竹書 1-044、1-099/□□天〔～〕□

長竹書 1-063/子之～

（右殘）長竹書 1-085/〔～〕

☆辶

葛簿甲・甲三 211/～差倉受

長遣策 2-014/一～缶，一湯鼎，屯又（有）盍（蓋）

☆辺

葛卜・甲三 99/犧馬，先之以一璧，～而逼（歸）之

☆返

見卷三又部及字條。

☆記

見本卷走部起字條。

☆迲

葛卜・零 64/□ ～於□

☆迖

長遣策 2-04/二乘緣～轙

☆辻

見本部過字條。

☆迌

葛簿甲・乙三 4/□ 臣一□□。奠（鄭）～受二□□

☆辶

見本部遲字條。

☆迖

見本部路字條。

☆途

葛卜・零 319/～縠

葛卜・零 222/□〔句郱〕公鄭～〔縠〕□

☆逄

見本部遲字條。

☆趣

長竹書1-042/～(趣)歊(慎)鼻㝵

☆迷

見卷五來部來字條。

☆逃

見卷三卜部𣥂字條。

☆逞

見卷二止部歸字條。

☆逞

見卷二辵部徙字條。

☆遣

葛卜・乙四30,32/☑臨爾产毋～爾☑

☆適

葛卜・甲三11,24/☑昔我先出自郍～

☆遨

見本部逖字條。

☆遘

葛卜・甲三64/☑□少(小)臣成奉～(害)戲(虐)☑

☆還

見卷五京部就字條。

彳 部

徑(呈)

呈用作徑。見卷八王部呈字條。

復

葛卜・乙四59/☑□馬之簹(笲)～惎爲君☑

葛卜・乙四54/王～於藍郢之〔歲〕☑

葛卜・甲三297/王～於藍郢之〔歲〕☑

葛卜・零294、482、乙四129/☑〔王〕～於藍郢之戠(歲)冬�際(㝈)之月丁嬛(亥)之日,𪚴尹〔丹〕☑

葛卜・零421/王～於藍〔郢之歲〕☑

葛卜・零670/王～於☑

退

(左殘)長竹書1-026、1-067/～嚚舀而欲貴

後

葛卜・甲二32/☑酒(將)爲癪(續)於～☑

得(㝵)

㝵

葛卜・乙四132/☑以君之樂～(得)瘳□☑

（右殘）葛卜・零 131/☑☑☑☑楚〔邦〕又（有）～（得）☑

御

葛簿甲・甲三 224/☑某棊（楈）、夂（終）～釛（鎦）受十臣，又二赤

☆偷

見本部逾字條。

☆微

葛卜・甲三 356/爲之㿟，以～剆（宰）尹弢與☑

☆復

葛卜・零 204/☑女子之慼，又疴疾～（作），不爲訛（尤），訕☑

夂　部

廷

葛卜・乙二 26/☑☑朼果～☑

葛卜・乙四 10/此果～☑

建

葛卜・甲三 223/王〔徙〕於鄂郢之㪔（歲）八月己巳之日，鄭～以☑☑

☆返

見卷三又部及字條。

延　部

延

葛卜・甲三 268/☑迟（及）江、灘、沘（沮）、漳，～（延）至於瀤（淮）

葛卜・甲三 145/☑饋，～（棧）鐘樂之☑

葛卜・零 13/☑各大單（牢）饋，～（棧）鐘

葛卜・甲三 200/～（棧）鐘樂之

葛卜・甲三 261/☑大單（牢）饋，～（棧）鐘樂之

葛卜・甲三 209/☑競坪王大單（牢）饋，～（棧）鐘樂之。邎（迻）昍

延

見本部延字條。

行　部

行

葛卜・乙四 95/☑中，君又～，君又子，牁（將）慼之，弗屾也。☰☷（坤姤）。習之以衛☑

葛卜・乙四 55/☑篁爲君貞，才（在）～，還☑

葛卜・乙四 52/☑～，又（有）外䡊（喪）☑

葛卜・甲三 56/☑㪔（特）牛，樂之。臺（就）禱戶一羊，臺（就）禱～一犬，臺（就）禱門☑

葛卜・乙一28/遰(就)禱霝(靈)君子
一豭,遰(就)禱門、户屯一羖(殺),遰
(就)禱～一犬

(下殘)長竹書 1 - 013/不求〔則〕
□□□可〔～〕

長竹書 1 - 016/又(有)首,～又
(有)道

御

見卷十馬部馭字條。

衛(衞、韲)

衛

(下殘)葛卜・乙四95/☑中,君又行,
君又子,洒(將)感之,弗卹也。▤▤▤
(坤 妶)。習之以～☑

葛卜・乙一16/王遅(徙)於敽(鄋)鄫
之戠(歲)亯月己巳之日,公子虢命諆
生以～篝

葛卜・甲三114、113/䣁(應)嘉以～
侯之簹(笿)爲坪夜君貞

葛卜・甲三152/☑以～篝爲君☑

韲

葛卜・零268/☑諆生以～(衛)☑

葛卜・乙一26、2/諆生以～(衛)篝爲
君貞

葛簿甲・甲三292/☑～(衛)靪、馭吴
(昃)受九㢴又刜☑

葛卜・甲一7/☑～(衛)篝,忻(祈)福
於祆(太),一羠(驒)牡(牢)、一熊牡
(牢);司䖓,司折☑

齒　部

齒

長遣策 2 - 02/一司～珥

長遣策 2 - 09/一～〔毘〕,□□〔繪〕之
〔毘〕襄(囊),繅(緇)綿之裏

足　部

足

長遣策 2 - 020/二疋桱(硜),屯□彫,
八金～

路(迳)

迳

葛卜・零123/☑大～(路)車☑

葛卜・乙三21/☑銇～(路),驪(麗)
義(犧)馬☑

葛卜・乙二10/☑乘鞦～(路),驪
(麗)〔犧馬〕☑

葛卜・甲三237 - 1/墾禱一乘大～
(路)黄輯,一籿玉夏□☑

葛卜・甲三79/☑白,一乘銇～(路),
驪犧馬,一☑

☆趺

葛卜・零193/☑之即之不～取於癹
與肴☑

疋 部

疋

葛卜・甲三 300、307/解於大（太），遬
（逐）丌（其）～祝（説），八月壬午之日
鷹（薦）大

葛簿乙・甲三 316/司馬魚之述（遂）
昶於獞宗、余～二貊（貑），禱二☑

葛簿乙・甲三 374、385/篙生一豕，昶
於～虢☑

長遺策 2－020/二～桱（桱），屯□彤，
八金足

品 部

喿

長遺策 2－027/二居〔～〕

册 部

册

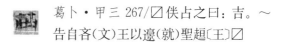

葛卜・甲三 137/～告自夲（文）王以
毫（就）聖趄王，各束綐（錦）珈（加）璧

葛卜・甲三 267/☑俟占之曰：吉。～
告自夲（文）王以遻（就）聖趄〔王〕☑

卷　三

品　部

嚚

 葛卜・甲三 36/☑大莫～旟(陽)爲獸(戰)於長城之〔歲〕☑

 葛卜・甲三 296/☑莫～易(陽)爲、晉帀(師)獸(戰)於長〔城〕☑

 葛簿甲・零 354/采(卒)。𤰞連～受☑

 長竹書 1-026、1-067/退～𦧩而欲貴

器

 長遣策 2-01/□□□～：二芌(華)瓠(壺)

 長遣策 2-01/丌(其)木～：二

 長遣策 2-05/〔鐶。竹〕～：十笑(簍)，屯赤綿之帕

 長遣策 2-09/□〔室〕之～：一筭，丌(其)實：一浃帕

 長遣策 2-08/□人之～：一鈔(繅)筶(席)，□綿之純

 (左殘)長遣策 2-012/〔寁(集)胭(廚)〕之～：十〔醻〕𦅾，屯又(有)盉(蓋)

 長遣策 2-012/丌(其)木～：八方琦。二十豆，屯

 長遣策 2-017/丌(其)木～：一劄(漆)橐，〔四〕鈇(鋪)頁，屯又(有)鐶

 長遣策 2-018/樂人〔之〕～：一〔𤲷〕坐𦎫(棧)鐘，少(小)大十又三，柷條，劄(漆)劃，金玞

 長遣策 2-020/丌(其)木～：杯豆卅(三十)

 長遣策 2-024/寁(集)糒之～：二□□

 長遣策 2-025/丌(其)木～：十皇豆，屯劄(漆)彫，厚奉之〔𥐟〕

 長遣策 2-027/丌(其)木〔～〕：一□〔脛〕

 長遣策 2-029/丌(其)木～：一〔榅(橛)，劄(漆)彫〕

句　部

句

葛卜・乙一 32/～郙公鄭

葛卜・乙一 14/～郙公奠（鄭）余穀大城郢（兹）竝（方）之歲（歲）屈栾之月癸未〔之日〕☒

葛卜・甲二 40/☒下内外禩神～所☒

葛卜・零 87/☒～（苟）思〔坪〕☒

葛簿乙・乙四 137、甲三 360/☒斗～逾三豻（貁），禱三豕。未内☒

鈎

長遣策 2－02/一組繡（帶），一革，皆又（有）～

長遣策 2－07/一索（素）緄繡（帶），又（有）□〔～〕，黄金與白金之烏（錯）

長遣策 2－027/一～

古　部

古

葛卜・乙四 113/☒郙之～（故），命返（祈）福☒

葛卜・零 406/☒之～（故）舉〔禱〕☒

葛卜・乙三 5/☒〔不〕瘥（懌）之～（故），忻（祈）福於司褐（禍）、司褛、司戕各一羍（羊）☒

葛卜・乙一 28/夏祭（梨）之月己丑之日，以君不瘥（懌）志～（故）

葛卜・乙一 4、10、乙二 12/夏祭（梨）之月己丑〔之日〕以君不瘥（懌）之～（故），邊（就）禱陳宗一豬

葛卜・乙一 17/夏祭（梨）之月己丑之日，以君不瘥（懌）之～（故）

葛卜・乙三 8/☒□以亓（其）～（故）舉禱斉（文）☒

葛卜・乙四 125/以君之窋（躬）身不安之～（故）☒

葛卜・乙三 39/☒無咎。疾逞（遲）瘥（瘥），又（有）瘇（續）。以亓（其）～（故）敚（説）☒

葛卜・乙三 61/☒瘇（續）。以亓（其）～（故）敚（説）之，悤（賽）禱北方☒

葛卜・乙二 3、4/☒吉。疾遬（速）敚（損），少（小）逞（遲）恚（蠲）癥（瘥）。以亓（其）～（故）敚（説）☒

葛卜・甲三 344－1/☒痞，又（有）祝（祟）。以亓（其）～（故）敚（説）之。舉禱卲（昭）王、文君☒

葛卜・乙四 3/☒亓（其）～（故）敚（説）之。舉〔禱〕☒

葛卜・甲三 96/☒逞（遲）巳，又（有）祝（祟）。以亓（其）～（故）敚（説）之。□☒

葛卜・甲三 184－2、185、222/或爲君貞，以亓（其）不良恚（蠲）癥之～（故），尚毋又（有）祟

葛卜・甲三 169/☐～(故)敓(説)之。邀(逸)☐

葛卜・乙二 41/☐瘨(續)，以亓(其)～(故)敓(説)☐

葛卜・乙二 30/～(故)敓(説)之。邀(逸)彭定之祝(説)。於北方一犐，先之☐

(下殘)葛卜・甲三 164/己未之日以君不瘮(憚)之～(故)☐

葛卜・甲三 112/迖(遲)出。☰☷(大過　旅)或爲君貞，以亓(其)迖(遲)出之～(故)，尚毋又(有)祟

葛卜・甲三 112/☷☴(泰　觀)或爲君貞，以亓(其)無亙(亟)祟之～(故)☐

葛卜・零 228/☐之～(故)命西陵人☐

葛卜・乙一 29、30/亓(其)～(故)敓(説)之

葛卜・甲三 212、199－3/☐瘆(瘥)。以亓(其)～(故)敓(説)之。邀(逸)盧焔之敓，饌祭卲(昭)王大牢，腄(棧)鐘樂之。鄭☐

葛卜・甲三 265/☐迖(遲)恚(蠲)瘆(瘥)，又(有)祝(祟)，以亓(其)～(故)敓(説)之。舉禱☐

葛卜・甲三 176/☐☐以亓(其)～(故)敓(説)之。吝(文)君、吝(文)夫人歸☐

葛卜・甲三 188、197/☐以亓(其)～(故)敓(説)之

葛卜・甲三 256/☐瘆(瘥)。以亓(其)～(故)敓(説)之。言薦☐

葛卜・零 67/～(故)，公子爲☐

葛卜・零 209/☐不瘮(憚)疠之～(故)，祝☐☐

葛卜・甲三 91/以亓(其)～(故)☐☐☐☐

(右殘)葛卜・零 447/☐瘮(憚)之～(故)，爲☐

(左殘)葛卜・零 324/☐瘮(憚)之～(故)，還(就)禱☐

長竹書 1－087/☐君子～昔

十　部

十

葛卜・甲三 49/☐至師於陳之歲(歲)～月壬〔戌〕☐

葛卜・甲三 37/之歲(歲)～月壬戌☐

葛卜・乙四 106/☐☐八月又(有)女子之賞，九月，～月又(有)外☐☐

葛簿甲・甲三 224/☐某椉(楷)、夂(終)御釮(鍋)受～匝，又二赤

葛簿甲・甲三 273－1/☐與休君受～☐

長遺策 2－05/〔鐶。竹〕器：～笑(籃)，屯赤綿之帞

長遺策 2－06/〔少(小)箕〕～又二

長遣策 2－012/〔㯱（集）胻（廚）〕之
器：～〔醩〕瓶，屯又（有）盍（蓋）

長遣策 2－018/樂人〔之〕器：一〔樂〕
坐杶（棧）鐘，少（小）大～又三，梡條，
郗（漆）劃，金玥

長遣策 2－018/一樂〔坐〕□□，〔少
（小）〕大～又九，梡條，郗（漆）劃，繩維

長遣策 2－022/～又二箕□

長遣策 2－025/～□，屯又（有）〔鉥〕

長遣策 2－025/丌（其）木器：～皇豆，
屯郗（漆）彫，厚奉之〔硳〕

博（尃）

尃用作博。見本卷寸部尃字條。

卅　部

世（殜）

葛卜・乙四 109/□己未之日，歔（就）
禱三～（世）之殤（殤）□

（下殘）葛卜・乙四 27/□疾，亙（亟）由
郣亥敓（說）於五～（世）□

長竹書 1－034/〔之〕以卑腏（亂）～（世）

言　部

言

葛卜・甲三 10/□先，少（小）又（有）
外～慼也，不爲慼（尤）。君牁（將）又
（有）志成也□

葛卜・甲三 31/□丌（其）繇曰：
是日未兌，大～鼄鼄（絕），少（小）～惙
惙，若組若結，夂（終）以□□

葛卜・零 232/□□□是以胃（謂）之
又（有）～。丌（其）卦亡（無）〔咎〕□

長竹書 1－03/教～三歲（歲）

長竹書 1－049/～以〔爲〕

謂（胃）

胃用作謂。見卷四肉部胃字條。

請

長竹書 1－010/～□

許（䚋、鄦）

䚋

葛卜・乙二 25、零 205、乙三 48/之月
乙巳之日，～（許）定以陵尹懌之大保
（寶）豢（家）爲

葛卜・乙二 27/□之日，～（許）定以
陵尹懌之大保（寶）豢（家）爲君貞

葛卜・甲三 216/□巳之日，～（許）定
以陵尹懌之大保（寶）豢（家）爲

葛簿甲・零 495/□□～（許）公□

（重文）葛簿乙・甲三 320/～（許）智
（智），䚋智（智）之述（遂）蒯於㿓取三
黏（豛），禱三冢□

酆

 葛卜・零 187/瑶命～（許）▢

訓

 葛卜・乙四 35/▢ 鄗鵗爲君貞，才
（在）鄟爲三月，尚自宜～（順）也。鬺
占之：亡（無）

 葛卜・甲三 5/▢ □奕悥（賽）禱於酓
（荆）王以儥（逾），～（順）至文王以儥
（逾）▢

 葛卜・乙一 9、乙二 17/之月尚毋又
（有）咎，窮（躬）身尚自宜～（順）。
定▢

 葛卜・甲三 247、274/毋又（有）大咎，
窮（躬）身尚自宜～（順）。占之：亙貞
吉，疾遬（速）▢

 葛卜・乙二 35、34/▢ 又（有）大咎，窮
（躬）身尚自宜～（順）。定占▢

 （左殘）葛卜・乙四 71/▢ 自宜～（順）。
定占之：粈亡（無）咎▢

 葛卜・零 286/▢ 自宜～（順）▢

 （右殘）葛卜・零 65/▢ 尚自宜～
（順）▢

 葛卜・零 14/▢ 宜～（順）。定▢

説（祝、縈、敨）

祝、縈用作説。見卷一示部祝字條。

敨用作説。見本卷攴部敨字條。

詡

 葛卜・零 204/▢ 女子之感，又痾疾後
（作），不爲詭（尤），～▢

詛（襠）

襠用作詛。見卷一示部襠字條。

詭

 葛卜・零 204/女子之感，又痾疾後
（作），不爲～（尤），詡

詢

 葛卜・零 115、22/▢ □。▤▤。是㦣
切而口亦不爲大～，勿卿，亡（無）
咎▢

謫（啻）

啻用作謫。見卷二口部啻字條。

誅（戜）

戜用作誅。見卷十二戈部戜字條。

☆訛

 葛卜・甲三 61/成敓（敢）甬（用）解～
（過）瘥（釋）譀（尤），若

☆詬

 葛卜・甲三 215/鬮～以駐藬爲坪夜
君貞，既心

 葛卜・甲三 212、199 - 3/▢ 瘬（瘥）。
以丌（其）古（故）敨（説）之。遬（逐）鬮
～之敨，饎祭卲（昭）王大牢，脾（棧）鐘
樂之。鄭▢

葛卜・甲三 115/⧄盬～以黏竈爲坪夜君

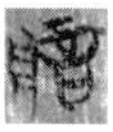
葛卜・甲三 192、199－1/⧄盬～習之以黏竈，占之：吉，不癢(續)⧄

☆詨

葛卜・零 170/⧄〔獻馬〕之月乙嬛(亥)之日，黄佗以～□□爲君⧄

☆詎

長遣策 2－02/一兩～縷(屨)

☆諸

葛卜・乙一 23、1/大鹹(城)邺(兹)竝(方)之戠(歲)屈(栾)之月癸未之日，～〔生〕⧄

葛卜・甲二 16/⧄～生以□□爲君貞，牆(將)逾⧄

葛卜・乙一 26、2/～生以衜(衛)箽爲君貞

葛卜・乙一 16/王遲(徙)於敎(鄩)郢之戠(歲)亯月己巳之日，公子虩命～生以衛箽

葛卜・甲三 143/⧄尚毋爲蚘(尤)。～生占之⧄

葛卜・零 130/⧄卯之日～〔生〕

葛卜・乙三 7/⧄菫滬～生以長箽爲君貞，既⧄

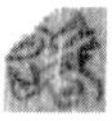
葛卜・零 268/⧄～生以衜(衛)⧄

☆讖

(重文)葛卜・甲三 31/⧄丌(其)繇曰：是日未兑，大言～～(絶)，少(小)言惙惙，若組若結，夂(終)以□⧄

誩　部

善

葛卜・甲二 19、20/⧄叡(且)君必遲凥(處)安～

長竹書 1－045/毋□～

長遣策 2－029/百～米，紫緅百襄(囊)，米屯緅帩

競

葛卜・甲三 209/⧄～坪王大單(牢)饋，延(棧)鐘樂之。遯(遂)晭

葛卜・甲三 280/⧄～坪王以逾，至⧄

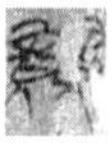
葛卜・甲三 201/擇日於八月朓(棧)祭～坪王，以逾至吝(文)君，占之：吉

葛卜・甲三 69/之，賡於～坪王、卲(昭)王⧄

葛簿乙・甲三 336/⧄瞓於～方一豬(豭)，禱⧄

音　部

章（章、漳）

章

葛卜・甲三 11、24/宅兹沮（沮）、～，
台選（先）覂（遷）尻（處）

葛卜・乙四 9/☐渚沮（沮）、～，汲
（及）江，赱（上）逾取菖☐

長竹書 1-08/～异（與）節

漳

葛卜・甲三 268/☐汲（及）江、灘、沮
（沮）、～，延（延）至於濿（淮）

辛　部

童（童、嬞）

童

葛卜・甲三 35/☐〔老〕～、祝融、穴熊
芳屯一☐

葛卜・甲三 188、197/墨禱楚先老～、
祝融、禮（鸞）酓（熊），各兩痒（牂）。旂
（祈）☐

葛卜・零 429/☐☐老～☐

葛卜・零 234/☐～首以昏（文）䨓爲☐

嬞

葛卜・甲三 268/是日斀（就）禱楚祧
（先）老～（童）、祝☐

葛卜・乙一 22/又（有）敓（祟）見於司
命，老～（童）、庍（祝）融、空（穴）酓
（熊）

廾　部

奉

葛卜・甲三 64/☐☐少（小）臣成～邁
（害）戲（虐）☐

弇

葛簿甲・甲三 203/☐吳殹無受一赤，
又豹，又～☐，又鳶（雁）首

葛簿甲・甲三 203/吳憙受一匜，二
赤，～

葛簿甲・甲三 311/☐受二匜，又二
赤，……二赤，又～

葛簿甲・甲三 244/☐受二赤，～☐

（上殘）葛簿甲・甲三 92/☐～☐，長塦
人☐

戒

葛卜・乙四 122/〔爲〕君集戕之貞，尚
毋又（有）咎。占曰：卦亡（無）咎，君迺
（將）喪祍，又（有）火～，又（有）外☐

羄

長竹書 1-042/迡（趣）敫（慎）～言

☆夈

 長遣策 2－010/一□□□，又(有)□□，丌(其)〔瑀〕：一少(小)鐶，坙(徑)二〔～(寸)〕

 長遣策 2－010/一青尻(處)□之瑞(璧)，坙(徑)四～(寸)□～(寸)，

 長遣策 2－010/一□□□ 長六～(寸)，泊組之〔里〕

 長遣策 2－015/専(博)一～(寸)〔少〕～(寸)，厚釚(鍚)～(寸)

☆鼌

 葛卜・甲三 137/☑罌禱備(佩)玉，各～璜

☆箅

見卷五竹部筮字條。

異　部

異

 葛卜・甲三 217/齊客陳～至(致)福於王之歲(歲)獻馬之月乙丑之日

 葛卜・甲三 27/齊客陳～至(致)福於王之歲(歲)獻☑

 葛卜・甲三 33/齊客陳～至(致)福於王之歲(歲)獻馬之月，鮴龜以龙竈爲君采(卒)歲(歲)☑

 葛卜・甲三 20/齊客陳～至(致)福於王〔之〕歲(歲)獻☑

 葛卜・零 165、19/齊客陳～至(致)福於王之歲(歲)獻(獻)☑

 葛卜・甲三 272/齊客陳～至(致)福於王之歲(歲)☑

异　部

罨

 葛卜・甲三 11、24/宅茲涳(沮)、章，台選(先)～(遷)尻(處)

 葛卜・乙四 31/☑不～(遷)☑

與(與、与)

與

 葛卜・甲一 23/☑～賓禱之

 葛卜・甲三 3/☑亡(無)咎，又(有)敓(祟)，～龜同敓(祟)，見於大(太)☑

 葛卜・甲三 39/無瘳，至癸卯之日安良瘲(瘥)。丌(其)祝(祟)～龜☑

 葛卜・甲三 134、108/☑甲戌興乙亥禱楚先～五山，庚午之夕内齋☑

 葛簿甲・甲三 273－1/☑～休君受十☑

 葛卜・甲三 300、307/☑斉(文)君～啻

 葛卜・乙四 97/☑宔(主)～司命，禧(就)禱璧玉䣛☑

葛簿乙・甲三 309/䜈～一豸☑

葛簿乙·甲三 318/☒楃～丌(其)國
不視界

 (左殘)葛簿乙·甲三 319/☒西陵～丌
(其)國不視界☒

 葛卜·甲三 356/爲之旹，以徹冏(宰)
尹娝～☒

 葛簿乙·甲三 357、359/叒(桑)丘、無
～☒

 葛卜·乙一 12/頋～良志以陵尹

 葛卜·乙一 15/公北、陞(地)宔(主)
各一青義(犧)；司命、司禖(禍)各一
勮，～禱厝之。或☒

 葛卜·乙二 44/☒之日，頋～良志以☒

 葛卜·零 99/☒於楚先～五山☒

 葛卜·零 124/☒～姻旹☒

 葛卜·零 193/☒之卽之不趹取於娝
～羔☒

 葛卜·零 241/☒祟，～黿同敓(祟)☒

 葛卜·零 242/☒犧～☒

 (左殘)葛未·零 557/☒☒☒～☒

 葛未·零 582/☒～☒

 (左殘)葛卜·零 584、甲三 266、277/☒之
日，頋～良志以陵尹懌之髇脾爲君貞

 (左殘)葛未·零 589/☒～☒☒

 (右殘)葛卜·零 689/☒～禱☒

 長竹書 1－019/☒〔～宜是〕之才
(哉)。☒

 長遣策 2－07/一索(素)緄繻(帶)，又
(有)☒〔鉤〕，黃金～白金之鳥(錯)

 長遣策 2－015/一紡☒～絹，紫裏，組

 長遣策 2－012/緅～索(素)絵(錦)之
綏(緐)襄(囊)二十又一

 長遣策 2－012/緅～青絵(錦)之綏
(緐)襄(囊)七

弄

 長竹書 1－03/教弪(射)～(與)馭

 長竹書 1－08/章～(與)節

興

 葛卜·甲三 134、108/☒甲戌～乙亥
禱楚先與五山，庚午之夕內齋☒

臼　部

☆舁

 葛簿乙·甲三 310/喬尹申之述(遂)
覗於赶～、郰思，二豻(貒)☒

革　部

革

長遣策 2 - 02/一組繡(帶)，一～，皆又(有)鉤

鞮(緹)

緹用作鞮。見卷十三糸部緹字條。

鞄(鞥)

鞥用作鞄。見卷五辜部鞥字條。

鬲　部

融

(右殘)葛卜・零 560、522、554/☐〔祝〕～、穴熊、卲(昭)〔王〕☐

葛卜・乙一 24/～、空(穴)酓(熊)各一痒(牂)，緩(纓)之祘玉。壬脣(辰)之日禱之☐

(下殘)葛卜・甲三 35/☐〔老〕童、祝～、穴熊芳屯一☐

葛卜・乙一 22/又(有)敓(祟)見於司命、老嬋(童)、宍(祝)～、空(穴)酓(熊)

葛卜・甲三 188、197/塦禱楚先老童、祝～、襠(鬻)酓(熊)，各兩痒(牂)。旂(祈)☐

葛卜・甲三 83/☐〔祝〕～、穴〔熊〕、卲(昭)王、獻〔惠王〕☐

(上殘)葛卜・零 288/☐〔祝〕～、空(穴)酓(熊)、各☐

葛卜・零 254、162/☐〔祝〕～、穴酓(熊)，歔(就)禱北☐

弼　部

鬻(祘)

爲楚國先祖人名用字，文獻常借用鬻字。見卷一示部祘字條。

爪　部

爲

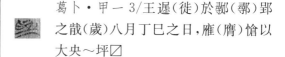
葛卜・甲一 3/王遷(徙)於鄝(鄢)郢之歲(歲)八月丁巳之日，雁(膺)愴以大央～坪☐

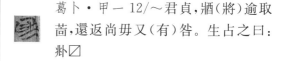
葛卜・甲一 12/～君貞，牆(將)逾取苗，還返尚毋又(有)咎。生占之曰：祘☐

葛卜・甲一 21/☐篁～君貞，忻(祈)福於卲(昭)王、獻(獻)惠王、東大王☐

葛卜・甲一 25/☐禋公子虢命彭定以少(小)宄(宅)驌～君貞，既怀(背)☐

葛卜・甲二 5/☐之日，禋公子虞(虢)命彭定以少(小)宄(宅)驌～君貞，既怀(背)☐

葛卜・甲二 16/☐諸生以☐☐爲君貞，牆(將)逾☐

葛卜・甲二 19、20/䷌(同人 比)。或～君貞，☐☐☐

葛卜・甲二 21/☑王～坪夜☑

葛卜・甲二 22、23、24/☑〔王徙〕於鄩(鄩)郢之散(歲)八月丁巳之日，雁(膺)寅以少(小)央～☑

葛卜・甲二 32/☑牆(將)～瘡(續)於後☑

葛卜・甲二 35/☑既～貞，而敚(説)丌(其)☑

葛卜・甲三 8、18/☑大鹹(城)邶(兹)邡之散(歲)，夏层之月癸嫘(亥)之日，趄鬶以郞緣～☑

葛卜・甲三 10/☑先，少(小)又(有)外言感也，不～慭(尤)。君牆(將)又(有)志成也☑

葛卜・甲三 33/齊客陳異至(致)福於王之散(歲)獻馬之月，鮇讋以龙霝～君卒(卒)散(歲)☑

葛卜・甲三 36/☑大莫囂旟(陽)～獸(戰)於長城之〔歲〕☑

葛卜・甲三 54、55/☑月丁巳之日□□以髍髀～☑

葛卜・甲三 72/☑以□之大彤簪(筮)～君貞，既心疾，以☑

葛卜・甲三 112/達(遲)出。䷛䷷(大過 旅)或～君貞，以丌(其)達(遲)出之古(故)，尚毋又(有)祟

葛卜・甲三 112/䷊䷓(泰 觀)或～君貞，以丌(其)無亘(亟)祟之古(故)☑

葛卜・甲三 114、113/鄺(應)嘉以衛侯之簪(筮)～坪夜君貞

葛卜・甲三 115/☑鹽脂以黠霝～坪夜君

葛卜・甲三 132、130/☑□。或～君貞，以丌(其)不安於氏(是)凥(處)也，亘(亟)遲去☑

(右殘)葛卜・甲三 133/☑之月己丑之日，公子命彭定以少(小)龙麓～☑

葛卜・甲三 143/☑尚毋～蚘(尤)。諸生占之☑

葛卜・甲三 152/☑以衛篁～君☑

葛卜・甲三 172、乙三 19/☑癸丑之日，彭定以少(小)寵(龙)麓～☑

葛卜・甲三 184－2、185、222/或～君貞，以丌(其)不良恚(蠲)瘳之古(故)，尚毋又(有)祟

葛卜・甲三 189/卜簪(筮)～祏(攻)，既☑

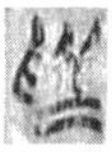
葛卜・甲三 198、199－2/☑悗(悶)，叡(且)疥不出，以又(有)痞，尚遬(速)出，毋～忧

葛卜・甲三 215/鹽脂以黠蘦～坪夜君貞，既心

葛卜・甲三 216/☑巳之日，䛐(許)定以陵尹懌之大保(寶)冢(家)～☑

葛卜・甲三 219/以陵尹懌之大保(寶)冢(家)～君貞

葛卜・甲三 219/既～貞，而敚(説)丌(其)祱(祟)，自夏

葛簿甲・甲三 220/宋良志受四匠，又一赤。李紹～

葛卜・甲三 233、190/鄴少(小)司馬陳覾慭(愆)以白霝(靈)～君坪夜君貞

葛卜・甲三 246/☑冢(家)～坪夜君貞，既(將)☑

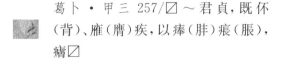 葛卜·甲三 257/☑～君貞，既怀（背）、雁（膺）疾，以瘁（胖）痕（脹），瘠☑

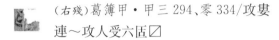 （右殘）葛簿甲·甲三 294、零 334/攻婁連～攻人受六臣☑

葛卜·甲三 296/☑莫囂易（陽）～、晉帀（師）獸（戰）於長〔城〕☑

葛卜·甲三 301－2、301－1/☑以髃䏿～坪〔夜君〕貞，既肧（背）膺☑

葛卜·甲三 342－2/獻（獻）馬之月乙還（亥）之日，盧䢼以龙竈～☑

葛卜·甲三 356/～之畜，以微剒（宰）尹發與☑

葛卜·乙一 26、2/諸生以壐（衛）箮～君貞

葛卜·乙二 25、零 205、乙三 48/之月乙巳之日，䚈（許）定以陵尹惇之大保（寶）豪（家）～

葛卜·乙二 27/☑之日，䚈（許）定以陵尹惇之大保（寶）豪（家）～君貞

葛卜·乙三 6/☑箮～君貞，忻（祈）福曌禱於☑

葛卜·乙三 7/☑録滰諸生以長箮～君貞，既☑

葛卜·乙三 20/☑白竈～坪〔夜君貞〕☑

（右殘）葛卜·乙三 33/☑～箸告我愳所取於□☑

葛卜·乙三 38/☑丑之日，彭定以少（小）冡（龙）竈～☑

葛卜·乙三 43/以少（小）冡（龙）竈～君貞，怀（背）

 葛卜·乙四 7/☑以心瘴（悶）～集☑

 葛卜·乙四 34/☑之竈～君釆（卒）戝（歲）之貞☑

 葛卜·乙四 35/☑郘聯～君貞，才（在）郢～三月，尚自宜訓（順）也。嚻占之：亡（無）

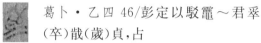 葛卜·乙四 46/彭定以駁竈～君釆（卒）戝（歲）貞，占

 葛卜·乙四 55/☑箮～君貞，才（在）行，還☑

 葛卜·乙四 57/☑～賢子歔哀告大☑

葛卜·乙四 59/☑□馬之箸（筬）復惪～君☑

 葛卜·乙四 61/☑龙竈～君貞，以丌（其）歔（肩）怀（背）疾☑

 （右殘）葛卜·乙四 63、147/☑〔王復於〕藍郢之戝（歲）冬桼（柰）之月丁嬛（亥）之日，鄭疫以駁竈～君☑

 葛卜·乙四 85/☑長箮～君釆（卒）戝（歲）貞，居郢尚毋又（有）咎。䰠占☑

 葛卜·乙四 98/☑八月乙卯之日，鄭卜子怵以疊頁之鼉～君三戝（歲）貞☑

 葛卜·乙四 100、零 532、678/☑□□和箸（筬）～君貞

 葛卜·乙四 102/☑之月丁貫（亥）之日郝輗以鬱韋（筬）～君釆（卒）戝（歲）之貞

 葛卜·乙四 103/☑以龙竈～君釆（卒）戝（歲）之貞，尚毋☑

葛卜・乙四 105/☑□之月丁嬛（亥）之日，奠（鄭）俅以長簹～君釆（卒）戙（歲）貞☑

葛卜・乙四 123/☑陵君～☑

葛卜・乙四 130/☑尨鼀～君釆（卒）戙（歲）貞，占之□☑

葛卜・乙四 134/☑□擇之囩（牢）审（中），晉□～奮相之皈（昭）告大☑

葛卜・乙四 141/☑東陵，鼀尹丹以承國～☑

葛卜・乙四 143/☑思～之求四羍（驛）義（犧）☑

（上殘）葛卜・零 66、甲三 234/☑～坪卻君卜之☑

（下殘）葛卜・零 67/古（故），公子～☑

葛卜・零 73/☑～君貞☑

葛未・零 82/～□□□□□

葛卜・零 101/☑之日，定～公子☑

（上殘）葛卜・零 102、59/☑～賢子郢果告大司城瘟☑

葛卜・零 115、22/☑□。䷌䷫（同人比）。是鼡（雦）切而口亦不～大詢，勿卹，亡（無）咎☑

葛卜・零 135/☑瘩（悶），～集戙（歲）貞，自☑

（左殘）葛卜・零 170/☑〔獻馬〕之月乙嬛（亥）之日，黃佗以詨□□～君☑

葛卜・零 180/☑刺～坪☑

（左殘）葛卜・零 185/☑□～□代□一□☑

葛卜・零 199/☑～君貞，怀（背）膺疾，以☑

葛卜・零 204/☑女子之惑，又痾疾徔（作），不～訧（尤），詷☑

（右殘）葛卜・零 221、甲三 210/☑～君貞，怀（背）膺疾

（右殘）葛卜・零 234/☑童首以昏（文）䨍～☑

（右殘）葛卜・零 289/☑～君貞☑

葛卜・零 311/☑髀～坪夜☑

葛卜・零 369/☑～坪夜☑

葛卜・零 401/☑又（有）閖（間）～☑

（下殘）葛卜・零 438/☑不～☑

（左殘）葛卜・零 447/☑瘴（懌）之古（故），～☑

葛卜・零 472/☑旔（作），不～忧（尤）☑

葛卜·零 490/☑□～坪夜君☑

 葛卜·零 584、甲三 266、277/☑之日，昍與良志以陵尹懌之髇髀～君貞

 長竹書 1-009/天下爲之女（如）可？

 （右殘）長竹書 1-022、1-0118/□〔～〕□□者戜（誅）□

 長竹書 1-049/言以〔～〕

 長竹書 1-065/含（今）～

 （右殘）長竹書 1-066/縶〔～〕

☆罙

見卷八衣部卒字條。

☆豖

見卷七宀部家字條。

又　部

又

 葛卜·甲一 5/☑之曰：吉，無咎。～（有）敓（祟）見於卲（昭）王、獻（獻）惠

 葛卜·甲一 9/☑～（有）瘳，躬身尚☑

 葛卜·甲一 12/爲君貞，酒（將）逾取齒，還返尚毋～（有）咎。生占之曰：卦☑

 葛卜·甲一 22/疾罷（一）瘯（續）罷（一）已，至九月～（有）良閒（間）☑

 葛卜·甲一 24/定貞之：亙貞無咎，疾迚（遲）瘕（瘥），～（有）瘯（續）。恩（以）

 葛卜·甲二 28/☑瘠不出，今亦豊（體）出，而不良～（有）閒（間）

 葛卜·甲二 33/☑瘳（悶），尚母～（有）咎☑

 葛卜·甲三 2/☑咎。～（有）敓（祟）見於卲（昭）王、文☑

 葛卜·甲三 3/☑亡（無）咎，～（有）敓（祟），與龞同敓（祟），見於大（太）☑

 葛卜·甲三 10/☑先，少（小）～（有）外言惑也，不爲慼（尤）。君酒（將）～（有）志成也☑

 葛卜·甲三 17/☑旮中無咎，～（有）閒（間）☑

 葛卜·甲三 19/☑卦亡（無）咎，～（有）縶（祟）☑

 葛卜·甲三 25/之，亡（無）咎。酒（將）～（有）喜。奠（鄭）憲習之以陸（隨）侯之☑

 葛卜·甲三 29/瘕（瘥），毋～（有）〔咎〕，鹽卲占☑

 葛卜·甲三 38/☑尚毋～（有）咎。占☑

 葛卜·甲三 44/☑～（有）咎，恒。占之：卦〔無咎〕☑

 葛卜·甲三 62、63/☑尚毋～（有）咎。貞無☑

 葛簿甲·甲三 90/☑八十臣～三臣，～一劂，豹，鳶（雁）首☑

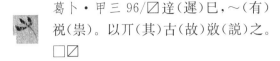

葛卜·甲三96/⍁逹(遲)巳,~(有)祱(祟)。以亓(其)古(故)敓(説)之。□⍁

葛卜·甲三110/⍁𤺺一巳。或以肙(月)蘦求亓(其)㮡(説),~(有)祱(祟)於大(太)、北⍁

葛卜·甲三112/逹(遲)出。䷛䷷(大過 旅)或爲君貞,以亓(其)逹(遲)出之古(故),尚毋~(有)祟

葛卜·甲三114、113/既~(有)疾,尚𨒅(速)瘉(瘥),毋~(有)⍁

葛卜·甲三117、120/𡨥(栾)之月以至浗(來)散(歲)之夏𡨥(栾),尚毋~(有)大咎

葛卜·甲三128/⍁〔無〕咎,~(有)敓(祟)見於卲(昭)王⍁

葛卜·甲三151/之夏𡨥(栾),毋~(有)大咎⍁

葛卜·甲三155/𡨥(栾)毋~(有)大咎。占⍁

葛卜·甲三177/⍁〔無〕咎,~(有)敓(祟)見於大(太)⍁

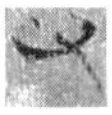
葛卜·甲三184-2、185、222/或爲君貞,以亓(其)不良恚(蠲)瘳之古(故),尚毋~(有)祟

葛卜·甲三194/⍁君貞,既~(有)疾,尚𨒅(速)瘉(瘥),毋~(有)咎

葛卜·甲三198、199-2/⍁悗(悶),䖒(且)瘠不出,以~(有)痞,尚𨒅(速)出,毋爲忧

 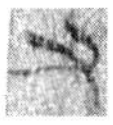 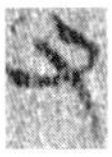
葛簿甲·甲三203/⍁吴殹無受一赤,~杓,~𢍏□,~鳶(雁)首

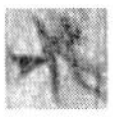
葛簿甲·甲三206/⍁三赤。王孫達受一臣,~三赤

葛卜·甲三208/鄜(應)愴寅習之以大央,占之:〔吉〕,迷(速)~(有)閯(間),無祱(祟)⍁

葛簿甲·甲三211/⍁受二臣,~二赤,~肉,~杓

葛卜·甲三213/⍁户、門。~(有)祱(祟)見於卲(昭)王、蕙(惠)王、文君、文夫人、子西君。敼(就)禱⍁

葛卜·甲三218/占之:兆亡(無)咎。君~(有)⍁

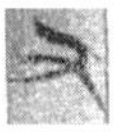
葛簿甲·甲三220/宋良志受四臣,~一赤。李紹爲

葛簿甲·甲三224/⍁某㮄(楷)、夂(終)御釮(錙)受十臣,~二赤

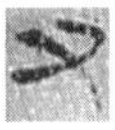
葛卜·甲三229/⍁還返尚毋~(有)咎。〔占〕之:兆亡(無)咎。未⍁

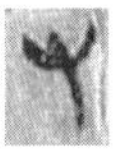
葛卜·甲三230/⍁□~五□白□⍁

葛卜·甲三232、95/⍁牆(將)𨒅(速)~(有)閯(間),無咎無敓(祟)⍁

葛卜·甲三235-2/⍁占之:義(宜)𨒅(速)~(有)閯(間),無咎無敓(祟)□⍁

葛簿甲·甲三244/宔(甸)人昆䎽(聞)受二,~杓⍁

葛卜·甲三247、274/毋~(有)大咎,竆(躬)身尚自宜訓(順)。占之:亘貞吉,疾𨒅(速)⍁

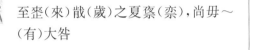

 葛簿甲・甲三 254/⧄……三赤，～㓹……⧄

 葛卜・甲三 265/⧄迖（遲）恚（蠲）瘽（瘥），～（有）祱（祟），以亓（其）古（故）敓（說）之。𦥑禱⧄

 葛卜・甲三 270/亡（無）敓（祟），旡（幾）中～（有）外𧞣（喪）⧄

 葛簿甲・甲三 292/⧄衜（衛）軋、馭昊（昃）受九匿～㓹⧄

  葛簿甲・甲三 311/⧄受二匿，～二赤，……二赤，～弁

 葛卜・甲三 344－1/⧄痁，～（有）祱（祟）。以亓（其）古（故）敓（說）之。𦥑禱卲（昭）王、文君⧄

 葛卜・甲三 345－1/～（有）咎。痃占之⧄

 葛未・甲三 389/⧄□～□□……⧄

 葛卜・乙一 9、乙二 17/之月尚毋～（有）咎，躳（躬）身尚自宜訓（順）。定⧄

 葛卜・乙一 19/自夏𡨦（柰）之月以至逨（來）戢（歲）夏𡨦尚毋～（有）大咎。洍〔㬜〕⧄

 葛卜・乙一 22/～（有）敓（祟）見於司命、老嫜（童）、祝（祝）融、空（穴）酓（熊）

 葛卜・乙一 31、25/自夏𡨦（柰）之月以至冬𡨦（柰）之月，聿（盡）七月尚毋～（有）大⧄

 葛卜・乙二 2/⧄毋～（有）咎。䷚䷎（頤 謙）占之曰：吉，宜，少（小）迖（遲）瘽（瘥）。以亓（其）

 葛卜・乙二 35、34/⧄～（有）大咎，躳（躬）身尚自宜訓（順）。定占⧄

 葛卜・乙三 36/⧄求亓（其）㸓（說），～（有）㸓（祟）於⧄

 葛卜・乙三 39/⧄無咎。疾迖（遲）瘽（瘥），～（有）瘖（續）。以亓（其）古（故）敓（說）⧄

 葛卜・乙四 23/⧄〔占〕之：𠦬亡（無）咎。中旡（幾）君王～（有）亞（惡）於外⧄

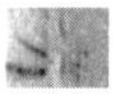 葛卜・乙四 36/⧄兩～（有）五，丁巳之昏以⧄

 葛卜・乙四 38/⧄𠀠（卒）戢（歲）貞，占之：𠦬亡（無）咎，～（有）⧄

 葛卜・乙四 40/⧄戢（歲）之貞，尚毋～（有）咎⧄

 葛卜・乙四 44/⧄君貞，既才（在）郢，牆（將）見王，還返毋～（有）咎。趄鬶⧄

 葛卜・乙四 52/⧄行，～（有）外𧞣（喪）⧄

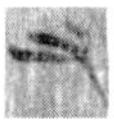 葛卜・乙四 60/⧄陵，尚毋～（有）⧄

 葛卜・乙四 85/⧄長筆爲君𠀠（卒）戢（歲）貞，居郢尚毋～（有）咎。𠈇占⧄

  葛卜・乙四 95/⧄中，君～行，君～子，牆（將）慼之，弗卹也。䷁䷫（坤 姤）。習之以衛⧄

 葛卜・乙四 100、零 532、678/居郢，還反（返）至於東陵，尚毋～（有）咎

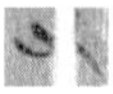 葛卜・乙四 100、零 532、678/占曰：𠦬亡（無）咎。～（有）祱（祟）⧄

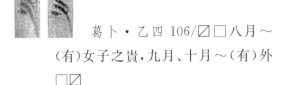

葛卜・乙四 106/☒□八月～(有)女子之賞,九月、十月～(有)外□□

葛卜・乙四 111/☒～(有)祝(祟)見

葛卜・乙四 122/〔爲〕君集戠之貞,尚毋～(有)咎。占曰:掛亡(無)咎,君牿(將)喪衻,～(有)火戒,～(有)外□

葛卜・零 4/☒田,～(有)祝(祟)見□

葛卜・零 52、54/☒～(有)敓(祟)見□

葛卜・零 55/☒尚毋～(有)咎□

葛卜・零 89/☒君牿(將)～(有)悥□□

葛卜・零 93/毋～(有)□

葛卜・零 100/☒貞,占之:逃(掛)亡(無)咎,～(有)

葛卜・零 110/☒悥,～(有)□

葛卜・零 121/☒～疾尚遬(速)

(左殘)葛卜・零 131/☒□□□楚〔邦〕～(有)寻(得)□

葛卜・零 139/☒～(有)悥□

葛卜・零 201/☒〔占〕之:亙貞亡(無)咎,君身少(小)～(有)

葛卜・零 204/☒女子之慼,～痀疾後(作),不爲祱(尤),謝☒

葛卜・零 232/☒□□是以胃(謂)之～(有)言。丌(其)卦亡(無)〔咎〕☒

葛卜・零 298/☒～(有)大咎☒

葛卜・零 339/☒罷(一)已,～(有)祝(祟)☒

(下殘)葛簿甲・零 343/宋木受一卮,～☒

葛簿甲・零 373/☒卮～☒

(下殘)葛簿甲・零 375/☒六卮～☒

葛卜・零 401/☒～(有)閒(間)爲☒

葛卜・零 419/咎,少(小)～(有)□☒

葛卜・零 427/☒～(有)〔敓見〕於司☒

葛未・零 428/～☒

葛卜・零 440/☒～(有)良閒(間)☒

葛卜・零 487/☒卦無咎。～(有)☒

葛卜・零 521/戠尚毋～☒

葛未・零 657/☒□～☒

葛未・零 692/☒□～(有)□☒

長竹書 1-002/～(有)赱(上)孳

長竹書 1－016/～（有）首，行～（有）道

長竹書 1－016/厇～（有）

長竹書 1－018/丌（其）谷（欲）能～（有）弃也，能

長竹書 1－023/州，昊昊冥冥～（有）胃日

長竹書 1－025/天下～（有）□，民〔則〕

長竹書 1－030、1－058/□䎽（聞）之也。邦（國）～☑

長遣策 2－02/一組繡（帶），一革，皆～（有）鉤

長遣策 2－05/〔㓻（漆），屯〕四鈇（鋪）頁，～（有）

長遣策 2－06/□□□□□筴四十～四

長遣策 2－06/〔少（小）筴〕十～二

長遣策 2－07/一索（素）綑繡（帶），～（有）□〔鉤〕，黃金與白金之為（錯）

長遣策 2－010/一□□□，～（有）□□，丌（其）〔璠〕：一少（小）鐶，㞷（徑）二〔肵（寸）〕

長遣策 2－013/七見䫉（鬼）之衣，屯～（有）常

長遣策 2－012/〔窠（集）胠（廚）〕之器：十〔醢〕垪，屯～（有）盍（蓋）

長遣策 2－012/緅與索（素）綌（錦）之紣（緐）襄（囊）二十～一

長遣策 2－014/一辻缶，一湯鼎，屯～（有）盍（蓋）

長遣策 2－014/二銅（鈃），屯～（有）盍（蓋）

長遣策 2－017/丌（其）木器：一㓻（漆）櫜，〔四〕鈇（鋪）頁，屯～（有）鐶

長遣策 2－018/樂人〔之〕器：一〔檠〕坐㾗（棧）鐘，少（小）大十～三，柅條，㓻（漆）劃，金玥

長遣策 2－018/一檠〔坐〕□□，〔少（小）〕大十～九，柅條，㓻（漆）劃，綑維

長遣策 2－03/二笙，一簋竽，皆～（有）襈（韜）

長遣策 2－019/一牪嬴膚，綌（錦）襈（韜），～（有）盍（蓋）

長遣策 2－022/少（小）襄（囊）糅（糗）四十～八

長遣策 2－022/十～二筴□

長遣策 2－023/～爵、紙、楷（枕）、枳，皆

長遣策 2－024/二牪□，屯～（有）盍（蓋）

長遣策 2－024/四會（合）鈦，一為（錯）鈦，屯～（有）盍（蓋）

長遣策 2－025/十□，屯～（有）〔鈕〕

長遣策 2－026/皇脛二十～五，□脛二十〔～〕五，屯〔㓻（漆）〕劃

長遣策 2 - 029/一〔轅〕，～（有）鋃

父

葛簿乙・甲三 263/鳴～、劀（葛）丘、枯▨

葛簿乙・乙四 92/▨堵～一冢▨

葛簿乙・甲三 322/邯余縠之述（遂）剅於溫～、鵗（鳩），二▨

葛簿乙・甲三 350/箴一貓，剅於舊虛、幣～二狧（𤢖）▨

葛簿乙・甲三 337/▨郜～一

尹（尹、君）

尹

葛卜・零 84/▨命酓（熊）～以▨

葛卜・零 516/▨～申▨

葛卜・零 294、482、乙四 129/▨〔王〕復於藍郢之歈（歲）冬祭（欒）之月丁嬛（亥）之日，龜～〔丹〕▨

葛卜・零 271/▨丁丑之日，□～▨

葛卜・甲三 216/▨巳之日，晉（許）定以陵～懌之大保（寶）豪（家）爲▨

葛卜・乙一 12/暊與良志以陵～

葛卜・乙二 25、零 205、乙三 48/之月乙巳之日，晉（許）定以陵～懌之大保（寶）豪（家）爲

葛卜・甲三 219/以陵～懌之大保（寶）豪（家）爲君貞

葛卜・乙二 27/▨之日，晉（許）定以陵～懌之大保（寶）豪（家）爲君貞

葛卜・零 584、甲三 266、277/▨之日，暊與良志以陵～懌之髇髀爲君貞

葛卜・零 206/▨□～丁以長▨

葛卜・乙四 6/▨陵～子□紡紫纑廿（二十）▨

葛卜・甲三 356/爲之奤，以微剞（宰）～弢與▨

葛卜・乙一 13/或舉禱於壏武君、命～之子璡（璹）各大牢，百▨

葛卜・甲三 193/郫～羕習之以新承惪▨

葛卜・乙四 141/▨東陵，龜～丹以承國爲▨

葛卜・甲三 380/▨梘癠□～□▨

（右殘）葛卜・零 556/▨～丹以▨

葛簿乙・零 42/▨安，陵～▨

葛簿乙・甲三 400/甸～宋之述（遂）剅於上桑丘

葛簿乙・甲三 310/喬～申之述（遂）剅於赶督、鄒思，二狧（𤢖）▨

肙用作尹。見卷七月部肙字條。

及（及、返、返）

及

葛卜・甲三 43/▨黃佗占之：卦亡（無）咎。未～中兒（幾）君王▨

汲

 葛卜・乙四 9/☒ 渚沜（沮）、章，～
（及）江，走（上）逾取蒿☒

返

 （上殘）葛卜・甲三 268/☒ ～（及）江、
灘、沜（沮）、漳，延（延）至於濵（淮）

 葛卜・零 6/☒ 司救～（及）左☒

 葛未・零 259/☒ ～（及）☒

 長竹書 1－002/夫戔（賤）人剛悖而～
（及）於型（刑）者

反

 葛卜・乙四 100、零 532、678/居郢，還
～（返）至於東陵，尚毋又（有）咎

取

 葛卜・乙四 144/☒〔我王於林丘〕之
歳（歳）九月甲申之日，攻差以君命～
悳霝（靈）☒

 葛卜・乙一 26、2/牆（將）逾～蒿，還

 葛卜・甲一 12/爲君貞，牆（將）逾～蒿，
還返尚毋又（有）咎。生占之曰：紤☒

 葛卜・乙四 9/☒ 渚沜（沮）、章，汲
（及）江，走（上）逾～蒿☒

 葛卜・乙三 33/☒ 爲箸告我愳所～於
□☒

 葛卜・零 193/☒ 之即之不跂～於戉
與着☒

 葛簿乙・甲三 320/晉（許）智（智），晉
（許）智（智）之述（遂）剛於盬～三豻
（貈），禱三冡☒

☆戔

 葛簿乙・甲三 363/☒ 一袿（社）一猭
（豢），剛於～

☆疊

 葛卜・乙四 98/☒ 八月乙卯之日，鄭卜
子怴以～頁之瓏爲君三歳（歳）貞☒

广　部

卑

 長竹書 1－034/〔之〕以～腏（亂）殜
（世）

史　部

事

 葛卜・乙四 126/☒ 月辛酉（酉）之日
西陵執～人台君王☒

 （右殘）長竹書 1－035/〔～天子〕而卿

聿　部

聿

 葛卜・乙一 31、25/自夏棻（欒）之月
以至冬棻（欒）之月，～（盡）七月尚毋
又（有）大☒

葛卜・甲二 25/☒占之曰：吉。～(盡)八月疾瘉(瘥)☒

 葛卜・甲三 160/☒〔占之〕曰：甚吉。未～(盡)八月疾必瘉(瘥)

 葛卜・甲二 10/☒～(盡)緩(纓)以糾玉，旂(祈)☒

 葛簿乙・甲三 282/☒□虛，～(盡)割以九黏(�)，禱以九☒

書(箸)

箸用作書。見卷五竹部箸字條。

臤 部

豎

 葛簿甲・甲三 293/☒鐘㐌、鐘～受☒

臣 部

臣

 葛卜・甲三 16/☒少(小)～成迷(速)瘥，是☒

 葛卜・乙四 28/～成敢(敢)☒

 (上殘)葛卜・零 106/☒～成之☒

 葛卜・零 198、203/有祝(祟)見于大川有洍，少(小)～成敬之瞿

葛卜・零 9、甲三 23、57/於(嗚)唬悁(哀)哉！少(小)～成蓦(暮)生暴(早)孤☒

 葛卜・甲三 64/☒□少(小)～成奉遘(害)戲(虐)☒

 葛卜・甲三 21/☒食，卲(昭)告大川有洍。少(小)～

 葛卜・乙四 70/☒少(小)～成拜手稽首，敓(敢)甬(用)一元☒

殳 部

殷

 葛簿甲・甲三 203/☒吳～無受一赤，又杓，又弇□，又鳶(雁)首

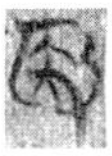

☆縠

 葛簿乙・甲三 322/炑余～之述(遂)跀於溫父、鵒(鳩)，二☒

几 部

凫

 葛簿乙・乙四 76/☒禱於～鄍之袏(社)一𦎫(羜)☒

寸 部

寸(寽)

寽用作寸。見卷三廾部寽字條。

寺

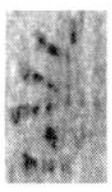

葛簿乙・甲三 387/☒～二袿

(社)二冢,敂於高～一豰(豟),禱一冢□

 葛簿乙·甲三 390/蒴丘一豬,敂〔於〕經～一豰(豟),禱一冢□

 葛未·零 356/□～郜□

 葛未·零 353/～忉(怡)□

將(牆、既)

牆用作將。見卷十四酉部牆字條。

既用作將。見卷五皀部既字條。

專

 長遣策 2－015/～(博)一斧(寸)〔少〕斧(寸),厚釙(鎬)斧(寸)

攴　部

敶

 長竹書 1－011/～(愷)弟君子,〔民〕

更

 葛未·零 390/□～□

救

 葛卜·零 6/□司～返(及)左□

敓

 葛卜·甲一 5/□之曰：吉,無咎。又(有)～(祟)見於邵(昭)王、獻(獻)惠

 葛卜·甲二 35/□既爲貞,而～(説)亓(其)□

 葛卜·甲三 2/□咎。又(有)～(祟)見於邵(昭)王、文□

 葛卜·甲三 3/□亡(無)咎,又(有)～(祟),與龜同～(祟),見於大(太)□

 葛卜·甲三 96/□迡(遲)巳,又(有)祝(祟)。以亓(其)古(故)～(説)之。□□

 葛卜·甲三 128/□〔無〕咎,又(有)～(祟)見於邵(昭)王□

 (右殘)葛卜·甲三 148/□～(説)之,罌禱酓□

 葛卜·甲三 169/□古(故)～(説)之。遯(逡)□

 葛卜·甲三 176/□□以亓(其)古(故)～(説)之。奇(文)君、奇(文)夫人歸□

 葛卜·甲三 177/□〔無〕咎,又(有)～(祟)見於大(太)□

 葛卜·甲三 188、197/□以亓(其)古(故)～(説)之

 葛卜·甲三 212、199－3/□瘭(瘥)。以亓(其)古(故)～(説)之。遯(逡)盬聏之～,觲祭邵(昭)王大牢,脠(桟)鐘樂之。鄭□

葛卜·甲三 219/既爲貞，而～（説）丌（其）祝（祟），自夏

葛卜·甲三 232、95/□牆（將）遬（速）又（有）閼（間），無咎無～（祟）□

葛卜·甲三 235－2/□占之：義（宜）遬（速）又（有）閼（間），無咎無～（祟）□□

葛卜·甲三 256/□瘯（瘥）。以丌（其）古（故）～（説）之。宣薦□

葛卜·甲三 265/□迲（遲）恙（蠋）瘯（瘥），又（有）祝（祟），以丌（其）古（故）～（説）之。舉禱□

葛卜·甲三 270/亡（無）～（祟），旡（幾）中又（有）外霙（喪）□

葛卜·甲三 344－1/□痞，又（有）祝（祟）。以丌（其）古（故）～（説）之。舉禱卲（昭）王、文君□

葛卜·乙一 6/□～（祟）見於卲（昭）王、吝（文）君、吝（文）夫人、子西君。是□

葛卜·乙一 22/又（有）～（祟）見於司命、老僮（童）、厎（祝）融、空（穴）酓（熊）

葛卜·乙一 29、30/丌（其）古（故）～（説）之

葛卜·乙二 3、4/□吉。疾遬（速）敠（損），少（小）迲（遲）恙（蠋）瘯（瘥）。以丌（其）古（故）～（説）□

葛卜·乙二 30/古（故）～（説）之。迻（遂）彭定之祝（説）。於北方一憜，先之□

葛卜·乙二 41/□瘡（續），以丌（其）古（故）～（説）□

葛卜·乙三 2、甲三 186/□牆（將）遬（速）瘯（瘥），無咎無～（祟）□

葛卜·乙三 28/□舉良之～（説）。舉禱於卲（昭）王、吝（文）□

（右殘）葛卜·乙三 39/□無咎。疾迲（遲）瘯（瘥），又（有）瘡（續）。以丌（其）古（故）～（説）□

葛卜·乙三 50/□生之～（説），歸一璧□

葛卜·乙三 61/□瘡（續）。以丌（其）古（故）～（説）之，悤（賽）禱北方□

葛卜·乙四 3/□丌（其）古（故）～（説）之。舉〔禱〕□

葛卜·乙四 27/□疾，亘（亟）由郫亥～（説）於五殜（世）□

葛卜·零 52、54/□又（有）～（祟）見□

葛卜·零 241/□祟，與龜同～（祟）□

（左殘）葛卜·零 295/□～（説）氏（是）祝（祟）□□□

葛卜·零 388/～（祟）見於□

葛卜·零 493/□無～□

葛卜·零 551/□～□

敤

葛卜·甲三 303/□之祝（説）。～（擇）日於八月之审（中）賽禱□

敗(賊)

賊用作敗。見卷十二戈部賊字條。

收

 長遣策 2－019/二竹簽，一〔～〕☑

攻(攻、玒)

攻

 葛卜・乙四 144/☑〔我王於林丘〕之　戠(歲)九月甲申之日，～差以君命取　悳霝(靈)☑

 葛卜・零 552/☑秥(穇)，～

 　葛簿甲・甲三 294、零 334/～婁　連爲～人受六臣☑

玒用作攻。見卷一示部玒字條。

敘

 葛卜・零 148/☑尚～故(拤)☑

 葛卜・甲三 201/既～之

致(至)

至用作致。見卷十二至部至字條。

☆故

 葛卜・零 148/☑尚敘～(拤)☑

☆攷

 葛卜・零 302/☑之少多我～☑

☆牧

見卷二牛部牢字條。

☆啟

 葛卜・乙四 134/☑□擇之圉(牢)审　(中)，晉□爲會相之～(昭)告大☑

☆啟

見卷四肉部肩字條。

☆敗

 葛卜・乙三 47/☑疾遬(速)～(損)，　少(小)迖(遲)耑(蠲)☑

葛卜・乙二 3、4/☑吉。疾遬(速)～　(損)，少(小)迖(遲)耑(蠲)癈(瘝)。　以丌(其)古(故)敗(説)☑

☆歙

 長竹書 1－042/迺(趣)～(慎)彝宮

☆歠

長竹書 1－024/猶芑蘭畧。～(播)者

☆歗

葛卜・乙一 26、2/王遟(徙)於～(鄹)　鄹之戠(歲)宮月己巳之日

葛卜・乙一 12/王遟（徒）於～（鄴）郢之歔（歲）夏篆（栾）之月乙巳之日

 葛卜・乙一 16/王遟（徒）於～（鄴）郢之歔（歲）膏月己巳之日，公子虢命諸生以衛笲

 葛卜・零 216/☐～（鄴）郢之歔（歲）

 葛卜・甲三 225、零 332－2/王遟（徒）於～（鄴）郢之歔（歲），夏篆（栾）之月乙巳之日☐

 葛卜・零 79/☐王星（徒）於～（鄴）

 葛卜・甲三 299/王遟（徒）於～（鄴）郢之歔（歲），夏篆（栾）之月癸丑☐

 葛卜・甲三 183－2/王遟（徒）於～（鄴）郢之歔（歲）☐

 葛卜・乙四 15/▥▥（遁 謙）。王遟（徒）於～（鄴）郢之歔（歲），夏篆（栾）☐

 葛卜・甲三 258/王遟（徒）於～（鄴）郢之歔（歲）八月丁巳之日，郦（應）愴以大央☐

 （左殘）葛卜・零 580、730/☐於～（鄴）郢之☐

 葛卜・乙一 18/王遟（徒）於～（鄴）郢之歔（歲）夏篆（栾）之月乙巳之日，洭瞀以陵☐

 葛卜・零 498/王遟（徒）於～（鄴）郢〔之歲〕☐

☆斂

 葛卜・甲一 10/☐贛。凡是戊唇（辰）以～（合）己巳禱之

 長遺策 2－08/一～（合）☐

 長遺策 2－013/一牪齊緅之～（袷），帛裏，組緣

 長遺策 2－025/二～（合）豆

☆斀

 葛未・零 377/☐～～☐

☆斀

見卷五京部就字條。

教　部

教

  長竹書 1－03/☐～箸（書）晶（參）歔（歲）

 長竹書 1－038/母～之七歔（歲）

卜　部

卜

 葛卜・甲三 189/～笿（筮）爲𧴢（攻），既☐

 葛卜・零 66、甲三 234/☐爲坪郲君～之☐

葛卜・乙四 98/☑八月乙卯之日,鄭～子怵以疊頁之瓏爲君三歲(歲)貞☑

貞

葛卜・甲一 12/爲君～,牉(將)逾取蒚,還返尚毋又(有)咎。生占之曰:牀☑

葛卜・甲一 14/☑～,怀(背)、膚疾,以瘥(胖)痕(脹)、心悗(悶)☑

葛卜・甲一 21/☑篝爲君～,忻(祈)福於邵(昭)王、獻(獻)惠王、柬大王☑

葛卜・甲一 22/☑〔占〕之:亙～吉,無咎

　葛卜・甲一 24/定～之:亙～無咎,疾迣(遲)癒(瘥),又(有)瘝(續)。怎(以)

葛卜・甲一 25/☑禕公子虢命彭定以少(小)冤(龍)黚爲君～,既怀(背)☑

葛卜・甲二 5/☑之日,禕公子虞(虢)命彭定以少(小)冤(龍)黚爲君～,既怀(背)☑

葛卜・甲二 16/☑諸生以□□爲君～,牉(將)逾☑

葛卜・甲二 19、20/☰☷(同人 比)。或爲君～,□□☑

葛卜・甲二 35/☑既爲～,而敓(説)丌(其)☑

葛卜・甲三 6/☑坪夜君～,既☑

葛卜・甲三 9/☑□～,既疾□□,以髖(胖)疾,自☑

葛卜・甲三 62、63/☑尚毋又(有)咎。～無☑

葛卜・甲三 72/☑以□之大肜箵(筮)爲君～,既心疾,以☑

葛卜・甲三 100/☑～,既胚(背)髖(膺)疾,以髖(胖)疾,以心☑

葛卜・甲三 107/☑□～,七月至冬桼(栾)之月尚☑

葛卜・甲三 112/迡(遲)出。☰☴(大過 旅)或爲君～,以丌(其)迡(遲)出之古(故),尚毋又(有)祟

葛卜・甲三 112/☷☴(泰 觀)或爲君～,以丌(其)無亙(嫗)祟之古(故)☑

葛卜・甲三 114、113/郲(應)嘉以衛侯之箵(筮)爲坪夜君～

葛卜・甲三 117、120/洇瞥占之:亙～吉,亡(無)咎☑

葛卜・甲三 132、130/☑□。或爲君～,以丌(其)不安於氏(是)凥(處)也,亙(嫗)遲去☑

葛卜・甲三 184-2、185、222/或爲君～,以丌(其)不良恚(蠲)瘳之古(故),尚毋又(有)祟

葛卜・甲三 189/☑坪夜君～,既心悗(悶)、瘥(胖)痕(脹),以百腨體疾

葛卜・甲三 194/☑君～,既又(有)疾,尚遬(速)癒(瘥),毋又(有)咎

葛卜・甲三 198、199-2/嘉占之曰:亙～吉,少

葛卜・甲三 215/盬痁以鈷蕎爲坪夜君～,既心

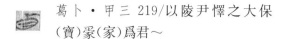 葛卜·甲三 219/以陵尹懌之大保（寶）豪（家）爲君～

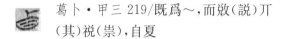 葛卜·甲三 219/既爲～，而敓（說）丌（其）祝（祟），自夏

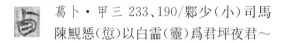 葛卜·甲三 233、190/鄝少（小）司馬陳鯢惎（愁）以白霝（靈）爲君坪夜君～

葛卜·甲三 238/□～，既怀（背）膺疾，以□

葛卜·甲三 246/□豪（家）爲坪夜君～，既（將）□

葛卜·甲三 247、274/毋又（有）大咎，窞（躬）身尚自宜訓（順）。占之：亙～吉，疾遫（速）□

葛卜·甲三 257/□爲君～，既怀（背）、雁（膺）疾，以瘇（胖）痕（脹），瘠□

葛卜·甲三 284/□亙～無咎，疾罷（一）瘠（續）罷（一）已□

葛卜·甲三 301－2、301－1/□以髊骭爲坪〔夜君〕～，既肧（背）膺□

葛卜·甲三 365/□亙～，卦亡（無）咎，疾罷（一）□

葛卜·乙一 26、2/諸生以㦷（衛）箪爲君～

葛卜·乙二 19/□～，怀（背）、膺疾，以瘇（胖）痕（脹）□

葛卜·乙二 27/□之日，晉（許）定以陵尹懌之大保（寶）豪（家）爲君～

葛卜·乙三 6/□箪爲君～，忻（祈）福墾禱於□

葛卜·乙三 7/□隶漊諸生以長箪爲君～，既□

 葛卜·乙三 22/君～，既怀（背）、雁（膺）疾，以□□

 葛卜·乙三 43/以少（小）冖（龍）籠爲君～，怀（背）

 葛卜·乙三 51/～，既怀（背）、雁（膺）疾以□

 葛卜·乙四 8/□～，既骱（背）雕（膺）疾，以髊（胖）疾□

 葛卜·乙四 34/□之竃爲君采（卒）散（歲）之～□

 葛卜·乙四 35/□鄺聯爲君～，才（在）郢爲三月，尚自宜訓（順）也。釐占之：亡（無）

 葛卜·乙四 38/□采（卒）散（歲）～，占之：卦亡（無）咎，又（有）□

葛卜·乙四 40/□散（歲）之～，尚毋又（有）咎□

 葛卜·乙四 44/□君～，既才（在）郢，酒（將）見王，還返毋又（有）咎。趄釐□

葛卜·乙四 46/彭定以駁竃爲君采（卒）散（歲）～，占

 葛卜·乙四 55/□箪爲君～，才（在）行，還□

 葛卜·乙四 61/□龙籠爲君～，以丌（其）敓（肩）怀（背）疾□

葛卜·乙四 84/□□毋有咎。占之曰：亙～吉，少（小）迉（遲）

 葛卜·乙四 85/□長箪爲君采（卒）散（歲）～，居郢尚毋又（有）咎。瑰占□

（下殘）葛卜·乙四 98/□八月乙卯之日，鄭卜子怵以疊頁之禮爲君三散（歲）～□

葛卜·乙四 102/☐之月丁睘（亥）之日邨輓以鄘韋（簟）爲君釆（卒）戠（歲）之～

葛卜·乙四 103/☐以尨罷爲君釆（卒）戠（歲）之～，尚毋☐

（下殘）葛卜·乙四 105/☐☐之月丁嬛（亥）之日，奠（鄭）怵以長簟爲君釆（卒）戠（歲）～☐

葛卜·乙四 130/☐尨鼀爲君釆（卒）戠（歲）～，占之☐☐

葛卜·乙四 133/☐～，☐占之：赴亡（無）咎。君☐

葛卜·零 7/☐亘～☐

（下殘）葛卜·零 73/☐爲君～☐

葛卜·零 81/☐～既☐

葛卜·零 100/☐～，占之：逃（赴）亡（無）咎，又（有）

葛卜·零 120/☐〔占之〕曰：亘～吉☐

葛卜·零 135/☐瘏（悶），爲集戠（歲）～，自☐

葛卜·零 172/☐～，楚邦既☐

葛卜·零 177/☐戠（歲）～，自☐

葛卜·零 195/☐〔占〕之：亘～無☐

葛卜·零 199/☐爲君～，怀（背）膺疾，以☐

葛卜·零 201/☐〔占〕之：亘～亡（無）咎，君身少（小）又（有）

葛卜·零 208/☐占之：亘～吉☐

（右殘）葛卜·零 221、甲三 210/☐爲君～，怀（背）膺疾

葛卜·零 251/☐☐亘～吉

葛卜·零 285/☐君～，既☐

葛卜·零 289/☐爲君～

葛卜·零 329/☐君七日～，尚大☐

葛卜·零 330/☐亘～無咎，迉（遲）瘒（瘥）。以亓（其）☐

（右殘）葛卜·零 372/☐君～以亓（其）☐

葛卜·零 412/☐〔占〕之曰：亘～☐

葛卜·零 437/☐亘～☐

葛卜·零 583/☐～☐

葛卜·零 584、甲三 266、277/☐之日，暊與良志以陵尹悸之髆髀爲君～

（下殘）葛卜·零 612/☐☐～☐

葛卜·零 741/☐君～☐

葛卜·乙四 100、零 532、678/☐☐☐礿箕（筮）爲君～

葛卜·乙四 122/〔爲〕君集戠之～，尚毋又（有）咎。占曰：赴亡（無）咎，君牁（將）喪祀，又（有）火戒，又（有）外☐

占

葛卜·甲一 12/爲君貞，酒（將）逾取嵩，還返尚毋又（有）咎。生～之曰：卦□

葛卜·甲二 25/□～之曰：吉。聿（盡）八月疾癥（瘥）□

葛卜·甲三 12/□～之曰：吉，義（宜）少（小）疫（瘥），以□

（下殘）葛卜·甲三 29/癥（瘥），毋又（有）〔咎〕，鼅見□～□

葛卜·甲三 38/□尚毋又（有）咎。～□

葛卜·甲三 40/□毋死。～之：卦不死，亡（無）祝（祟）□

葛卜·甲三 43/□黃佗～之：卦亡（無）咎。未及中咠（幾）君王□

葛卜·甲三 44/□又（有）咎，恒。～之：卦〔無咎〕□

葛卜·甲三 45/□□之祝（説）。～之：吉。既成□

葛卜·甲三 47/□～之：卦亡（無）咎□

葛卜·甲三 48/□～之：君身亡（無）咎□

葛卜·甲三 58/□午之日尚毋瘔（續）。～之：亘□

葛卜·甲三 71/□□膓篆～之曰：吉□

葛卜·甲三 73/□～之曰：吉□

葛卜·甲三 75/□嘉～之曰：吉□

葛卜·甲三 112/嘉～之曰：無亘（噁）祟

葛卜·甲三 117、120/洍鬈～之：亘貞吉，亡（無）咎□

葛卜·甲三 129/□～之曰：甚吉，女（如）西北□

葛卜·甲三 136/鬸埞～之曰：吉。既告叔（且）□

葛卜·甲三 143/□尚毋爲蚘（尤）。諆生～之□

葛卜·甲三 155/祭（欒）毋又（有）大咎。～□

葛卜·甲三 165/□遝去氏（是）尻（處）也，尚吉。定～之曰：甚

葛卜·甲三 170/□痒（羘），緩（纓）之卦玉。定～之曰：吉□

葛卜·甲三 181/□璧。～之：甚吉

葛卜·甲三 184-2、185、222/倉～之

葛卜·甲三 187/□～之曰：吉，遬（速）□

葛卜·甲三 192、199-1/鬸痁習之以駝黽，～之：吉，不瘔（續）□

葛卜·甲三 194/～之：難癥（瘥）□

葛卜·甲三 198、199-2/嘉～之曰：亘貞吉，少

葛卜·甲三 200/定～之曰：吉。氏（是）月之□

葛卜·甲三 201/擇日於八月腄（棧）祭競坪王，以逾至斉（文）君，～之：吉

葛卜・甲三 207/珥、衣常，戱（且）祭之以一豬於東陵。～之：吉☒

葛卜・甲三 208/郎（應）愴寅習之以大央，～之：〔吉〕，迷（速）又（有）闕（間），無祝（祟）☒

葛卜・甲三 218/～之：卦亡（無）咎。君又（有）☒

葛卜・甲三 235－2/☒～之：義（宜）遬（速）又（有）闕（間），無咎無敓（祟）☒

葛卜・甲三 241/☒樂之。～之：吉。惠王

葛卜・甲三 241/良志～之曰☒

葛卜・甲三 247、274/毋又（有）大咎，窮（躬）身尚自宜訓（順）。～之：亙貞吉，疾遬（速）☒

葛卜・甲三 260/☒斉（文）君。～之曰：吉☒

葛卜・甲三 267/☒俟～之曰：吉。册告自斉（文）王以遼（就）聖趫〔王〕☒

（下殘）葛卜・甲三 269/☒珥、衣常，戱（且）祭之以一豬於東陵，～☒

葛卜・甲三 304/～之：吉。畣□☒

葛卜・甲三 345－1/又（有）咎。疢～之☒

葛卜・乙二 2/☒毋又（有）咎。▦▦（頤 謙）～之曰：吉，宜，少（小）达（遲）癎（瘥）。以开（其）

葛卜・乙二 35、34/☒又（有）大咎，窮（躬）身尚自宜訓（順）。定～☒

葛卜・乙四 22/☒尚毋死。～之：不死

葛卜・乙四 35/☒郘聯爲君貞，才（在）郢爲三月，尚自宜訓（順）也。齮～之：亡（無）

葛卜・乙四 38/☒釆（卒）散（歲）貞，～之：卦亡（無）咎，又（有）☒

葛卜・乙四 46/彭定以駁黿爲君釆（卒）散（歲）貞，～

葛卜・乙四 49/☒□膓習之以承惪。～☒

葛卜・乙四 62/☒□兩牂。～之：吉☒

葛卜・乙四 71/☒自宜訓（順）。定～之：卦亡（無）咎☒

（上殘）葛卜・乙四 83/☒～之：卦☒

葛卜・乙四 84/☒□毋有咎。～之曰：亙貞吉，少（小）迓（遲）

葛卜・乙四 85/☒長箄爲君釆（卒）散（歲）貞，居郢尚毋又（有）咎。猥～☒

葛卜・乙四 100、零 532、678/～曰：卦亡（無）咎。又（有）祝（祟）☒

葛卜・乙四 121/☒君王，定～之☒

葛卜・乙四 122/〔爲〕君集散之貞，尚毋又（有）咎。～曰：卦亡（無）咎，君牁（將）喪衹，又（有）火戒，又（有）外☒

葛卜・乙四 130/☒龙竈爲君釆（卒）散（歲）貞，～之☒□☒

葛卜・乙四 133/☒貞，□～之：卦亡（無）咎。君☒

葛卜·乙四 136/☒ 壮中尚大箐，～☒

 葛卜·乙四 145/☒ 霝（靈）君子茸丌（其）戠（特）牛之禱。奠（鄭）憲～之：枞☒

 葛卜·乙四 151/☒ 三乘，尚吉。～之：吉。癸☒

 葛卜·零 61/☒～之曰：吉☒

 葛卜·零 69/☒～之☒

 葛卜·零 100/☒貞，～之：逊（枞）亡（無）咎，又（有）

 葛卜·零 181/☒之，～之☒

 （右殘）葛卜·零 208/☒～之：亘貞吉☒

 葛卜·零 226/☒牛，～☒

 葛卜·零 230/☒饋之於黄李，～☒

 葛卜·零 246/☒～之：吉。牁（將）☒

 葛卜·零 322/☒□～之曰：甚☒

 葛卜·零 344/☒□一样。嘉～☒

 葛卜·零 385/☒～之☒

 （上殘）葛卜·零 453/☒～之：君☒

 葛卜·零 460/☒□定～之：枞亡（無）☒

 葛卜·零 468/☒大咎，～之☒

 （左殘）葛卜·零 506/□。～之☒

 （左殘）葛卜·零 519/☒～之曰☒

 （右殘）葛卜·零 544/☒～☒

 （右殘）葛卜·零 568/☒～之☒

 （左殘）葛卜·零 592/☒□～之☒

 （左殘）葛卜·零 597/☒之□～之☒

 （左殘）葛卜·零 643/～

枞（枞、逊）

枞

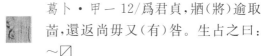 葛卜·甲一 12/爲君貞，牁（將）逾取茴，還返尚毋又（有）咎。生占之曰：～☒

 葛卜·甲二 10/☒聿（盡）緄（纓）以～玉，旂（祈）☒

 葛卜·甲三 4/大（太），備（佩）玉～，罩日於是覐（幾），悥（賽）禱司命、司录（禄）☒

 葛卜·甲三 19/☒～亡（無）咎，又（有）繁（祟）☒

 葛卜·甲三 40/☒毋死。占之：～不死，亡（無）祱（祟）☒

 葛卜·甲三 43/☒黄佗占之：～亡（無）咎。未及中覐（幾）君王☒

 葛卜·甲三 44/☑ 又(有)咎,恒。占之：～〔無咎〕☑

 葛卜·甲三 47/☑ 占之：～亡(無)咎☑

葛卜·甲三 52/☑ 咎□□□禱陞(地)宝(主)一痒(牂),備(佩)玉～,以□至室□☑

(左殘)葛卜·甲三 111/☑之日鷹(薦)大(太)一犕,綏(纓)之以～玉,旃(祈)之

葛卜·甲三 166、162/☑ 舉禱於二天子各兩痒(牂),瑗(瓔)之以～玉

葛卜·甲三 170/☑痒(牂),綏(纓)之～玉。定占之曰：吉☑

葛卜·甲三 214/☑□歚(就)禱三楚先屯一牂,綏(纓)之～玉；歚禱□□☑

葛卜·甲三 218/占之：～亡(無)咎。君又(有)☑

葛卜·甲三 229/☑還返尚毋又(有)咎。〔占〕之：～亡(無)咎。未☑

葛卜·甲三 365/☑亙貞,～亡(無)咎,疾罷(一)☑

葛卜·乙一 17/遝(就)禱三楚先屯一痒(牂),瑗(瓔)之～玉

葛卜·乙一 24/融、空酓(熊)各一痒(牂),綏之～玉。壬辱之日禱之

葛卜·乙二 23、零 253/☑兩痒(牂),瑗(瓔)之～玉。壬辱(辰)之日禱之☑

葛卜·乙三 1/☑～無☑

葛卜·乙三 41/☑玉,舉禱於三楚祧(先)各一痒(牂),瑗(瓔)之〔玉〕☑

葛卜·乙四 23/☑〔占〕之：～亡(無)咎。中冟(幾)君王又(有)亞(惡)於外☑

葛卜·乙四 38/☑采(卒)戠(歲)貞,占之：～亡(無)咎,又(有)☑

葛卜·乙四 43/☑夏层、宫月惹(賽)禱大水,備(佩)玉～。罜日於屈柰

葛卜·乙四 71/☑自宜訓(順)。定占之：～亡(無)咎☑

葛卜·乙四 83/☑占之：～☑

葛卜·乙四 96/☑以～玉,钼(荊)王臺(就)累(禱)钼牢～,文王以偷(逾)臺(就)禱大牢～

葛卜·乙四 97/☑宝(主)與司命,禋(就)禱璧玉～☑

葛卜·乙四 100、零 532、678/占曰：～亡(無)咎。又(有)祝(祟)☑

葛卜·乙四 122/〔爲〕君集戠之貞,尚毋又(有)咎。占曰：～亡(無)咎,君酒(將)喪衼,又(有)火戒,又(有)外☑

葛卜·乙四 133/☑貞,□占之：～亡(無)咎。君☑

(左殘)葛卜·乙四 145/☑霝(靈)君子聅丌(其)戠(特)牛之禱。奠(鄭)憲占之：～☑

葛卜·零 12/所～者以迷(速)惹(賽)禱☑

(左殘)葛卜·零 83/☑～亡(無)咎

葛卜・零 219/☐備（佩）玉～，罣日於
☐☐

 （下殘）葛卜・零 232/☐☐☐是以胃
（謂）之又（有）言。兀（其）～亡（無）
〔咎〕☐

 葛卜・零 291/☐禽所～者☐

 葛卜・零 336、341/☐～亡（無）咎，幾
（幾）中☐

 （右殘）葛卜・零 389/☐之～☐

 葛卜・零 460/☐☐定占之：～亡
（無）☐

 （右殘）葛卜・零 487/☐～無咎。又
（有）☐

 葛卜・零 497/☐〔占〕之：～亡（無）
咎，〔期〕中☐

逃

 葛卜・零 100/☐貞，占之：～（卜）亡
（無）咎，又（有）

用 部

甫

 葛卜・甲三 253/☐組，喪（喪）者～☐

爻 部

☆苕

 葛卜・甲三 157/定以～（駁）籠☐

爻爻 部

爾

 葛卜・乙四 30、32/☐臨～産毋
遣～☐

 葛卜・甲三 65/☐靁（靈）力休有成
慶，宜～☐

卷　四

目　部

眔

 葛卜·乙四 102/☒之月丁～(亥)之日邞輵以鄤韋(篳)爲君㚑(卒)戠(歲)之貞

 葛卜·零 214/☒〔齊客陳異致福於〕王之戠(歲)獻馬之月乙～(亥)之日☒

 (左殘)葛未·零 717/☒之月□～☒

相

 葛卜·乙四 134/☒□擇之囤(牢)审(中)，晉□爲畬～之敭(昭)告大☒

 長竹書 1-004/～保如芥

☆昀

 葛簿甲·零 407/☒～一☒

☆昏

 葛卜·零 234/☒童首以～(文)畽爲☒

自　部

自

 葛卜·乙四 35/☒郚聯爲君貞，才(在)郢爲三月，尚～宜訓(順)也。鼅占之：亡(無)

 葛卜·甲三 240/王～肥遺郚遑(徙)於鄂郚之戠(歲)，亯月☒

 葛卜·零 177/☒戠(歲)貞，～☒

 葛卜·零 217/～我先人，以☒

 葛卜·甲三 219/既爲貞，而敓(説)丌(其)祝(祟)，～夏

 葛卜·乙一 9、乙二 17/之月尚毋又(有)咎，窮(躬)身尚～宜訓(順)。定☒

 葛卜·甲三 11、24/☒昔我先出～郎遾

 葛卜·乙一 31、25/～夏䌄(栾)之月以至冬䌄(栾)之月，聿(盡)七月尚毋又(有)大☒

 葛卜·乙一 19/～夏䌄(栾)之月以至坴(來)戠(歲)夏䌄尚毋又(有)大咎。泜〔瞽〕☒

葛卜・甲三 247、274/毋又(有)大咎,窮(躬)身尚～宜訓(順)。占之:亘貞吉,疾遬(速)☑

(下殘)葛卜・零 135/☑瘒(悶),爲集歲(歲)貞,～☑

(下殘)葛卜・甲三 9/☑□貞,既疾□□,以髊(胛)疾,～☑

葛卜・甲三 137/册告～吝(文)王以豪(就)聖趄王,各束綖(錦)珈(加)璧

葛卜・乙二 35、34/☑又(有)大咎,窮(躬)身尚～宜訓(順)。定占☑

葛卜・零 305/☑～八☑

葛卜・乙四 71/☑～宜訓(順)。定占之:尚亡(無)咎☑

葛卜・甲三 267/☑俟占之曰:吉。册告～吝(文)王以遠(就)聖趄〔王〕☑

葛卜・零 286/☑～宜訓(順)☑

葛卜・零 65/☑尚～宜訓(順)☑

葛卜・零 505/☑王～☑

葛簿乙・零 345/☑□素～中,剿三☑

(左殘)葛未・零 679/☑～□☑

凶　部

皆(皆、瞽)

皆

長竹書 1－006/民則夜～三代之子孫

長遣策 2－02/一組緟(帶),一革,～又(有)鉤

長遣策 2－03/二笙,一簺竽,～又(有)襟(韜)

長遣策 2－019/裀(茵)、若(席),～緻褶,綿裏,剿□之緣

長遣策 2－023/又觶、緼,楮(枕)、枳,～

瞽用作皆。見卷七日部瞽字條。

者

葛卜・零 12/所牀～以迷(速)悳(賽)禱☑

葛卜・零 291/☑禽所牀～☑

葛卜・甲三 253/☑組,霜(喪)～甫☑

葛簿乙・甲三 317/浮四袿(社)四冢、一黏(殺),剿於桐～☑

長竹書 1－002/夫戔(賤)人剛恃而返(及)於型(刑)～

長竹書 1－017/□邦以城丌(其)名～

長竹書 1－022、1－0118/☑〔爲〕□□～戓(誅)□

長竹書 1－024/猶芑蘭罃。敓(播)～

長竹書 1－084/〔身～〕

長遣策 2－020/周～二十

☆储

長遣策 2 - 015/一緂常，～（赭）膚之純，帛橐（攝）

智（智）

智

（右殘）葛卜・零 173/☑□頧（聞）～（智）☑

葛卜・零 247/☑～（智）之☑

（重文）葛簿乙・甲三 320/晉（許）～（智），晉（許）～（智）之述（遂）剌於盬取三黏（叚），禱三豕☑

葛簿乙・甲三 352/☑二界，未～（智）丌（其）府里之算

長竹書 1 - 014/虐（吾）幾不～（智）才（哉）

長竹書 1 - 029/亞（惡），不～（智）丌（其）賊。三

百

葛卜・乙四 25/☑大留（牢），～☑

葛卜・乙二 1/☑□□墾禱於卲（昭）王大牢，樂之，～，贛☑

葛卜・零 40/☑王大牢，～之，贛。壬唇（辰）之日禱之☑

葛卜・甲三 189/☑坪夜君貞，既心悁（悶）、瘇（胖）痕（脹），以～胃體疾

葛卜・零 125/☑瘇（胖）痕（脹）以～☑

葛卜・乙四 128/☑君、文夫人，耳丌（其）大牧（牢），～

葛卜・乙一 13/或墾禱於盬武君、命尹之子馳（瑞）各大牢，～☑

葛卜・甲一 27/☑〔樂〕之，～之，贛。墾禱於子西君哉（特）牛，樂☑

葛卜・甲三 136/☑璧，以罷禱大牢饋，滕（棧）鐘樂之，～之，贛

葛卜・零 287/☑之，～之，贛。以旂（祈）☑

葛卜・甲三 298/☑樂之，～之，贛之。祝

長竹書 1 - 027/□之□而墫（履）～束

長遣策 2 - 029/～善米，紫緅～襄（囊），米屯緅帽

習　部

習

葛卜・乙四 95/☑中，君又行，君又子，牆（將）感之，弗屾也。☰☷（坤姤）。～之以衛☑

葛卜・甲三 25/之，亡（無）咎。牆（將）又（有）喜。奠（鄭）憲～之以陸（隨）侯之☑

葛卜・甲三 208/廊（應）愴寅～之以大央，占之：〔吉〕，迷（速）又（有）陽（間），無祝（祟）☑

葛卜・甲三 192、199 - 1/盬粗～之以馱黿，占之：吉，不瘠（續）☑

葛卜·甲三 193／鄿尹兼～之以新承
恵☐

葛卜·乙四 49／☐□鵩～之以承惪。
占☐

葛卜·零 213、212／☐周墨～之以寅
黽☐

葛卜·乙四 17／☐□庲～之以白☐

葛卜·甲三 41／☐氏（是）日彭定～之
以嗚鸛☐

葛卜·零 183／☐定～之☐

羽　部

羽

長遺策 2-019／一長～翜

翠（翠）

翠

長遺策 2-02／一司～珥

長遺策 2-04／良馬賫～牾

翜（翜、篓）

翜

長遺策 2-019／一長羽～

長遺策 2-019／一翜～

篓用作翜。見卷五竹部篓字條。

翟（䍹）

䍹

長遺策 2-03／一良～（翟）

長遺策 2-03／一～（翟）

☆䎶

長遺策 2-019／一～翜

☆罷

葛卜·零 339／☐～（一）巳，又（有）祝
（祟）☐

（左殘）葛卜·甲三 365／☐亘貞，扑亡
（無）咎，疾～（一）☐

葛卜·甲三 284／☐亘貞無咎，
疾～（一）瘳（續）～（一）巳☐

葛卜·甲三 136／☐璧，以～禱大牢
饋，臘（棧）鐘樂之，百之，贛

葛卜·甲一 22／疾～（一）瘳
（續）～（一）巳，至九月又（有）良闃
（間）☐

☆翟

見本部翠字條。

隹　部

隹

葛卜・甲三 15、60/▨～（唯）滫（顥）栗忎（恐）瞿，甬（用）受縣元龜、晉簪（簭）曰：

雁（鳶）

鳶

葛簿甲・甲三 203/▨昊殹無受一赤，又豹，又弇▨，又～（雁）首

葛簿甲・甲三 90/▨八十囸又三囸，又一剠，豹，～（雁）首▨

萑　部

舊

（上殘）葛卜・零 282/▨～丘，是日敼（就）禱五祀▨

葛簿乙・零 304/剾於丌（其）～虛一▨

葛簿乙・甲三 350/簽一豬，剾於～虛、幣父二豾（貑）▨

葛未・零 462/▨丌（其）～▨

羊　部

羊

葛卜・甲一 2/▨一犬，門一～▨

葛卜・甲三 56/▨戠（特）牛，樂之。豪（就）禱戶一～，豪（就）禱行一犬，豪（就）禱門▨

羘（羘、痒）

羘

葛卜・乙四 86/▨於堲（地）宔（主）一～▨

葛卜・乙四 62/▨□兩～。占之：吉▨

葛卜・甲三 214/▨□敼（就）禱三楚先屯一～，緵（纓）之卦玉；敼禱□□▨

葛卜・乙三 17/▨禱堲（地）宔（主）一～，臺（就）▨

葛卜・零 344/▨□一～。嘉占▨

葛卜・乙四 124/▨一～，邋（就）▨

葛卜・零 538/▨兩～▨

（下殘）葛卜・零 553/▨一～▨

痒用作羘。見卷七疒部痒字條。

羌

葛簿乙・甲三 343－2/駮～之述（遂）剾於上獻、友焚二豾（貑）▨

殺(𣪊)

𣪊

葛卜・乙一 28/遼(就)禱霝(靈)君子一豬,遼(就)禱門、户屯一～(殺),遼(就)禱行一犬

葛卜・甲三 174/⧄～(殺),道一冢□⧄

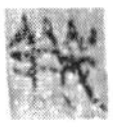

葛卜・甲二 29/⧄五宔(主)山各一～(殺)⧄

☆羍

葛卜・零 71、137/⧄一熊牡(牢)、一～(騂)〔牡(牢)〕⧄

葛卜・甲一 7/⧄衞(衛)篳,忻(祈)福於祆(太),一～(騂)牡(牢)、一熊牡(牢);司融、司折⧄

(下殘)葛卜・零 693/⧄三～(騂)⧄

葛卜・乙四 143/⧄思爲之求四～(騂)義(犧)⧄

葛卜・甲三 237－2/⧄叡(且)棸～(騂)熊⧄

瞿 部

瞿

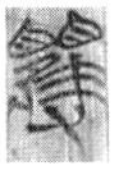

葛卜・甲三 15、60/⧄隹(唯)豫(顫)栗忢(恐)～,甬(用)受繇元龜、晉箁(筮)曰:

葛卜・零 198、203/有敓(祟)見于大川有汸,少(小)臣成敬之～

葛卜・乙二 45/⧄□牆(將)遬(速)瘻(瘥)。～或⧄

雔 部

集(集、寯)

集

葛卜・乙四 122/〔爲〕君～戠之貞,尚毋又(有)咎。占曰:卦亡(無)咎,君牆(將)喪祅,又(有)火戒,又(有)外⧄

葛卜・乙四 7/⧄以心瘖(悶)爲～⧄

葛卜・零 135/⧄瘖(悶),爲～戠(歲)貞,自⧄

寯

葛簿乙・甲三 325－1/⧄虆一豢,䀠於𣎆(桑)丘、桐～(集)二豭(豭)⧄

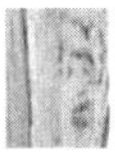

長遣策 2－012/〔～(集)脰(廚)〕之器:十〔醻〕坍,屯又(有)盍(蓋)

長遣策 2－024/～(集)精之器:二□□

鳥 部

難

長竹書 1－08/幾夜不～

葛卜・甲三 194/占之:～瘻(瘥)⧄

葛卜・甲三 135/⧄～出,今亦少⧄

鷦

葛簿乙・甲三 404/☑一猏，卿於窮
～、解溪三貼（殽），三☑

鳴

葛簿乙・甲三 263/～父、劀（葛）丘、
枯☑

☆鶃

葛簿乙・甲三 322/邡余瑴之述（遂）
卿於温父、～（鳩），二☑

烏　部

於

葛卜・甲一 3/王遲（徙）～郪（鄢）郢
之敓（歲）八月丁巳之日，雁愴以大央
爲坪☑

葛卜・甲三 36/☑大莫囂膓（陽）爲獸
（戰）～長城之〔歲〕☑

葛卜・甲三 296/☑莫囂易（陽）爲、晉
帀（師）獸（戰）～長〔城〕☑

葛卜・甲三 42/☑蔓苔受女～楚之敓
（歲）親絭（欒）之月丁酉之日☑

（上殘）葛卜・甲三 34/☑〔蔓苔受女〕
～楚之敓（歲）遠絭（欒）之月丁酉☑

葛卜・甲三 49/☑至師～陳之敓（歲）
十月壬〔戌〕☑

葛卜・甲三 1/我王～林丘之敓（歲）
九月☑

葛卜・甲三 128/☑〔無〕咎，又（有）敓
（祟）見～卲（昭）王☑

（右殘）葛卜・甲三 227/☑～絫（盟）褂
（詛），無☑

葛卜・甲三 231/☑～絫（盟）褂（詛）
☑☑

葛卜・甲三 297/王復～藍郢之
〔歲〕☑

葛卜・甲三 217/齊客陳異至（致）福
～王之敓（歲）獻馬之月乙丑之日

葛卜・甲三 27/齊客陳異至（致）福～
王之敓（歲）獻☑

葛卜・甲三 33/齊客陳異至（致）福～
王之敓（歲）獻馬之月，鮴龜以宏竈爲
君采（卒）敓（歲）☑

葛卜・甲三 20/齊客陳異至（致）福～
王〔之〕敓（歲）獻☑

葛卜・甲三 272/齊客陳異至（致）福
～王之敓（歲）☑

葛卜・甲三 3/☑亡（無）咎，又（有）敓
（祟），與龜同敓（祟），見～大（太）☑

葛卜・甲三 4/大（太），備（佩）玉玐，
罣曰～是旯（幾），悤（賽）禱司命、司录
（禄）☑

葛卜・甲三 5/☑□絫悤（賽）禱～酲
（荆）王以偷（逾），訓（順）至文王以偷
（逾）☑

葛卜・甲一 7/☑鐎（衛）箄，忻（祈）福
～秋（太），一羊（驊）牡（牢）、一熊牡
（牢）；司戠、司折☑

葛卜・甲三 240/王自肥遺郢遲（徙）
～鄢郢之敓（歲），酓月☑

葛卜・甲三 102/☒之，是日邅（就）禱～☒

 葛卜・甲三 166、162/☒墾禱～二天子各兩痒（牂），瑗（瓔）之以赴玉

 葛卜・甲三 268/☒返（及）江、灘、沚（沮）、漳，延（延）至～瀿（淮）

 葛卜・甲三 110/☒瘝一巳。或以肯（胄）籠求亓（其）縈（説），又（有）祝（祟）～大（太）、北☒

 葛卜・甲三 213/☒戸、門。又（有）祝（祟）見～邵（昭）王、蕙（惠）王、文君、文夫人、子西君。敚（就）禱☒

 葛卜・甲三 204/王遅（徙）～郪（鄩）郢之歳（歳），夏粢（栾）之月癸嬽（亥）之日

 葛卜・甲三 225、零 332 - 2/王遅（徙）～敧（鄩）郢之歳（歳），夏粢（栾）之月乙巳之日☒

 葛卜・甲三 401/日～九月鷹（薦）戲（且）禱之，吉☒

 葛卜・甲三 299/王遅（徙）～敧（鄩）郢之歳（歳），夏粢（栾）之月癸丑☒

 葛卜・甲一 15/☒～司命一勛，墾禱～☒

 葛卜・甲一 15/☒～司命一勛，墾禱～☒

 葛卜・甲三 183 - 2/王遅（徙）～敧（鄩）郢之歳（歳）☒

 葛卜・甲三 159 - 2/王遅（徙）～郪（鄩）郢之歳（歳），夏粢（栾）之月☒

 葛卜・甲二 32/☒牂（將）爲瘝（續）～後☒

 葛卜・甲三 303/☒之祝（説）。敭（擇）日～八月之宙（中）賽禱☒

 葛卜・甲一 11/☒忻（祈）福～北方，墾禱一備（佩）璧☒

 葛卜・甲一 21/☒簟爲君貞，忻（祈）福～邵（昭）王、獻（獻）惠王、柬大王☒

 葛卜・甲二 6、30、15/王遅（徙）～郪（鄩）郢之歳（歳）八月丁巳之日，鹽壽君以吳夏〔之〕☒

 葛卜・甲二 22、23、24/☒〔王遅（徙）〕～郪（鄩）郢之歳（歳）八月丁巳之日，雁（膺）寅以少（小）央爲☒

 葛卜・甲三 132、130/☒□。或爲君貞，以亓（其）不安～氏（是）尻（處）也，亘（嘔）遅去☒

 葛卜・甲三 177/☒〔無〕咎，又（有）敓（祟）見～大（太）☒

 （上殘）葛卜・甲三 178/☒〔王遅（徙）〕～郪（鄩）郢之歳（歳）八月丁巳之日，廊（應）寅☒

 葛卜・甲三 258/王遅（徙）～敧（鄩）郢之歳（歳）八月丁巳之日，廊（應）愴以大央☒

 葛卜・甲三 182 - 2/☒司馬虵逗～鐕☒

 葛卜・甲三 259/王遅（徙）～壑（鄩）郢之歳（歳）

 葛卜・甲三 304/☒酉（酉）之日祭之，大蹓（牢）饋之～黄李

 葛卜・甲三 207/珥、衣常，戲（且）祭之以一豬～東陵。占之：吉☒

葛卜・甲三269/☑珥、衣常，叡（且）祭之以一猎～東陵，占☑

 葛卜・甲三81、182－1/☑一勛，歸備（佩）玉～二天子，各二

 葛卜・甲一27/☑〔樂〕之，百之，贛。墨禱～子西君戠（特）牛，樂☑

 葛卜・甲三215/王遅（徙）～郗（鄀）郢之戠（歲）八月己巳之日

 葛卜・甲三223/王〔徙〕～鄀郢之戠（歲）八月己巳之日，鄭建以□☑

 葛卜・甲一5/☑之曰：吉，無咎。又（有）敓（祟）見～邵（昭）王、獻（獻）惠

 葛卜・甲一4/☑屖（厭）禱一勛。歸備（佩）玉～二天子各二璧，歸☑

 葛卜・甲三93/☑□～郢之☑

 葛卜・甲三233、190/既心疾，以盦（合）～怀（背），叡（且）心瘁（悶）☑

 葛卜・甲三2/☑咎。又（有）敓（祟）見～邵（昭）王、文☑

 葛卜・甲三163/八月辛巳之夕歸一璧～☑

 葛卜・甲三300、307/解～大（太），遝（逡）丌（其）正祝（説），八月壬午之日鳶（薦）犬

 葛卜・甲三201/擇日～八月脮（餞）祭競坪王，以逾至吝（文）君，占之：吉

 葛卜・甲三239/☑解～北方，睪☑

 葛卜・甲三146/☑墨禱～秋（太）一精☑

葛卜・甲三69/之，賡～競坪王、邵（昭）王☑

 葛簿甲・甲三221/王遅（徙）～郗（鄀）郢之戠（歲）八月庚唇（辰）之日，所受盟～

 葛簿乙・甲二14、13/王遅（徙）～燅（鄀）郢之戠（歲）八月辛酉（酉）之日，東☑

 （下殘）葛卜・零533/☑之，禂（禂）禱～☑

 葛卜・乙一12/王遅（徙）～敔（鄀）郢之戠（歲）夏褮（柰）之月乙巳之日

 葛卜・乙四149、150/☑箈（筮）～東陵，盟以長刺☑

 葛卜・乙四86/☑～埅（地）宔（主）一羘☑

 葛卜・零439/☑之，禂（禂）禱～□晟☑

 葛卜・零374/☑□～□之丘☑

 葛卜・零243/☑禂（禂）禱～

 葛卜・乙四54/王復～藍郢之〔歲〕☑

 葛卜・零294、482、乙四129/☑〔王〕復～藍郢之戠（歲）冬褮（柰）之月丁亥（亥）之日，龜尹〔丹〕☑

 葛卜・零421/王復～藍〔郢之歲〕☑

 葛卜・零670/王復～☑

 葛卜・乙四23/☑〔占〕之：卦亡（無）咎。中旯（幾）君王又（有）亞（惡）～外☑

葛卜·乙一 18/王遲(徙)～敓(郙)郘之散(歲)夏禁(祟)之月乙巳之日,浘督以陵□

葛卜·乙四 100、零 532、678/居郙,還反(返)至～東陵,尚毋又(有)咎

(右殘)葛卜·零 151/解～大(太),豪(就)景(禱)□□□□

葛卜·乙四 66/王遲(徙)～鄩(郙)郘之散(歲)□

葛卜·零 165、19/齊客陳異至福～王之散(歲)獻(獻)□

葛卜·零 219/□備(佩)玉杸,罩日～□□

葛卜·乙四 43/□夏层、宣月寔(賽)禱大水,備(佩)玉杸。罩日～屈祟

葛卜·乙一 26、2/王遲(徙)～敓(郙)郘之散(歲)宣月己巳之日

葛卜·乙二 1/□□塱禱～卲(昭)王大牢,樂之,百,贛□

葛卜·乙一 11/禱～裔(文)夫人,酊宰(牢),樂敊(且)贛之;塱禱～子西君,酊宰(牢),樂□

葛卜·乙一 16/王遲(徙)～敓(郙)郘之散(歲)宣月己巳之日,公子毇命諸生以衛篅

葛卜·零 64/□辶～□

葛卜·乙二 8/君罄～答□

葛卜·乙一 5/□郘之散(歲),夏禁(祟)之月己丑之日,君罄～答□

葛卜·乙三 41/□玉,塱禱～三楚祶(先)各一羘(牂),瑗(瓔)之牀〔玉〕□

葛卜·乙三 5/□〔不〕瘳(懌)之古(故),忻(祈)福～司裼(禍)、司祷、司旤各一羘(牂)□

葛卜·零 352/□～成斗囊□

葛卜·乙三 28/□塱良之敀(說)。塱禱～卲(昭)王、裔(文)□

葛卜·乙一 20/王遲(徙)～鄩(郙)郘之散(歲),夏禁(祟)

葛卜·乙四 67/王遲(徙)～鄩(郙)郘之散(歲),夏〔祟〕

(左殘)葛卜·零 79/□王星(徙)～敓(郙)

葛卜·乙三 33/□爲箸告我愳所取～□□

葛卜·乙二 38、46、39、40/塱禱～坓(地)宝(主)〔一〕青義(犧),先之一璧

葛卜·乙二 38、46、39、40/塱禱～二天子各羘(牂)□

葛卜·零 9、甲三 23、57/～(嗚)唬愴(哀)哉! 少(小)臣成蓦(暮)生曑(早)孤□

葛卜·零 5/□□罩日～□

葛卜·零 498/王遲(徙)～敓(郙)郘〔之歲〕□

葛卜·乙四 15/䷎(遯 謙)。王遲(徙)～敓(郙)郘之散(歲),夏禁(祟)□

（上殘）葛卜·零 420/☒□～氏（是）尻（處）☒

葛卜·乙三 40/☒～北方一犡，先之以☒

葛卜·乙三 46/☒□～斉（文）夫人卅（三十）乘☒

葛卜·乙三 6/☒簞爲君貞，忻（祈）福舉禱～☒

葛卜·乙四 47/王遟～嘟（鄩）郢之

（上殘）葛卜·乙三 29/☒〔王徙〕～敔（鄩）郢之散（歲）八月辛酖（酉）之☒

葛卜·乙二 30/古（故）敓（說）之。邎（遝）彭定之祝（說）。～北方一犡，先之☒

葛卜·零 112/王遟～☒

葛卜·乙三 36/☒求亓（其）繁（說），又（有）繁（祟）～☒

葛卜·零 546、687/☒～文王、□□☒

葛卜·零 193/☒之既之不趺取～頣與犕☒

葛卜·乙一 6/☒敓（祟）見～卲（昭）王、斉（文）君、斉（文）夫人、子西君。是☒

葛卜·乙一 29、30/舉禱～卲（昭）王、獻（獻）惠王各大牢饋，腥（桟）☒

葛卜·乙一 13/或舉禱～壏武君、命尹之子瀳（璿）各大牢，百☒

葛卜·乙一 21、33/☒王、斉（文）君。舉禱～卲（昭）王獻（獻）惠王、斉（文）君各一備（佩）玉。辛未之日禱之☒

葛卜·乙三 44、45/☒備（佩）玉，～郳山一珽璜，□☒

葛卜·乙一 22/又（有）敓（祟）見～司命、老蟑（童）、斥（祝）融、空（穴）畲（熊）

（左殘）葛卜·零 99/☒～楚先與五山☒

葛卜·乙四 27/☒疾，亘（亟）由郫亥敓（說）～五殜（世）☒

（左殘）葛卜·零 448、零 691/☒箸（筮），恒（亟）忻（祈）福～大（太）☒

（左殘）葛卜·零 113/☒〔王徙〕～鄩郢之散（歲）八月戊☒

葛卜·乙四 2/王遟（徙）～鄩郢之

葛卜·零 25/王遟（徙）～郹（鄩）☒

（左殘）葛卜·零 580、730/☒～敔（鄩）郢之☒

葛卜·零 230/☒饋之～黃李，占☒

葛卜·甲三 147/☒舉禱～☒

葛卜·零 1/牛，酉（酒）食。舉禱～☒

葛卜·零 303/☒戠（特）牛。既薦（薦）之～東陵

葛卜·零 38/繁（祟）見～☒

葛卜·零 312/☒～大（太），臺（就）禱☒

（下殘）葛卜·零 388/敓（祟）見～☒

葛卜・零 427/☑又(有)〔敓見〕～司☑

葛卜・零 426/☑見～大(太)☑

(左殘)葛卜・零 624/☑見～☑

葛簿乙・乙四 88/棓里人禱～丌(其)袥(社)☑

葛簿乙・零 116/堵里人禱～丌(其)☑

葛簿乙・零 88/☑里人禱～丌(其)袥(社)一☑

葛簿乙・零 168/☑里人禱～丌(其)袥(社)☑

葛簿乙・乙四 76/☑禱～鳬鄲之袥(社)一籐(豢)☑

葛簿乙・乙三 65/☑禱～丌(其)袥(社)一籐(豢)☑

葛簿乙・乙三 53/☑禱～丌(其)袥(社)一籐(豢)☑

葛簿乙・乙四 81/☑禱～丌(其)袥(社)一豵☑

葛簿乙・乙二 7/☑禱～丌(其)袥(社)一豵☑

(左殘)葛簿乙・零 531/☑〔禱〕～丌(其)袥(社),一豢☑

葛簿乙・零 48、零 512/☑禱～丌(其)袥(社)☑

葛簿乙・零 133/☑禱～丌(其)☑

(右殘)葛簿乙・零 618/☑禱～丌(其)袥(社)☑

(上殘)葛簿乙・零 45/☑～丌(其)袥(社)☑

(左殘)葛簿乙・零 68/☑禱～丌(其)☑

(上殘)葛簿乙・零 718/☑～丌(其)袥(社)☑

葛簿乙・甲三 400/匋尹宋之述(遂)剅～上桑丘

葛簿乙・甲三 316/司馬魚之述(遂)剅～獞宗、余乇二黏(殽),禱二☑

葛簿乙・甲三 310/喬尹申之述(遂)剅～赿暜、郹思,二黏(殽)☑

葛簿乙・甲三 349/司城均之述(遂)剅～洛、酆二袥(社)二黏(殽),禱☑

葛簿乙・甲三 346 - 2、384/墜無龍之述(遂)剅～葿丘,寏二黏(殽),禱二冢☑

葛簿乙・甲三 324/屈九之述(遂)剅～郘生筏,二黏(殽)☑

葛簿乙・甲三 343 - 1/伣己之述(遂)剅～灈、唇(辰)袥(社),二黏(殽),禱二☑

葛簿乙・甲三 347 - 1/镐良之述(遂)剅～鄢、于二袥(社),二黏(殽)☑

葛簿乙・甲三 312/奠(鄭)視之述(遂)剅～下彤、藁,二黏(殽),禱二冢☑

葛簿乙・甲三 320/晉(許)智(智),晉(許)智(智)之述(遂)剅～罌取三黏(殽),禱三冢☑

葛簿乙・甲三 398/邜豈之述(遂)剅～舊□一黏(殽)☑

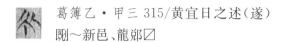 葛簿乙・甲三 315/黃宜日之述（遂）眖～新邑、龍邟☐

葛簿乙・甲三 322/邥余穀之述（遂）眖～溫父、鶛（鳩），二☐

葛簿乙・甲三 314/玄悥之述（遂）眖～下窲、下姑留二貼（豭），禱☐

葛簿乙・甲三 343-2/絭羗之述（遂）眖～上獻、友焚二貼（豭）☐

葛簿乙・甲三 379/☐述（遂）眖～俣曁一

葛簿乙・甲三 402/☐述（遂）眖～汇林糲☐

葛簿乙・甲三 308/☐一袿（社）一猎，眖～☐☐

葛簿乙・甲三 405/☐袿（社）一豢、一猎、一豕，眖～麓☐

葛簿乙・甲三 363/☐一袿（社）一猺（豢），眖～㲋

葛簿乙・甲三 353/固二袿（社）一猎、一豕，眖～郵思虛一貼（豭），禱☐

葛簿乙・甲三 414、412/簂二袿（社）一豢、一猎，眖～淋（沉/湛）☐

（下殘）葛簿乙・甲三 250/王虛二袿（社）一猎、一豕，眖～☐

葛簿乙・甲三 387/☐寺二袿（社）二豕，眖～高寺一貼（豭），禱一豕☐

葛簿乙・甲三 361、344-2/一猎、一豕。眖～郜戱組二貼

葛簿乙・甲三 317/浮四袿（社）四豕、一貼（豭），眖～桐者☐

葛簿乙・甲三 321/舟室一豕，眖～魚是一貼（豭），禱一☐

 葛簿乙・零 304/眖～丌（其）舊虛一☐

葛簿乙・甲三 397/夫它一豕，眖～☐

葛簿乙・甲三 368/眖～余城

葛簿乙・甲三 355/莆泉一豕，眖～栗溪一貼（豭），禱一豕☐

葛簿乙・甲三 374、385/篔生一豕，眖～疋虢☐

葛簿乙・甲三 411、415/☐豕，眖～上畬一貼（豭），禱☐

葛簿乙・甲三 325-1/☐藁一豢，眖～雦（桑）丘、桐寀（集）二貼（豭）☐

（下殘）葛簿乙・甲三 393/南邡一豢，眖～☐

葛簿乙・甲三 392/塳城一豢，眖～☐

葛簿乙・甲三 409/上邟以豢，眖～枛一貼（豭）☐

葛簿乙・甲三 350/箴一猎，眖～舊虛、幣父二貼（豭）☐

葛簿乙・甲三 313/亡夜一猎，眖～隋一貼（豭），禱一豕☐

葛簿乙・甲三 377/惻壓一猎，眖～竺☐

葛簿乙・甲三 403/潭溪一猎，眖～剴丘、某丘二☐

葛簿乙・甲三 404/☐一猎，眖～窮鶛、解溪三貼（豭），三☐

葛簿乙・甲三 150/☐猎，眖～禁（麓）☐

葛簿乙·甲三 373/☑剫~逾

 葛簿乙·甲三 336/☑剫~競方一黏(毈),禱☑

 葛簿乙·甲三 331/☑~倉壓一黏(毈),禱一豕☑

 葛簿乙·甲三 180/☑剫~江一黏(毈),禱一豕☑

 葛簿乙·乙三 37/☑豢,剫~無☑

 葛簿乙·甲三 418/☑~萹丘一黏(毈),禱☑

 葛簿乙·甲三 383/☑剫~

 葛簿乙·甲三 382/☑豕,剫~☑

 葛簿乙·甲三 279/☑剫~☑

 葛未·零 424/☑□~☑

 (左殘)長竹書 1-002/夫戔(賤)人剛恃而返(及)~型(刑)者

 長竹書 1-007/易(狄)之聞(聞)之~先王之灋也

 長竹書 1-015/□□〔~〕民利虖(乎)

 長竹書 1-031/□監~此,以□

 (左殘)長竹書 1-036/才(哉)。子□聞(聞)〔~〕

烏

 長遣策 2-07/一索(素)緄繡(帶),又(有)□〔鉤〕,黃金與白金之~(錯)

 長遣策 2-024/四倉(合)鉌,一~(錯)鉌,屯又(有)盍(蓋)

嗚(嗚、於)

嗚

 葛卜·甲三 41/☑氏(是)日彭定瑵之以~纙☑

於用作嗚。見本部於字條。

芈 部

棄(弃)

弃

 長竹書 1-018/丌(其)谷(欲)能又(有)~也,能

再

 葛簿乙·甲三 264/城~以豢,丌(其)廄☑

丝 部

幾(幾、見、畿)

幾

 長竹書 1-08/~夜不難

 (左殘)長竹書 1-014/虞(吾)~不智(智)才(哉)

見用作幾。見卷十四几部見字條。

畿用作幾。見本部畿字條。

☆幾

葛卜・零336、341/⧄牀亡(無)咎,～(幾)中⧄

叀　部

惠(惠、蕙)

惠

葛卜・零361/⧄〔昭〕王、～〔王〕⧄

葛卜・甲三241/⧄樂之。占之:吉。～王

葛卜・甲一21/⧄篁爲君貞,忻(祈)福於卲(昭)王、獻(獻)～王、柬大王⧄

葛卜・乙一29、30/斀禱於卲(昭)王、獻(獻)～王各大牢饋,膅(棧)⧄

葛卜・甲一5/⧄之曰:吉,無咎。又(有)敓(祟)見於卲(昭)王、獻(獻)～

葛卜・乙一21、33/⧄王、吝(文)君。斀禱於卲(昭)王獻(獻)～王、吝(文)君各一備(佩)玉。辛未之日禱之⧄

蕙

葛卜・乙四12/⧄一精,臺(就)禱卲(昭)王、～(惠)王,屯⧄

葛卜・甲三213/⧄户、門。又(有)祱(祟)見於卲(昭)王、～(惠)王、文君、文夫人、子西君。敾(就)禱⧄

玄　部

玄

葛簿乙・甲三314/～惪之述(遂)䢵於下窯、下姑留二秳(䅎),禱⧄

玆

葛卜・甲三11、24/宅～浘(沮)、章,台選(先)署(遷)凥(處)

受　部

受

葛卜・甲三42/⧄蔓莕～女於楚之戢(歲)빈亯(栾)之月丁酉之日⧄

葛卜・乙四56/⧄瘙～君鍁⧄

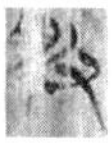
葛卜・甲三15、60/⧄隹(唯)潒(顫)栗忎(恐)瞿,甬(用)～繇元龜、晉篰(筮)曰

葛簿甲・甲三221/王遈(徙)於鄩(鄩)郢之戢(歲)八月庚唇(辰)之日,所～盟於

葛簿甲・甲三220/宋良志～四匿,又一赤。李紳爲

葛簿甲・零343/宋木～一匿,又⧄

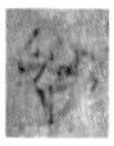
葛簿甲・甲三294、零334/以𤢂。靳不譶(害)、鄺回二人～二匿

葛簿甲・甲三 294、零 334/攻婁連爲攻人～六匜☐

 葛簿甲・甲三 224/☐某槼(楷)、夂(終)御釾(鎦)～十匜,又二赤

 葛簿甲・甲三 224/或～三匜,二赤☐

 葛簿甲・甲三 203/☐吳殹無～一赤,又礿,又弇☐,又鳶(雁)首

 葛簿甲・甲三 203/吳悥～一匜,二赤,弇

 葛簿甲・甲三 89/☐劃良～一☐

 葛簿甲・甲三 206/☐三赤。王孫達～一匜,又三赤

 葛簿甲・甲三 206/文悤～四☐

 (右殘)葛簿甲・甲三 311/☐～二匜,又二赤,……二赤,又弇

 (下殘)葛簿甲・零 354/釆(卒)。卲連嚻～☐

 葛簿甲・甲三 292/☐鞁(衛)軏、馭吳(昃)～九匜又剛☐

 葛簿甲・甲三 211/☐～二匜,又二赤,又剛,又礿

 葛簿甲・甲三 211/辻差倉～

 葛簿甲・乙三 4/☐匜一☐☐。奠(鄭)迅～二☐☐

 葛簿甲・甲三 244/☐～二赤,弇☐

 葛簿甲・甲三 244/宭(旬)人昆龠(聞)～二,又礿☐

 葛簿甲・甲三 273 - 1/☐與休君～十☐

 (下殘)葛簿甲・甲三 293/☐鐘佗、鐘豎～☐

 葛簿甲・零 37/☐繁牎～☐

叙(敔)

敔

 (下殘)葛卜・乙四 28/臣成～(敔)☐

 葛卜・乙四 48、零 651/之,～(敔)甬(用)一元犥痒(牂),先之☐

 葛卜・甲三 61/成～(敔)甬(用)解訛(過)瘇(釋)憨(尤),若

 葛卜・乙四 70/☐少(小)臣成拜手稽首,～(敔)甬(用)一元☐

 (左殘)葛卜・零 300、零 85、零 593/☐城(成)☐瘳遫(速)癥(瘥),～(敔)不遫(速)☐

 葛卜・零 508/☐～(敔)不遫(速)☐

 (右殘)葛未・零 363/☐～汜☐

☆醬

 葛卜・乙四 35/☐郗聯爲君貞,才(在)郢爲三月,尚自宜訓(順)也。～占之:亡(無)

葛卜・乙四 44/☐君貞，既才（在）郢，
牁（將）見王，還返毋又（有）咎。趄～☐

葛卜・甲三 8、18/☐大馘（城）邮（茲）
邘之歲（歲），夏尿之月癸嬛（亥）之日，
趄～以鄗聯爲☐

（左殘）葛卜・乙四 4/☐☐之月己亥之
日趄～☐

歺　部

殤（殤、殤）

殤

葛卜・甲三 271/☐敝邥社，大～坪夜
之楚褸，東

殤

葛卜・乙四 109/☐己未之日，敫（就）
禱三殜（世）之～（殤）☐

☆歾

葛卜・甲三 86/☐酉牢酉（酒）食，夏
～戠（特）☐

☆殜

見卷三卅部世字條。

☆殇

見本部殤字條。

☆殄

見卷十二戈部戠字條。

死　部

死

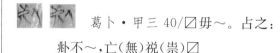
葛卜・甲三 40/☐毋～。占之：
恓不～，亡（無）祱（祟）☐

葛卜・甲三 131/☐疾，髂（脅）疾，以
心瘃（悶），尚毋～。☐良志☐

葛卜・乙四 22/☐尚毋～。占
之：不～

☆甕

見卷二哭部喪字條。

骨　部

髀

葛卜・甲三 54、55/☐月丁巳之日
☐☐以髀～爲☐

葛卜・甲三 53/☐☐以髀～〔占〕之
日：吉☐

葛卜・零 584、甲三 266、277/☐之日，
頤與良志以陵尹懌之髀～爲君貞

葛卜・零 311/☐～爲坪夜☐

葛卜・甲三 301－2、301－1/☐以髀
～爲坪〔夜君〕貞，既胚（背）膺☐

體（體、豊）

體

 葛卜·甲三 189/□坪夜君貞，既心悗（悶）、瘇（胖）痕（脹），以百胻～疾

 葛卜·零 256/□胻～□

豊用作體。見卷五豊部豊字條。

髍

臝用作髍，見卷七林部臝字條。

☆骭

見本卷肉部背字條。

☆骽

 葛卜·乙三 5/□〔不〕瘇（懌）之古（故），忻（祈）福於司禍（禍）、司裰、司～各一痒（牂）□

☆骱

 長遣策 2-023/又～、紟、楮（枕）、枳，皆

☆髚

 葛卜·甲三 131/□疾，～（脅）疾，以心瘇（悶），尚毋死。□良志□

 葛卜·甲三 245/□□疾，～疾，以心□

☆雕

 葛卜·乙四 8/□貞，既骭（背）～（膺）疾，以髇（胖）疾□

 葛卜·甲三 100/□貞，既胚（背）～（膺）疾，以髇（胖）疾，以心□

☆髇

 葛卜·零 584、甲三 266、277/□之日，瞑與良志以陵尹懌之～髀爲君貞

 葛卜·甲三 54、55/□月丁巳之日□□以～髀爲□

 葛卜·甲三 53/□□以～髀〔占〕之日：吉□

 葛卜·甲三 301-2、301-1/□以～髀爲坪〔夜君〕貞，既胚（背）膺□

☆髈

 葛卜·乙四 8/□貞，既骭（背）雕（膺）疾，以～（胖）疾□

 葛卜·甲三 100/□貞，既胚（背）雕（膺）疾，以～（胖）疾，以心□

 葛卜·甲三 9/□□貞，既疾□□，以～（胖）疾，自□

☆髍

 葛卜·乙一 31、25/疾～、痕（脹）腹、瘴疾

☆骩□

 （右殘）葛卜·零 327、零 321/□～疾，以□

肉　部

肶

見本部背字條。

臚（膚）

膚

 葛卜・零 306/痹（胖）瘕（脹）、～疾、以悁（悶）心

 葛卜・甲三 291－2/□痕（脹）、～疾、悁（悶）心

 長遣策 2－015/一緅常，緒（赭）～之純，帛栗（攝）

 長遣策 2－027/一～會（合）

 長遣策 2－014/二～（鑪）

脰

 長遣策 2－012/〔寠（集）～（廚）〕之器：十〔醓〕坩，屯又（有）盉（蓋）

胃

 葛卜・零 232/□□□是以～（謂）之又（有）言。亓（其）卦亡（無）〔咎〕□

 葛卜・乙四 45/□白文末白□，是以～（謂）之喪裭，駁鼀禺（遇）□□□以火□□

 長竹書 1－028/箸（書）是～（謂）□□宜

 （左殘）長竹書 1－043/□□〔是～（謂）〕

 長竹書 1－047、1－088/□□而可～

膺（膺、雁、雛）

膺

 葛卜・甲三 219/伓（背）、～疾，以痹（胖）瘕（脹）、心悁（悶）

 葛卜・零 199/□爲君貞，伓（背）～疾，以□

 葛卜・零 584、甲三 266、277/伓（背）、～疾，以痹（胖）瘕（脹）、心悁（悶），采（卒）歲（歲）或至□

 葛卜・零 221、甲三 210/□爲君貞，伓（背）～疾

 葛卜・甲三 238/□貞，既伓（背）～疾，以□

 葛卜・乙三 35/□～疾、瘇（胖）痕（脹）、心

 葛卜・乙二 19/□貞，伓（背）、～疾，以瘇（胖）痕（脹）□

 葛卜・甲一 14/□貞，伓（背）、～疾，以瘇（胖）痕（脹）、心悁（悶）□

 葛卜・甲三 149/□～疾，以瘇（胖）痕（脹）□

 葛卜・甲一 13/□伓（背）、～疾，以瘇（胖）痕（脹）、心□

 葛卜・甲三 301－2、301－1/□以髇髀爲坪〔夜君〕貞，既肶（背）～□

（重文）葛卜・甲三 22、59/☐ 怀～悗（悶）心之疾，怀～悗（悶）心之疾，迷（速）瘆迷（速）癥（瘆）

雁用作膺。見卷九广部雁字條。

髃用作膺。見本卷骨部髃字條。

背（胕、骺）

胕

葛卜・甲三 100/☐ 貞，既～（背）髃（膺）疾，以髋（胛）疾，以心☐

葛卜・甲三 301 - 2、301 - 1/☐ 以髓髀爲坪〔夜君〕貞，既～（背）膺☐

骺

葛卜・零 210 - 2/☐ ～（背）以☐

葛卜・乙四 8/☐ 貞，既～（背）髃（膺）疾，以髋（胛）疾☐

脅（髉）

髉用作脅。見本卷骨部髉字條。

肩（敝）

敝

葛卜・乙四 61/☐ 龙鼇爲君貞，以丌（其）～（肩）怀（背）疾☐

腹

葛卜・乙一 31、25/疾髋、痕（脹）～、瘤疾

肰

見卷十火部然字條。

羸

長遺策 2 - 019/一牲～（兜）膚，絵（錦）襨（韜），又（有）盍（蓋）

肙（肙）

肙

葛卜・甲三 110/☐ 瘤一已。或以～（肙）籠求丌（其）祟（説），又（有）祝（祟）於大（太）、北☐

肥

葛卜・甲三 240/王自～遺郢遲（徙）於鄩郢之散（歲），言月☐

葛卜・乙四 80/墬子～豬，酉（酒）食。㲋（且）☐

葛簿乙・甲三 175/～陵陳豬之述（遂）刞☐

☆胖（痒、瘆）

痒

葛卜・甲三 219/怀（背）、膺疾，以～（胖）瘴（脹）、心悗（悶）

葛卜・零 306/～（胖）瘴（脹）、膚疾、以悗（悶）心

葛卜・零 584、甲三 266、277/怀（背）、膺疾，以～（胖）瘴（脹）、心悗（悶），衣（卒）散（歲）或至☐

葛卜・零 221、甲三 210/以～（胖）瘴（脹）、心悗（悶），衣（卒）散（歲）或至夏䍦（栾）之月尚☐

瘼

葛卜・零 138/☐～(胖)痕(脹)☐

葛卜・乙二 11/雁(膚)疾,以～(胖)痕(脹)☐

葛卜・甲三 189/☐坪夜君貞,既心悁(悶)、～(胖)痕(脹),以百腗體疾

葛卜・乙三 35/☐膚疾、～(胖)痕(脹),心

葛卜・乙二 5/瘼疾、～(胖)痕(脹)、心☐

(右殘)葛卜・乙二 19/☐貞,怀(背)、膚疾,以～(胖)痕(脹)☐

葛卜・甲一 14/☐貞,怀(背)、膚疾,以～(胖)痕(脹)、心悁(悶)☐

葛卜・甲三 149/☐膚疾,以～(胖)痕(脹)☐

葛卜・零 125/☐～(胖)痕(脹)以百☐

葛卜・零 328/☐以～(胖)痕(脹)☐

葛卜・甲一 13/☐怀(背)、膚疾,以～(胖)痕(脹)、心☐

葛卜・甲三 257/☐爲君貞,既怀(背)、雁(膚)疾,以～(胖)痕(脹),瘼☐

☆君

葛卜・零 200、323/☐夏栾之月丙唇(辰)之日,陵～(尹)懌☐

☆胛(髀)

髀用作胛。見卷四骨部髀字條。

☆脛

　長遣策 2－026/皇～二十又五,☐～二十〔又〕五,屯〔釛(漆)〕劃

長遣策 2－026/一☐～。一登☐

長遣策 2－027/一～

長遣策 2－027/丌(其)木〔器〕:一☐〔～〕

☆脹(瘼、痕)

瘼

葛卜・零 306/疳(胖)～(脹)、膚疾、以悁(悶)心

葛卜・甲三 219/怀(背)、膚疾,以疳(胖)～(脹)、心悁(悶)

葛卜・零 584、甲三 266、277/怀(背)、膚疾,以疳(胖)～(脹)、心悁(悶),采(卒)散(歲)或至☐

葛卜・零 221、甲三 210/以疳(胖)～(脹)、心悁(悶),采(卒)散(歲)或至夏栾(桼)之月尚☐

痕

葛卜・乙二 11/雁(膚)疾,以瘼(胖)～(脹)☐

葛卜・甲三 189/☐坪夜君貞,既心悁(悶)、瘼(胖)～(脹),以百腗體疾

（上殘）葛卜・甲三 291－2/☐～（脹）、膚疾、悗（悶）心

葛卜・乙一 31、25/疾髖、～（脹）腹、瘍疾

葛卜・乙三 35/☐膚疾、瘇（胖）～（脹）、心

葛卜・甲三 291－1/☐既心悗（悶）以疾，戲（且）～（脹）瘠不☐

葛卜・乙二 5/瘍疾、瘇（胖）～（脹）、心☐

（右殘）葛卜・乙二 19/☐貞，忮（背）、膚疾，以瘇（胖）～（脹）☐

葛卜・甲一 14/☐貞，忮（背）、膚疾，以瘇（胖）～（脹）、心悗（悶）☐

葛卜・甲三 149/☐膚疾，以瘇（胖）～（脹）☐

葛卜・零 292/☐～（脹），瘍疾☐

（右殘）葛卜・零 138/☐瘇（胖）～（脹）☐

葛卜・零 125/☐瘇（胖）～（脹）以百☐

葛卜・零 328/☐以瘇（胖）～（脹）☐

葛卜・甲一 13/☐忮（背）、膚疾，以瘇（胖）～（脹）、心☐

葛卜・甲三 257/☐爲君貞，既忮（背）、雁（膺）疾，以瘇（胖）～（脹），瘍☐

☆腊

葛卜・甲三 189/☐坪夜君貞，既心悗（悶）、瘇（胖）痕（脹），以百～體疾

葛卜・零 256/☐～體☐

刀　部

刀

長遺策 2－027/一縊～

刑（型）

型用作刑。見卷十三土部型字條。

利

葛簿乙・甲三 395/～桶一冢☐

長竹書 1－015/☐☐〔於〕民～啻（乎）

則

長竹書 1－001/易（狄），夫戔（賤）人裔（格）上～型（刑）瘳（戮）至。剛

長竹書 1－006/民～夜皆三代之子孫

長竹書 1－025/天下又（有）☐，民〔～〕

長竹書 1－013/不求〔～〕☐☐☐可〔行〕

剛

長竹書 1－001/易（狄），夫戔（賤）人裔（格）上則型（刑）瘳（戮）至。～

長竹書 1－002/夫戔（賤）人～恃而返（及）於型（刑）者

刉（剄）

剄

葛簿乙・甲三 400/甸尹宋之述（遂）
～於上桑丘

葛簿乙・甲三 316/司馬魚之述（遂）
～於貜宗、余乩二黏（殺），禱二□

葛簿乙・甲三 326-1/下獻司城己之
䕯人～一黏（殺），禱□

葛簿乙・甲三 310/喬尹申之述（遂）
～於起㫚、㠪思、二黏（殺）□

葛簿乙・甲三 349/司城均之述（遂）
～於洛、酈二袿（社）二黏（殺），禱□

葛簿乙・甲三 346-2、384/壓無龍之述
（遂）～於菫丘，賨二黏（殺），禱二豕□

葛簿乙・甲三 324/屈九之述（遂）～
於邚生䈥，二黏（殺）□

葛簿乙・甲三 343-1/佝己之述（遂）
～於灘、脣（辰）袿（社），二黏（殺），禱
二□

葛簿乙・甲三 347-1/镐良之述（遂）
～於郫、于二袿（社），二黏（殺）□

葛簿乙・甲三 312/奠（鄭）視之述（遂）
～於下肜、䕅，二黏（殺），禱二豕□

葛簿乙・甲三 320/晉（許）智（智），晉
（許）智（智）之述（遂）～於醞取三黏
（殺），禱三豕□

葛簿乙・甲三 398/邚曡之述（遂）～
於奮□一黏（殺）□

葛簿乙・甲三 315/黃宜日之述（遂）
～於新邑、龍邚□

葛簿乙・甲三 322/邶余毄之述（遂）
～於溫父、鶴（鳩），二□

葛簿乙・甲三 314/玄惪之述（遂）～
於下窯、下姑留二黏（殺），禱□

葛簿乙・甲三 343-2/騋羌之述（遂）
～於上獻、犮焚二黏（殺）□

（右殘）葛簿乙・甲三 175/肥陵陳蒲之
述（遂）～□

葛簿乙・甲三 379/□述（遂）～於俁
曁一

葛簿乙・甲三 402/□述（遂）～於汋
林櫂□

葛簿乙・甲三 308/□一袿（社）一豭，
～於□□□

葛簿乙・甲三 405/□袿（社）一豢、一
豭、一豕，～於麓□

葛簿乙・甲三 363/□一袿（社）一牷
（豢），～於燮

葛簿乙・甲三 353/固二袿（社）一豭、
一豕，～於邺思虚一黏（殺），禱□

葛簿乙・甲三 414、412/镐二袿（社）
一豢、一豭，～於淋（沉/湛）□

葛簿乙・甲三 250/王虚二袿（社）一
豭、一豕，～於□

葛簿乙・甲三 387/□寺二袿（社）二
豕，～於高寺一黏（殺），禱一豕□

葛簿乙・甲三 361、344－2/一豬，一
豕。～於鄗戲組二黏

 葛簿乙・甲三 369/～☐

 葛簿乙・甲三 317/浮四祍（社）四豕、
一黏（豰），～於桐者☐

 葛簿乙・甲三 321/舟室一豕，～於魚
是一黏（豰），禱一☐

 葛簿乙・零 304/～於丌（其）舊虛一☐

 葛簿乙・甲三 397/夫它一豕，～於☐

 葛簿乙・甲三 368/～於余城

 葛簿乙・甲三 355/莆泉一豕，～於栗
溪一黏（豰），禱一豕☐

 葛簿乙・甲三 374、385/簹生一豕，～
於疋虢☐

 葛簿乙・甲三 386/郘一豕，～☐

 葛簿乙・甲三 411、415/☐豕，～於上
蓄一黏（豰），禱☐

 葛簿乙・甲三 325－1/☐藁一豢，～
於畾（桑）丘、桐棄（集）二黏（豰）☐

 葛簿乙・甲三 393/南郲一豢，～於☐

 葛簿乙・甲三 392/埻城一豢，～於☐

 葛簿乙・甲三 409/上郟以豢，～於枳
一黏（豰）☐

 葛簿乙・甲三 350/箴一豬，～於舊
虛、幣父二黏（豰）☐

 葛簿乙・甲三 313/亡夜一豬，～於隋
一黏（豰），禱一豕☐

 葛簿乙・甲三 390/蒴丘一豬，～〔於〕
經寺一黏（豰），禱一豕☐

 葛簿乙・甲三 377/惻墜一豬，～於
竺☐

 葛簿乙・甲三 403/漳溪一豬，～於畓
丘、某丘二☐

 葛簿乙・甲三 404/☐一豬，～於窮
鵑、解溪三黏（豰），三☐

 葛簿乙・甲三 150/☐豬，～於禁（麓）☐

 葛簿乙・甲三 278/☐虛，～二黏
（豰），禱二豕☐

 葛簿乙・甲三 333/豬，某一豕，～一☐

 葛簿乙・甲三 373/☐～於逾

 葛簿乙・零 345/☐☐素自中，～三☐

 葛簿乙・乙四 146/☐沸，～二黏
（豰），禱☐

 葛簿乙・甲三 336/☐～於競方一黏
（豰），禱☐

 （上殘）葛簿乙・甲三 180/☐～於江一
黏（豰），禱一豕☐

 葛簿乙・乙二 14/☐～羅丘靁☐

葛簿乙・乙三 37/☑豢，～於無☑

 葛簿乙・乙三 59/☑～一黏（毇）☑

 葛簿乙・甲三 383/☑～於

 葛簿乙・甲三 382/☑豖，～於☑

 葛簿乙・甲三 279/☑～於☑

 葛簿乙・甲二 11/☑～☑

 葛簿乙・零 399/☑～☑

 （上殘）葛簿乙・甲三 332/☑～安一黏（毇），檮一豖☑

 葛簿乙・零 362/☑丘一豖，～☑

 葛簿乙・零 333/☑犢，～以二黏（毇）☑

割（割、害）

割

 葛簿乙・甲三 282/☑□虛，聿（盡）～以九黏（毇），檮以九☑

害用作割。見卷七宀部害字條。

劃

 長遣策 2−01/二圆（圓）監，屯青黄之～

 長遣策 2−018/樂人〔之〕器：一〔樂〕坐冩（棧）鐘，少（小）大十又三，柲條，郗（漆）～，金玝

 長遣策 2−018/一樂〔坐〕□□，〔少（小）〕大十又九，柲條，郗（漆）～，繩維

 長遣策 2−03/一戚盟（盟）之柜，□土蔞，郗（漆）青黄之～

 長遣策 2−026/皇脛二十又五，□脛二十〔又〕五，屯〔郗（漆）〕～

 長遣策 2−028/一□□□□，〔郗（漆）青〕黄之～

 葛簿甲・甲三 89/□～良受一☑

☆刓

 葛簿甲・甲三 292/☑衛（衛）軒、馭吳（昃）受九厒又～☑

 葛簿甲・甲三 211/☑受二厒，又二赤，又～，又豹

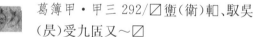 葛簿甲・甲三 90/☑八十厒又三厒，又一～，豹，鳶（雁）首☑

 葛簿甲・甲三 254/☑……三赤，又～……☑

☆削

 長遣策 2−016−2/□〔貹〕八益～〔益〕一朱（銖）

☆劂

葛簿乙・甲三 263/鳴父、～（葛）丘、枯☑

刃　部

☆刟

長遣策 2-019/裯（茵）、若（席），皆緻
褐，綿裏，～□之緣

☆剢

見卷十四斤部斷字條。

角　部

角

葛簿乙・甲三 351/～二袿（社）二冢□

長遣策 2-021/一柅，賞～

觕

葛卜・零 193/□之即之不趹取於弢
與～□

解

（右殘）葛卜・零 151/～於大（太），壴
（就）彔（禱）□□□□

葛卜・甲三 61/成敊（敢）甬（用）～訛
（過）瘒（釋）懲（尤），若

（下殘）葛卜・零 301、150/□酊（荆）
王、文王，以逾至文君，已～□□

葛卜・甲三 300、307/～於大（太），邌
（逐）丌（其）疋祝（説），八月壬午之日
鷹（薦）大

葛卜・甲三 239/□～於北方，罨□

葛簿乙・甲三 404/□一猶，跚於窮
鵤、～溪三黏（貑），三□

☆桶

葛簿乙・甲三 395/利～一冢

卷　五

竹　部

竹

長遣策 2－05/〔鋞。～〕器：十笑(簠)，屯赤綿之帩

長遣策 2－028/一㚇〔～箬(翣)。一〕兩䪍(鞔)〔縷(屨)〕，紫韋之納，紛純，紛䋎(繩)

節

長竹書 1－08/章𢍰(與)～

長竹書 1－041/□〔宜～〕身

筮(筭、筭、箁)

筭

葛卜・乙四 100、零 532、678/▨□□礿～(筮)爲君貞

筭

葛卜・甲三 114、113/鄘(應)嘉以衛侯之～(筮)爲坪夜君貞

箁

葛卜・乙四 59/▨□馬之～(筮)復惪爲君▨

葛卜・乙四 149、150/▨～(筮)於東陵，盥以長剌▨

(左殘)葛卜・零 297/▨□元龜、～(筮)□▨

葛卜・甲三 15、60/▨隹(唯)渿(顫)栗忎(恐)瞿，甬(用)受繇元龜、晉～(筮)曰：

葛卜・甲三 189/卜～(筮)爲社(攻)，既▨

葛卜・甲三 72/▨以□之大彤～(筮)爲君貞，既心疾，以▨

葛卜・零 448、零 691/▨～(筮)，恒(亟)忻(祈)福於大(太)▨

葛卜・零 207/▨弭元龜、～(筮)、義(犧)牲、珪璧唯□▨

葛卜・零 283/▨龜、～(筮)、義(犧)▨

葛卜・零 175/▨～(筮)以□▨

筳(篿)

篿

長遣策 2－023/一帬(寢)笑(莞)，一帬(寢)～(筳)，屯結芒之純

長遣策 2－023/六簡(箑)～(筳)，屯緆(錦)純

笥(司)

司用作笥。見卷九司部司字条。

箸

葛卜·乙三 33/☒爲～告我慁所取於☒☒

長竹書 1－03/☒教～(書)晶(參)戠(歲)

長竹書 1－028/～(書)是胃(謂)☒☒宜

答

葛卜·乙二 8/君馨於～☒

葛卜·乙一 5/☒郢之戠(歲)，夏祭(柰)之月己丑之日，君馨於～☒

簋(芙、笑)

芙用作簋。見卷一艸部芙字條。

笑用作簋。見本卷竹部笑字條。

簦

長遣策 2－014/～。一湬𡉥

䈍

長遣策 2－027/☒☒☒☒☒☒☒～

䈍

葛簿乙·甲三 324/屈九之述(遂)𦔻於邡生～，二豽(貚)☒

笴

葛簿乙·甲三 179/中春～我之里一冢☒

長遣策 2－03/二笙，一簶～，皆又(有)襚(韜)

笙

長遣策 2－03/二～，一簶笴，皆又(有)襚(韜)

算

葛簿乙·甲三 352/☒二畁，未智(智)丌(其)府里之～

☆笑

長遣策 2－06/二～(簋)笑

長遣策 2－05/〔鐶。竹〕器：十～(簋)，屯赤綿之帞

長遣策 2－06/四十～(簋)，屯紫緻之帞，紫緻之☒

☆笄

長竹書 1－004/相保如～

☆筶

見卷七巾部席字條。

☆笲

長遣策 2-09/□〔室〕之器：一～，丌（其）實：一洪帽

長遣策 2-013/一壓～繩紝

長遣策 2-013/一少（小）壓～

☆箕

長遣策 2-06/□□□□□～四十又四

長遣策 2-06/〔少（小）～〕十又二

長遣策 2-06/四糗（糇）～

長遣策 2-06/二豆～

長遣策 2-06/二笶（簋）～

長遣策 2-020/五～

長遣策 2-022/十又二～□

☆笿

見卷五亼部會字條。

☆笶

長遣策 2-023/一帰（寢）～（莞），一帰（寢）簋（筵），屯結芒之純

☆簋

見本部筵字條。

☆策

長遣策 2-011/二～

☆簛

葛卜・零 652/☑可之～□☑

☆篘

長遣策 2-021/一～箕

☆簑

長遣策 2-028/一夐〔竹～（翠）。一〕兩鞤（鞈）〔縷（屨）〕，紫韋之納，紛純，紛雪（繩）

☆篁

葛卜・乙四 85/☑長～爲君釆（卒）戠（歲）貞，居郢尚毋又（有）咎。脪占☑

葛卜・乙四 55/☑～爲君貞，才（在）行，還☑

葛卜・乙四 105/☑□之月丁嬛（亥）之日，奠（鄭）怵以長～爲君釆（卒）戠（歲）貞☑

葛卜・甲一 7/☐𥫱(衛)～,忻(祈)福
於袜(太),一羍(騂)牡(牢)、一熊牡
(牢);司戠、司折☐

葛卜・乙一 26,2/諸生以𥫱(衛)～爲
君貞

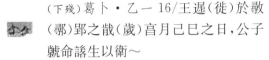
(下殘)葛卜・乙一 16/王遲(徙)於敔
(鄩)鄸之戠(歲)亯月己巳之日,公子
虢命諸生以衛～

葛卜・乙三 6/☐～爲君貞,忻(祈)福
嬰禱於☐

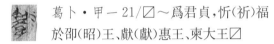
葛卜・甲一 21/☐～爲君貞,忻(祈)福
於卲(昭)王、獻(獻)惠王、東大王☐

葛卜・乙三 7/☐隶澽諸生以長～爲
君貞,既☐

葛卜・甲三 152/☐以衛～爲君☐

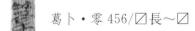
葛卜・零 456/☐長～☐

☆簡

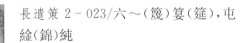
長遣策 2 - 023/六～(箋)篗(筵),屯
綧(錦)純

☆箴

葛簿乙・甲三 350/～一貓,睨於舊
虗、幣父二狛(狸)☐

☆箋(簡)

簡用作箋。見本部簡字條。

☆籤

葛卜・甲三 109/☐☐～。庚申之昏
以起,辛酉之日禱之

☆筥

長遣策 2 - 03/二笙,一～竽,皆又
(有)襪(韜)

☆筴

長遣策 2 - 011/一～

☆籯

長遣策 2 - 04/一良园(圓)軒,載紡～
(蓋),綾

箕　部

箕(箕、其)

箕

長遣策 2 - 021/一籓～

其字常用作文言虛詞{其}。新蔡、信陽簡中
{其}常借用丌字,見本卷丌部丌字條。

丌　部

丌

葛卜・甲三 39/無瘳,至癸卯之日安
良癥(瘥)。～(其)祝(祟)與龜☐

(下殘)葛卜・零 179/少(小)迡(遲)瘳
(瘥)。以～(其)☐

葛卜·甲三 31/☑～（其）繇曰：是日未兑，大言讒讒（絕），少（小）言惙惙，若組若結，夊（終）以□☑

葛卜·零 232/☑□□是以胃（謂）之又（有）言。～（其）卦亡（無）〔咎〕☑

葛卜·乙四 61/☑尨鼉爲君貞，以～（其）啟（肩）怀（背）疾☑

葛卜·甲三 110/☑瘖一已。或以肻（背）鼉求～（其）縣（說），又（有）祝（祟）於大（太）、北☑

葛卜·乙三 8/☑□以～（其）古（故）墨禱吝（文）☑

葛卜·甲三 219/☑既爲貞，而敓（說）～（其）祝（祟），自夏

葛卜·乙三 39/☑無咎。疾逄（遲）瘟（瘥），又（有）瘑（續）。以～（其）古（故）敓（說）☑

葛卜·乙三 61/☑瘑（續）。以～（其）古（故）敓（說）之，慇（賽）禱北方☑

葛卜·乙二 3、4/☑吉。疾遬（速）毇（損），少（小）逄（遲）恚（蠲）瘟（瘥）。以～（其）古（故）敓（說）☑

葛卜·零 330/☑亙貞無咎，迟（遲）瘟（瘥）。以～（其）☑

葛卜·甲三 344-1/☑痁，又（有）祝（祟）。以～（其）古（故）敓（說）之。墨禱卲（昭）王、文君☑

葛卜·乙四 3/☑～（其）古（故）敓（說）之。墨〔禱〕☑

葛卜·甲三 96/☑逄（遲）已，又（有）祝（祟）。以～（其）古（故）敓（說）之。□☑

葛卜·甲三 184-2、185、222/或爲君貞，以～（其）不良恚（蠲）瘥之古（故），尚毋又（有）祟

葛卜·甲三 132、130/☑□。或爲君貞，以～（其）不安於氏（是）尻（處）也，亙（亟）遄去☑

葛卜·乙二 41/☑瘑（續），以～（其）古（故）敓（說）☑

（左殘）葛卜·甲二 35/☑既爲貞，而敓（說）～（其）☑

葛卜·乙二 2/☑毋又（有）咎。（頤　謙）占之曰：吉，宜，少（小）逄（遲）瘟（瘥）。以～（其）

葛卜·乙三 36/☑求～（其）縣（說），又（有）縣（祟）於☑

葛卜·甲三 112/逄（遲）出。（大過　旅）或爲君貞，以～（其）逄（遲）出之古（故），尚毋又（有）祟

葛卜·甲三 112/（泰　觀）或爲君貞，以～（其）無亙（亟）祟之古（故）☑

葛卜·乙四 145/☑需（靈）君子昌～（其）戠（特）牛之禱。奠（鄭）憲占之：卦☑

葛卜·乙四 128/☑君、文夫人，昌～（其）大牧（牢），百

葛卜·乙一 29、30/～（其）古（故）敓（說）之

葛卜·甲三 212、199-3/☑瘟（瘥）。以～（其）古（故）敓（說）之。逃（逐）盬指之敓，饎祭卲（昭）王大牢，腀（棧）鐘樂之。鄭☑

葛卜·甲三 265/☑逄（遲）恚（蠲）瘟（瘥），又（有）祝（祟），以～（其）古（故）敓（說）之。墨禱☑

葛卜・甲三 176/☒□以～（其）古（故）敓（説）之。亝（文）君、亝（文）夫人歸☒

葛卜・甲三 188、197/☒以～（其）古（故）敓（説）之

葛卜・甲三 300、307/解於大（太），遷（遂）～（其）疋祝（説），八月壬午之日鷹（薦）大

葛卜・零 463/☒□吉日，悤（賽）～（其）☒

葛卜・甲三 256/☒癥（瘥）。以～（其）古（故）敓（説）之。言薦☒

葛卜・零 338、零 24/～（其）袿（社）襖，芒袿（社）命蚍（夋）☒

葛卜・甲三 91/以～（其）古（故）□□□☒

（下殘）葛卜・零 98/☒祭，～（其）☒

（右殘）葛卜・零 372/☒君貞以～（其）☒

葛簿甲・甲三 220/一臣，～（其）鈺（重）一勻（鈞）

葛簿乙・甲三 318/☒櫾與～（其）國不視畍

（左殘）葛簿乙・甲三 319/☒西陵與～（其）國不視畍☒

葛簿乙・甲三 352/☒二畍，未智（智）～（其）府里之算

葛簿乙・乙四 88/栖里人禱於～（其）袿（社）☒

葛簿乙・零 116/堵里人禱於～（其）☒

葛簿乙・零 88/☒里人禱於～（其）袿（社）一☒

葛簿乙・零 168/☒里人禱於～（其）袿（社）☒

葛簿乙・乙三 65/☒禱於～（其）袿（社）一膝（祭）☒

葛簿乙・乙三 53/☒禱於～（其）袿（社）一膝（祭）☒

葛簿乙・乙四 81/☒禱於～（其）袿（社）一猶☒

葛簿乙・乙二 7/☒禱於～（其）袿（社）一猶☒

葛簿乙・零 531/☒〔禱〕於～（其）袿（社），一祭☒

葛簿乙・零 48、零 512/☒禱於～（其）袿（社）☒

葛簿乙・零 133/☒禱於～（其）☒

（右殘）葛簿乙・零 618/☒禱於～（其）袿（社）☒

葛簿乙・零 45/☒於～（其）袿（社）☒

（左殘）葛簿乙・零 68/☒禱於～（其）☒

（左殘）葛簿乙・零 718/☒於～（其）袿（社）☒

（上殘）葛簿乙・零 196/☒～（其）袿（社）一膝（祭）☒

葛簿乙·零 304/跚於～(其)舊虛一☐

葛簿乙·甲三 251/祍(社)一貓、四冢。～(其)國之㦄伿雿苩☐

葛簿乙·甲三 264/城再以夆，～(其)㦄☐

葛簿乙·零 464/☐～(其)㦄之☐

葛簿乙·甲三 285/☐里二貓、三冢。～(其)國□三祍(社)，上☐

葛未·零 462/☐～(其)舊☐

長竹書 1-017/□邦以城～(其)名者

(右殘)長竹書 1-018/～(其)谷(欲)能又(有)弃也，能

長竹書 1-029/亞(惡)，不智(智)～(其)賊。三

長竹書 1-033/～(其)金玉，民乃

長遣策 2-01/～(其)木器：二

長遣策 2-07/～(其)璠：

長遣策 2-09/□〔室〕之器：一筭，～(其)實：一渼帽

長遣策 2-010/一□□□，又(有)□□，～(其)〔璠〕：一少(小)鐶，坙(徑)二〔夵(寸)〕

長遣策 2-012/～(其)木器：八方琦。二十豆，屯

長遣策 2-017/～(其)木器：一斜(漆)橐，〔四〕鈇(鋪)頁，屯又(有)鐶

長遣策 2-020/～(其)木器：杯豆卅(三十)

長遣策 2-025/～(其)木器：十皇豆，屯斜(漆)彫，厚奉之〔砥〕

長遣策 2-027/～(其)木〔器〕：一□〔脛〕

長遣策 2-029/～(其)木器：一〔椳(橤)，斜(漆)彫〕

畀

葛簿乙·甲三 318/☐橎與丌(其)國不視～

葛簿乙·甲三 319/☐西陵與丌(其)國不視～☐

葛簿乙·甲三 352/☐二～，未智(智)丌(其)府里之算

奠

葛卜·乙四 105/□□之月丁嬛(亥)之日，～(鄭)怵以長筭爲君采(卒)歲(歲)貞☐

葛卜·零 450/☐之鼉～☐

葛卜·甲三 25/之，亡(無)咎。酒(將)又(有)喜。～(鄭)憲習之以陛(隨)侯之☐

葛卜·乙一 14/句郚公～(鄭)余戠大城郳(茲)立(方)之散(歲)屈欒之月癸未〔之日〕☐

(左殘)葛卜·零 342/☐～(鄭)余戠☐

葛卜・甲三 391/▨～(鄭)余穀▨

葛卜・乙四 145/▨霝(靈)君子𦚈丌(其)戠(特)牛之禱。～(鄭)憲占之:粆▨

葛簿甲・乙三 4/▨ 𢀜一□□。～(鄭)迲受二□▨

葛簿乙・甲三 312/～(鄭)視之述(遂)既於下彤、藁,二䝞(豭),禱二冢▨

左　部

左

(左殘)葛卜・零 6/▨司救返(及)～▨

差

葛卜・乙四 144/▨〔我王於林丘〕之㦰(歲)九月甲申之日,攻～以君命取惠霝(靈)▨

葛簿甲・甲三 211/辻～倉受

巫　部

☆⿱巫口

葛卜・甲三 15、60/▨隹(唯)潒(顫)栗忎(恐)瞿,甬(用)受繇元龜、～箁(筮)曰:

☆⿰巫余

葛簿乙・甲三 343－2/～羌之述(遂)既於上獻、发焚二䝞(豭)▨

甘　部

甚

葛卜・乙四 24/▨之,～吉

葛卜・甲三 160/▨〔占之〕曰:～吉。未𦘔(盡)八月疾必瘺(瘥)

葛卜・甲三 129/▨占之曰:～吉,女(如)西北▨

葛卜・甲三 165/▨遲去氏(是)凥(處)也,尚吉。定占之曰:～

葛卜・甲三 181/▨璧。占之:～吉

葛卜・零 322/▨□占之曰:～▨

☆譖

葛卜・乙二 8/君～於答▨

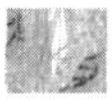
葛卜・乙一 5/▨郢之㦰(歲),夏𥎦(栾)之月己丑之日,君～於答▨

曰　部

曰

葛卜・乙四 84/▨□毋有咎。占之～:亘貞吉,少(小)逹(遲)

葛卜・零398/☐～吉☐

葛卜・零136/〔占之〕～：宜少（小）☐

葛卜・乙四122/〔爲〕君集戬之貞，尚毋又（有）咎。占～：卦亡（無）咎，君牀（將）喪祉，又（有）火戒，又（有）外☐

葛卜・甲三31/☐丌（其）繇～：是日未兌，大言讇讇（絕），少（小）言惙惙，若組若結，夂（終）以☐☐

葛卜・乙四100、零532、678/占～：卦亡（無）咎。又（有）祝（祟）☐

葛卜・甲一12/爲君貞，牀（將）逾取茵，還返尚毋又（有）咎。生占之～：卦☐

葛卜・甲三170/☐痒（牂），緄（纕）之卦玉。定占之～：吉☐

葛卜・零9、甲三23、57/☐食，卲（昭）告大川有沿，～：

葛卜・甲三200/定占之～：吉。氏（是）月之☐

葛卜・甲三241/良志占之～☐

葛卜・甲三71/☐☐䖡篆占之～：吉☐

葛卜・甲二34/☐〔占〕之～：吉，無咎，遬（速）瘥（瘥）☐

葛卜・甲二25/☐占之～：吉。聿（盡）八月疾瘥（瘥）☐

葛卜・甲三160/☐〔占之〕～：甚吉。未聿（盡）八月疾必瘥（瘥）

葛卜・甲三129/☐占之～：甚吉，女（如）西北☐

葛卜・甲三165/☐遟去氏（是）尻（處）也，尚吉。定占之～：甚

葛卜・甲三260/☐吝（文）君。占之～：吉☐

葛卜・乙二2/☐毋又（有）咎。䷚䷠（頤 謙）占之～：吉，宜，少（小）迲（遲）瘥（瘥）。以丌（其）

葛卜・零412/☐〔占〕之～：亙貞☐

葛卜・零458/☐〔占之〕～：吉☐☐

葛卜・甲三53/☐☐以髆髀〔占〕之～：吉☐

葛卜・甲三198、199-2/嘉占之～：亙貞吉，少

葛卜・甲三112/嘉占之～：無亙（嘔）祟

葛卜・零120/☐〔占之〕～：亙貞吉☐

葛卜・零322/☐☐占之～：甚☐

葛卜・甲三136/鹽埒占之～：吉。既告叡（且）☐

葛卜・甲一5/☐之～：吉，無咎。又（有）敓（祟）見於卲（昭）王、獻（獻）惠

葛卜・甲三75/☐嘉占之～：吉☐

葛卜・甲三73/☐占之～：吉☐

葛卜・零61/☐占之～：吉☐

葛卜・甲三187/☐占之～：吉，遬（速）☐

葛卜・甲三12/☐占之～：吉，義（宜）少（小）瘥（瘥），以☐

葛卜・甲三 267/☒ 伕占之～：吉。册告自旮（文）王以還（就）聖趄〔王〕☒

葛卜・零 223/☒～吉，無☒

（左殘）葛卜・零 519/☒占之～☒

葛未・零 645/☒□～☒

長竹書 1-001/〔周公〕戒肰（然）乍（作）色～

（左殘）長竹書 1-002/〔公～〕

長竹書 1-009/㑒（答）～：□

長竹書 1-015/㑒（答）〔～〕：□□

（右殘）長竹書 1-054/〔四～咸〕

長竹書 1-074/□周公～

乃　部

乃

長竹書 1-032/～勱。㑒卿大夫

長竹書 1-033/亓（其）金玉，民～

可　部

可

葛卜・零 652/☒～之簶□☒

葛卜・零 474/☒～志☒

長竹書 1-009/天下爲之女（如）～？

長竹書 1-013/不求〔則〕□□□～〔行〕

長竹書 1-047、1-088/□□而～胃

（右殘）長竹書 1-062、1-068/～〔虞〕唐（乎）夫

長竹書 1-064/戔～

亐　部

亐（于）

于

葛卜・零 114/☒～天之□☒

葛卜・零 198、203/有祝（崇）見～大川有沴，少（小）臣成敬之瞿

葛簙乙・甲三 347-1/穐良之述（遂）眂於郪、～二袿（社），二猠（瑕）☒

平（坪）

坪用作平。見卷十三土部坪字條。

喜　部

喜

葛卜・甲三 32/獻馬之月〔乙〕還（亥）之日，酇～以定☒

葛卜・甲三 25/之，亡（無）咎。酒（將）又（有）～。奠（鄭）憲習之以陸（隨）侯之☐

葛未・零 642/☐～☐

☆憙

葛簿甲・甲三 203/吳～受一匜，二赤，弅

（右殘）葛卜・零 89/☐君酒（將）又（有）～☐☐

葛卜・零 139/☐又（有）～☐

葛卜・零 110/☐～，又（有）☐

葛簿乙・甲三 314/玄～之述（遂）剮於下窯、下姑留二狊（豭），禱☐

壴　部

彭

葛卜・甲三 133/☐之月己丑之日，公子命～定以少（小）龙鼀爲☐

葛卜・乙四 46/～定以駁黿爲君采（卒）戠（歲）貞，占

葛卜・甲三 168/☐～定☐

葛卜・甲三 172、乙三 19/☐癸丑之日，～定以少（小）宼（龙）鼀爲☐

葛卜・乙三 38/☐丑之日，～定以少（小）宼（龙）鼀爲☐

葛卜・甲三 204/～定以少（小）龙鼀☐

葛卜・零 108/☐卯之日，～

葛卜・甲一 25/☐禤公子虢命～定以少（小）宼（龙）駿爲君貞，既怀（背）☐

葛卜・甲二 5/☐之日，禤公子虜（虢）命～定以少（小）宼（龙）駿爲君貞，既怀（背）☐

葛卜・乙二 30/古（故）敓（説）之。邂（逖）～定之祝（説）。於北方一犝，先之☐

葛卜・甲三 41/☐氏（是）日～定習之以鳴艭☐

葛卜・零 270/☐或蘽（逖）～定之☐

嘉

葛卜・甲三 114、113/鄘（應）～以衛侯之簀（筮）爲坪夜君貞

葛卜・甲三 198、199‐2/～占之曰：亙貞吉，少

葛卜・甲三 112/～占之曰：無亙（嘔）祟

葛卜・零 344/☐☐一祥。～占☐

葛卜・甲三 75/☒～占之曰：吉☒

(右殘)葛未・零 614/☒～☒

☆豑

見卷五鼓部鼙字條。

豈　部

愷(敳)

敳用作愷。見卷三攴部敳字條。

鼓　部

鼙

長遣策 2-03/一彫～

豆　部

豆

長遣策 2-06/二～筡

長遣策 2-012/丌(其)木器：八方琦。二十～,屯

長遣策 2-020/丌(其)木器：杯～卅(三十)

長遣策 2-025/丌(其)木器：十皇～,屯剤(漆)彫,厚奉之〔砫〕

長遣策 2-025/二斂(合)～

☆昱

葛簿乙・甲三 398/邡～之述(遂)剾於舊□一黏(緞)☒

☆登

葛簿乙・甲三 379/☒述(遂)剾於俣～一

豐　部

豐

葛卜・甲三 101、94/☒亦～(體)出而不良☒

葛卜・甲二 28/☒瘠不出,今亦～(體)出,而不良又(有)閑(間)

虍　部

膚(虒)

虒用作膚。見卷三口部虒字條。

虐(戲)

戲用作虐。見卷十二戈部戲字條。

☆虍

長竹書 1-012/～(吾)䎽(聞)周公

長竹書 1–014/～（吾）幾不智（智）才（哉）

☆虡

 長竹書 1–011/不員～（乎）？

 長竹書 1–015/□□〔於〕民利～（乎）

 長竹書 1–062、1–068/可〔虞〕～（乎）夫

☆虐

 葛卜・乙三 60、乙二 13/□巳之昏鷹（薦）～禱之墬（地）宔（主），八月辛酉□

☆虞

 （右殘）長竹書 1–062、1–068/可〔～〕虐（乎）夫

☆膚

 長遣策 2–011/二牺白～，屯爵韋之襡（韜），紃

 長遣策 2–019/一牲贏～，綎（錦）襡（韜），又（有）盍（蓋）

☆虜

見本卷虎部號字條。

☆膚

 葛卜・甲三 342–2/獻（獻）馬之月乙還（亥）之日，～跐以龙竃爲□

虎　部

號（號、虞）

號

 葛卜・乙一 16/王遲（徙）於敔（郹）郢之戠（歲）亯月己巳之日，公子～命諸生以衛箻

 葛卜・甲一 25/□禋公子～命彭定以少（小）宪（龙）駱爲君貞，既怀（背）□

 （上殘）葛卜・零 249/□～命祝□

 葛簿乙・甲三 374、385/筥生一冢，刞於疋～□

虞

 葛卜・甲二 5/□之日，禋公子～（號）命彭定以少（小）宪（龙）駱爲君貞，既怀（背）□

☆勴

 葛卜・乙一 15/公北、墬（地）宔（主）各一青義（犧）；司命、司褐（禍）各一～，與禱厝之。或□

 葛卜・乙三 27/□～顳之

 葛卜・乙四 139/□一～，北方耳槀（禱）乘良馬、珈（加）〔璧〕□

 葛卜・零 15/□〔司〕命一～□

 葛卜・甲一 15/□於司命一～，罌禱於□

葛卜・甲一 4/▢厴(厭)禱一～。歸備(佩)玉於二天子各二璧,歸▢

葛卜・甲三 81、182 - 1/▢一～,歸備(佩)玉於二天子,各二

葛卜・零 351/▢一～▢

葛卜・乙四 127/▢一～飢之,還(就)▢

皿　部

盛(饋)

饋用作盛。見本卷食部饋字條。

益

長遺策 2 - 016 - 1/▢賆九～▢▢

長遺策 2 - 016 - 2/▢〔賆〕八～削〔～〕一朱(銖)

盡(聿)

聿用作盡。見卷三聿部聿字條。

☆盩

葛卜・乙四 149、150/▢箵(筮)於東陵,～以長刺▢

葛簿甲・甲三 221/王遅(徙)於鄋(鄠)郢之歲(歲)八月庚脣(辰)之日,所受～於

☆醯

(疑爲醯字)長遺策 2 - 028/荅炭～

☆醯

葛簿乙・甲三 320/譽(許)智(智),譽(許)智(智)之述(遂)𨜒於～取三𤞤(𤞤),禱三豕▢

葛簿乙・甲三 345 - 2/～一𤞤(𤞤)▢

☆艦

見卷十二鹽部鹽字條。

去　部

去

葛卜・甲三 132、130/▢▢。或爲君貞,以开(其)不安於氏(是)尻(處)也,亘(嘔)遲～▢

葛卜・甲三 165/▢遲～氏(是)尻(處)也,尚吉。定占之曰:甚

血　部

卹

葛卜・乙四 95/▢中,君又行,君又子,牔(將)感之,弗～也。☳☷(坤姤)。習之以衛▢

葛卜・零 115、22/▢▢。☰☲(同人比)。是羸(𤻲)切而口亦不爲大訽,勿～(恤),亡(無)咎▢

盍

長遺策 2－012/〔寏（集）腏（廚）〕之
器：十〔醩〕垪，屯又（有）～（蓋）

長遺策 2－014/一辻缶，一湯鼎，屯又
（有）～（蓋）

長遺策 2－014/二銅（鈃），屯又（有）
～（蓋）

長遺策 2－019/一牫鸁膚，�（錦）襦
（韜），又（有）～（蓋）

長遺策 2－024/二牫□，屯又（有）～
（蓋）

長遺策 2－024/四倉（合）鈋，一烏
（錯）鈋，屯又（有）～（蓋）

丶　部

主

見卷七丷部宔字條。

丹　部

丹

葛卜・乙四 141/□東陵，黿尹～以承
國爲□

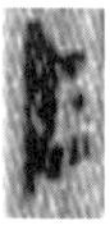

（右殘）葛卜・零 556/□尹～以□

長遺策 2－022/一□□□□□，〔～〕
緅之罥

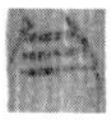

長遺策 2－015/一～緅之衦，□裏，
〔組〕槀（攝），綪（錦）緣

肜

葛卜・甲三 72/□以□之大～箸（筮）
爲君貞，既心疾，以□

葛簿乙・甲三 312/奠（鄭）視之述
（遂）剘於下～、藁，二貀（瘕），禱二
冢□

☆鱶

葛卜・甲三 71/□□～彖占之曰：
吉□

青　部

青

葛卜・乙一 15/公北、陞（地）宔（主）
各一～義（犧）；司命，司禓（禍）各一
䖺，與禱屚之。或□

葛卜・乙二 38、46、39、40/□……一
～義（犧），〔先〕之一璧

葛卜・乙二 38、46、39、40/塁禱於陞
（地）宔（主）〔一〕～義（犧），先之一璧

長遺策 2－01/二～方，二方監

長遺策 2－01/二囩（圓）監，屯～黃
之劃

長遺策 2－010/一～凥（處）□之瑞
（璧），𥪡（徑）四夺（寸）□夺（寸）

長遺策 2－015/一～緅緅（纓）組

長遺策 2－012/緅與～緅（錦）之級（繁）襄（囊）七

 長遺策 2－03/一戌盟（盟）之柜，囗土螻，釛（漆）～黃之劃

 長遺策 2－028/一囗囗囗囗，〔釛（漆）～〕黃之劃

皂　部

既

 葛卜·甲三 189/囗坪夜君貞，～心悗（悶）、瘇（胖）痕（脹），以百腈體疾

 葛卜·甲三 189/卜筶（筮）爲祇（攻），～囗

 葛卜·乙三 7/囗菉濇諎生以長篁爲君貞，～囗

 葛卜·甲一 25/囗襑公子虢命彭定以少（小）冕（龙）驌爲君貞，～怀（背）囗

 葛卜·甲二 5/囗之日，襑公子虖（虢）命彭定以少（小）冕（龙）驌爲君貞，～怀（背）囗

 葛卜·甲三 6/囗坪夜君貞，～囗

 葛卜·甲三 257/囗爲君貞，～怀（背）、雁（膺）疾，以瘇（胖）痕（脹），瘖囗

 葛卜·甲三 100/囗貞，～胚（背）雕（膺）疾，以髋（胖）疾，以心囗

 葛卜·甲三 9/囗囗貞，～疾囗囗，以髋（胖）疾，自囗

 葛卜·甲三 72/囗以囗之大肜筶（筮）爲君貞，～心疾，以囗

 葛卜·甲三 215/盬痁以駐蘦爲坪夜君貞，～心

 葛卜·甲三 136/盬堎占之曰：吉。～告戲（且）囗

 葛卜·甲三 138/囗～瞽（皆）告戲（且）禱巳囗

 葛卜·甲三 233、190/～心疾，以愈（合）於怀（背），戲（且）心瘴（悶）囗

 葛卜·乙三 51/貞，～怀（背）、雁（膺）疾以囗

 葛卜·甲三 45/囗囗之祝（説）。占之：吉。～成囗

 葛卜·甲三 201/～敘之

 葛卜·零 303/囗戠（特）牛。～廌（薦）之於東陵

 葛卜·甲三 246/囗豪（家）爲坪夜君貞，～囗

 葛卜·零 396/囗吉。～成囗

 葛卜·零 296/～怀（背）囗

 葛卜·甲三 114、113/～又（有）疾，尚遬（速）瘳（瘥），毋又（有）囗

 葛卜·甲三 194/囗君貞，～又（有）疾，尚遬（速）瘳（瘥），毋又（有）咎

 葛卜·甲三 291－1/囗～心悗（悶）以疾，戲（且）痕（脹）瘥不囗

 葛卜·零 285/囗君貞，～囗

 （上殘）葛卜·甲二 35/囗～爲貞，而敓（説）丌（其）囗

葛卜·乙四 8/☐貞，～骱(背)臡(膺)疾，以髀(胛)疾☐

 葛卜·甲三 301－2、301－1/☐以髀脾為坪〔夜君〕貞，～胇(背)膺☐

 葛卜·甲一 17/☐ ～城(成)，戚(且)☐

 葛卜·零 81/貞～

 (下殘)葛未·乙四 11/☐……～☐

 (下殘)葛未·零 134/☐□～☐

 葛卜·乙四 44/☐君貞，～才(在)郢，牂(將)見王，還返毋又(有)咎。趄䶒☐

 葛卜·甲三 111/～成，杠(攻)逾而厝(厭)之。氏(是)日國☐

 葛卜·零 172/☐貞，楚邦～☐

 葛卜·乙三 22/君貞，～怀(背)、雁(膺)疾，以□☐

 葛卜·甲三 219/～為貞，而敓(說)丌(其)祝(祟)，自夏

 葛卜·零 188/☐以一璧，～☐

葛卜·甲三 238/☐貞，～怀(背)膺疾，以☐

食　部

食

 葛卜·乙三 42/☐飤。是日祭王孫厭一豢，酉～☐

 (左殘)葛卜·零 9、甲三 23、57/☐～，卲(昭)告大川有洰，曰：

 (上殘)葛卜·甲三 21/☐～，卲(昭)告大川有洰。少(小)臣

 葛卜·甲三 86/☐腏牢酉(酒)～，夏牝戠(特)☐

 葛卜·零 1/牛，酉(酒)～。舉禱於☐

 葛卜·乙四 80/塦子肥豭，酉(酒)～。戚(且)☐

 葛卜·甲三 243/☐之，舉禱腏祀腏單(牢)、酉(酒)～

 (右殘)葛卜·甲三 243/夏祀戠(特)牛、酉(酒)～，舉禱☐

 葛未·零 601/☐～☐

 長遣策 2－021/一壓～牂(醬)

飤

 葛卜·乙三 42/☐～。是日祭王孫厭一豢，酉(酒)食☐

 葛卜·零 308/☐～騰(豢)恳(以)騰，～猶恳(以)☐

 葛卜·乙四 127/☐一勛～之，邊(就)☐

 葛簿甲·甲三 255/☐三人之～□☐

饋

 葛卜·甲三 145/☐～，延(棧)鐘樂之☐

葛卜・零 13/□各大單(牢)～,延
(棧)鐘

葛卜・甲三 200/樂之,罂禱子西君、
文夫人各戠(特)牛～

葛卜・甲三 209/□競坪王大單(牢)
～,延(棧)鐘樂之。遫(逐)頤

葛卜・甲三 304/□酉(西)之日祭之,
大㿃(牢)～之於黃李

葛卜・乙一 29、30/罂禱於卲(昭)王、
獻(獻)惠王各大牢～,朕(棧)□

葛卜・甲三 136/□璧,以罷禱大牢
～,朕(棧)鐘樂之,百之,贛

葛卜・甲三 419/□之,慾福罂禱齊
(文)君,大牢～之□

葛卜・甲二 38、39/□樂之,～祭子西
君酓

葛卜・零 230/□～之於黃李,占□

葛卜・甲三 261/□大單(牢)～,延
(棧)鐘樂之

饗(卿)

卿用作饗。見卷九卯部卿字條。

☆䰞

長遣策 2-014/一沐之～鼎

☆饕

長遣策 2-017/二～(盛)斯

☆餻

葛卜・甲三 212、199-3/□瘋(瘈)。
以亓(其)古(故)敓(說)之。遫(逐)韱
脂之敓,～祭卲(昭)王大牢,朕(棧)鐘
樂之。鄭□

☆餶

葛卜・零 416/□藍～□

人　部

合(㑹、敆)

㑹

長竹書 1-009/～(答)曰:□

長竹書 1-015/～(答)〔曰〕:□□

長竹書 1-039/也。式～(答)忧也

長竹書 1-046/一～(答)曶

長遣策 2-013/一紅介之留衣,帛裹,
緂～(合)

長遣策 2-024/四～(合)鈋,一烏
(錯)鈋,屯又(有)盍(蓋)

長遣策 2-027/一膚～(合)

葛卜・甲三 233、190/既心疾,以～
(合)於伓(背),敊(且)心瘳(悶)□

敆用作合。見卷三攴部敆字條。

今(今、含)

今

 葛卜・甲二 28/□疥不出，～亦豐(體)出，而不良又(有)閒(間)

 葛卜・甲三 135/□難出，～亦少□

含

 長竹書 1-032/乃勸。～(今)卿大夫

 長竹書 1-065/～(今)爲

倉　部

倉

 葛卜・甲三 184-2、185、222/～占之

 葛簿甲・甲三 211/辻差～受

 葛簿乙・甲三 331/□於～墜一豻(貁)，禱一豕□

入　部

内

 葛卜・甲三 134、108/□甲戌興乙亥禱楚先與五山，庚午之夕～齋□

 葛卜・甲二 40/□下～外褢神旬所□

 葛簿乙・乙四 137、甲三 360/□斗旬逾三豻(貁)，禱三豕。未～□

缶　部

缶

 長遣策 2-01/二园(圓)～

 長遣策 2-014/一辻～，一湯鼎，屯又(有)盍(蓋)

 長遣策 2-014/二淺～

匋(窑)

窑用作匋。見卷七宀部窑字條。

缾(瓶)

見卷十三土部垪字條。

☆鐕

 葛卜・零 16/□余～紅□□

 葛卜・甲三 182-2/□司馬虵逗於～□

矢　部

射(弣)

弣

 長竹書 1-03/教～(射)弃(與)馭

侯

葛卜·甲三 25/之,亡(無)咎。牀(將)又(有)喜。奠(鄭)憲習之以陸(隨)～之☐

葛卜·甲三 114、113/郎(應)嘉以衛～之箅(筮)爲坪夜君貞

矣

長竹書 1-071/～。夫

高　部

高

葛簿乙·甲三 387/☐寺二袿(社)二冢,眖於～寺一貃(豻),禱一冢☐

冂　部

央

葛卜·甲二 22、23、24/☐〔王徙〕於鄝(鄅)郢之散(歲)八月丁巳之日,雁(膺)寅以少(小)～爲☐

葛卜·甲一 3/王遷(徙)於鄝(鄅)郢之散(歲)八月丁巳之日,雁(膺)愴以大～爲坪☐

葛卜·甲三 258/王遷(徙)於敔(鄅)郢之散(歲)八月丁巳之日,郎(應)愴以大～☐

葛卜·甲三 208/郎(應)愴寅習之以大～,占之:〔吉〕,迷(速)又(有)閼(間),無祝(祟)☐

葛卜·零 376/☐以少～☐

京　部

就(邎、臺、禠、篁、斂)

邎

葛卜·甲三 102/☐之,是日～(就)禱於☐

葛卜·乙一 28/～(就)禱靐(靈)君子一豬,～(就)禱門、户屯一羖(殺),～(就)禱行一犬

葛卜·乙一 4、10、乙二 12/夏篠(栾)之月己丑〔之日〕以君不瘰(憚)之古(故),～(就)禱陳宗一豬

葛卜·乙一 17/～(就)禱三楚先屯一痒(牂),瑗(瓔)之玉

葛卜·甲三 267/☐侯占之曰:吉。册告自各(文)王以～(就)聖趄〔王〕☐

葛卜·零 255/☐～(就)禱文☐

葛卜·乙四 124/☐一牂,～(就)☐

葛卜·零 314/☐之,～(就)禱三楚☐

葛卜·乙四 127/☐一勑飤之,～(就)☐

(右殘)葛卜·零 324/☐瘰(憚)之古(故),～(就)禱☐

疊

　葛卜・零 318/☑罩日～（就）☑

　葛卜・乙四 12/☑一精，～（就）禱邵（昭）王、蕙（惠）王，屯☑

　葛卜・乙三 17/☑禱陞（地）宝（主）一羘，～（就）☑

　葛卜・甲三 202、205/☑～（就）禱子西君敼（特）牛。壬脣（辰）之日禱之☑

　葛卜・零 290/☑之日禱之。氏（是）日～（就）〔禱〕☑

　葛卜・零 312/☑於大（太），～（就）禱☑

　（左殘）葛卜・零 690/☑大（太），～（就）禱☑

　葛卜・乙三 31/☑□～（就）禱三楚☑

禮

　葛卜・乙四 97/☑宝（主）與司命，～（就）禱璧玉掛☑

槀

　葛卜・乙四 96/☑以掛玉，酨（荊）王～（就）槀（禱）酨牢掛，文王以偷（逾）～（就）禱大牢掛

　（右殘）葛卜・零 151/解於大（太），～（就）槀（禱）□□□□

　葛卜・甲三 56/☑敼（特）牛，樂之。～（就）禱戶一羊，～（就）禱行一犬，～（就）禱門☑

　葛卜・甲三 14/☑宇（中）敼（特）牛，樂之。～（就）禱☑

　葛卜・甲三 137/册告自㐱（文）王以～（就）聖趏王，各束絵（錦）珈（加）璧

歗

　葛卜・甲三 214/☑□～（就）禱三楚先屯一羘，緅（纓）之掛玉；歗禱□□☑

　葛卜・甲三 213/☑戶、門。又（有）祝（祟）見於邵（昭）王、蕙（惠）王、文君、文夫人、子西君。～（就）禱☑

　葛卜・乙四 109/☑己未之日，～（就）禱三殜（世）之殤（殤）☑

　葛卜・零 282/☑舊丘，是日～（就）禱五祀☑

　葛卜・零 231/☑～（就）禱大（太）☑

　葛卜・乙四 14/☑禱北方一精，先之一璧，～（就）☑

　葛卜・零 254、162/☑〔祝〕融、穴酓（熊），～（就）禱北☑

　葛卜・甲三 268/是日～（就）禱楚祧（先）老嬞（童）、祝☑

亯　部

亯

 葛卜・乙四 43/☐夏㞑、～月㝵(賽)禱大水,備(佩)玉珪。罦日於屈栾

 葛卜・甲三 30/☐□公城鄩之歲(歲)～月☐

 葛卜・甲三 240/王自肥遺郢遱(徙)於鄩郢之歲(歲),～月☐

 葛卜・乙一 26、2/王遱(徙)於敔(鄩)郢之歲(歲)～月己巳之日

 葛卜・乙一 16/王遱(徙)於敔(鄩)郢之歲(歲)～月己巳之日,公子虩命諸生以衛筥

 葛卜・零 51/☐之歲(歲)～月☐

 葛卜・甲三 256/☐瘵(瘥)。以丌(其)古(故)敓(說)之。～薦☐

 長竹書 1-042/遫(趣)敃(慎)龏～

筥

 葛卜・乙四 136/☐杜中尚大～,占☐

 　　葛卜・零 415/☐之和～,黍～□☐

 (右殘)葛卜・零 368/☐～☐

 葛簿乙・零 539/～里☐

 葛簿乙・甲三 374、385/～生一豕,䵷於疋號☐

㫕　部

厚

 長遣策 2-015/専(博)一朰(寸)〔少〕朰(寸),～釱(鎰)朰(寸)

畐　部

良

 葛卜・甲三 39/無瘵,至癸卯之日安～瘵(瘥)。丌(其)祱(祟)與龜☐

 葛卜・零 211/鈛～之☐

 葛卜・乙一 12/瞁與～志以陵尹

 葛卜・乙四 139/☐一勋,北方茸㝵(禱)乘～馬、珈(加)〔璧〕☐

 葛卜・乙三 28/☐鹭～之敓(說)。鹭禱於卲(昭)王、㰤(文)☐

 葛卜・零 584、甲三 266、277/☐之日,瞁與～志以陵尹懌之髇髀爲君貞

 葛卜・甲三 241/～志占之曰☐

 葛卜・甲三 184-2、185、222/☐□未～瘵(瘥)。䷆(師 坤)

葛卜・甲三 184－2、185、222/或爲君貞，以丌（其）不～恚（蠲）瘳之古（故），尚毋又（有）祟

葛卜・甲三 101、94/☑亦豊（體）出而不～☑

葛卜・乙二 44/☑之日，暊與～志以☑

葛卜・甲二 28/☑瘠不出，今亦豊（體）出，而不～又（有）閔（間）

葛卜・甲三 131/☑疾，髇（脅）疾，以心瘲（悶），尚毋死。□～志☑

葛卜・甲一 22/疾罷（一）癄（續）罷（一）已，至九月又（有）～閔（間）☑

葛卜・零 276/以～□☑

葛卜・零 440/☑又（有）～閔（間）☑

葛卜・零 434/☑□未～☑

葛卜・甲三 242/☑坪卻文君子～，樂，贛

葛簿甲・甲三 220/宋～志受四臣，又一赤。李紳爲

葛簿甲・甲三 89/□劃～受一☑

葛簿乙・甲三 347－1/禱～之述（遂）皷於郢、于二衬（社），二犹（豭）☑

長遣策 2－04/一～囩（圓）軒，載紡蔔（蓋），綏

長遣策 2－04/～馬貴翠䤵

長遣策 2－04/一～女乘

長遣策 2－04/一乘～轈

長遣策 2－03/一～犟（斁）

來　部

來（逨、埜）

逨

葛卜・零 146/☑犧以～（來）☑

葛未・零 489/☑～（來）☑

葛未・零 425/☑～（來）□☑

埜

葛卜・乙四 110、117/☑少迭（遲），迷（速）從郢～（來），公子見君王，尚怬（怡）懌，毋見☑

葛卜・甲三 248/釆（卒）歲（歲）國至～（來）歲（歲）之夏窣（欒）☑

葛卜・甲三 117、120/窣（欒）之月以至～（來）歲（歲）之夏窣（欒），尚毋又（有）大咎

葛卜・乙一 19/自夏窣（欒）之月以至～（來）歲（歲）夏窣尚毋又（有）大咎。泹〔督〕☑

夊 部

夏

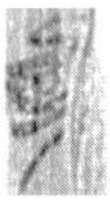
(右殘)葛卜・乙四 43/☐～层、亯月寋(賽)禱大水,備(佩)玉掛。睪日於屈栾

葛卜・甲三 8、18/☐大𩈯(城)邮(兹)邡之戢(歲),～层之月癸嫘(亥)之日,趄謷以郜駼爲☐

葛卜・乙三 49、乙二 21/～亲(栾)之月己丑之日

葛卜・乙一 5/☐郢之戢(歲),～亲(栾)之月己丑之日,君擧於答☐

葛卜・乙一 12/王遲(徙)於敼(鄩)郢之戢(歲)～亲(栾)之月乙巳之日

葛卜・乙一 28/～亲(栾)之月己丑之日,以君不癦(懌)志古(故)

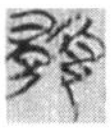
葛卜・乙一 18/王遲(徙)於敼(鄩)郢之戢(歲)～亲(栾)之月乙巳之日,洍眘以陵☐

葛卜・乙一 19/自～亲(栾)之月以至亲(來)戢(歲)～亲尚毋又(有)大咎。洍〔眘〕☐

葛卜・乙一 4、10、乙二 12/～亲(栾)之月己丑〔之日〕以君不癦(懌)之古(故),遼(就)禱陳宗一豬

葛卜・甲三 243/～衼戠(特)牛、酉(酒)食,舉禱☐

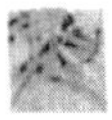
葛卜・乙一 17/～亲(栾)之月己丑之日,以君不癦(懌)之古(故)

葛卜・乙一 20/王遲(徙)於鄩(鄩)郢之戢(歲),～亲(栾)

葛卜・乙四 67/王遲(徙)於鄩(鄩)郢之戢(歲),～〔栾〕

葛卜・甲三 219/既爲貞,而敚(說)丌(其)祱(祟),自～

葛卜・甲三 117、120/亲(栾)之月以至亲(來)戢(歲)之～亲(栾),尚毋又(有)大咎

葛卜・甲三 225、零 332－2/王遲(徙)於敼(鄩)郢之戢(歲),～亲(栾)之月乙巳之日☐

葛卜・零 142/郢之戢(歲),～☐

葛卜・甲三 299/王遲(徙)於敼(鄩)郢之戢(歲),～亲(栾)之月癸丑☐

葛卜・甲二 8/☐悗(悶),翠(卒)戢(歲)或至～亲(栾)

葛卜・甲三 204/王遲(徙)於鄩(鄩)郢之戢(歲),～亲(栾)之月癸嫘(亥)之日

葛卜・甲三 248/翠(卒)戢(歲)國至亲(來)戢(歲)之～亲(栾)☐

葛卜・零 221、甲三 210/以痒(胖)瘬(脹)、心悗(悶),翠(卒)戢(歲)或至～亲(栾)之月尚☐

葛卜・甲三 114、113/☐〔王徙於〕鄩郢之戢(歲),～栾之月乙卯之日

葛卜・甲三 159－3/☐～栾之月乙卯☐

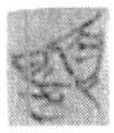
葛卜・零 200、323/☐～栾之月丙唇(辰)之日,陵君(尹)懌☐

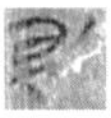
葛卜・甲三 159－2/王遷(徙)於鄩(鄩)郢之戠(歲),～篠(栾)之月⧄

葛卜・乙一 31、25/自～篠(栾)之月以至冬篠(栾)之月,聿(盡)七月尚毋又(有)大⧄

葛卜・甲一 16/悗(悶),卒(卒)戠(歲)或至～

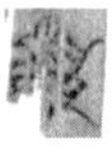
(左殘)葛卜・乙四 15/䷠䷎(遁 謙)。王遷(徙)於敦(鄩)郢之戠(歲),～篠(栾)⧄

葛卜・甲三 151/之～篠(栾),毋又(有)大咎⧄

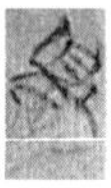
葛卜・乙四 16/⧄鄩(鄩)郢之戠(歲),～

葛卜・零 360/⧄戠(歲)～篠(栾)⧄

葛卜・零 96/⧄～篠(栾)之月⧄

葛卜・零 182/⧄～篠(栾)之月⧄

葛卜・甲二 9/⧄～篠(栾)⧄

葛卜・零 27/⧄～篠(栾)⧄

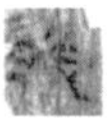
葛卜・零 359/⧄～⧄

葛卜・甲二 6、30、15/王遷(徙)於鄩(鄩)郢之戠(歲)八月丁巳之日,盬壽君以吴～〔之〕⧄

葛卜・甲三 342－1、零 309/⧄〔王徙於鄩郢〕之戠(歲)八月丁巳之日,盬壽君以吴～之⧄

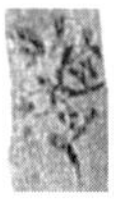
葛卜・甲三 87/悗(悶),卒(卒)戠(歲)或至～篠(栾)⧄

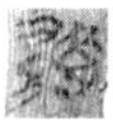
葛卜・甲三 86/⧄罶牢酉(酒)食,～殑戠(特)⧄

葛未・零 132/⧄□～⧄

(左殘)葛未・零 663/⧄～⧄

韋　部

韋

葛卜・乙四 102/⧄之月丁睘(亥)之日郹輓以鄽～(箪)爲君卒(卒)戠(歲)之貞

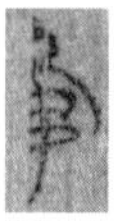
長遣策 2－028/一戞〔竹篓(翣)。一〕兩⿰韋享(鞔)〔縷(屨)〕,紫～之納,紛純,紛啚(繩)

韜(⿰衤縣)

⿰衤縣用作韜。見卷八衣部⿰衤縣字條。

☆⿰韋分

葛卜・甲三 237－1/嬰禱一乘大逄(路)黄輯,一～玉買□⧄

☆⿰韋斤

葛簿甲・甲三 294、零 334/以孫。～不萬(害)、鄽回二人受二匠

☆⿰韋享

長遣策 2－028/一戞〔竹篓(翣)。一〕～(鞔)(鞔)兩〔縷(屨)〕,紫韋之納,紛純,紛啚(繩)

☆鞊

葛卜・乙二 10/☑乘～迻（路），驪
（麗）〔犧馬〕☑

☆鞾

長遣策 2-02/一兩繡～縷（屨）

弟　部

弟

長竹書 1-011/斂（愷）～君子，〔民〕

桀　部

乘

葛卜・乙四 151/☑三～，尚吉。占
之：吉。癸☑

葛卜・乙四 139/☑一勛，北方苴槀
（禱）～良馬、珈（加）〔璧〕☑

葛卜・甲三 84/☑□義（犧）馬，女～
黃□☑

葛卜・乙二 10/☑～鞊迻（路），驪
（麗）〔犧馬〕☑

葛卜・甲三 183-1/☑女～驅☑

葛卜・甲三 167/☑～驅☑

葛卜・乙三 46/☑□於㝣（文）夫人卅
（三十）～☑

葛卜・甲三 237-1/墾禱一～大迻
（路）黃𩌍，一軡玉𦙃□☑

葛卜・甲三 79/☑白，一～絑迻（路），
驪犧馬，一☑

長遣策 2-04/一良女～

長遣策 2-04/一～良鞊

長遣策 2-04/二～緣迏鞊

卷　六

木　部

木

葛簿甲・零 343/宋～受一臣，又☑

長遣策 2-01/丌（其）～器：二

長遣策 2-012/丌（其）～器：八方琦。二十豆,屯

長遣策 2-017/丌（其）～器：一剶（漆）囊,〔四〕鈇（鋪）頁,屯又（有）鐶

長遣策 2-020/丌（其）～器：杯豆卅（三十）

長遣策 2-025/丌（其）～器：十皇豆,屯剶（漆）彫,厚奉之〔硭〕

長遣策 2-027/丌（其）～〔器〕：一□〔脛〕

長遣策 2-029/丌（其）～器：一〔梮（橜）,剶（漆）彫〕

梅（某）

某用作梅。見本部某字條。

李

葛卜・甲三 304/☑彫（酉）之日祭之,大牗（牢）饋之於黄～

葛卜・零 230/☑饋之於黄～,占☑

葛簿甲・甲三 220/宋良志受四臣,又一赤。～絆爲

楉（梾）

葛簿甲・甲三 224/☑某～（楉）、夂（終）御釾（鎰）受十臣,又二赤

（下殘）葛簿甲・零 525/☑赤。某～（楉）☑

葛簿乙・甲三 74/☑～（楉）里一☑

葛簿乙・零 529/～（楉）里☑

葛簿乙・零 11/大～（楉）里人☑

杞

長遣策 2-018/樂人〔之〕器：一〔樂〕坐莽（棧）鐘,少（小）大十又三,～條,剶（漆）劃,金玞

長遣策 2-018/一樂〔坐〕□□,〔少（小）〕大十又九,～條,剶（漆）劃,絚維

長遣策 2-021/一～,賞角

楊

(左殘)葛簿乙・零72/～里人禱⧄

葛簿乙・零30/中～里人⧄

枳

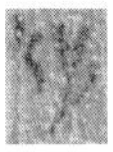
長遣策2－023/一柹～,絵(錦)〔純〕,組績(繢)

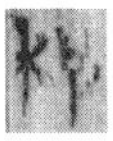
長遣策2－023/又鹘、緥、楢(枕)、～,皆

柜

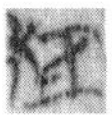
長遣策2－03/一戚盟(盥)之～,□土螻,刎(漆)青黄之劃

桐

葛簿乙・甲三317/浮四袿(社)四冢、一𧲿(豭),𠜱於～者⧄

葛簿乙・甲三325－1/⧄稾一豢,𠜱於肴(桑)丘、～窠(集)二𧲿(豭)⧄

橎

葛簿乙・甲三318/⧄～與丌(其)國不視畀

某

葛簿甲・甲三224/⧄～檠(楷)、夂(終)御釴(錙)受十臣,又二赤

葛簿甲・零525/⧄赤。～檠(楷)⧄

葛簿乙・甲三367/～丘一冢⧄

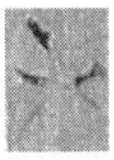
葛簿乙・甲三403/滓溪一猎,𠜱於畱丘、～丘二⧄

葛簿乙・甲三333/猎,～一冢,𠜱一⧄

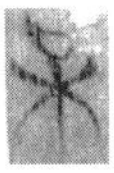
葛簿乙・乙三58/⧄～一〔𧲿〕⧄

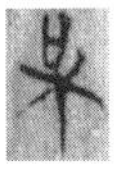
長遣策2－021/一垪～(梅)𤗈(醬)

本(沯)

沯

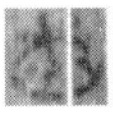
長竹書1－037、1－060/□三～(本)一子時

朱

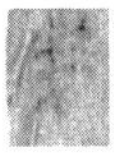
葛未・零422/⧄～⧄

長遣策2－016－2/□〔貹〕八益削〔益〕一～(銖)

末

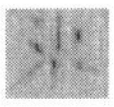
葛卜・乙四45/⧄白文～白□,是以胃(謂)之喪衬,駁鼉禺(遇)□□□以火□⧄

果

葛卜・零63/⧄尚～見⧄

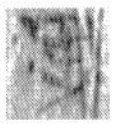
葛卜・零280/⧄～也

葛卜·乙二 26/☒□朼～廷☒

　葛卜·零 102、59/☒爲賢子郚～告大司城瘥☒

　葛卜·乙四 10/此～廷☒

　葛簿乙·甲三 348/閒(間)隍大宮～之述(遂)☒

　長竹書 1-08/女～

條

　長遣策 2-018/樂人〔之〕器：一〔樂〕坐蒔(棧)鐘，少(小)大十又三，椸～，劀(漆)劃，金玥

　長遣策 2-018/一樂〔坐〕□□，〔少(小)〕大十又九，椸～，劀(漆)劃，緄維

格(夅)

夅用作格。見卷二口部各字條。

枯

　葛簿乙·甲三 263/鳴父、劀(葛)丘、～☒

枏

　葛簿乙·乙四 88/～里人禱於亓(其)袥(社)☒

梗(桱)

桱用作梗。見本部桱字條。

枕(楷)

楷

　長遣策 2-023/一絵(錦)条(終)～(枕)

　長遣策 2-023/又臄、緱、～(枕)、枳，皆

槃(鎜)

鎜用作盤。見卷十四金部鎜字條。

櫺(霝)

霝用作霝。見卷十一雨部霝字條。

檿(楲)

楲用作橛。見本部楲字條。

棧(㢟、塍、脡)

㢟用作棧。見卷二又部㢟字條。

塍用作棧。見卷七月部塍字條。

脡用作棧。見卷七月部脡字條。

桼

　長遣策 2-03/三劀(漆)瑟，～

樂

　葛卜·乙二 1/☒□舉禱於卲(昭)王大牢，～之，百，贛☒

　葛卜·乙一 11/禱於吝(文)夫

人,酈宰(牢),～戲(且)贛之;墾禱於子西君,酈宰(牢),～☒

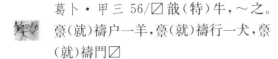

葛卜·甲三242/☒坪夜文君子良,～,贛

葛卜·甲三56/☒戠(特)牛,～之。豪(就)禱戶一羊,豪(就)禱行一犬,豪(就)禱門☒

葛卜·甲三298/☒～之,百之,贛之。祝

葛卜·甲三145/☒饋,延(棧)鐘～之☒

葛卜·零331-1/☒～戲(且)贛之。墾

葛卜·甲三200/～之,墾禱子西君、文夫人各戠(特)牛饋

葛卜·甲三98/☒鐘～之。是日☒

葛卜·甲三200/延(棧)鐘～之

葛未·零641/☒～☒

(上殘)葛卜·甲三241/☒～之。占之:吉。惠王

長遣策2-018/～人〔之〕器:一〔樂〕坐𧎡(棧)鐘,少(小)大十又三,柅條,卻(漆)劃,金玥

葛卜·甲三209/☒競坪王大單(牢)饋,延(棧)鐘～之。遾(逿)晪

柿

長遣策2-023/一～枳,絵(錦)〔純〕,組續(繢)

葛卜·甲三14/☒审(中)戠(特)牛,～之。豪(就)禱☒

休

葛卜·甲三46/之,贛,～之。辛酐(酉)之日禱之☒

葛卜·甲三65/☒霝(靈)力～有成慶,宜爾☒

葛卜·甲一27/☒〔樂〕之,百之,贛。墾禱於子西君戠(特)牛,～☒

葛簿甲·甲三273-1/☒與～君受十☒

葛卜·甲三212、199-3/☒瘙(瘥)。以丌(其)古(故)敓(說)之。遾(逿)鹽𦙭之敓,䉾祭卲(昭)王大牢,腄(棧)鐘～之。鄭☒

亙(亙、恒)

亙

葛卜·甲三136/☒璧,以罷禱大牢饋,腄(棧)鐘～之,百之,贛

葛卜·乙四84/☒□毋有咎。占之曰:～貞吉,少(小)迲(遲)

葛卜·甲二38、39/☒～之,饋祭子西君酈

葛卜·零251/☒□～貞吉

葛卜·甲三261/☒大單(牢)饋,延(棧)鐘～之

葛卜·零201/☒〔占〕之:～貞亡(無)咎,君身少(小)又(有)

葛卜·乙三63/☒醋鐘～之☒

葛卜·零202/☒〔占〕之:～☒

葛卜・甲三 117、120/湆嚳占之：～貞吉，亡(無)咎☐

 葛卜・零 330/☐～貞無咎，迟(遲)瘱(瘥)。以丌(其)☐

 葛卜・甲三 365/☐～貞，卦亡(無)咎，疾罷(一)☐

 葛卜・甲一 24/定貞之：～貞無咎，疾迲(遲)瘱(瘥)，又(有)瘕(續)。思(以)

 葛卜・甲三 132、130/☐☐。或爲君貞，以丌(其)不安於氏(是)尻(處)也，～(嘔)遲去☐

 葛卜・甲二 37/☐☐。䷆(師 臨)。～生☐

 葛卜・甲三 284/☐～貞無咎，疾罷(一)瘕(續)罷(一)已☐

 葛卜・甲三 247、274/毋又(有)大咎，窮(躬)身尚自宜訓(順)。占之：～貞吉，疾遬(速)☐

 葛卜・零 412/☐〔占〕之曰：～貞☐

 葛卜・甲三 198、199-2/嘉占之曰：～貞吉，少

 葛卜・甲三 112/嘉占之曰：無～(嘔)祟

 葛卜・甲三 112/䷋䷓(泰 觀)或爲君貞，以丌(其)無～(嘔)祟之古(故)☐

 葛卜・零 120/☐〔占之〕曰：～貞吉☐

 葛卜・零 208/☐占之：～貞吉☐

 葛卜・零 195/☐〔占〕之：～貞無☐

 葛卜・乙四 27/☐疾，～(嘔)甴郣亥敓(說)於五殜(世)☐

 葛卜・甲一 22/☐〔占〕之：～貞吉，無咎

 (下殘)葛卜・甲三 58/☐午之日尚毋瘕(續)。占之：～☐

 葛卜・零 53/☐〔占〕之：～☐

 葛卜・零 7/☐～貞

 (上殘)葛卜・零 437/☐～貞☐

恒

 葛卜・甲三 44/☐又(有)咎，～。占之：卦〔無咎〕☐

 葛卜・零 448、零 691/☐箸(筮)，～(嘔)忻(祈)福於大(太)☐

☆杦

 長遣策 2-027/一鎫～

☆枫

 葛簿乙・甲三 409/上邾以豢，䐔於～一黏(貋)☐

☆杯

 長遣策 2-020/丌(其)木器：～豆卌(三十)

 長遣策 2-020/～卌(三十)

☆榌

 長遣策 2-08/一房～(几)

☆柔

長遣策 2－014/一～（承）鐯（燭）之鎜
（盤）。三□

☆楠

長竹書 1－004/毋屄～□

☆梘

葛卜·甲三 380/☑～龎□尹□☑

☆桱

長遣策 2－020/二疋～（桱），屯□彫，
八金足

☆柮

長遣策 2－017/一～（橛）☑

長遣策 2－025/一～（橛）

長遣策 2－011/一酓（尊）〔～（橛），郗
（漆）〕

長遣策 2－020/一～（橛）

長遣策 2－029/亓（其）木器：一〔～
（橛），郗（漆）彫〕

☆桨

葛卜·乙四 132/☑以君之～㝵（得）
瘠□☑

☆枓

長遣策 2－011/二彫～

☆柴

長遣策 2－015/一紞常，餢（赭）膚之
純，帛～（攝）

長遣策 2－015/一丹緅之衦，□裏，
〔組〕～（攝），繪（錦）緣

☆桼

見本部楉字條。

☆櫜

長遣策 2－018/樂人〔之〕器：一〔～〕
坐专（棧）鐘，少（小）大十又三，枇條，
郗（漆）劃，金玬

長遣策 2－018/一～〔坐〕□□，〔少
（小）〕大十又九，枇條，郗（漆）劃，繩維

☆櫹

長遣策 2－03/四～

東　部

東

葛卜·乙四 149、150/☑簪（笲）於～
陵，盈以長刺☑

葛卜·乙四 100、零 532、678/居郢，還
反（返）至於～陵，尚毋又（有）咎

葛卜・零 76/☒此至〜☒

 葛卜・甲三 207/珥、衣常，叔（且）祭之以一猏於〜陵。占之：吉☒

 葛卜・甲三 269/☒珥、衣常，叔（且）祭之以一猏於〜陵，占☒

 葛卜・乙四 141/☒〜陵，龜尹丹以承國爲☒

 葛卜・零 303/☒哉（特）牛。既鷹（薦）之於〜陵

 葛卜・甲三 271/☒瀿邵社，大殤坪夜之楚褹，〜

 葛簿乙・甲二 14、13/王遅（徙）於懋（鄂）郢之哉（歲）八月辛酉（酉）之日，〜☒

林　部

林

 葛卜・甲三 1/我王於〜丘之哉（歲）九月☒

 葛簿乙・甲三 402/☒述（遂）䎷於汇〜櫟☒

楚

 葛卜・甲三 42/☒蔓萻受女於〜之哉（歲）覜禁（栾）之月丁酉之日☒

 葛卜・甲三 34/☒〔蔓萻受女〕於〜之哉（歲）遠禁（栾）之月丁酉☒

葛卜・乙三 41/☒玉，墾禱於三〜祧（先）各一痒（牲），瑗（瓔）之卦〔玉〕☒

 葛卜・甲三 214/☒□歓（就）禱三〜先屯一牂，緩（纓）之卦玉；歓禱□□☒

 葛卜・甲三 268/是日歓（就）禱〜祧（先）老嬞（童）、祝☒

 葛卜・乙一 17/遷（就）禱三〜先屯一痒（牂），瑗（瓔）之玉

 葛卜・零 172/☒貞，〜邦既☒

 葛卜・甲三 188、197/墾禱〜先老童、祝融、禮（鬻）酓（熊），各兩痒（牂）。旂（祈）☒

 葛卜・甲三 134、108/☒甲戌與乙亥禱〜先與五山，庚午之夕内齋☒

 葛卜・零 99/☒於〜先與五山☒

 葛卜・甲三 105/☒鷹（薦）三〜先，客☒

 葛卜・零 178/☒大（太），北方〜☒

 葛卜・乙四 26/☒三〜先、墬（地）宝（主）、二天子、郇山、北〔方〕☒

 葛卜・乙三 31/☒□臺（就）禱三〜☒

 葛卜・甲三 271/☒瀿邵社，大殤坪夜之〜褹，東

 （右殘）葛卜・零 131/☒□□□〜〔邦〕又（有）㝵（得）☒

 葛卜・零 94/有〜之☒

 葛卜・零 391/☒氏〜☒

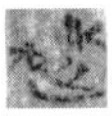
葛卜・零 314/☐之,遠(就)禱三～☐

麓(麓、禁)

麓

(下殘)葛簿乙・甲三 405/☐袿(社)一豢、一豬、一冢,既於～☐

禁

葛簿乙・甲三 150/☐ 豬,既於～(麓)☐

才　部

才

葛卜・乙四 35/☐ 郜𩡨爲君貞,～(在)郢爲三月,尚自宜訓(順)也。𧪄占之:亡(無)

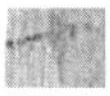
葛卜・乙四 44/☐君貞,既～(在)郢,𨟻(將)見王,還返毋又(有)咎。𧻚𧪄☐

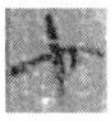
葛卜・零 90/☐□～(在)郢,船☐

葛卜・乙四 55/☐ 篁爲君貞,～(在)行,還☐

長竹書 1－014/虛(吾)幾不智(智)～(哉)

長竹書 1－019/□〔與宜是〕之～(哉)。□

長竹書 1－036/～(哉)。子□𦖞(聞)〔於〕

叒　部

桑(桑、𣑦)

桑

葛簿乙・甲三 400/甸尹宋之述(遂)既於上～丘

𣑦用作桑。見本部𣑦字條。

☆𣑦

葛卜・甲三 253/☐組,～(喪)者甫☐

葛簿乙・甲三 325－1/☐ 槀一豢,既於～(桑)丘、桐寠(集)二豭(豭)☐

葛簿乙・甲三 357、359/～(桑)丘、無與☐

之　部

之

葛卜・甲三 36/☐大莫囂𦡱(陽)爲獸(戰)於長城～〔歲〕☐

葛卜・甲三 42/☐蔞茖受女於楚～戠(歲)覩𥧰(栾)之月丁酉之日☐

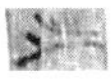 
葛卜・甲三 34/☐〔蔞茖受女〕於楚～戠(歲)遠𥧰(栾)～月丁酉☐

葛卜・乙四 59/☐□馬～箁(筮)復惪爲君☐

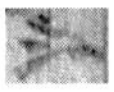
葛卜・乙四 84/☐□毋有咎。占～曰:亘貞吉,少(小)迟(遲)

葛卜·甲三 39/無瘳，至癸卯～日安良瘲（瘥）。丌（其）祝（祟）與龜☐

葛卜·零 533/☐～，褟（揖）禱於☐

葛卜·乙四 98/☐八月乙卯～日，鄭卜子惏以疊頁～醴爲君三歳（歲）貞☐

葛卜·甲三 49/☐至師於陳～歳（歲）十月壬〔戌〕☐

（上殘）葛卜·甲三 37/～歳（歲）十月壬戌☐

（上殘）葛卜·零 201/☐〔占〕～：亙貞亡（無）咎，君身少（小）又（有）

葛卜·乙四 106/☐☐八月又（有）女子～賞，九月、十月又（有）外☐☐

葛卜·乙四 103/☐以龙黿爲君采（卒）歳（歲）～貞，尚毋☐

葛卜·乙四 34/☐之黿爲君采（卒）歳（歲）～貞☐

葛卜·乙四 34/☐之黿爲君采（卒）歳（歲）～貞☐

葛卜·乙二 44/☐～日，暊與良志以☐

葛卜·甲三 44/☐又（有）咎，恒。占～：䎸〔無咎〕☐

葛卜·乙四 62/☐☐兩牂。占～：吉☐

葛卜·零 224/☐币（師）賓～☐☐

葛卜·甲三 216/☐巳～日，醬（許）定以陵尹懌之大保（寶）豪（家）爲☐

葛卜·甲三 243/☐～，墾禱䢵衦䢵單（牢）、酉（酒）食

葛卜·乙四 35/☐郜騂爲君貞，才（在）郢爲三月，尚自宜訓（順）也。醫占～：亡（無）

葛卜·甲三 51/☐䢵層之月己巳～日☐☐

葛卜·零 195/☐〔占〕～：亙貞無☐

葛卜·乙四 95/☐中，君又行，君又子，牑（將）慼～，弗卹也。⚏⚏（坤 妬）。習～以衛☐

（右殘）葛卜·乙四 144/☐〔我王於林丘〕～歳（歲）九月甲申～日，攻差以君命取惎霝（靈）☐

（下殘）葛卜·零 423/☐八月癸丑～☐

葛卜·零 439/☐～，褟（揖）禱於☐晟

葛卜·零 374/☐☐於☐～丘☐

葛卜·乙四 125/以君之窮（躬）身不安～古（故）☐

葛卜·零 100/☐貞，占～：逃（䎸）亡（無）咎，又（有）

（右殘）葛卜·乙四 151/☐三乘，尚吉。占～：吉。癸☐

（下殘）葛卜·零 80/☐辛未～☐

葛卜·乙四 132/☐以君～楽尋（得）痾☐☐

葛卜·甲三 261/☐大單（牢）饋，延（棧）鐘樂～

葛卜·零 117/懌～大保（寶）〔豪（家）〕☐

葛卜·零 652/☒可～簶□☒

 葛卜·乙四 134/☒□擇～圃（牢）申（中），晉□爲酓相～敔（昭）告大☒

（下殘）葛卜·乙二 6、31/☒□戊申以起，己酉禱～☒

 葛卜·乙一 18/王遲（徙）於敔（鄩）郢～敱（歲）夏禁（楙）之月乙巳之日，湢督以陵☒

（右殘）葛卜·零 720/☒～祝☒

 葛卜·甲三 144/☒起（起），己酉禱～☒

 葛卜·乙四 54/王復於藍郢～〔歲〕☒

 葛卜·甲三 297/王復於藍郢～〔歲〕☒

葛卜·乙四 66/王遲（徙）於郪（鄩）郢～敱（歲）☒

 葛卜·乙四 63、147/☒〔王復於〕藍郢～敱（歲）冬禁（楙）～月丁嬛（亥）～日，鄭疲以駁竈爲君☒

 葛卜·甲三 111/☒～日鷹（薦）大（太）一牨，緹（縹）～以卦玉，旂（祈）～

 葛卜·甲三 111/既成，扛（攻）逾而昬（厭）～。氏（是）日國☒

 葛卜·乙四 113/☒郢～古（故），命忥（祈）福☒

葛卜·零 294、482、乙四 129 /☒〔王〕復於藍郢～敱冬禁～月丁嬛（亥）～日，鼀尹〔丹〕☒

 葛卜·甲三 345 - 1/又（有）咎。疲占～☒

葛卜·零 496/☒～敱（歲）冬禁（楙）☒

葛卜·乙四 102/☒～月丁暴（亥）～日郏輓以鄹韋（簞）爲君釆（卒）敱（歲）～貞

葛卜·零 506/□。占～☒

（上殘）葛卜·零 450/☒～竈奠☒

葛卜·乙四 38/☒釆（卒）敱（歲）貞，占～：祟亡（無）咎，又（有）☒

（上殘）葛卜·乙四 23/☒〔占〕～：祟亡（無）咎。中咎（幾）君王又（有）亞（惡）於外☒

葛卜·甲三 43/☒黃佗占～：祟亡（無）咎。未及中咎（幾）君王☒

葛卜·甲三 48/☒占～：君身亡（無）咎☒

葛卜·甲三 47/☒占～：祟亡（無）咎☒

葛卜·甲三 217/齊客陳異至（致）福於王～敱（歲）獻馬～月乙丑～日

葛卜·乙四 122/〔爲〕君集敱～貞，尚毋又（有）咎。占曰：祟亡（無）咎，君牆（將）喪衻，又（有）火戒，又（有）外☒

葛卜·零 232/☒□□是以胃（謂）～又（有）言。丌（其）祟亡（無）〔咎〕☒

葛卜·乙四 45/☒白文末白□，是以胃（謂）～喪衻，駁竈禺（遇）□□□以火□☒

葛卜·甲三 27/齊客陳異至（致）福於王～戠（歲）獻☒

葛卜·零 257/～月乙嬛（亥）～日

　葛卜·甲三 33/齊客陳異至（致）福於王～戠（歲）獻馬～月，穌竉以尨竉爲君窣（卒）戠（歲）☒

葛卜·乙四 130/☒尨竉爲君窣（卒）戠（歲）貞，占～□☒

葛卜·零 165、19/齊客陳異至（致）福於王～戠（歲）獻（獻）☒

葛卜·甲三 272/齊客陳異至（致）福於王～戠（歲）☒

葛卜·零 204/☒女子～慼，又疴疾復（作），不爲訧（尤），訊☒

葛卜·零 202/☒〔占〕～：亙☒

　葛卜·零 214/☒〔齊客陳異致福於〕王～戠（歲）獻馬～月乙睘（亥）～日☒

　葛卜·甲三 25/～，亡（無）咎。牆（將）又（有）喜。奠（鄭）憲習～以陸（隨）侯～☒

葛卜·甲三 283/☒～日，以君～不瘝（懌）也☒

葛卜·零 415/☒～和箮，黍箮□☒

葛卜·乙四 133/☒貞，□占～：卦亡（無）咎。君☒

葛卜·甲三 218/占～：卦亡（無）咎君又（有）☒

（左殘）葛卜·零 145/☒□鄱～☒

（下殘）葛卜·零 211/戠良～☒

（右殘）葛卜·零 389/☒～卦☒

葛卜·乙一 12/王遅（徙）於敔（鄩）郢之戠（歲）夏柰（欒）～月乙巳之日

葛卜·乙一 23、1/大黻（城）邶（茲）立（方）～戠（歲）屈柰（欒）之月癸未之日，諎〔生〕☒

葛卜·乙一 15/公北、陞（地）宔（主）各一青義（犧）；司命、司褶（禍）各一牣，與禱厝～。或☒

葛卜·乙一 14/句鄂公奠（鄭）余穀大城邶（茲）立（方）～戠（歲）屈柰之月癸未〔之日〕☒

葛卜·甲三 8、18/☒大黻（城）邶（茲）邰～戠（歲），夏屎之月癸嬛（亥）之日，起竉以鄗瞵爲☒

葛卜·乙四 21/☒城邶（茲）立（方）～戠（歲）

葛卜·零 414/☒戠（歲）屈柰（欒）～☒

葛卜·甲三 30/☒□公城鄩～戠（歲）亯月☒

葛卜·甲三 240/王自肥遺郢遅（徙）於鄩郢～戠（歲），亯月☒

葛卜·甲三 229/☒還返尚毋又（有）咎。〔占〕～：卦亡（無）咎。未☒

葛卜·乙一 26、2/王遅（徙）於敔（鄩）郢之戠（歲）亯月己巳～日

葛卜·乙二 1/☐□墨禱於卲(昭)王大牢,樂～,百,贛☐

葛卜·乙一 11/禱於峉(文)夫人,聖宰(牢),樂酉(且)贛～;墨禱於子西君,聖宰(牢),樂☐

葛卜·乙三 27/☐劼頏～

葛卜·乙一 16/王逴(徙)於敔(鄩)郢之歲(歲)亯月己巳～日,公子虤命諸生以衛篡

葛卜·甲一 12/爲君貞,牊(將)逾取茵,還返尚毋又(有)咎。生占～曰:牀☐

葛卜·甲三 143/☐尚毋爲蚘(尤)。諸生占～☐

葛卜·乙三 50/☐生～敓(說),歸一璧☐

(上殘)葛卜·零 51/☐～歲(歲)亯月☐

葛卜·零 406/☐～古(故)墨〔禱〕☐

葛卜·零 302/☐～少多我攽☐

葛卜·零 216/☐敔(鄩)郢～歲(歲)

葛卜·乙一 5/☐郢～歲(歲),夏栾(柰)之月己丑之日,君醟於峉☐

葛卜·甲三 40/☐毋死。占～:牀不死,亡(無)祱(祟)☐

葛卜·乙三 41/☐玉,墨禱於三楚祂(先)各一痒(牂),瑗(瓔)～牀〔玉〕☐

葛卜·甲三 102/☐～,是日還(就)禱於☐

葛卜·甲三 166、162/☐墨禱於二天子各兩痒(牂),瑗(瓔)～以牀玉

葛卜·乙二 22/☐命一痒(牂),瑗(瓔)～以〔牀玉〕☐

(右殘)葛卜·零 325/☐～户,一户☐

葛卜·甲三 56/☐歆(特)牛,樂～。亯(就)禱户一羊,亯(就)禱行一犬,亯(就)禱門☐

葛卜·乙三 5/☐〔不〕瘇(懌)～古(故),忻(祈)福於司禍(禍)、司褨、司骴各一痒(牂)☐

葛卜·甲三 214/☐□歆(就)禱三楚先屯一牂,緅(纓)～牀玉;歆禱□□☐

葛卜·甲三 202、205/☐臺(就)禱子西君歆(特)牛。壬脣(辰)之日禱～☐

葛卜·乙一 4、10、乙二 12/夏栾(柰)之月己丑〔之日〕以君不瘇(懌)～古(故),還(就)禱陳宗一猶

葛卜·乙一 4、10、乙二 12/壬脣(辰)之日禱～☐

葛卜·乙一 17/夏栾(柰)之月己丑之日,以君不瘇(懌)～古(故)

葛卜·乙一 17/還(就)禱三楚先屯一痒(牂),瑗(瓔)～玉

葛卜·乙一 17/壬脣(辰)之日禱～☐

葛卜·零 40/☐王大牢,百～,贛。壬脣(辰)之日禱～☐

葛卜·零 147/☐禱子西君歆(特)牛。壬脣(辰)之日禱～☐

葛卜·乙二 23、零 253/☐兩痒(牂),瑗(瓔)～牀玉。壬脣(辰)之日禱～☐

葛卜・甲三 305/▢▢之日禱～▢

葛卜・乙三 28/▢嬰良～敓（説）。嬰禱於卲（昭）王、斉（文）▢

葛卜・零 114/▢于天～▢▢

葛卜・甲三 142 - 1/▢选（先）～一璧▢

葛卜・乙四 24/▢～,甚吉

葛卜・乙一 24/融、空（穴）酓（熊）各一痒（牂）,綏（纓）之卦玉。壬唇（辰）之日禱～▢

葛卜・甲三 88/▢之日禱～▢

葛卜・乙一 20/王遲（徙）於鄵（鄩）郢～戠（歳）,夏祭（欒）

葛卜・乙二 25、零 205、乙三 48/之月乙巳之日,𧶔（許）定以陵尹㦂～大保（寶）豪（家）爲

葛卜・乙四 67/王遲（徙）於鄵（鄩）郢～戠（歳）,夏〔欒〕

葛卜・甲三 219/以陵尹㦂～大保（寶）豪（家）爲君貞

葛卜・甲三 117、120/祭（欒）之月以至坴（來）戠（歳）～夏祭（欒）,尚毋又（有）大咎

葛卜・甲三 117、120/沰瞀占～:亘貞吉,亡（無）咎▢

葛卜・甲三 225、零 332 - 2/王遲（徙）於敔（鄩）郢～戠（歳）,夏祭（欒）之月乙巳之日▢

葛卜・零 142/郢～戠（歳）,夏▢

葛卜・零 307/▢亡咎,已酉唇（辰）禱～▢

葛卜・甲三 170/▢痒（牂）,綏（纓）～卦玉。定占～曰:吉▢

葛卜・乙三 61/▢瘇（續）。以丌（其）古（故）敓（説）～,憙（賽）禱北方▢

（左殘）葛卜・乙二 20/▢～,憙（賽）禱大（太）一▢

葛卜・乙四 68/䷒（觀 復）。辛亥～▢

葛卜・零 23/▢〔之〕日薦（薦）～▢▢

葛卜・乙三 60、乙二 13/▢巳～昏薦（薦）盧禱～堕（地）宔（主）,八月辛酉▢

葛卜・甲三 401/日於九月薦（薦）叡（且）禱～,吉▢

葛卜・甲三 299/王遲（徙）於敔（鄩）郢～戠（歳）,夏祭（欒）之月癸丑▢

葛卜・乙二 27/▢之日,𧶔（許）定以陵尹㦂～大保（寶）豪（家）爲君貞

葛卜・乙二 38、46、39、40/▢……一青義（犧）,〔先〕～一璧

葛卜・乙二 38、46、39、40/嬰禱於堕（地）宔（主）〔一〕青義（犧）,先～一璧

葛卜・零 106/▢臣成～▢

葛卜・零 198、203/有祱（祟）見于大川有沾,少（小）臣成敬～瞿

葛卜・乙四 48、零 651/～,敔

(敢)甬(用)一元犅痒(牂),先～☐

(下殘)葛卜‧甲三 145/☐饋,䢊(棧)鐘樂～☐

葛卜‧甲三 204/王遷(徙)於鄡(鄩)鄀～歔(歲),夏祭(欒)之月癸嬛(亥)之日

葛卜‧甲三 248/釆(卒)歔(歲)國至埜(來)歔(歲)～夏祭(欒)☐

葛卜‧甲三 200/樂～,舉禱子西君、文夫人各歔(特)牛饋

葛卜‧甲三 200/䢊(棧)鐘樂～

葛卜‧甲三 200/定占～曰:吉。氏(是)月～☐

葛卜‧零 584、甲三 266、277/☐～日,暊與良志以陵尹懌之髇髀爲君貞

葛卜‧甲三 241/☐樂～。占～:吉。惠王

葛卜‧甲三 241/良志占～曰☐

葛卜‧甲三 344-1/☐痌,又(有)祝(祟)。以丌(其)古(故)敓(說)～。舉禱卲(昭)王、文君☐

葛卜‧甲三 209/☐競坪王大單(牢)饋,䢊(棧)鐘樂～。遱(逕)暊

葛卜‧甲三 114、113/〔王徙於〕鄡鄀～歔(歲),夏欒～月乙卯～日

葛卜‧甲三 114、113/廊(應)嘉以衛侯～箅(筮)爲坪夜君貞

葛卜‧甲三 183-2/王遷(徙)於敔(鄩)鄀～歔(歲)☐

葛卜‧甲三 235-2/☐占～:義(宜)遬(速)又(有)閒(間),無咎無敚(祟)☐☐

(下殘)葛卜‧零 20/☐～月,乙卯～☐

葛卜‧甲三 194/占～:難瘲(瘥)☐

葛卜‧乙四 3/☐丌(其)古(故)敓(說)～。舉〔禱〕☐

葛卜‧甲三 71/☐☐䞠蒙占～曰:吉☐

葛卜‧零 109、105/☐之,丙脣(辰)～日,台君☐

葛卜‧甲三 159-2/王遷(徙)於鄡(鄩)鄀～歔(歲),夏祭(欒)之月☐

葛卜‧甲一 24/定貞:亙貞無咎,疾遱(遲)瘲(瘥),又(有)瘈(續)。恖(以)

葛卜‧甲一 23/☐與賓禱～

葛卜‧甲三 96/☐遱(遲)巳,又(有)祝(祟)。以丌(其)古(故)敓(說)～。☐☐

葛卜‧甲二 34/☐〔占〕～曰:吉,無咎,遬(速)瘲(瘥)☐

葛卜‧乙四 15/☰☰(遯謙)。王遷(徙)於敔(鄩)鄀～歔(歲),夏祭(欒)☐

葛卜‧甲三 184-2、185、222/或爲君貞,以丌(其)不良恚(蠲)瘳～古(故),尚毋又(有)祟

葛卜‧甲三 184-2、185、222/倉占～

葛卜·甲二 25/☐占～曰：吉。聿（盡）八月疾瘚（瘥）☐

葛卜·甲三 303/☐之祝（説）。歎（擇）日於八月～审（中）賽禱☐

葛卜·甲三 129/☐占～曰：甚吉，女（如）西北☐

葛卜·零 197/☐而歸～☐☐

葛卜·甲三 165/☐遲去氏（是）尻（處）也，尚吉。定占～曰：甚

葛卜·甲三 236/吉。旮～审（中）疾☐

葛卜·甲三 169/☐古（故）敓（説）～。遥（迻）☐

（左殘）葛卜·甲三 151/～夏祭（栾），毋又（有）大咎☐

葛卜·甲三 260/☐斉（文）君。占～曰：吉☐

葛卜·乙三 40/☐於北方一犝，先～以☐

葛卜·甲三 159-1/☐际（祝）吳（昃）禱～☐

葛卜·乙四 16/☐嘟（鄩）郢～戠（歲），夏

葛卜·甲二 6、30、15/王遲（徙）於郙（鄩）郢之戠（歲）八月丁巳～日，鹽壽君以吳夏〔之〕☐

葛卜·甲二 22、23、24/☐〔王徙〕於郙（鄩）郢～戠（歲）八月丁巳之日，雁（膺）寅以少（小）央爲☐

葛卜·甲一 3/王遲（徙）於郙（鄩）郢～戠（歲）八月丁巳之日，雁（膺）愴以大央爲坪☐

葛卜·甲三 247、274/毋又（有）大咎，䠼（躬）身尚自宜訓（順）。占～：亙貞吉，疾遬（速）☐

葛卜·乙二 2/☐毋又（有）咎。☰☰（頤 謙）占～曰：吉，宜，少（小）迖（遅）瘚（瘥）。以丌（其）

（下殘）葛卜·乙二 30/古（故）敓（説）之。遥（迻）彭定～祝（説）。於北方一犝，先之☐

（上殘）葛卜·零 412/☐〔占〕～曰：亙貞☐

葛卜·甲三 181/☐璧。占～：甚吉

葛卜·甲三 342-1、零 309/☐〔王徙於郙郢〕～戠（歲）八月丁巳之日，鹽壽君以吳夏之☐

葛卜·甲三 342-1、零 309/☐〔王徙於郙郢〕之戠（歲）八月丁巳之日，鹽壽君以吳夏～☐

葛卜·甲三 178/☐〔王徙〕於郙（鄩）郢～戠（歲）八月丁巳之日，郞（應）寅☐

葛卜·甲三 258/王遲（徙）於敀（鄩）郢～戠（歲）八月丁巳之日，郞（應）愴以大央☐

葛卜·甲三 54、55/☐月丁巳～日☐☐以髑髀爲☐

葛卜·甲三 53/☐☐以髑髀〔占〕～曰：吉☐

葛卜·甲三 208/郞（應）愴寅習

~以大央,占~:〔吉〕,迷(速)又(有)
闕(間),無祝(祟)☒

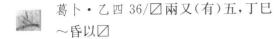

葛卜·乙四 36/☒兩又(有)五,丁巳
~昏以☒

(右殘)葛卜·零 535、704/☒□戊午
~☒

葛卜·甲三 116/☒〔平〕夜文君,戊午
~昏以☒

葛卜·乙四 47/王遅於嘟(鄠)郢~

葛卜·甲三 26/戡(歲)八月己未~
日,鹽券以長☒

葛卜·乙四 40/☒戡(歲)~貞,尚毋
又(有)咎☒

葛卜·乙四 5/八月己未~夕,
以君之疠~☒

葛卜·甲三 14/☒审(中)戡(特)牛,
樂~。臺(就)禱☒

葛卜·甲三 164/己未之日以君不瘅
(憚)~古(故)☒

葛卜·乙四 109/☒己未之日,歆(就)
禱三殜(世)~殤(殤)☒

葛卜·甲三 72/☒以□~大彤箬(筮)
爲君貞,既心疾,以☒

葛卜·甲三 198、199-2/嘉占~曰:
亘貞吉,少

葛卜·甲三 112/递(遲)出≡≡(大過
旅)或爲君貞,以丌(其)递(遲)出~古
(故),尚毋又(有)祟

葛卜·甲三 112/嘉占~曰:無亘
(咺)祟

葛卜·甲三 112/≡≡(泰 觀)或爲君
貞,以丌(其)無亘(咺)祟~古(故)☒

葛卜·甲三 109/☒□籤。
庚申~昏以起,辛酉~日禱~

葛卜·零 293/☒□~,躬身毋☒

(右殘)葛卜·乙四 121/☒君王,定占
~☒

葛卜·零 322/☒□占~曰:甚☒

葛卜·零 460/☒□定占~:卦亡
(無)☒

葛卜·乙四 83/☒占~:卦☒

葛卜·零 193/☒~即~不趴取
於癹與豢☒

葛卜·甲三 356/爲~啻,以徹割(宰)
尹癹與☒

葛卜·零 392/☒~不瘅(憚)☒

葛卜·零 453/☒占~:君☒

葛卜·乙四 143/☒思爲~求四羊
(騂)義(犧)☒

(下殘)葛卜·甲二 7/☒陞(地)宝(主)
一瘅(胖)。辛酕(酉)~

葛卜·乙三 29/☒〔王徙〕於蔽
(鄠)郢之戡(歲)八月辛酕(酉)~☒

(上殘)葛卜·零 228/☒~古(故)命西
陵人☒

葛卜・零 32、零 696/☐西陵～☐

葛卜・甲三 304/☐酓(酉)之日祭之，大廌(牢)饋～於黃李

葛卜・甲三 304/占～：吉。裔☐☐

葛卜・甲三 207/珥、衣常，虛(且)祭～以一豬於東陵。占之：吉☐

（右殘）葛卜・乙四 145/☐需(靈)君子聑丌(其)戠(特)牛～禱。奠(鄭)憲占～：枓☐

葛卜・甲三 46/～，贛，樂～。辛酓(酉)之日禱～☐

葛卜・乙二 42/☐亥之日瞽(皆)禡(薦)～，吉☐

葛卜・乙一 29、30/丌(其)古(故)敓(說)～

葛卜・乙一 13/或舉禱於盬武君、命尹～子蟦(璿)各大牢，百☐

葛卜・甲一 27/☐〔樂〕～，百～，贛。舉禱於子西君戠(特)牛，樂☐

葛卜・甲一 10/☐贛。凡是戊脣(辰)以敓(合)己巳禱～

葛卜・甲三 215/王遅(徙)於鄒(郢)郢～戠(歲)八月己巳之日

葛卜・甲三 223/王〔徙〕於鄒郢～戠(歲)八月己巳之日，鄭建以☐☐

葛卜・甲三 223/王〔徙〕於鄒郢～戠(歲)八月己巳之日，鄭建以☐☐

葛卜・甲三 212、199－3/

☐瘫(瘥)。以丌(其)古(故)敓(說)～。逵(逐)盬痁～敓，薛祭卲(昭)王大牢，膡(棧)鐘樂～。鄭☐

葛卜・甲三 136/☐璧，以罷禱大牢饋，膡(棧)鐘樂～，百～，贛

葛卜・甲三 136/盬埦占～曰：吉。既告虛(且)☐

葛卜・零 70/☐～戠(歲)☐

葛卜・零 326/己巳～日，觀☐

葛卜・零 452/☐之日瞽(皆)告虛(且)禱～☐

葛卜・甲一 5/☐～曰：吉，無咎。又(有)敓(祟)見於卲(昭)王、獻(獻)惠

葛卜・甲三 265/☐逵(遲)恚(蠲)瘫(瘥)，又(有)祝(祟)，以丌(其)古(故)敓(說)～。舉禱☐

葛卜・甲三 176/☐☐以丌(其)古(故)敓(說)～。峇(文)君、峇(文)夫人歸☐

葛卜・甲二 2/☐痒(牂)，綏(纓)～以〔枓〕玉舉☐

葛卜・乙一 21、33/☐王、峇(文)君。舉禱於卲(昭)王獻(獻)惠王、峇(文)君各一備(佩)玉。辛未之日禱～☐

葛卜・甲三 269/☐珥、衣常，虛(且)祭～以一豬於東陵，占☐

（左殘）葛卜・甲三 93/☐☐於郢～☐

葛卜・甲三 188、197/☐以丌(其)古(故)敓(說)～

葛卜・零 284/☑旂（祈）～☑

 葛卜・甲三 419/☑～，慈福𨽿禱㝬（文）君，大牢饋～☑

葛卜・甲二 38、39/☑樂～，饋祭子西君𧉚

 葛卜・甲三 192、199-1/盬痁習～以駝黿，占～：吉，不瘥（續）☑

 葛卜・甲三 119/☑甲戌～昏以起，乙亥之日鷹（薦）～

葛卜・零 129/☑尚購～☑

葛卜・零 184、零 681/☑〔占〕～：吉，不瘥（續）☑

葛卜・零 208/☑占～：亘貞吉☑

葛卜・乙四 22/☑尚毋死。占～：不死

葛卜・甲三 339/☑翠日八月～中腄（棧）☑

 （右殘）葛卜・甲一 22/☑〔占〕～：亘貞吉，無咎

葛卜・甲三 80/八月甲戌之日鷹（薦）～☑

 葛卜・甲三 45/☑□～祝（說）。占～：吉。既成☑

 葛卜・零 113/☑〔王徙〕於鄝郢～戢（歲）八月戊☑

葛卜・甲三 99/犧馬，先～以一璧，迈而逴（歸）～

葛卜・甲三 99/邎（迻）㝬（文）君～祝（說）□☑

葛卜・甲三 201/擇日於八月腄（棧）祭競坪王，以逾至㝬（文）君，占～：吉

葛卜・甲三 201/既敘～

葛卜・乙三 63/☑醞鐘樂～☑

葛卜・乙四 2/王遏（徙）於鄝郢～

葛卜・零 459/☑□～戢（歲）☑

葛卜・零 580、730/☑於敳（鄂）郢～☑

葛卜・甲三 193/郹尹兼習～以新承惪☑

葛卜・乙四 49/☑□𦜕習～以承惪。占☑

葛卜・零 213、212/☑周墨習～以貞黿☑

葛卜・乙四 17/☑□庋習～以白☑

葛卜・甲三 256/☑瘇（瘥）。以开（其）古（故）敓（說）～。宮薦☑

葛卜・零 66、甲三 234/☑爲坪邺君卜～☑

 葛卜・甲三 58/☑午之日尚毋瘥（續）。占～：亘☑

葛卜・甲三 75/☑嘉占～曰：吉☑

葛卜・甲三 73/☑占～曰：吉☑

葛卜・零 61/☑占～曰：吉☑

葛卜・零 246/☑占～：吉。牃（將）☑

葛卜·甲三 187/☑占～曰：吉，遬（速）☑

葛卜·甲三 12/☑占～曰：吉，義（宜）少（小）瘇（瘥），以☑

葛卜·甲三 41/☑氏（是）日彭定習～以鳴韄☑

葛卜·乙四 71/☑自宜訓（順）。定占～：卦亡（無）咎☑

葛卜·乙四 14/禱北方一精，先～一璧，歔（就）☑

葛卜·零 158/☑疠～

葛卜·零 290/☑之日禱～。氏（是）日臺（就）〔禱〕☑

葛卜·零 278/☑先～各一☑

（左殘）葛卜·零 287/☑～，百～，贛。以旂（祈）☑

葛卜·甲三 298/☑樂～，百～，贛～。祝

葛卜·甲三 267/☑俟占～曰：吉。册告自斉（文）王以邁（就）聖趄〔王〕☑

葛卜·零 230/☑饋～於黃李，占☑

葛卜·零 209/☑不瘇（瘥）疠～古（故），祝□☑

葛卜·零 270/☑或蕤（遴）彭定～☑

葛卜·甲三 148/☑敓（說）～，罄禱䂹☑

葛卜·零 303/☑敱（特）牛。既薦（薦）～於東陵

葛卜·零 331-1/☑樂戲（且）贛～。罄

葛卜·甲三 98/☑鐘樂～。是日☑

葛卜·甲三 69/～，賡於競坪王、邵（昭）王☑

葛卜·甲三 271/☑瞂邸社，大殤坪夜～楚褉，東

（下殘）葛卜·零 468/☑大咎，占～☑

葛卜·零 481/☑□□～，君牆（將）遬（速）瘕（瘥）☑

（上殘）葛卜·乙四 120/☑〔～〕不瘤（懌）☑

葛卜·零 94/有楚～☑

葛卜·零 497/☑〔占〕～：卦亡（無）咎，〔期〕中☑

（下殘）葛卜·零 183/☑定習～☑

葛卜·零 69/☑占～☑

葛卜·零 53/☑〔占〕～：亙☑

葛卜·零 181/☑～，占～☑

葛卜·零 385/☑占～☑

葛卜·零 365/☑□君～☑

葛卜·零 247/☑智（智）～☑

葛卜·零 264/戌～

葛卜·零 41、零 86/☑〔占〕～：吉☑

葛卜·零 10/☑禱～☑

葛卜·零 314/☑～，邁（就）禱三楚☑

（右殘）葛卜・零 483/☒以□豪（家）～☒

（左殘）葛卜・零 447/☒瘒（懌）～古（故），爲☒

葛卜・乙四 127/☒一勋飤～，還（就）☒

（左殘）葛卜・零 324/☒瘒（懌）～古（故），還（就）禱☒

（左殘）葛卜・零 518/☒之日禱～☒

（左殘）葛卜・零 519/☒占～曰☒

葛卜・零 561/☒～神☒

（右殘）葛卜・零 504/☒～甬（用）☒

（右殘）葛卜・零 568/☒占～☒

（左殘）葛卜・零 592/☒□占～☒

葛卜・零 597/☒～□占☒

葛簿甲・甲三 221/王遅（徙）於鄵（鄢）郢之戠（歲）八月庚脣（辰）～日，所受盟於

葛簿甲・甲三 255/☒三人～飤□☒

（重文）葛卜・甲三 22、59/☒怀脣悗（悶）心～疾，怀脣悗（悶）心～疾，迷（速）瘳迷（速）瘕（瘥）

葛簿乙・甲二 14、13/王遅（徙）於燮（鄢）郢之戠（歲）八月辛酚（酉）～日，東☒

葛簿乙・甲三 262/賓～命，命里人禱☒

葛簿乙・乙三 23/☒□鬶～里一豢，郗里一猪，王☒

葛簿乙・甲二 27/繻子～里一豢☒

葛簿乙・零 91/☒夜～里一豢☒

葛簿乙・乙四 94/☒葟丘～☒

葛簿乙・甲三 179/中春竽我～里一豕☒

葛簿乙・甲三 352/☒二昇，未智（智）丌（其）府里～算

（左殘）葛簿乙・零 586/☒里～☒

葛簿乙・乙三 54/稽室～里人禱☒

葛簿乙・乙四 76/☒禱於鳧鄣～袿（社）一豚（豢）☒

葛簿乙・甲三 400/甸尹宋～述（遂）朗於上桑丘

葛簿乙・甲三 316/司馬魚～述（遂）朗於獋宗、余疋二貃（貊），禱二☒

葛簿乙・甲三 326 - 1/下獻司城己～糵人朗一貃（貊），禱☒

葛簿乙・甲三 310/喬尹申～述（遂）朗於赳昬、鄒思，二貃（貊）☒

葛簿乙・甲三 349/司城均～述（遂）朗於洛、鄷二袿（社）二貃（貊），禱☒

葛簿乙・甲三 346 - 2、384/隍無龍～述（遂）朗於葟丘，寘二貃（貊），禱二家☒

葛簿乙·甲三 324/屈九～述（遂）趔於邔生箙，二黏（瘕）☑

葛簿乙·甲三 343－1/伳己～述（遂）趔於灉、脣（辰）袿（社），二黏（瘕），禱二☑

葛簿乙·甲三 347－1/毺良～述（遂）趔於郹、于二袿（社），二黏（瘕）☑

葛簿乙·甲三 312/奠（鄭）視～述（遂）趔於下肜、蘽，二黏（瘕），禱二豕☑

葛簿乙·甲三 320/晉（許）智（智），晉（許）智（智）～述（遂）趔於鹽取三黏（瘕），禱三豕☑

葛簿乙·甲三 398/郟壴～述（遂）趔於舊□一黏（瘕）☑

葛簿乙·甲三 315/黃宜日～述（遂）趔於新邑、龍郔☑

葛簿乙·甲三 322/郟余穀～述（遂）趔於温父、鶌（鳩），二☑

葛簿乙·甲三 314/玄悳～述（遂）趔於下篆、下姑留二黏（瘕），禱☑

葛簿乙·甲三 343－2/駯羌～述（遂）趔於上獻、友焚二黏（瘕）☑

葛簿乙·甲三 175/肥陵陳舖～述（遂）趔☑

葛簿乙·甲三 348/閒（間）璺大㝫果～述（遂）☑

葛簿乙·甲三 251/袿（社）一豭、四豕。丌（其）國～龐侐鼻芑☑

葛簿乙·零 464/☑丌（其）龐～☑

（左殘）葛簿乙·甲三 228/☑～里害一黏（瘕）☑

葛未·零 384/☑～歲（歲）☑

葛未·甲一 18/☑～

葛未·甲二 3/☑～☑

葛未·零 104/☑～日☑

葛未·零 367/☑～☑

葛未·零 590/☑～日☑

（右殘）葛未·零 603/☑～☑

葛未·零 698/☑～以☑

（右殘）葛未·零 735/☑～歲（歲）☑

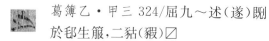長竹書 1－005/〔君〕子～道必若五浴～〔溥〕，三

（右殘）長竹書 1－027/□～□而墀（履）百束

（右殘）長竹書 1－034/〔～〕以卑蹣（亂）殜（世）

長竹書 1－038/母教～七歲（歲）

長竹書 1－006/民則夜皆三代～子孫

長竹書 1－007/易（狄）～閒（聞）～於先王～瀘也

長竹書 1－009/天下爲～女（如）可？

長竹書 1－019/□〔與宜是〕～才（哉）□

長竹書1-030、1-058/□餌(聞)～也。郢(國)又☒

(右殘)長竹書1-040/帝而□〔～〕

長竹書1-052/結～心

(左殘)長竹書1-059、1-0110/□～□

長竹書1-063/子～道

(右殘)長竹書1-091/〔～〕

(左殘)長竹書1-116/□〔～〕

長遣策2-01/二囩(圓)監，屯青黃～劃

長遣策2-05/〔鐶。竹〕器：十笑(籃)，屯赤綿～帽

長遣策2-06/四十笑(籃)，屯紫緻之帽，紫緻～□

長遣策2-07/〔實〕：一繡□衣，絵(錦)緅～夾，純葸，組緣，弁(辮)繢(繢)

長遣策2-07/一索(素)緄繡(帶)，又(有)□〔鉤〕，黃金與白金～鳥(錯)

長遣策2-08/□人～器：一鈔(繅)笘(席)，□綿～純

長遣策2-08/四厚奉～砡

長遣策2-09/□〔室〕～器：一筭，丌(其)實：一㳍帽

長遣策2-09/一捉夐～帽

長遣策2-09/一齒〔毘〕，□□〔絵〕～〔毘〕襄(囊)，縩(緒)綿～裏

長遣策2-010/☒〔～塱〕

長遣策2-010/一□□□長六夵(寸)，泊組～〔塱〕

長遣策2-010/一青尻(處)□～瑞(璧)，呈(徑)四夵(寸)□夵(寸)

長遣策2-015/一緓常，儲(赭)膚～純，帛枭(攝)

長遣策2-015/一丹緅～衽，□裏，〔組〕枭(攝)，絵(錦)緣

長遣策2-013/一牪齊緅～斂(袷)，帛裏，組緣

長遣策2-013/七見褪(鬼)～衣，屯又(有)常

長遣策2-013/一紅介～留衣，帛裏，緓倉(合)

長遣策2-011/一厚奉～旂(舀)

長遣策2-011/二牴白膚，屯爵韋～襡(韜)，紃

長遣策2-012/〔裏(集)〕脰(廚)～器：十〔醯〕垪，屯又(有)盍(蓋)

長遣策2-012/緻與索(素)絵(錦)～緥(緐)襄(囊)二十又一

長遣策2-012/緻與青絵(錦)～緥(緐)襄(囊)七

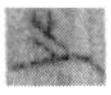 長遣策 2－014/一沐～鈲鼎

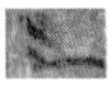 長遣策 2－014/一枀(承)蠲(燭)～鎜(盤)。三□

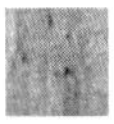 長遣策 2－018/樂人〔～〕器：一〔槃〕坐𦬫(棧)鐘，少(小)大十又三，柅條，桼(漆)劃，金玧

 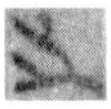 長遣策 2－03/一威盟(盥)～柜，□土螻，桼(漆)青黄～劃

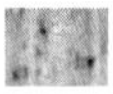 長遣策 2－019/〔絵(錦)〕□□□□□〔～〕緣

 長遣策 2－019/裀(茵)、若(席)，皆緅襡，綿裏，𧙯□～緣

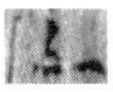 長遣策 2－021/鉉。一□□□～以絵(錦)

  長遣策 2－021/一縿(繒)紫～帰(寢)裀(茵)，縿(繒)緑～裏

 長遣策 2－022/□□，番芋(華)～□

 長遣策 2－022/一□□□□□，〔丹〕絉～罠

 長遣策 2－023/一帰(寢)筴(莞)，一帰(寢)𥳑(筵)，屯結芒～純

 長遣策 2－024/集(集)緒～器：二□□

 長遣策 2－025/丌(其)木器：十皇豆，屯桼(漆)彫，厚奉～〔硂〕

 長遣策 2－026/□□□～硂

 長遣策 2－028/一㲽〔竹篓(翣)。一〕兩鞁(鞔)〔縷(屨)〕，紫韋～納，紛純，紛𦃂(繩)

 長遣策 2－028/一□□□□，〔桼(漆)青〕黄～劃

 長遣策 2－029/□〔緒〕～□：□□□

巿 部

巿

 葛卜・甲三 296/⧄莫囂昜(陽)爲、晉～(師)獸(戰)於長〔城〕⧄

 葛卜・零 224/⧄～(師)賓之□⧄

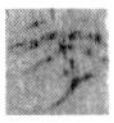 葛卜・零 433/⧄大～(師)□⧄

師(師、巿)

師

 葛卜・甲三 49/⧄至～於陳之戠(歲)十月壬〔戌〕⧄

 葛卜・零 526/⧄至～

巿用作師。見本部巿字條。

出 部

出

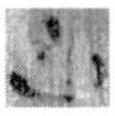 葛卜・甲三 11、24/⧄昔我先～自郋遖

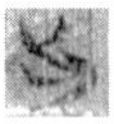 葛卜・甲三 101、94/⧄亦豊(體)～而不良⧄

  葛卜・甲二 28/⧄疥不～，今亦豊(體)～，而不良又(有)閒(間)

葛卜・甲三 135/☑難～，今亦少☑

 葛卜・甲三 198、199－2/☑悗（悶），叔（且）瘠不～，以又（有）痦，尚遬（速）～，毋爲忧

 葛卜・甲三 112/迠（遲）出。☰☰（大過 旅）或爲君貞，以亓（其）迠（遲）～之古（故），尚毋又（有）祟

宋　部

索

 長遣策 2－07/一～（素）縄繡（帶），又（有）☑〔鉤〕，黄金與白金之爲（錯）

 長遣策 2－012/紙與～（素）絵（錦）之紉（繁）襄（囊）二十又一

 長遣策 2－025/四～☑

南

 葛簿乙・甲三 393/～郲一豙，剄於☑

生　部

生

 葛卜・甲二 16/☑諾～以☐☐爲君貞，牆（將）逾☑

 葛卜・乙一 26、2/諾～以俥（衛）策爲君貞

葛卜・乙一 16/王遲（徙）於敔（鄂）郢之戢（歲）宮月己巳之日，公子虩命諾～以衛策

葛卜・甲一 12/爲君貞，牆（將）逾取菑，還返尚毋又（有）咎。～占之曰：卦☑

葛卜・甲三 143/☑尚毋爲蚘（尤）。諾～占之☑

葛卜・乙三 50/～之敓（説），歸一璧

葛卜・零 9、甲三 23、57/於（嗚）唬悽（哀）哉！少（小）臣成蓦（暮）～纍（早）孤☑

葛卜・乙三 7/☑隶滤諾～以長策爲君貞，既☑

葛卜・甲二 37/☑☐。☲☲☲（師 臨）。亘～☑

葛卜・零 268/☑諾～以俥（衛）☑

葛卜・乙三 32/☑或以義（犧）～、璧玉☑

葛簿乙・甲三 324/屈九之述（遂）剄於郘～箙，二秥（緞）☑

葛簿乙・甲三 374、385/管～一豙，剄於定虢☑

長竹書 1－056、1－0113/☐～〔也〕

華　部

華（芊）

芊用作華。見卷一艸部芊字條。

束　部

束

 葛卜·零 409/☒各～綎（錦）☒

 葛卜·甲三 137/册告自斉（文）王以豪（就）聖趄王，各～綎（錦）珈（加）璧

 長竹書 1-027/☐之☐而韏（履）百～

柬

 葛卜·甲一 21/☒箄爲君貞，忻（祈）福於卲（昭）王、獻（獻）惠王、～大王☒

刺

 葛卜·乙四 149、150/☒箺（筮）於東陵，盟以長～☒

 葛卜·甲三 235-1/☒之日鬸佚以長～☒

 （右殘）葛卜·零 180/☒～爲坪☒

 （左殘）葛卜·零 160/☒☐☐☐以長～☒

櫜　部

櫜

 長遣策 2-017/丌（其）木器：一刴（漆）～，〔四〕鈇（鋪）頁，屯又（有）鐶

 長遣策 2-03/二～

 長遣策 2-025/二～，屯

囊（襄）

襄用作囊。見卷八衣部襄字條。

口　部

园

 長遣策 2-01/二～（圓）缶

 長遣策 2-01/二～（圓）監，屯青黃之劃

 長遣策 2-04/一良～（圓）軒，載紡箌（蓋），綆

 長遣策 2-022/一～（圓）☐

圓（园）

园用作圓。見本部园字條。

回

 葛簿甲·甲三 294、零 334/以援。靪不啻（害）、鄻～二人受二臣

國（國、郢）

國

 葛卜·甲三 111/既成，社（攻）逾而脣（厭）之。氏（是）日～☒

葛卜・甲三 248/采(卒)歈(歲)～至
埜(來)歈(歲)之夏𥎦(柰)☐

 葛卜・乙四 141/☐東陵，黿尹丹以承
～爲☐

 葛簿乙・甲三 318/☐播與亓(其)～
不視界

 (左殘)葛簿乙・甲三 319/☐西陵與亓
(其)～不視界☐

 葛簿乙・甲三 251/袏(社)一猪、四
豕。亓(其)～之寵伿聟苣☐

 葛簿乙・甲三 285/☐里二猪、三豕。
亓(其)～☐三袏(社)，上☐

郘用作國。見本卷邑部郘字條。

固

 葛簿乙・甲三 353/～二袏(社)一猪、
一豕，酖於郘思虗一𥸊(豭)，禱☐

☆圍

見卷二牛部牢字條。

☆烟

 葛卜・零 124/☐與～㿱☐

員　部

員

 長竹書 1－011/不～唐(乎)?

貝　部

資

 葛卜・零 192/☐大～十月☐

購

 葛卜・零 129/☐尚～之☐

贛

 葛卜・乙二 1/☐☐舉禱於卲(昭)王
大牢，樂之，百，～☐

 葛卜・乙一 11/禱於吝(文)夫人，醋
宰(牢)，樂虘(且)～之；舉禱於子西
君，醋宰(牢)，樂☐

 葛卜・甲三 242/☐坪郘文君子良，
樂，～

 葛卜・零 40/☐王大牢，百之，～。壬
屋(辰)之日禱之☐

 長竹書 1－010/立日～賜布也

 葛卜・甲三 46/之，～，樂之。辛彤
(酉)之日禱之☐

 葛卜・甲一 27/☐〔樂〕之，百之，～。
舉禱於子西君哉(特)牛，樂☐

 葛卜・甲一 10/☐～。凡是戊屋(辰)
以敘(合)己巳禱之

葛卜・甲三 136/▨璧，以罷禱大牢饋，脁（棧）鐘樂之，百之，～

葛卜・零 287/之，百之，～。以旂（祈）▨

葛卜・甲三 298/▨樂之，百之，～之。祝

葛卜・零 331-1/▨樂戲（且）～之。舉

賜

葛卜・零 92/▨的配卿～▨

長竹書 1-010/立日贛～布也

賤（戔）

戔用作賤。見卷十二戈部戔字条。

賓

葛卜・零 224/▨帀（師）～之▨▨

葛卜・甲一 23/▨與～禱之

葛簿乙・甲三 262/～之命，命里人禱▨

貴

（右殘）長竹書 1-006/夫～

長竹書 1-026、1-067/退嚻圖而欲～

賽

葛卜・甲三 303/▨之祝（說）。戁（擇）日於八月之宙（中）～禱▨

☆眂

葛卜・乙四 106/▨□八月又（有）女子之～，九月、十月又（有）外□▨

☆眂

長遣策 2-016-1/□～九益□□

長遣策 2-016-2/□〔～〕八益削〔益〕一朱（銖）

☆賡

葛卜・甲三 69/之，～於競坪王、卲（昭）王▨

☆贊

長遣策 2-04/□□～

☆瞳

葛簿乙・甲三 123/下～一猫▨

☆賏

葛卜・零 193/▨之～之不趴取於發與鮺▨

邑 部

邑

葛簿乙・甲三 275/☐大～以牛；中～以豢；少（小）☐

葛簿乙・甲三 315/黃宜日之述（遂）覭於新～、龍邟☐

邦

葛卜・零 172/☐貞，楚～既☐

（右殘）葛卜・零 131/☐☐☐☐楚〔～〕又（有）尋（得）☐

長竹書 1－017/☐～以城亓（其）名者

邟

葛卜・零 102、59/☐爲賢子～果告大司城瘞☐

鄭（鄭、奠）

鄭

葛卜・乙四 63、147/☐〔王復於〕藍郢之歲（歲）冬臬（柰）之月丁嬛（亥）之日，～疫以駮罷爲君☐

葛卜・零 222/☐〔句鄋〕公～途〔穀〕☐

葛卜・乙一 32/句鄋公～

葛卜・甲三 223/王〔徙〕於鄋郢之歲（歲）八月己巳之日，～建以☐☐

葛卜・甲三 212、199－3/☐瘕（瘥）。以亓（其）古（故）敚（說）之。迻（逐）鹽𦣞之敚，饎祭卲（昭）王大牢，胒（棧）鐘樂之。～☐

葛卜・乙四 98/☐八月乙卯之日，～卜子怵以蠶頁之禮爲君三歲（歲）貞☐

奠用作鄭。見卷五亓部奠字條。

鄋（鄋、嘟、敊、葝、墊、蔛、邟、嫯）

鄋

葛卜・甲三 240/王自肥遺鄋遅（徙）於～郢之歲（歲），宜月☐

（上殘）葛卜・甲三 114、113/☐〔王徙於〕～郢之歲（歲），夏柰之月乙卯之日

葛卜・甲三 223/王〔徙〕於～郢之歲（歲）八月己巳之日，鄋建以☐☐

（左殘）葛卜・零 113/☐〔王徙於〕～郢之歲（歲）八月戊☐

嘟

葛卜・乙四 16/☐～（鄋）郢之歲（歲），夏

葛卜・乙四 47/王遅於～（鄋）郢之

敊用作鄋。見卷三支部敊字條。

葝用作鄋。見卷一艸部葝字條。

墊用作鄋。見卷十三土部墊字條。

鞁用作鄹。見卷十三土部鞁字條。

鄐用作鄹。見本部鄐字條。

燇用作鄹。見卷十火部燇字條。

郢

 葛卜・乙四 110、117/☑少逄（遲），迷（速）從～坙（來），公子見君王，尚忬（怡）懌，毋見☑

 葛卜・乙四 35/☑郘聯爲君貞，才（在）～爲三月，尚自宜訓（順）也。熹占之：亡（無）

 葛卜・乙四 44/☑君貞，既才（在）～，牂（將）見王，還返毋又（有）咎。趄熹☑

 葛卜・乙四 85/☑長簞爲君釆（卒）歲（歲）貞，居～尚毋又（有）咎。魂占☑

 葛卜・零 90/☑□才（在）～，貂☑

 葛卜・乙四 54/王復於藍～之〔歲〕☑

 葛卜・甲三 297/王復於藍～之〔歲〕☑

 （右殘）葛卜・乙四 63、147/☑〔王復於〕藍～之歲（歲）冬褮（欒）之月丁㜇（亥）之日，鄭疲以駁黿爲君☑

 葛卜・乙四 113/☑～之古（故），命𢤱（祈）福☑

 （左殘）葛卜・零 294、482、乙四 129/☑〔王〕復於藍～之歲（歲）冬褮（欒）之月丁㜇（亥）之日，龜尹〔丹〕☑

 葛卜・乙四 100、零 532、678/居～，還反（返）至於東陵，尚毋又（有）咎

 葛卜・甲三 240/王自肥遺～遷（徙）於鄂～之歲（歲），亯月☑

 葛卜・乙一 26，2/王遲（徙）於敔（鄂）～之歲（歲）亯月己巳之日

 葛卜・乙一 18/王遲（徙）於敔（鄂）～之歲（歲）夏褮（欒）之月乙巳之日，洭瞀以陵☑

葛卜・乙一 12/王遲（徙）於敔（鄂）～之歲（歲）夏褮（欒）之月乙巳之日

葛卜・乙一 16/王遲（徙）於敔（鄂）～之歲（歲）亯月己巳之日，公子虢命諸生以衛簞

 葛卜・零 216/☑敔（鄂）～之歲（歲）

葛卜・乙一 5/☑～之歲（歲），夏褮（欒）之月己丑之日，君䫉於答☑

葛卜・乙一 20/王遲（徙）於鄐（鄂）～之歲（歲），夏褮（欒）

葛卜・乙四 67/王遲（徙）於鄐（鄂）～之歲（歲），夏〔欒〕

葛卜・乙四 66/王遲（徙）於鄐（鄂）～之歲（歲）☑

葛卜・甲三 225、零 332－2/王遲（徙）於敔（鄂）～之歲（歲），夏褮（欒）之月乙巳之日☑

 （右殘）葛卜・零 142/～之歲（歲），夏☑

葛卜・甲三 299/王遲（徙）於敔（鄂）～之歲（歲），夏褮（欒）之月癸丑☑

葛卜・甲三 204/王遅（徙）於鄵（郢）
～之䣓（歲），夏㝅（栾）之月癸嬛（亥）
之日

葛卜・甲三 114、113/☐〔王徙於〕鄵
～之䣓（歲），夏㝅之月乙卯之日

葛卜・甲三 183－2/王遅（徙）於敚
（鄵）～之䣓（歲）☐

葛卜・甲三 159－2/王遅（徙）於鄵
（鄵）～之䣓（歲），夏㝅（栾）之月☐

葛卜・乙四 15/☰☷（遁 謙）。王遅
（徙）於敚（鄵）～之䣓（歲），夏㝅
（栾）☐

葛卜・乙四 16/☐嘟（鄵）～之䣓
（歲），夏

葛卜・甲二 6、30、15/王遅（徙）於鄵
（鄵）～之䣓（歲）八月丁巳之日，鑑壽
君以吳夏〔之〕☐

葛卜・甲二 22、23、24/☐〔王徙〕於鄵
（鄵）～之䣓（歲）八月丁巳之日，雁
（膺）寅以少（小）央爲☐

葛卜・甲一 3/王遅（徙）於鄵（鄵）～
之䣓（歲）八月丁巳之日，雁（膺）愴以
大央爲坪☐

葛卜・甲三 178/☐〔王徙〕於鄵（鄵）
～之䣓（歲）八月丁巳之日，鄺（應）
寅☐

葛卜・甲三 258/王遅（徙）於敚（鄵）
～之䣓（歲）八月丁巳之日，鄺愴（應）
以大央☐

葛卜・乙四 47/王遅於嘟（鄵）～之

葛卜・甲三 259/王遅（徙）於壑（鄵）
～之䣓（歲）

葛卜・乙三 29/☐〔王徙〕於薂（鄵）～
之䣓（歲）八月辛酉（酉）之☐

葛卜・甲三 215/王遅（徙）於鄵（鄵）
～之䣓（歲）八月己巳之日

葛卜・甲三 223/王〔徙〕於鄵～之䣓
（歲）八月己巳之日，鄭建以☐☐

葛卜・甲三 93/☐☐於～之☐

（左殘）葛卜・零 113/☐〔王徙〕於鄵～
之䣓（歲）八月戊☐

葛卜・乙四 2/王遅（徙）於鄵～之

（右殘）葛卜・零 580、730/☐於敚（鄵）
～之☐

葛卜・零 498/王遅（徙）於敚（鄵）～
〔之歲〕☐

葛簿甲・甲三 221/王遅（徙）於鄵
（鄵）～之䣓（歲）八月庚唇（辰）之日，
所受盦於

葛簿乙・甲二 14、13/王遅（徙）於樊
（鄵）～之䣓（歲）八月辛酉（酉）之日，
東☐

郣

葛卜・乙四 27/☐疾，亘（亟）甶～亥
敓（說）於五殈（世）☐

邡

葛卜・甲三 8、18/☐大戴（城）邡（兹）
～之䣓（歲），夏厇之月癸嬛（亥）之日，
趄鼇以郹瞵爲☐

鄱

葛卜・零 145/☒☒～之☒

郶

葛簿乙・甲三 337/☒～父一

葛未・零 356/☒寺～☒

酇

葛卜・甲三 32/獻馬之月〔乙〕還（亥）之日，～喜以定☒

葛簿甲・甲三 294、零 334/以援。鞆不萬（害）、～回二人受二匜

郚

葛簿乙・乙四 90/～一襖一牛，三衽（社）☒

☆邖

葛卜・甲三 11、24/☒昔我先出自～遹

☆邚

葛簿乙・甲三 409/上～以豢，剻於朳一黏（瘕）☒

葛簿乙・甲三 413/☒下～以豢☒

☆邔

葛簿乙・甲三 406/～余二☒

☆郋

葛簿乙・甲三 324/屈九之述（遂）剻於～生服，二黏（瘕）☒

☆郔

葛簿乙・甲三 343 - 1/～己之述（遂）剻於灅、脣（辰）衽（社），二黏（瘕），禱二☒

☆邥

葛簿乙・甲三 398/～豊之述（遂）剻於雟☒一黏（瘕）☒

葛簿乙・甲三 322/～余穀之述（遂）剻於温父、鵒（鳩），二☒

☆郱

葛卜・乙四 102/☒之月丁睘（亥）之日～輓以鄿韋（篳）爲君釆（卒）哉（歲）之貞

☆邨

葛卜・乙一 23、1/大臧（城）～（兹）立（方）之哉（歲）屈㡀（柰）之月癸未之日，諆〔生〕☒

葛卜・乙一 14/句鄩公奠（鄭）余穀大城～（兹）立（方）之哉（歲）屈柰之月癸未〔之日〕☒

（左殘）葛卜・乙四 21/☒城～（兹）立（方）之哉（歲）

葛卜・甲三 8、18/☒大臧（城）～（兹）邖之哉（歲），夏层之月癸嬛（亥）之日，趄鷔以郶聬爲☒

☆郘

葛卜・甲三 271/☐𪯩～社,大殤坪夜之楚禝,東

☆⿰兆阝

葛簿乙・零 346/北～一豬☐

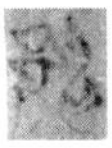
葛簿乙・甲三 393/南～一豢,𥊷於☐

☆⿰俑阝

葛卜・零 237/☐～山一□☐

葛卜・乙三 44、45/☐備(佩)玉,於～山一珽璜,□☐

葛卜・乙四 26/☐三楚先、陸(地)宝(主)、二天子、～山、北〔方〕☐

葛簿乙・甲三 334/閘(關)～三袿(社)三冢☐

☆⿰如阝

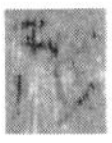
葛簿乙・零 403/～里人☐

☆⿰起阝

葛簿乙・甲三 310/喬尹申之述(遂)𥊷於～昌、鄎思,二黏☐

☆⿰巠阝

葛簿乙・甲三 386/～一冢,𥊷☐

☆⿰兑阝

葛簿乙・甲三 315/黄宜日之述(遂)𥊷於新邑、龍～☐

☆⿰智阝

葛簿乙・甲三 361、344－2/一豬,一冢。𥊷於～戲組二黏

☆鄂

葛卜・乙一 14/句～公奠(鄭)余穀大城邶(兹)竝(方)之戢(歲)屈柰之月癸未〔之日〕☐

葛卜・乙一 32/句～公鄭

☆⿰衣阝

葛卜・甲三 242/☐坪～文君子良,樂,贛

葛卜・零 66、甲三 234/☐爲坪～君卜之☐

☆⿰帚阝

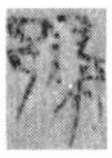
葛簿乙・乙三 23/☐□鄝之里一豢,～里一豬,王☐

☆⿰亞阝

葛簿乙・甲三 353/固二袿(社)一豬、一冢,𥊷於～思虛一黏(瘕),禱☐

☆⿰某阝

葛卜・甲三 233、190/～少(小)司馬陳鯢愆(愆)以白需(靈)爲君坪夜君貞

☆郶

(左殘)葛卜·乙四 35/☒～繇爲君貞，才(在)郶爲三月，尚自宜訓(順)也。醞占之：亡(無)

葛卜·零 236、186/☒車，郶公中、大司馬子砳、～(宛)公☒

葛卜·甲三 8、18/☒大馘(城)邞(兹)郶之散(歲)，夏屎之月癸嬛(亥)之日，赳醞以～繇爲☒

☆鄡

葛未·零 364/☒赤～☒

☆郯

葛簿乙·甲三 347-1/氉良之述(遂)阢於～、于二袿(社)，二狤(稞)☒

☆鄜

葛簿乙·甲三 364/芒、～二狤(稞)，禱二豕☒

☆郪

葛簿乙·甲三 310/喬尹申之述(遂)阢於赳昌、～思，二狤(稞)☒

☆鄣

葛卜·甲三 30/☒□公城～之散(歲)亯月☒

☆鄑

葛卜·零 236、186/☒車，～公中、大司馬子砳、郶(宛)公☒

☆鄦

葛卜·甲三 193/～尹蒹習之以新承悳☒

☆酅

葛卜·乙四 79/☒☰☰(離 漸)～(應)寅以☒

葛卜·甲三 178/☒〔王徙〕於鄝(鄣)郢之散(歲)八月丁巳之日，～(應)寅☒

葛卜·甲三 258/王遅(徙)於敔(鄣)郢之散(歲)八月丁巳之日，～(應)愴以大央☒

葛卜·甲三 208/～(應)愴寅習之以大央，占之：〔吉〕，迷(速)又(有)閦(間)，無祝(祟)☒

葛卜·甲三 114、113/～(應)嘉以衛侯之簐(筮)爲坪夜君貞

☆鄑

葛簿乙·甲三 349/司城均之述(遂)阢於洛、～二袿(社)二狤，禱☒

☆鄍

見卷三言部許字條。

☆鄍

葛簿甲·甲三 221/王遅(徙)於～(鄣)郢之散(歲)八月庚唇(辰)之日，所受盟於

葛卜·乙一 20/王遅(徙)於～(鄣)郢之散(歲)，夏褩(栾)

葛卜・乙四 67/王遲（徙）於～（鄋）郢之歇（歲），夏〔欒〕

葛卜・甲三 204/王遲（徙）於～（鄋）郢之歇（歲），夏欒（欒）之月癸嬛（亥）之日

葛卜・甲三 159－2/王遲（徙）於～（鄋）郢之歇（歲），夏欒（欒）之月☐

葛卜・甲二 6、30、15/王遲（徙）於～（鄋）郢之歇（歲）八月丁巳之日，䰠壽君以吳夏〔之〕☐

葛卜・甲二 22、23、24/☐〔王徙〕於～（鄋）郢之歇（歲）八月丁巳之日，雁（膺）寅以少（小）央爲☐

葛卜・甲一 3/王遲（徙）於～（鄋）郢之歇（歲）八月丁巳之日，雁（膺）愴以大央爲坪☐

葛卜・甲三 178/☐〔王徙〕於～（鄋）郢之歇（歲）八月丁巳之日，郶（應）寅☐

葛卜・甲三 215/王遲（徙）於～（鄋）郢之歇（歲）八月己巳之日

葛卜・乙四 2/王遲（徙）於～（鄋）郢之

葛卜・零 25/王遲（徙）於～（鄋）☐

葛卜・乙四 66/王遲（徙）於～（鄋）郢之歇（歲）☐

☆鄝

葛簿乙・乙四 76/☐禱於鼻～之袥（社）一䑥（豢）☐

☆鄞

葛卜・乙四 102/☐之月丁睘（亥）之日郉輓以～韋（篳）爲君采（卒）歇（歲）之貞

☆欚

葛簿乙・甲三 402/☐述（遂）剅於汇林～☐

☆𨝵

葛未・零 473/☐～以☐

（左殘）葛未・零 619/☐～☐

（右殘）葛未・零 731/☐～☐

☆邞

長竹書 1－030、1－058/☐䣇（聞）之也。～（國）又☐

日 部

日

葛卜·甲三 39/無瘥,至癸卯之～安良瘥(瘥)。丌(其)祝(祟)與龜☐

葛卜·甲三 111/既成,社(攻)逾而厭(厭)之。氏(是)～國☐

葛卜·甲三 217/齊客陳異至(致)福於王之歲(歲)獻馬之月乙丑之～

葛卜·甲三 31/☐丌(其)繇曰:是～未兌,大言讙讙(絕),少(小)言惙惙,若組若結,夂(終)以☐☐

葛卜·甲三 4/犬(太),備(佩)玉珓,罩～於是見(幾),憲(賽)禱司命、司录(禄)☐

葛卜·零 219/☐備(佩)玉珓,罩～於☐☐

葛卜·乙四 43/☐夏层、宣月憲(賽)禱大水,備(佩)玉珓。罩～於屈栾

葛卜·零 318/☐罩～臺(就)☐

葛卜·零 214/☐〔齊客陳異致福於〕王之歲(歲)獻馬之月乙罥(亥)之～☐

葛卜·甲三 102/☐之,是～邁(就)禱於☐

(右殘)葛卜·零 23/☐〔之〕～鷹(薦)之☐☐☐

葛卜·甲三 401/～於九月鷹(薦)叔(且)禱之,吉☐

葛卜·甲三 22、59/罷～癸丑,少(小)☐

葛卜·乙二 44/☐之～,暊與良志以☐

葛卜·甲三 114、113/☐〔王徙於〕鄩郢之歲(歲),夏柰之月乙卯之～

葛卜·零 5/☐☐罩～於☐

葛卜·零 329/☐君七～貞,尚大☐

葛卜·甲三 303/☐之祝(說)。敚(擇)～於八月之审(中)賽禱☐

葛卜·甲三 54、55/☐月丁巳之～☐☐以髊髀爲☐

葛卜·甲三 26/歲(歲)八月己未之～,鹽券以長☐

葛卜·甲三 109/☐☐箴。庚申之昏以起,辛酉之～禱之

葛卜·乙二 42/☐亥之～瞀(皆)禧(薦)之,吉☐

 葛卜・甲三 223/王〔徙〕於鄗郢之戠(歲)八月己巳之~,鄭建以□□

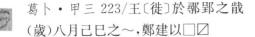 葛卜・零 326/己巳之~,觀□

 葛卜・甲三 339/□罩~八月之中脽(棧)□

葛卜・甲三 201/擇~於八月脽(棧)祭競坪王,以逾至呇(文)君,占之:吉

葛卜・零 463/□□吉~,恿(賽)丌(其)□

葛卜・甲三 58/□午之~尚毋瘑(續)。占之:亙□

葛卜・甲三 41/□氏(是)~彭定習之以鳴艥□

葛卜・甲三 98/□鐘樂之。是~□

(左殘)葛卜・零 543/□~尚毋□

葛簿乙・甲三 315/黄宜~之述(遂)剧於新邑、龍郢□

葛未・零 104/□之~□

葛未・零 590/□之~□

長竹書 1-010/立~贛賜布也

長竹書 1-023/州,昊昊冥冥又(有)胃~

早(暈)

暈用作早。見本部暈字條。

時

長竹書 1-037、1-060/□三杳(本)一子~

昭(邵、敬)

邵用作昭。見卷九卩部邵字條。

敬用作昭。見卷三攴部敬字條。

晉

葛卜・甲三 296/□莫囂易(陽)爲、~帀(師)獸(戰)於長〔城〕□

葛卜・乙四 134/□□擇之围(牢)申(中),~□爲舎相之敬(昭)告大□

昃(昊)

昊

葛卜・甲三 159-1/□祱(祝)~(昃)禱之□

葛簿甲・甲三 292/□歱(衛)軋、馭~(昃)受九臣又剛□

昏

葛卜・乙三 60、乙二 13/□巳之~鷹(薦)虘禱之堕(地)宔(主),八月辛酉□

葛卜・乙四 36/□兩又(有)五,丁巳之~以□

葛卜・甲三 116/□〔平〕夜文君,戊午之~以□

葛卜・甲三 109/□□籤。庚申之~以起,辛酉之日禱之

葛卜・甲三 119/□甲戌之~以起,乙亥之日鷹(薦)之

昔

葛卜・甲三 11、24/□~我先出自郮遣

（右殘）長竹書1-087/□君子古～

昆

葛簿甲·甲三244/窀（窀）人～繍（聞）受二，又豹□

晟

葛卜·零439/□之，褅（揖）禱於□～□

☆旮

葛卜·零124/□與烟～□

葛卜·甲三17/□～中無咎，又（有）閞（間）□

葛卜·甲三236/吉。～之审（中）疾□

☆昊

（重文）長竹書1-023/州，～～冥冥又（有）胃日

☆咫

長竹書1-004/毋～楠□

☆唇

見卷十四辰部辰字條。

☆暊

葛卜·零584、甲三266、277/□之日，～與良志以陵尹懌之髓髀爲君貞

葛卜·甲三209/□競坪王大單（牢）饋，延（棧）鐘樂之。遝（逐）～

葛卜·乙一12/～與良志以陵尹

葛卜·乙二44/□之日，～與良志以□

☆罷

葛卜·甲三22、59/～日癸丑，少（小）□

☆暴

葛卜·零9、甲三23、57/於（鳴）唬悆（哀）哉！少（小）臣成蔓（暮）生～（早）孤□

☆譖

見卷三言部許字條。

☆譖

長遣策2-028/一䓕〔竹篓（翣）。一〕兩𩎸（鞥）〔縷（屨）〕，紫韋之納，紛純，紛～（繩）

☆譖

葛卜·乙二42/□亥之日～（皆）禤（薦）之，吉□

葛卜·甲三138/□既～（皆）告馘（且）禱巳□

葛卜·零452/□之日～（皆）告馘（且）禱之□

㫃　部

旅

 葛卜・甲三 111/☐之日䰾（薦）大（太）一牺，緌（纓）之以㭉玉，～（祈）之

 葛卜・甲二 10/☐聿（盡）緌（纓）以㭉玉，～（祈）☐

 （左殘）葛卜・甲三 188、197/䢅禱楚先老童、祝融、禮（鬻）酓（熊），各兩痒（牂）。～（祈）☐

 （右殘）葛卜・零 284/☐～（祈）之☐

 葛卜・零 287/之，百之，贛。以～（祈）☐

 長遣策 2-011/一厚奉之～（旅）

 長遣策 2-011/三彫～（旅）

遊

 長竹書 1-077/～

☆䐠

 葛卜・甲三 36/☐大莫囂～（陽）爲獸（戰）於長城之〔歲〕☐

 葛卜・乙四 49/☐☐～習之以承惠。占☐

 葛簿甲・零 37/☐繁～受☐

冥　部

冥

 （重文）長竹書 1-023/州，昊昊～～又（有）胥日

晶　部

晶

 長竹書 1-03/☐教箸（書）～（參）哉（歲）

曑（晶）

晶用作參。見本部晶字條。

月　部

月

 葛卜・甲三 34/☐〔蔓荅受女〕於楚之哉（歲）遠㝓（栾）之～丁酉☐

 葛卜・甲三 49/☐至師於陳之哉（歲）十～壬〔戌〕☐

 葛卜・甲三 37/之哉（歲）十～壬戌☐

 葛卜・乙四 106/☐☐八～又（有）女子之賞，九～、十～又（有）外☐☐

 葛卜・零 431/☐之哉（歲）九～乙卯之日☐☐

葛卜·甲三 1/我王於林丘之歲（歲）九～☐

 葛卜·乙四 35/☐ 郚聯爲君貞，才（在）郚爲三～，尚自宜訓（順）也。醫占之：亡（無）

 葛卜·甲三 51/☐ 習尻之～己巳之日 ☐☐

 葛卜·乙四 144/☐〔我王於林丘〕之歲（歲）九～甲申之日，攻差以君命取惠霝（靈）☐

 葛卜·甲三 217/齊客陳異至（致）福於王之歲（歲）獻馬之～乙丑之日

 葛卜·零 257/之～乙㝅（亥）之日

 葛卜·甲三 33/齊客陳異至（致）福於王之歲（歲）獻馬之～，魷龜以龙黽爲君釆（卒）歲（歲）☐

 葛卜·乙四 43/☐夏尻、亯～寙（賽）禱大水，備（佩）玉牪。罜曰於屈欒

 葛卜·零 214/☐〔齊客陳異致福於〕王之歲（歲）獻馬之～乙㝅（亥）之日☐

 （左殘）葛卜·甲三 30/☐☐公城鄩之歲（歲）亯～☐

 葛卜·甲三 240/王自肥遺郚遅（徙）於鄩郚之歲（歲），亯～☐

 葛卜·乙一 26、2/王遅（徙）於敔（鄩）郚之歲（歲）亯～己巳之日

葛卜·乙一 16/王遅（徙）於敔（鄩）郚之歲（歲）亯～己巳之日，公子虢命諸生以衛箠

（右殘）葛卜·零 51/☐之歲（歲）亯～☐

 葛卜·乙三 60、乙二 13/☐巳之昏鷹（薦）盧禱之陞（地）宔（主），八～辛酉☐

 葛卜·甲三 401/曰於九～鷹（薦）尗（且）禱之，吉☐

 葛卜·甲三 200/定占之曰：吉。氏（是）～之☐

 葛卜·甲三 114、113/☐〔王遅於〕鄩郚之歲（歲），夏欒之～乙卯之日

 葛卜·零 20/☐之～，乙卯之☐

 葛卜·乙一 31、25/自夏祭（欒）之月以至冬祭（欒）之月，聿（盡）七～尚毋又（有）大☐

 （上殘）葛卜·甲三 54、55/☐～丁巳之日☐☐以髕髀爲☐

 葛卜·甲三 26/歲（歲）八～己未之日，盬券以長☐

 （上殘）葛卜·乙四 126/☐～辛酐（酉）之日西陵執事人台君王☐

 葛卜·甲三 215/王遅（徙）於鄩（鄩）郚之歲（歲）八～己巳之日

 葛卜·甲三 223/王〔遅（徙）〕於鄩郚之歲（歲）八～己巳之日，鄭建以☐☐

 （下殘）葛卜·零 530/☐八～☐

 （下殘）葛卜·甲三 191/☐以至十月，三～☐

 葛簿甲·甲三 221/王遅（徙）於鄩（鄩）郚之歲（歲）八～庚唇（辰）之日，所受盟於

期

 葛卜·零 497/☐〔占〕之：卦亡（無）咎，〔～〕中☐

☆ 胃

長竹書 1 - 023/州，昊昊冥冥又（有）
～日

☆ 朕

葛卜・乙一 29、30/墾禱於卲（昭）王、
獻（獻）惠王各大牢饋，～（棧）☐

葛卜・甲三 136/☐璧，以罷禱大牢
饋，～（棧）鐘樂之，百之，贛

☆ 朕

葛卜・甲三 212、199 - 3/☐瘠（瘥）。
以亓（其）古（故）敓（說）之。迻（迻）盬
痞之敓，饎祭卲（昭）王大牢，～（棧）鐘
樂之。鄭☐

葛卜・甲三 339/☐罩日八月之中～
（棧）☐

葛卜・甲三 201/擇日於八月～（棧）
祭競坪王，以逾至咎（文）君，占之：吉

葛卜・零 8/☐～（棧）鐘☐

有　部

有（有、又）

有

葛卜・乙四 84/☐☐毋～咎。占之
曰：亙貞吉，少（小）迲（遲）

葛卜・零 394/☐☐～（侑），禱安☐

葛卜・零 198、203/～祝（祟）見

于大川有泲，少（小）臣成敬之瞿

葛卜・零 9、甲三 23、57/☐食，卲（昭）
告大川～泲，曰

葛卜・甲三 21/☐食，卲（昭）告大川
～泲。少（小）臣

葛卜・乙四 53/☐☐☐禱祠，林～☐

葛卜・甲三 65/☐霝（靈）力休～成
慶，宜爾☐

葛卜・零 94/～楚之☐

（上殘）葛卜・零 225/☐～志☐☐☐

又用作有。見卷三又部又字條。

囝　部

盟（盟、累）

盟

長遣策 2 - 03/一戚～（盟）之柜，☐土
蔞，劤（漆）青黃之劃

累

葛卜・零 281/☐塞～（盟）禱，是日☐

長遣策 2 - 028/八～（盟）僮

葛卜・甲三 227/☐於～（盟）褆（詛），
無☐

葛卜・甲三 231/☐於～（盟）褆（詛）
☐☐

夕　部

夜

長竹書 1－006/民則～皆三代之子孫

長竹書 1－08/幾～不難

葛卜·零 490/☑□爲坪～君☑

葛卜·零 39、527/☑□小子～☑

葛卜·甲三 13/☑罠～遂先人☑

葛卜·甲三 114、113/郾（應）嘉以衛侯之簟（笲）爲坪～君貞

葛卜·甲三 189/☑坪～君貞，既心悗（悶）、瘇（胖）痕（脹），以百胻體疾

葛卜·甲二 21/☑王爲坪～☑

葛卜·零 311/☑髀爲坪～☑

葛卜·甲三 6/☑坪～君貞，既☑

葛卜·乙二 37/☑以坪～君不瘇（懌），怀（背）、雁（膺）

葛卜·甲三 116/☑〔平〕～文君，戊午之昏以☑

葛卜·甲三 215/盬痦以駐蒿爲坪～君貞，既心

葛卜·甲三 233、190/鄡少（小）司馬陳鬼惥（愳）以白靁（靈）爲君坪～君貞

葛卜·甲三 115/☑盬痦以駐靁爲坪～君

葛卜·甲三 246/☑豙（家）爲坪～君貞，既（將）☑

葛卜·甲三 121/☑〔平〕～文君各一玉☑

葛卜·零 238/☑遫（速）瘇（瘥），起病經命坪～君☑

（左殘）葛卜·零 156/☑〔平〕～君城□□□□□

葛卜·零 369/☑爲坪～☑

葛卜·零 189/☑思坪～君城（成）□瘥迷（速）瘇（瘥）☑

葛卜·甲三 271/☑敓郚社，大殤坪～之楚褀，東

（左殘）葛卜·零 570/☑坪～君☑

葛簿乙·零 91/☑～之里一豢☑

葛簿乙·甲三 313/亡～一猪，剔於隋一黏（豭），禱一豙☑

葛簿乙·甲三 346－1/☑～一黏（豭），禱一豙☑

外

葛卜·乙四 106/☑□八月又（有）女子之賞，九月、十月又（有）～□☑

葛卜·甲三 10/☑先，少（小）又（有）～言感也，不爲慭（尤）。君牆（將）又（有）志成也☑

葛卜·乙四 52/☑行，又（有）～霙（喪）☑

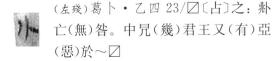

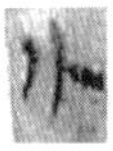
（左殘）葛卜・乙四 23/⍁〔占〕之：𠒎亡（無）咎。中𡇋（幾）君王又（有）亞（惡）於～⍁

葛卜・甲三 270/亡（無）敚（祟），𡇋（幾）中又（有）～𧄍（喪）⍁

（左殘）葛卜・乙四 122/〔爲〕君集戠之貞，尚毋又（有）咎。占曰：𠒎亡（無）咎，君𨟻（將）喪祙，又（有）火戒，又（有）～⍁

葛卜・甲二 40/⍁下内～禝神句所⍁

多

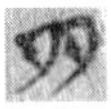
葛卜・零 302/⍁之少～我攸⍁

☆𦵧

見卷一茻部莫字條。

马　部

甬

葛卜・甲三 15、60/⍁隹潒（顫）栗忎（恐）瞿，～（用）受繇元龜、晉篙（筮）曰：

葛卜・乙四 48、零 651/之，敔（敢）～（用）一元犕痒（牂），先之⍁

葛卜・甲三 61/成敔（敢）～（用）解訛（過）瘽（釋）蚘（尤），若

葛卜・乙四 70/⍁少（小）臣成拜手稽首，敔（敢）～（用）一元⍁

（右殘）葛卜・零 504/⍁之～（用）⍁

卤　部

栗

葛卜・甲三 15、60/⍁隹（唯）潒（顫）～忎（恐）瞿，甬（用）受繇元龜、晉篙（筮）曰：

葛簿乙・甲三 355/莆泉一冢，𨟻於～溪一豬（豭），禱一冢⍁

齊　部

齊

長遣策 2－013/一牪～緅之敆（袷），帛裏，組緣

長遣策 2－027/一〔～鏞〕

葛卜・甲三 217/～客陳異至（致）福於王之戢（歲）獻馬之月乙丑之日

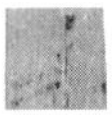
葛卜・甲三 27/～客陳異至（致）福於王之戢（歲）獻⍁

葛卜・甲三 33/～客陳異至（致）福於王之戢（歲）獻馬之月，穌𪓐以尨𪓐爲君𡚬（卒）戢（歲）⍁

葛卜・甲三 20/～客陳異至（致）福於王〔之〕戢（歲）獻⍁

葛卜・零 165、19/～客陳異至（致）福於王之戢（歲）獻（獻）⍁

葛卜・甲三 272/～客陳異至（致）福於王之戢（歲）⍁

鼎　部

鼎

 長遣策 2－014/一迠缶，一湯～，屯又（有）盍（蓋）

 長遣策 2－014/一沐之鍬～

 長遣策 2－025/□□□□□□～

 長遣策 2－027/二～

录　部

录

 葛卜・甲三 4/大（太），備（佩）玉觗，罜日於是兄（幾），悤（賽）禱司命、司～（禄）☑

禾　部

稷（襪）

襪

 葛卜・甲三 271/☑瞅卲社，大殤坪夜之楚～，東

 葛簿乙・甲三 335/皀一～一牛，五

 葛簿乙・甲三 341/☑□一～一牛☑

 葛簿乙・乙四 90/郊一～一牛，三祔（社）☑

 葛卜・零 163/☑□社～縢（豢），山義（犠）☑

 葛卜・零 338、零 24/丌（其）祔（社）～，芒祔（社）命蠮（祋）☑

年

 葛未・零 250/☑王元～☑

☆秴

 長遣策 2－029/二芺（篕）〔～（梁）。四〕□□□

☆稭

 葛簿乙・乙三 54/～室之里人禱☑

☆和

 葛卜・零 415/☑之～簹，黍簹□□☑

黍　部

黍

 葛卜・零 415/之和簹，～簹□

米　部

米

 長遣策 2－029/百善～，紫緅百襄（囊），米屯緅帽

糗(糧)

糗

長遺策 2−06/四～(糧)箕

長遺策 2−022/少(小)襄(囊)～(糧)
四十又八

長遺策 2−022/一大襄(囊)～(糧)

☆籿

葛簿甲・甲三 203/☒吳殴無受一赤,
又～,又弁☒,又鳶(雁)首

葛簿甲・甲三 211/☒受二臣,又二
赤,又刉,又～

葛簿甲・甲三 90/☒八十臣又三臣,
又一刉,～,鳶(雁)首☒

(下殘)葛簿甲・甲三 244/窑(匋)人昆
龠(聞)受二,又～☒

☆粘

長遺策 2−024/棄(集)～之器:二
☐☐

長遺策 2−029/☐〔～〕之☐:☐☐☐

臼　部

☆杳

見卷六木部本字條。

㭉　部

☆㭉

葛卜・乙四 53/☒☐☐禱祠,～有☒

☆鼎

葛卜・零 115、22/☒☐。▤▤(同人
比)。是～(髒)切而口亦不爲大詢,勿
卹,亡(無)咎☒

瓜　部

☆瓟

(左殘)長遺策 2−01/☐☐☐器:二芋
(華)～(壺)

長遺策 2−01/四蚓(斷)～(壺)

長遺策 2−011/☐〔～(壺)〕

宀　部

家(豪)

豪

葛卜・乙二 25、零 205、乙三 48/之月
乙巳之日,䵒(許)定以陵尹懌之大保
(寶)～(家)爲☒

葛卜・甲三 219/以陵尹懌之大保
(寶)～(家)爲君貞

葛卜・乙二 27/☑之日,晉(許)定以陵尹懌之大保(寶)～(家)爲君貞

葛卜・甲三 246/☑～(家)爲坪夜君貞,既(將)☑

(右殘)葛卜・零 483/☑以□～(家)之☑

(下殘)葛卜・零 117/懌之大保(寶)〔～(家)〕☑

葛卜・甲三 216/☑巳之日,晉(許)定以陵尹懌之大保(寶)～(家)爲☑

宅

葛卜・甲三 11、24/～茲沜(沮)、章,台選(先)甼(遷)尻(處)

室

葛卜・甲三 52/☑咎□□□禱陞(地)宝(主)一痒(牂),備(佩)玉甼,以□至～□☑

(上殘)葛卜・乙一 8/☑～审(中)戠(特)☑

葛簿乙・乙三 54/秵～之里人禱☑

葛簿乙・甲三 321/舟～一豕,剚於魚是一貊(貆),禱一☑

長遺策 2－09/□〔～〕之器:一筭,丌(其)實:一浹帕

定

葛卜・甲三 133/☑之月己丑之日,公子命彭～以少(小)龙竉爲☑

葛卜・乙四 46/彭～以駁竈爲君釆(卒)戠(歲)貞,占

葛卜・甲三 32/獻馬之月〔乙〕還(亥)之日,鄻喜以～☑

葛卜・甲三 168/☑彭～☑

葛卜・乙二 25、零 205、乙三 48/之月乙巳之日,晉(許)～以陵尹懌之大保(寶)豪(家)爲☑

葛卜・甲三 170/☑痒(牂),緺(纓)之卦玉。～占之曰:吉☑

葛卜・甲三 216/☑巳之日,晉(許)～以陵尹懌之大保(寶)豪(家)爲☑

葛卜・乙二 27/☑之日,晉(許)～以陵尹懌之大保(寶)豪(家)爲君貞

葛卜・乙一 9、乙二 17/之月尚毋又(有)咎,躬(躬)身尚自宜訓(順)。～☑

葛卜・乙三 38/☑丑之日,彭～以少(小)黿(龙)竉爲☑

葛卜・甲三 204/彭～以少(小)龙竉☑

葛卜・甲三 200/～占之曰:吉。氏(是)月之☑

葛卜・甲三 157/～以香(駁)竉☑

葛卜・甲一 25/☑禖公子虩命彭～以少(小)黿(龙)騌爲君貞,既怀(背)☑

葛卜・甲一 24/～貞之:亘貞無咎,疾迻(遲)瘕(瘥),又(有)瘑(續)。愳(以)

葛卜・甲二 5/☑之日,禖公子虩(號)命彭～以少(小)黿(龙)騌爲君貞,既怀(背)☑

葛卜・甲三 165/☑遲去氏（是）尻（處）也，尚吉。～占之曰：甚

 葛卜・乙二 30/古（故）敓（說）之。避（逢）彭～之祝（說）。於北方一觲，先之☑

葛卜・零 101/☑之日，～爲公子☑

葛卜・零 460/☑□～占之：卦亡（無）☑

 葛卜・乙二 35、34/☑又（有）大咎，窮（躬）身尚自宜訓（順）。～占☑

葛卜・甲三 41/☑氏（是）日彭～習之以鳴龍☑

 葛卜・乙四 71/☑自宜訓（順）。～占之：卦亡（無）咎☑

 葛卜・零 270/☑或薵（逢）彭～之☑

葛卜・零 14/☑宜訓（順）。～☑

 （左殘）葛卜・零 183/☑～習之☑

 葛卜・甲三 172、乙三 19/☑癸丑之日，彭～以少（小）冡（龙）籠爲☑

 葛卜・乙四 121/☑君王，～占之☑

安

 葛卜・零 394/☑□有（侑），禱～☑

葛卜・甲三 39/無瘳，至癸卯之日～良瘼（瘥）。丌（其）祝（祟）與龜☑

葛卜・甲二 19、20/☑戲（且）君必遲尻（處）～善

葛卜・甲三 132、130/☑□。或爲君貞，以丌（其）不～於氏（是）尻（處）也，亙（呕）遲去☑

 （上殘）葛簿乙・零 42/☑～，陵尹☑

葛簿乙・甲三 332/☑趴～一豾（貒），禱一豕☑

 葛卜・乙四 125/以君之窮（躬）身不～之古（故）☑

實

 長遣策 2－07/〔～〕：一繡□衣，絵（錦）緅之夾，純惪，組緣，弁（辯）繢（繪）

 長遣策 2－09/□〔室〕之器：一筞，丌（其）～：一渷帕

寶（保）

保用作寶。見卷八人部保字條。

宜（宜、義）

宜

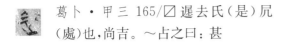 葛卜・乙四 35/☑郜聯爲君貞，才（在）郢爲三月，尚自～訓（順）也。蠡占之：亡（無）

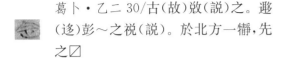 葛卜・零 136/☑〔占之〕曰：～少（小）☑

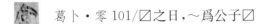 葛卜・乙一 9、乙二 17/之月尚毋又（有）咎，窮（躬）身尚自～訓（順）。定☑

葛卜・甲三 65/☑需（靈）力休有成慶，～爾☑

葛卜・甲三 153/☒□□～少（小）遰
（遲）虗（且）☒

葛卜・甲三 247、274/毋又（有）大咎，
窮（躬）身尚自～訓（順）。占之：亙貞
吉，疾遬（速）☒

葛卜・乙二 2/☒毋又（有）咎。䷚䷫
（頤 謙）占之曰：吉，～，少（小）遰
（遲）瘥（瘥）。以丌（其）

葛卜・乙二 35、34/☒又（有）大咎，窮
（躬）身尚自～訓（順）。定占☒

葛卜・乙四 71/☒自～訓（順）。定占
之：卦亡（無）咎☒

葛卜・零 286/☒自～訓（順）☒

（右殘）葛卜・零 65/☒尚自～訓
（順）☒

（上殘）葛卜・零 14/☒～訓（順）。
定☒

葛簿乙・甲三 315/黃～曰之述（遂）
覣於新邑、龍郤☒

長竹書 1－019/□〔與～是〕之才
（哉）。□

長竹書 1－028/箸（書）是胃（謂）□□
～

（右殘）長竹書 1－041/□〔～節〕身

義用作宜。見卷十二我部義字條。

客

葛卜・甲三 217/齊～陳異至（致）福
於王之歲（歲）獻馬之月乙丑之日

葛卜・甲三 27/齊～陳異至（致）福於
王之歲（歲）獻☒

葛卜・甲三 33/齊～陳異至（致）福於
王之歲（歲）獻馬之月，鯀鼂以龙竈爲
君釆（卒）歲（歲）☒

葛卜・甲三 20/齊～陳異至（致）福於
王〔之〕歲（歲）獻☒

葛卜・零 165、19/齊～陳異至（致）福
於王之歲（歲）獻（獻）☒

葛卜・甲三 272/齊～陳異至（致）福
於王之歲（歲）☒

葛卜・甲三 105/☒鷹（薦）三楚先，
～☒

害（害、遄、萬）

害

葛簿乙・甲三 228/☒之里～一豻
（貒）☒

遄用作害。見卷二辵部遄字條。

萬用作害。見卷十四内部萬字條。

宋

葛簿甲・甲三 220/～良志受四匞，又
一赤。李綁爲

葛簿甲・零 343/～木受一匞，又☒

葛簿乙・甲三 400/旬尹～之述（遂）
覣於上桑丘

宜

葛卜・乙四 82/☒君、陞（地）～（主）、需
（靈）君子。己未之日式（一）禱卲（昭）

葛卜・乙四 86/□於陞（地）～（主）一
羘□

葛卜・甲三 52/□咎□□□禱陞（地）
～（主）一痒，備（佩）玉衃，以□至室
□□

葛卜・乙一 15/公北、陞（地）～（主）
各一青義（犧）；司命、司禞（禍）各一
勳，與禱屚之。或□

葛卜・乙三 17/□禱陞（地）～（主）一
羘，臺（就）□

葛卜・乙三 60、乙二 13/□巳之昏鷹
（薦）盧禱之陞（地）～（主），八月辛
酉□

葛卜・乙二 38、46、39、40/毉禱於陞
（地）～（主）〔一〕青義（犧），先之一璧

葛卜・甲二 29/□五～（主）山各一羖
（殺）□

葛卜・乙四 140/□景（禱）陞（地）～
（主）□

葛卜・甲二 7/□陞（地）～（主）一痒
（羘）。辛酓（酉）之

葛卜・零 3/陞（地）～（主）以□□

葛卜・甲三 306/□陞（地）～（主）□

葛卜・乙四 26/□三楚先、陞（地）～
（主）、二天子、郚山、北〔方〕□

葛卜・乙四 97/□～（主）與司命，禤
（就）禱璧玉衃□

葛卜・零 413/～（主）□

宗

葛卜・乙一 4、10、乙二 12/夏柰（栾）
之月己丑〔之日〕以君不瘇（懌）之古
（故），還（就）禱陳～一豬

葛卜・零 476/□北～，各一□□

葛卜・零 107/□北～□

（上殘）葛未・零 602/□～、靁□

眞

葛卜・零 213、212/□周墨習之以～
鼀□

宰

見本部寣字條。

宛（郘）

郘用作宛。見卷六邑部郘字條。

☆窋

葛簿甲・甲三 244/～（匋）人昆龠
（聞）受二，又豹□

☆宨

（疑爲宗字）葛簿乙・甲三 316/司馬魚
之述（遂）剻於獋～、余疋二黏（瑕），禱
二□

☆宰

見卷二牛部牢字條。

☆宮

葛簿乙·甲三 348/閖(間)壐大～果之述(遂)☑

☆憲

葛卜·甲三 4/犬(太)，備(佩)玉牪，罨日於是咒(幾)，～(賽)禱司命、司录(禄)☑

葛卜·乙四 43/☑夏扅、酓月～(賽)禱大水，備(佩)玉牪。罨日於屈栾

葛卜·甲三 5/☑□栾～(賽)禱於型(荆)王以偷(逾)，訓(順)至文王以偷(逾)☑

葛卜·乙三 61/☑瘆(續)。以亓(其)古(故)敓(説)之，～(賽)禱北方☑

(左殘)葛卜·乙二 20/☑之，～(賽)禱大(太)一☑

葛卜·零 12/所牪者以迷(速)～(賽)禱☑

葛卜·零 463/☑□吉日，～(賽)亓(其)☑

葛卜·乙四 91/☑～(賽)禱☑

(左殘)葛卜·零 248/☑遠栾、型扅～(賽)禱☑

(右殘)葛卜·零 75/☑□～(賽)☑

☆匑

葛卜·甲三 356/爲之啻，以微～(宰)尹弢與☑

☆寢

帚用作寢。見卷七巾部帚字條。

☆橐

見卷四龘部集字條。

☆窮

葛卜·乙一 9、乙二 17/之月尚毋又(有)咎，～(躬)身尚自宜訓(順)。定☑

葛卜·甲三 247、274/毋又(有)大咎，～(躬)身尚自宜訓(順)。占之：亙貞吉，疾遴(速)☑

葛卜·乙二 35、34/☑又(有)大咎，～(躬)身尚自宜訓(順)。定占☑

☆櫗

葛簿乙·甲三 326-1/下獻司城己之～人劂一豽(緞)，禱☑

☆賽(憲)

憲用作賽。見本部憲字條。

☆廇

見卷二牛部牢字條。

☆寢

葛卜·甲三 380/☑梘～□尹□☑

葛簿乙·甲三 251/袿(社)一豬、四冢。亓(其)國之～伹礜芑☑

葛簿乙·甲三 264/城再以豢，丌（其）
～☒

葛簿乙·零 464/☒丌（其）～之☒

葛簿乙·零 393/☒猎，～☒

葛簿乙·零 514/☒～☒

葛簿乙·零 638/☒□～☒

葛簿乙·零 386/☒～☒

☆竂

葛簿乙·甲三 314/玄惪之述（遂）剠
於下～、下姑留二狢（貑），禱☒

☆舊

葛簿乙·甲三 398/邥曡之述（遂）剠
於～□一狢（貑）☒

吕　部

躳（躳、窗、窮）

躳

葛卜·零 90/☒□才（在）郢，～☒

窗用作躳。見本卷穴部窗字條。

窮用作躳。見本卷宀部窮字條。

穴　部

穴（穴、空）

穴

葛卜·零 560、522、554/☒〔祝〕融、～
熊、卲（昭）〔王〕☒

葛卜·甲三 35/☒〔老〕童、祝融、～熊
芳屯一☒

葛卜·甲三 83/☒〔祝〕融、～〔熊〕、卲
（昭）王、獻〔惠王〕☒

葛卜·零 254、162/☒〔祝〕融、～酓
（熊），敓（就）禱北☒

空用作穴。見卷十三土部空字條。

☆窠

葛簿乙·甲三 346－2、384/璗無龍之
述（遂）剠於菫丘，～二狢（貑），禱二
冢☒

☆窮

葛簿乙·甲三 404/☒一猎，剠於～
鴋、解溪三狢（貑），三☒

葛卜·乙四 125/以君之～（躳）身不
安之古（故）☒

广　部

疾

（下殘）葛卜·乙四 61/☒尨寵爲君貞，
以丌（其）敝（肩）怀（背）～☒

葛卜・零204/⧄女子之感，又痀～違(作)，不爲訧(尤)，詡⧄

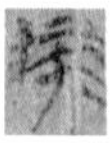
葛卜・乙三22/君貞，既伓(背)、雁(膺)～，以□⧄

葛卜・乙三39/⧄無咎。～逹(遲)瘻(瘥)，又(有)瘨(續)。以丌(其)古(故)敓(説)⧄

葛卜・乙二11/雁(膺)～，以瘁(肨)痮(脹)⧄

葛卜・乙二3、4/⧄吉。～遬(速)敗(損)，少(小)逹(遲)恚(蠲)瘉(瘥)。以丌(其)古(故)敓(説)⧄

葛卜・零199/⧄爲君貞，伓(背)膺～，以⧄

葛卜・零306/痒(肨)瘬(脹)、膚～、以悗(悶)心

葛卜・零221、甲三210/⧄爲君貞，伓(背)膺～

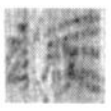
葛卜・甲三219/伓(背)、膺～，以痒(肨)瘬(脹)、心悗(悶)

葛卜・零584、甲三266、277/伓(背)、膺～，以痒(肨)瘬(脹)、心悗(悶)，卒(卒)戠(歲)或至⧄

葛卜・甲三238/⧄貞，既伓(背)膺～，以⧄

葛卜・甲三365/⧄亘貞，尗亡(無)咎，～罷(一)⧄

葛卜・甲三114、113/既又(有)～，尚遬(速)瘉(瘥)，毋又(有)⧄

葛卜・甲三189/⧄坪夜君貞，既心悗(悶)、瘁(肨)痮(脹)，以百腊體～

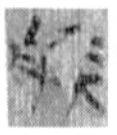
葛卜・零121/⧄又～尚遬(速)

葛卜・甲三194/⧄君貞，既又(有)～，尚遬(速)瘉(瘥)，毋又(有)咎

葛卜・甲三291－2/⧄痮(脹)、膚～、悗(悶)心

(上殘)葛卜・甲一24/⧄～，尚遬(速)瘉(瘥)

葛卜・甲一24/定貞之：亘貞無咎，～逹(遲)瘻(瘥)，又(有)瘨(續)㠯(以)

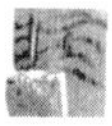
葛卜・乙一31、25/～、痮(脹)腹、瘄～

葛卜・乙三35/⧄膺～、瘁(肨)痮(脹)、心

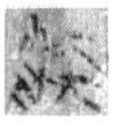
葛卜・甲二25/⧄占之曰：吉。聿(盡)八月～瘉(瘥)⧄

葛卜・甲三160/⧄〔占之〕曰：甚吉。未聿(盡)八月～必瘉(瘥)

葛卜・甲三236/吉。㕣之审(中)～⧄

葛卜・甲三291－1/⧄既心悗(悶)以～，戱(且)痮(脹)瘠不⧄

葛卜・甲三173/⧄無咎。～屖瘻(瘥)⧄

葛卜・乙三47/⧄～遬(速)敗(損)，少(小)逹(遲)恚(蠲)⧄

葛卜・甲三284/⧄亘貞無咎，～罷(一)瘨(續)罷(一)已⧄

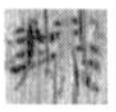
葛卜・零215/⧄瘄～、心悗(悶)，卒(卒)⧄

葛卜・乙二5/瘄～、瘁(肨)痮(脹)、心⧄

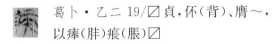

葛卜·乙二 19/☑貞，怀(背)、膺～，以瘇(胖)痕(脹)☑

葛卜·甲一 14/☑貞，怀(背)、膺～，以瘇(胖)痕(脹)、心悗(悶)☑

葛卜·甲三 149/☑膺～，以瘇痕(脹)☑

葛卜·零 292/☑痕(脹)，瘠～☑

葛卜·零 357/☑瘠～☑

葛卜·零 686/☑～、以☑

葛卜·甲一 13/☑怀(背)、膺～，以瘇(胖)痕(脹)、心☑

葛卜·甲三 247、274/毋又(有)大咎，窮(躬)身尚自宜訓(順)。占之：亘貞吉，～遬(速)☑

葛卜·甲三 257/☑爲君貞，既怀(背)、雁(膺)～，以瘇(胖)痕(脹)，瘠☑

葛卜·乙四 8/☑貞，既骱(背)雅(膺)～，以髖(胖)～☑

葛卜·甲三 100/☑貞，既肧(背)雅(膺)～，以髖(胖)～，以心☑

葛卜·甲三 131/☑～，髖(脅)～，以心疼(悶)，尚毋死。☑良志☑

葛卜·甲三 9/☑□貞，既～□□，以髖(胖)～，自☑

葛卜·甲三 72/☑以□之大彤箁(筮)爲君貞，既心～，以☑

(重文)葛卜·甲三 22、59/☑怀膺悗(悶)心之～，怀膺悗(悶)心之～，迷(速)瘳迷(速)瘕(瘥)

葛卜·甲三 233、190/既心～，以酓(合)於怀(背)，戲(且)心瘠(悶)☑

葛卜·乙三 51/貞，既怀(背)、雁(膺)～以☑

葛卜·乙四 27/☑～，亙(亟)由郫亥敓(説)於五殜(世)☑

葛卜·甲一 22/～罷(一)瘄(續)罷(一)已，至九月又(有)良閒(間)☑

葛卜·甲三 245/☑□～、髖～，以心☑

(上殘)葛卜·零 60/☑～以☑

(左殘)葛卜·零 469/☑瘠～☑

葛卜·零 26/☑～，以悗(悶)☑

葛卜·零 191/☑咎，～一☑

葛卜·甲三 127/☑～，尚迷(速)☑

葛卜·零 327、零 321/☑旓～，以☑

葛未·零 665/☑□～☑

病(疒)

疒

葛卜·乙四 5/八月己未之夕，以君之～之☑

(左殘)葛卜·零 158/☑～之

葛卜·零 209/☒ 不瘳（懌）～之古（故），祝□☒

痒

葛卜·乙一 3/☒各一～（牂）☒

葛卜·甲三 52/☒咎□□□禱陛（地）宝（主）一～（牂），備（佩）玉卦，以□至室□☒

葛卜·乙三 41/☒玉，䁝禱於三楚祱（先）各一～（牂），瑗（瓔）之卦〔玉〕☒

葛卜·甲三 166、162/☒䁝禱於二天子各兩～（牂），瑗（瓔）之以卦玉

葛卜·乙二 22/☒命一～（牂），瑗（瓔）之以〔卦玉〕☒

葛卜·零 587、598、569/☒一～（牂），瑗（瓔）☒

葛卜·乙三 5/☒〔不〕瘳（懌）之古（故），忻（祈）福於司禍（禍）、司裬、司骽各一～（牂）☒

葛卜·乙一 17/邐（就）禱三楚先屯一～（牂），瑗（瓔）之玉

葛卜·乙二 23、零 253/☒兩～（牂），瑗（瓔）之卦玉。壬脣（辰）之日禱之☒

葛卜·乙一 24/融、空（穴）舎（熊）各一～（牂），緹（纓）之卦玉。壬脣（辰）之日禱之☒

葛卜·甲二 7/☒陛（地）宝（主）一～（牂）。辛酓（酉）之

（上殘）葛卜·甲三 170/☒～（牂），緹（纓）之卦玉。定占之曰：吉☒

葛卜·乙二 38、46、39、40/☒䁝禱於二天子各～（牂）☒

葛卜·乙四 48、零 651/之，敔（敢）甬（用）一元犅～（牂），先之☒

葛卜·甲二 2/☒～（牂），緹（纓）之以〔卦〕玉䁝☒

葛卜·甲三 188、197/䁝禱楚先老童、祝融、禮（鬻）舎（熊），各兩～（牂）。旂（祈）☒

葛卜·零 320/☒～（牂）☒

葛卜·零 29/☒一～（牂）☒

痀

葛卜·零 204/☒女子之感，又～疾復（作），不爲訧（尤），詗☒

瘤

葛簿乙·零 340/姑～一祍（社）☒

瘥（瘜、瘨、瘦）

瘜

葛卜·乙三 39/☒無咎。疾迳（遲）～（瘥），又（有）瘼（續）。以兀（其）古（故）敓（說）☒

葛卜·甲三 173/☒無咎。疾屋～（瘥）☒

瘨用作瘥。見本部瘨字條。

瘦用作瘥。見本部瘦字條。

瘳

葛卜·甲三 39/無～，至癸卯之日安良瘨（瘥）。兀（其）祱（祟）與黿☒

葛卜・甲三 16/☐少（小）臣成迷（速）
～，是☐

葛卜・甲三 22、59/☐怀膺悗（悶）心
之疾，怀膺悗（悶）心之疾，迷（速）～迷
（速）瘝（瘥）

葛卜・甲一 9/☐又（有）～，躬身尚☐

葛卜・甲三 184 - 2、185、222/或爲君
貞，以丌（其）不良惠（蠲）～之古（故），
尚毋又（有）祟

葛卜・零 189/☐思坪夜君城（成）☐
～迷（速）瘝（瘥）☐

葛卜・零 300、零 85、零 593/☐ 城
（成）☐～遬（速）瘝（瘥），敢（敢）不遬
（速）☐

☆痹

見卷四肉部胖字條。

☆疠

見本部病字條。

☆痈

葛卜・零 238/☐遬（速）瘝（瘥），起～
繯命坪夜君☐

☆痿

葛卜・乙四 63、147/☐〔王復於〕藍郢
之歲冬柰（欒）之月丁嬛（亥）之日，鄭
～以馭黿爲君☐

葛卜・甲三 345 - 1/又（有）咎。～占
之☐

☆瘁

葛卜・乙四 7/☐以心～（悶）爲集☐

葛卜・零 135/☐～（悶），爲集戠（歲）
貞，自☐

葛卜・甲二 33/☐～（悶），尚母又
（有）咎☐

葛卜・甲三 131/☐疾，髀（脅）疾，以
心～（悶），尚毋死。☐良志☐

葛卜・甲三 233、190/既心疾，以會
（合）於伓（背），戲（且）心～（悶）☐

葛卜・零 475/☐～（悶），尚☐

☆痸

葛卜・甲三 291 - 1/☐既心悗（悶）以
疾，戲（且）痕（脹）～不☐

葛卜・甲二 28/☐～不出，今亦豐
（體）出，而不良又（有）閒（間）

葛卜・甲三 198、199 - 2/☐悗（悶），
戲（且）～不出，以又（有）痸，尚遬（速）
出，毋爲憂

☆瘦

葛卜・甲三 12/☐占之曰：吉，義
（宜）少（小）～（瘥），以☐

☆瘄

葛卜・甲三 344 - 1/☐～，又（有）祝
（祟）。以丌（其）古（故）敓（說）之。舉
禱卲（昭）王、文君☐

葛卜·甲三 198、199－2/☐悗(悶),叡(且)癠不出,以又(有)～,尚遬(速)出,毋爲忧

☆⿸疒卯

葛卜·乙四 132/☐以君之臬尋(得)～□☐

☆⿸疒奉

見卷四肉部胮字條。

☆瘙

(左殘)葛卜·零 102、59/☐爲賢子郛果告大司城～☐

(上殘)葛卜·乙四 56/☐～受君鐱☐

☆⿸疒⿰虘又

葛卜·甲一 24/定貞之:亘貞無咎,疾逞(遲)～(瘥),又(有)瘡(續)。㠯(以)

葛卜·甲一 24/☐疾,尚遬(速)～(瘥)

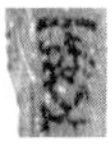
葛卜·甲二 25/☐占之曰:吉。聿(盡)八月疾～(瘥)☐

葛卜·甲二 34/☐〔占〕之曰:吉,無咎,遬(速)～(瘥)☐

葛卜·甲三 22、59/☐伓膺悗(悶)心之疾,伓膺悗(悶)心之疾,迷(速)瘳迷(速)～(瘥)

葛卜·甲三 29/～(瘥),毋又(有)〔咎〕,盬䏝占☐

葛卜·甲三 39/無瘳,至癸卯之日安良～(瘥)。亓(其)祱(祟)與龜☐

葛卜·甲三 160/☐〔占之〕曰:甚吉。未聿(盡)八月疾必～(瘥)

葛卜·甲三 184－2、185、222/☐□未良～(瘥)。☷☷(師 坤)

葛卜·甲三 194/☐君貞,既又(有)疾,尚遬(速)～(瘥),毋又(有)咎

葛卜·甲三 194/占之:難～(瘥)☐

葛卜·甲三 212、199－3/☐～(瘥)。以亓(其)古(故)敓(説)之。遯(遂)盬脂之敓,𩜨祭卲(昭)王大牢,腿(棧)鐘樂之。鄭☐

葛卜·甲三 256/☐～(瘥)。以亓(其)古(故)敓(説)之。亯薦☐

葛卜·甲三 265/☐逞(遲)恚(蠲)～(瘥),又(有)祱(祟),以亓(其)古(故)敓(説)之。嬰禱☐

葛卜·乙二 2/☐毋又(有)咎。☶☴(頤 謙)占之曰:吉,宜,少(小)逞(遲)～(瘥)。以亓(其)

葛卜·乙二 3、4/☐吉。疾遬(速)敗(損),少(小)逞(遲)恚(蠲)～(瘥)。以亓(其)古(故)敓(説)☐

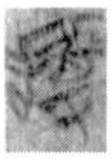
葛卜·乙三 2、甲三 186/☐牆(將)遬(速)～(瘥),無咎無敓(祟)☐

葛卜·零 179/少(小)逞(遲)～(瘥)。以亓(其)☐

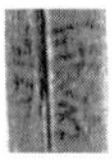
葛卜·零 238/☐遬(速)～(瘥),起病緝命坪夜君☐

葛卜・零 330/☑亙貞無咎，迡（遲）～
（瘴）。以丌（其）☑

葛卜・甲三 114、113/既又（有）疾，尚
遬（速）～（瘴），毋又（有）☑

葛卜・甲三 226/～（瘴），無咎☑☑☑

葛卜・乙二 45/☑☑牆（將）遬（速）～
（瘴）。瞿或☑

（下殘）葛卜・零 300、零 85、零 593/☑
城（成）☑瘳遬（速）～（瘴），敨（敢）不
遬（速）☑

（下殘）葛卜・零 189/☑思坪夜君城
（成）☑瘳迷（速）～（瘴）☑

（右殘）葛卜・零 481/☑☑☑之，君牆
（將）遬（速）～（瘴）☑

☆瘴

葛卜・乙二 37/☑以坪夜君不～
（懌），怀（背）、雁（膺）

葛卜・甲三 164/己未之日以君不～
（懌）之古（故）☑

（右、下殘）葛卜・零 392/☑之不～
（懌）☑

葛卜・零 209/☑不～（懌）疠之古
（故），祝☑☑

（左殘）葛卜・零 447/☑～（懌）之古
（故），爲☑

葛卜・甲三 283/☑之日，以君之不～
（懌）也☑

葛卜・乙三 5/☑〔不〕～（懌）之古
（故），忻（祈）福於司禑（禍）、司裞、司
骴各一痒（牂）☑

葛卜・乙一 28/夏禁（栾）之月己丑之
日，以君不～（懌）志古（故）

葛卜・乙一 4、10、乙二 12/夏禁（栾）
之月己丑〔之日〕以君不～（懌）之古
（故），邍（就）禱陳宗一豬

葛卜・乙一 17/夏禁（栾）之月己丑之
日，以君不～（懌）之古（故）

葛卜・甲三 61/成敨（敢）甬（用）解訛
（過）～（釋）懯（尤），若

葛卜・乙四 120/☑〔之〕不～（懌）☑

（右殘）葛卜・零 324/☑～（懌）之古
（故），邍（就）禱☑

☆瘋（瘋、瘋）

瘋

葛卜・乙三 39/☑無咎。疾迡（遲）瘝
（瘴），又（有）～（續）。以丌（其）古
（故）敀（説）☑

葛卜・乙三 61/☑～（續）。以丌（其）
古（故）敀（説）之，惪（賽）禱北方☑

葛卜・甲二 32/☑牆（將）爲～（續）於
後☑

葛卜・甲三 284/☑亙貞無咎，疾罷
（一）～（續）罷（一）已☑

瘋

葛卜・甲三 58/☑午之日尚毋～
（續）。占之：亙☑

葛卜・甲一24/定貞之：亘貞無咎，疾
迡(遲)癧(瘥)，又(有)～(續)。慇
(以)

葛卜・乙二41/☑～(續)，以亓(其)
古(故)敓(説)☑

葛卜・甲三192、199－1/螷痏習之以
駐黿，占之：吉，不～(續)☑

葛卜・零184、零681/☑〔占〕之：吉，
不～(續)☑

葛卜・甲一22/疾罷(一)～(續)罷
(一)已，至九月又(有)良閒(間)☑

☆瘖

(右殘)葛卜・甲三110/☑～一巳。或
以肙(胃)黿求亓(其)縈(説)，又(有)
祝(祟)於大(太)、北☑

葛卜・乙一31、25/疾髍、痕(脹)腹、
～疾

(上殘)葛卜・零215/☑～疾、心悗
(悶)，釆(卒)☑

葛卜・零292/☑痕(脹)，～疾☑

葛卜・零357/☑～疾☑

(下殘)葛卜・甲三257/☑爲君貞，既
怀(背)、雁(膺)疾，以瘴(胖)痕(脹)、
～☑

葛卜・乙二5/～疾、瘴(胖)痕(脹)、
心☑

(右殘)葛卜・零469/☑～疾☑

(左殘)葛卜・零630/～□

一　部

☆罷

葛卜・甲三13/☑～夜遂先人☑

冂　部

同

葛卜・甲三3/☑亡(無)咎，又(有)敓
(祟)，與黿～敓(祟)，見於大(太)☑

葛卜・零241/☑祟，與黿～敓(祟)☑

(右殘)長竹書1－082/～

☆冤

葛卜・甲三172、乙三19/☑癸丑之
日，彭定以少(小)～(龍)黿爲☑

葛卜・乙三38/☑丑之日，彭定以少
(小)～(龍)黿爲☑

葛卜・乙三43/以少(小)～(龍)黿爲
君貞，怀(背)

葛卜・甲一25/☑褵公子虢命彭定以
少(小)～(龍)黷爲君貞，既怀(背)☑

葛卜・甲二5/☑之日，褵公子虡(虢)
命彭定以少(小)～(龍)黷爲君貞，既
怀(背)☑

冃　部

冒

 葛簿乙·零 35/～猶一冢☒

网　部

兩

葛卜·乙四 62/☒□～𦊆。占之:吉☒

葛卜·甲三 166、162/☒鬯禱於二天子各～痒(𦊆),瑗(瓔)之以卦玉

葛卜·乙二 23、零 253/☒～痒(𦊆),瑗(瓔)之卦玉。壬唇(辰)之日禱之☒

葛卜·乙二 9/☒～義(犧)馬,以鬯禱☒

葛卜·零 277/☒悗(悶),～□☒

葛卜·乙四 36/☒～又(有)五,丁巳之昏以☒

葛卜·甲三 188、197/鬯禱楚先老童、祝融、禮(鬻)酓(熊),各～痒(𦊆)。旆(祈)☒

(左殘)葛卜·零 538/☒～𦊆☒

長遣策 2－02/一～繡䩞縷(履)

長遣策 2－02/一～絲𥿍縷(履)

 長遣策 2－02/一～刾(漆)緹(鞮)縷(履)

 長遣策 2－02/一～誝縷(履)

 長遣策 2－02/一～緧縷(履)

 長遣策 2－028/一曼〔竹笈(翣)。一〕～靯(鞁)〔縷(履)〕,紫韋之納,紛純,紛䚆(繩)

网　部

羅

 葛簿乙·乙二 14/☒刾～丘霝☒

☆罭

葛卜·甲三 237－1/鬯禱一乘大迻(路)黃犕,一豻玉～□☒

☆罠

長遣策 2－022/一□□□□,〔丹〕緧之～

巾　部

幣

葛簿乙·甲三 350/簽一豨,刾於舊虛、～父二軐(豭)☒

帶(繡)

繡用作帶。見卷十三糸部字條。

常

 葛卜·甲三 207/珥、衣～，叡（且）祭之以一豭於東陵。占之：吉☒

 葛卜·甲三 269/☒珥、衣～，叡（且）祭之以一豭於東陵，占☒

 長遣策 2-015/一緂～，儲（赭）膚之純，帛枀（攝）

 長遣策 2-013/七見襝（鬼）之衣，屯又（有）～

帬

見卷一艸部幕字條。

席（若、筈）

若

 長遣策 2-019/裀（茵）、～（席），皆緅褐，綿裏，剅☒之緣

筈

 長遣策 2-08/☒人之器：一鈔（繅）～（席），☒綿之純

布

 長竹書 1-010/立日贛賜～也

 長遣策 2-015/七～帞

☆帞

 長遣策 2-05/〔鐶。竹〕器：十笑（簠），屯赤綿之～

 長遣策 2-09/☒〔室〕之器：一箅，丌（其）實：一渓～

 長遣策 2-09/一沐～

 長遣策 2-09/一捉戛之～

 長遣策 2-06/四十笑（簠），屯紫緅之～，紫緅之☒

 長遣策 2-015/七布～

 長遣策 2-024/二☒☒，屯緅～

 長遣策 2-029/百善米，紫緅百襄（囊），米屯緅～

☆帰

 長遣策 2-023/一～（寢）笑（筦），一～（寢）篗（筵），屯結芒之純

 長遣策 2-021/一繰（繝）紫之～（寢）裀（茵），繰（繝）綠之裏

市 部

☆帗

 葛卜·零 245/☒君～黽☒

帛　部

帛

 長遣策 2－015／一緀常，緒（赭）膚之純，～裸（攝）

 長遣策 2－013／緣。二紡絹，～裏，組緣

 長遣策 2－013／一牪齊緲之斂（袷），～裏，組緣

 長遣策 2－013／一紅介之留衣，～裏，綻會（合）

錦（綅）

綅用作錦。見卷十三糸部綅字條。

白　部

白

 葛卜・乙四 45／☒～文末白□，是以胃（謂）之喪袿，駁竈禺（遇）□□□以火□☒

 葛卜・零 370／☒～鼀☒

葛卜・乙三 20／☒～鼀爲坪〔夜君貞〕☒

葛卜・甲三 230／☒□又五□～□☒

葛卜・甲三 233、190／鄨少（小）司馬陳覨愸（愻）以～霝（靈）爲君坪夜君貞

葛卜・甲三 79／☒～，一乘絑逡（路），驪犧馬，一☒

葛卜・乙四 17／☒□厇習之以～☒

葛卜・零 244／☒以～鼀☒

長遣策 2－07／一索（素）緄繡（帶），又（有）□〔鉤〕，黃金與～金之烏（錯）

長遣策 2－011／一～

長遣策 2－011／二牆～膚，屯爵韋之襒（韜），紃

長遣策 2－021／一～

卷 八

人 部

人

 葛卜・甲三 200/樂之,墾禱子西君、文夫～各戠(特)牛饋

 葛卜・乙四 126/☑月辛酡(酉)之日西陵執事～台君王☑

 葛卜・零 228/☑之古(故)命西陵～☑

 葛卜・零 499/☑君文夫～☑

 葛簿甲・甲三 294、零 334/以援。觔不萬(害)、鄭回二～受二㕚

 葛簿甲・甲三 294、零 334/攻婁連爲攻～受六㕚☑

 葛簿甲・甲三 244/窑(甸)～昆歠(聞)受二,又籿☑

 葛簿書・甲甲三 92/☑弇□,長墜～☑

 葛簿甲・甲三 255/☑三～之飤□☑

 葛簿乙・甲三 262/賓之命,命里～禱☑

 葛簿乙・零 11/大櫯(楷)里～☑

 葛簿乙・乙三 54/稌室之里～禱☑

 葛簿乙・乙四 88/楉里～禱於丌(其)祍(社)☑

 葛簿乙・零 116/堵里～禱於丌(其)☑

 葛簿乙・零 403/郯里～☑

 葛簿乙・零 72/楊里～禱☑

 葛簿乙・零 30/中楊里～☑

葛簿乙・零 88/☐里～禱於丌(其)袿(社)一☐

葛簿乙・零 168/☐里～禱於丌(其)袿(社)☐

葛簿乙・零 524/☐里～

葛簿乙・零 596/☐里～☐

葛簿乙・甲三 326-1/下獻司城己之䊆～䝱一䝞(豭),禱☐

葛簿乙・甲三 325-2/馬～二袿(社)二☐

長竹書 1-001/昜(狄),夫戔(賤)～詻(格)上則型(刑)瘳(戮)至。剛

長竹書 1-002/夫戔(賤)～剛悜而迡(及)於型(刑)者

長遣策 2-08/☐～之器：一鈔(繅)笞(席),☐綿之純

長遣策 2-018/樂～〔之〕器：一〔樂〕坐枏(桟)鐘,少(小)大十又三,杋條,㓤(漆)劃,金玖

何(可)

可用作何。見卷五可部可字條。

僮

長遣策 2-028/八累(罍)～

保

葛卜・甲三 219/以陵尹懌之大～(寶)豪(家)爲君貞

長竹書 1-004/相～如笒

葛卜・零 117/懌之大～(寶)〔豪(家)〕☐

葛卜・乙二 27/☐之日,晉(許)定以陵尹懌之大～(寶)豪(家)爲君貞

葛卜・甲三 216/☐巳之日,晉(許)定以陵尹懌之大～(寶)豪(家)爲☐

葛卜・乙二 25、零 205、乙三 48/之月乙巳之日,晉(許)定以陵尹懌之大～(寶)豪(家)爲☐

佩(備)

備用作佩。見本部備字條。

傑

葛卜・零 629/☐王～☐

佗

葛卜・甲三 43/☐黃～占之：尒亡(無)咎。未及中咠(幾)君王☐

葛卜・零 170/☐〔獻馬〕之月乙㰥(亥)之日,黃～以詨☐☐爲君☐

葛簿甲・甲三 293/☐鐘～、鐘豎受☐

備

葛卜・甲三 52/☐咎☐☐☐禱陞(地)宔(主)一痒(羘),～(佩)玉尒,以☐至室☐☐

葛卜·甲三 4/大（太），～（佩）玉卦，
罜日於是兒（幾），窴（賽）禱司命、司录
（禄）☒

（上殘）葛卜·零 219/☒～（佩）玉卦，
罜日於□☒

葛卜·乙四 43/☒夏尾、亯月窴（賽）
禱大水，～（佩）玉卦。罜日於屈柰

葛卜·甲一 11/☒忻（祈）福於北方，
舉禱一～（佩）璧☒

葛卜·乙一 13/者（文）夫人，舉禱各
一～（佩）璧

葛卜·甲三 137/☒舉禱～（佩）玉，各
弅璜

葛卜·甲一 4/☒層（厭）禱一勂。歸
～（佩）玉於二天子各二璧，歸☒

葛卜·乙一 21、33/☒王、者（文）君。
舉禱於卲（昭）王獻（獻）惠王、者（文）
君各一～（佩）玉。辛未之日禱之☒

葛卜·甲三 81、182-1/☒一勂，歸～
（佩）玉於二天子，各二

葛卜·乙三 44、45/☒～（佩）玉，於鄐
山一珽璜，□☒

佐

長遣策 2-021/一絵（錦）～（坐）裍
（茵），繺（繒）

作（乍、乍、復）

乍

（下部又訛作止）長竹書 1-001/〔周
公〕戒狀（然）～（作）色曰

乍用作作。見卷十二弓部乍字條。

復用作作。見卷二彳部復字條。

代

長竹書 1-006/民則夜皆三～之子孫

咎

葛卜·乙四 84/☒□毋有～。占之
曰：亙貞吉，少（小）迲（遲）

葛卜·零 201/☒〔占〕之：亙貞亡
（無）～，君身少（小）又（有）

葛卜·甲三 44/☒又（有）～，恒。占
之：卦〔無咎〕☒

（上殘）葛卜·甲三 128/☒〔無〕～，又
（有）敚（祟）見於卲（昭）王☒

葛卜·乙四 44/☒君貞，既才（在）郢，酒
（將）見王，還返毋又（有）～。赸齧☒

葛卜·乙四 85/☒長簬爲君釆（卒）歲
（歲）貞，居郢尚毋又（有）～。癡占☒

葛卜·甲三 52/☒～□□□禱埅（地）
宔（主）一痒（羘），備（佩）玉卦，以□至
室□☒

葛卜·零 100/☒貞，占之：逃（卦）亡
（無）～，又（有）

葛卜·甲三 226/瘾（瘥），無～□□☒

葛卜·零 298/☒又（有）大～☒

葛卜·甲三 345-1/又（有）～。瘥占
之☒

葛卜·乙四 38/☒釆（卒）歲（歲）貞，
占之：卦亡（無）～，又（有）☒

葛卜・乙四 23/□〔占〕之：尃亡（無）～。中冎（幾）君王又（有）亞（惡）於外□

葛卜・甲三 43/□黄侂占之：尃亡（無）～。未及中冎（幾）君王□

葛卜・甲三 48/□占之：君身亡（無）～□

葛卜・甲三 47/□占之：尃亡（無）～□

葛卜・甲三 38/□尚毋又（有）～。占□

葛卜・乙一 19/自夏禜（欒）之月以至坴（來）歔（歲）夏禜尚毋又（有）大～。沺〔瞽〕□

葛卜・甲二 33/□瘁（悶），尚母又（有）～□

葛卜・乙四 122/〔爲〕君集歔之貞，尚毋又（有）～。占曰：尃亡（無）咎，君牆（將）喪祌，又（有）火戒，又（有）外□

（下殘）葛卜・零 115、22/□□。☷☰（同人 比）。是鼠（髊）切而口亦不爲大詢，勿卹（恤），亡（無）～□

葛卜・乙四 100、零 532、678/居郢，還反（返）至於東陵，尚毋又（有）～

葛卜・乙四 100、零 532、678/占曰：尃亡（無）～。又（有）祱（祟）□

（左殘）葛卜・甲三 3/□亡（無）～，又（有）敓（祟），與龜同敓（祟），見於大（太）□

葛卜・甲三 25/之，亡（無）～。牆（將）又（有）喜。奠（鄭）憲習之以陸（隨）侯之□

葛卜・零 336、341/□尃亡（無）～，冎（幾）中□

（右殘）葛卜・乙四 133/□貞，□占之：尃亡（無）～。君□

葛卜・甲三 218/占之：尃亡（無）～。君又（有）□

葛卜・零 128/□無～無□

葛卜・零 83/□尃亡（無）～

葛卜・甲三 229/□還返尚毋又（有）～。〔占〕之：尃亡（無）～。未□

葛卜・甲一 12/爲君貞，牆（將）逾取菑，還返尚毋又（有）～。生占之曰：尃□

（左殘）葛卜・甲三 117、120/禜（欒）之月以至坴（來）歔（歲）之夏禜（欒），尚毋又（有）大～

葛卜・甲三 117、120/沺瞽占之：亙貞吉，亡（無）～□

葛卜・零 307/□亡～，己酉唇（辰）禱之□

葛卜・乙三 39/□無～。疾迻（遲）瘖（瘥），又（有）瘍（續）。以丌（其）古（故）敓（說）□

葛卜・乙一 9、乙二 17/之月尚毋又（有）～，鵭（躬）身尚自宜訓（順）。定□

葛卜・甲三 232、95/□牆（將）遫（速）又（有）閼（間），無～無敓（祟）□

葛卜・乙三 2、甲三 186/□牆（將）遫（速）瘥（瘥），無～無敓（祟）□

葛卜・零 330/□亙貞無～，迻（遲）瘥（瘥）。以丌（其）□

葛卜·甲三 365/☑亙貞，卦亡（無）～，疾罷（一）☑

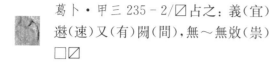

葛卜·甲三 235-2/☑占之：義（宜）遬（速）又（有）閱（間），無～無敓（祟）□☑

葛卜·甲三 194/☑君貞，既又（有）疾，尚遬（速）瘥（瘥），毋又（有）～

葛卜·甲一 24/定貞之：亙貞無～，疾遲（遲）瘥（瘥），又（有）瘳（續）。悬（以）

葛卜·甲二 34/☑〔占〕之曰：吉，無～，遬（速）瘥（瘥）☑

葛卜·甲三 173/☑無～。疾犀瘥（瘥）☑

（左殘）葛卜·甲三 177/☑〔無〕～，又（有）敓（祟）見於大（太）☑

葛卜·甲三 151/☑之夏祭，毋又（有）大～☑

葛卜·甲三 158/☑閱（間），釆（卒）戠（歲）無～☑

葛卜·甲三 155/祭（欒）毋又（有）大～。占☑

葛卜·甲三 284/☑亙貞無～，疾罷（一）瘥（續）罷（一）已☑

葛卜·甲三 247、274/毋又（有）大～，窮（躬）身尚自宜訓（順）。占之：亙貞吉，疾遬（速）☑

葛卜·乙二 2/☑毋又（有）～。（頤　謙）占之曰：吉，宜，少（小）遲（遲）瘥（瘥）。以丌（其）

葛卜·乙四 40/☑戠（歲）之貞，尚毋又（有）～☑

葛卜·甲三 19/☑卦亡（無）～，又（有）繁（祟）☑

葛卜·乙四 50/☑無～、無祝（祟）☑

葛卜·甲一 5/☑之曰：吉，無～。又（有）敓（祟）見於卲（昭）王、獻（獻）惠

葛卜·乙二 35、34/☑又（有）大～，窮（躬）身尚自宜訓（順）。定占☑

（右殘）葛卜·零 164/☑～，無愆（愆）〔占〕☑

葛卜·甲一 22/☑〔占〕之：亙貞吉，無～

葛卜·甲三 2/☑～。又（有）敓（祟）見於卲（昭）王、文☑

葛卜·乙四 71/☑自宜訓（順）。定占之：卦亡（無）～☑

葛卜·甲三 62、63/☑尚毋又（有）～。貞無☑

葛卜·甲三 17/☑旮中無～，又（有）閱（間）☑

葛卜·零 468/☑大～，占之☑

葛卜·零 28/☑中無～，牂（將）☑

葛卜·零 485/☑～。□☑

葛卜·零 487/☑卦無～。又（有）☑

葛卜·零 419/～，少（小）又（有）□☑

葛卜·零 191/☑～，疾一☑

葛卜·零 497/☑〔占〕之：卦亡（無）～，〔期〕中☑

（下殘）葛卜·零 55/☑尚毋又（有）～☑

（右殘）葛卜·零 520/☑～無祝（祟）☑

（右殘）葛卜·零 617/☑～☑☑

☆怀

（下殘）葛卜·乙四 61/☑龙籠爲君貞，以丌（其）厰（肩）～（背）疾☑

葛卜·乙三 22/君貞，既～（背）、雁（膺）疾，以☑☑

葛卜·甲三 219/～（背）、膺疾，以痄（胖）癏（脹）、心悗（悶）

葛卜·零 296/既～（背）☑

（左殘）葛卜·乙三 43/以少（小）寵（龙）籠爲君貞，～（背）

葛卜·零 199/☑爲君貞，～（背）膺疾，以☑

葛卜·零 584、甲三 266、277/～（背）、膺疾，以痄（胖）癏（脹）、心悗（悶），采（卒）戬（歲）或至☑

（右殘）葛卜·零 221，甲三 210/☑爲君貞，～（背）膺疾

葛卜·甲三 238/☑貞，既～（背）膺疾，以☑

（下殘）葛卜·甲一 25/☑褣公子虢命彭定以少（小）寵（龙）齝爲君貞，既～（背）☑

葛卜·甲二 5/☑之日，褣公子虜（虢）命彭定以少（小）寵（龙）齝爲君貞，既～（背）☑

葛卜·乙二 37/☑以坪夜君不瘳（懌），～（背）、雁（膺）

葛卜·乙二 19/☑貞，～（背）、膺疾，以痄（胖）痕（脹）☑

葛卜·甲一 14/☑貞，～（背）、膺疾，以痄（胖）痕（脹）、心悗（悶）☑

葛卜·甲一 13/☑～（背）、膺疾，以痄（胖）痕（脹）、心☑

葛卜·甲三 257/☑爲君貞，既～（背）、雁（膺）疾，以痄（胖）痕（脹），瘤☑

葛卜·甲三 233、190/既心疾，以會（合）於～（背），戲（且）心瘳（悶）☑

葛卜·乙三 51/貞，既～（背）、雁（膺）疾以☑

（上殘）葛卜·零 571/☑～（背）☑

（上殘）葛卜·甲三 22、59/☑～膺悗（悶）心之疾，～膺悗（悶）心之疾，迷（速）瘳迷（速）瘝（瘥）

☆伽

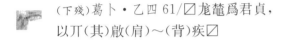

葛簿乙·甲三 251/袿（社）一猪、四豕。丌（其）國之寵～龏芦☑

☆佚

葛卜·甲三 267/☑～占之曰：吉。册告自旮（文）王以還（就）聖赼〔王〕☑

葛卜·甲三 235－1/☑之日鹽～以長刺☑

☆係

葛簿乙・甲三 379/☑述（遂）剘於～
暨一

匕　部

☆朼

葛卜・乙二 26/☑□～果廷☑

☆妣

葛卜・甲三 342－2/獻（獻）馬之月乙
還（亥）之日，虘～以龙竃爲☑

☆匘

葛簿乙・甲三 335/～一褯一牛，五

从　部

從

葛卜・乙四 110、117/☑少逄（遲），迷
（速）～郢埜（來），公子見君王，尚忻
（怡）懌，毋見☑

北　部

北

葛卜・乙四 148/☑酉之日，弍（一）禱
大（太）、～方□☑

葛卜・乙一 15/公～、墬（地）宝（主）
各一青義（犧）；司命、司禬（禍）各一
勋，與禱厴之。或☑

葛卜・乙四 139/☑一勋，～方甚臬
（禱）乘良馬、珈（加）〔璧〕☑

葛卜・甲三 110/☑瘩一巳。或以肙
（胃）鼄求丌（其）縈（説），又（有）祝
（祟）於大（太）、～☑

葛卜・乙三 61/☑瘑（續）。以丌（其）
古（故）敓（説）之，悤（賽）禱～方☑

葛卜・甲三 129/☑占之曰：甚吉，女
（如）西～☑

葛卜・乙三 40/☑於～方一犚，先之
以☑

葛卜・甲一 11/☑忻（祈）福於～方，
罌禱一備（佩）璧☑

葛卜・乙二 30/古（故）敓（説）之。邋
（逐）彭定之祝（説）。於～方一犚，先
之☑

葛卜・零 178/☑大（太），～方楚☑

葛卜・甲三 239/☑解於～方，罜☑

葛卜・乙四 14/禱～方一精，先之一
璧，歇（就）☑

（右殘）葛卜・乙四 26/☑三楚先、墬
（地）宝（主）、二天子、郇山、～〔方〕☑

葛卜・零 266/☑折、公～、司命、司禬
（禍）☑

葛卜・零 254、162/☑〔祝〕融、穴酓
（熊），歇（就）禱～☑

（右殘）葛卜・零 161/☑公～☑

葛卜·零 476/☑～宗，各一□☑

 葛卜·零 107/☑～宗☑

 葛簿乙·零 346/～郱一貒☑

☆登

 長遣策 2 - 026/一□脛。一～□

丘　部

丘

 葛卜·甲三 1/我王於林～之戠（歲）九月☑

 葛卜·零 374/☑□於□之～☑

 葛卜·零 282/☑舊～，是日戠（就）禱五祀☑

 葛簿乙·零 383/☑以牛，～以☑

 葛簿乙·甲三 263/鳴父、劻（葛）～、枯☑

 葛簿乙·甲三 367/某～一豕☑

 葛簿乙·甲三 378/茅～一豕☑

 葛簿乙·乙四 94/☑菫～之☑

 葛簿乙·甲三 400/匐尹宋之述（遂）戜於上桑～

 葛簿乙·甲三 346 - 2、384/墜無龍之述（遂）戜於菫～，寊二黏（貆），禱二冢☑

 葛簿乙·零 317/蔓～一冢

 葛簿乙·甲三 325 - 1/蘽一豙，戜於雥（桑）～、桐槩（集）二黏（貆）☑☑

 葛簿乙·甲三 390/蒲～一貒，戜〔於〕經寺一黏（貆），禱一冢☑

  　葛簿乙·甲三 403/潭溪一貒，戜於罶～、某～二☑

 葛簿乙·乙二 14/☑戜羅～靁☑

 葛簿乙·甲三 418/☑於茚～一黏（貆），禱☑

 葛簿乙·甲三 357、359/雥（桑）～、無與☑

 葛簿乙·零 362/☑～一冢，戜☑

 葛簿乙·零 263/☑～二黏（貆），禱二

 葛簿乙·甲三 408/☑芏～，三黏（貆），禱☑

虚

 葛簿乙·甲三 353/固二祉（社）一貒、一冢，戜於郫思～一黏（貆），禱☑

 葛簿乙·甲三 250/王～二祉（社）一貒、一冢，戜於☑

 葛簿乙·零 304/戜於丌（其）舊～一☑

葛簿乙・甲三 350/箴一猫，㣺於舊
～、幣父二䵒（䵒）☒

葛簿乙・甲三 278/☒～，㣺二䵒
（䵒），禱二豕☒

（右殘）葛簿乙・乙三 56/☒～二䵒
（䵒），禱二☒

葛簿乙・甲三 282/☒□～，聿（盡）割
以九䵒（䵒），禱以九☒

坓 部

坓

長遣策 2 - 010/一□□□，又（有）
□□，丌（其）〔璠〕：一少（小）鐶，～
（徑）二〔弁（寸）〕

長遣策 2 - 010/一青尻（處）□之璊
（璧），～（徑）四弁（寸）□弁（寸），

重 部

重（鈺）

鈺用作重。見卷十四金部鈺字條。

臥 部

監

長竹書 1 - 031/□～於此，以□

（左殘）長竹書 1 - 053/〔申以～〕

長遣策 2 - 01/二囩（圓）～，屯青黃
之劃

長遣策 2 - 01/二青方，二方～

臨

葛卜・乙四 30、32/☒～爾産毋逮爾☒

身 部

身

葛卜・零 201/☒〔占〕之：亘貞亡
（無）咎，君～少（小）又（有）

葛卜・乙四 125/以君之窮（躬）～不
安之古（故）☒

葛卜・甲三 48/☒占之：君～亡（無）
咎☒

（上殘）葛卜・甲一 8/☒吉。君～☒

葛卜・乙一 9、乙二 17/之月尚毋又（有）
咎，窮（躬）～尚自宜訓（順）。定☒

葛卜・甲三 247、274/毋又（有）大咎，
窮（躬）～尚自宜訓（順）。占之：亘貞
吉，疾遬（速）☒

葛卜・乙二 35、34/☒又（有）大咎，窮
（躬）～尚自宜訓（順）。定占☒

葛卜・零 408/☒君～☒

葛卜・零 454/☒□君～以☒

長竹書 1 - 041/☒〔宜節〕～

長竹書 1－084/〔～者〕

衣　部

衣

葛卜・甲三 207/珥、～常，叡（且）祭之以一豬於東陵。占之：吉☑

葛卜・甲三 269/☑珥、～常，叡（且）祭之以一豬於東陵，占☑

長遣策 2－07/〔實〕：一繡□～，綌（錦）緅之夾，純悪，組緣，弁（辮）續（繢）

長遣策 2－013/七見視（鬼）之～，屯又（有）常

長遣策 2－013/一紅介之留～，帛裏，綩倉（合）

襄

長遣策 2－09/二方濫（鑑），屯彫～

長遣策 2－09/一齒〔毘〕，□□〔綌〕之〔毘〕裏（囊），繅（緗）綿之～

長遣策 2－015/一丹緅之衦，□～，〔組〕枈（攝），綌（錦）緣

長遣策 2－015/一紡□與絹，紫～，組

長遣策 2－013/緣。二紡絹，帛～，組緣

長遣策 2－013/一牷齊緅之斂（袷），帛～，組緣

長遣策 2－013/一紅介之留衣，帛～，綩倉（合）

長遣策 2－019/裍（茵）、若（席），皆緻褡，綿～，剴□之緣

長遣策 2－021/一繅（緗）紫之帰（寢）裍（茵），繅（緗）綠之～

褡

長遣策 2－019/裍（茵）、若（席），皆緻～，綿裏，剴□之緣

袷（斂）

斂用作袷。見卷三攴部斂字條。

襄

長遣策 2－09/一齒〔毘〕，□□〔綌〕之〔毘〕～（囊），繅（緗）綿之裏

長遣策 2－012/緻與索（素）綌（錦）之㪔（繁）～（囊）二十又一

長遣策 2－012/緻與青綌（錦）之㪔（繁）～（囊）七

長遣策 2－022/少（小）～（囊）糫（糗）四十又八

長遣策 2－022/一大～（囊）糫（糗）

長遣策 2－029/百善米，紫緻百～（囊），米屯緻帽

衦

 長遣策 2－015/一丹緅之～，□裏，〔組〕枭(攝)，綌(錦)緣

卒(釆)

 葛卜・乙四 103/□以尨黿爲君～(卒)戠(歲)之貞，尚毋□

 葛卜・乙四 34/□之黿爲君～(卒)戠(歲)之貞□

 葛卜・乙四 85/□長簪爲君～(卒)戠(歲)貞，居郢尚毋又(有)咎。徧占□

 葛卜・乙四 105/□□之月丁嬛(亥)之日，奠(鄭)怵以長簪爲君～(卒)戠(歲)貞□

 葛卜・乙四 102/□之月丁睘(亥)之日郱輓以鄹韋(簪)爲君～(卒)戠(歲)之貞

 葛卜・乙四 38/□～(卒)戠(歲)貞，占之：卦亡(無)咎，又(有)□

 (右殘)葛卜・乙四 46/彭定以駁黿爲君～(卒)戠(歲)貞，占

 葛卜・甲三 33/齊客陳異至(致)福於王之戠(歲)獻馬之月，穌黿以尨黿爲君～(卒)戠(歲)□

 葛卜・乙四 130/□尨黿爲君～(卒)戠(歲)貞，占之□□

 葛卜・零 584、甲三 266、277/怀(背)、膚疾，以痹(胖)痳(脹)、心悗(悶)，～(卒)戠(歲)或至□

 葛卜・甲二 8/□悗(悶)，～(卒)戠(歲)或至夏祭(祭)

 葛卜・甲三 248/～(卒)戠(歲)國至坴(來)戠(歲)之夏祭(祭)□

 葛卜・零 221、甲三 210/以痹(胖)痳(脹)、心悗(悶)，～(卒)戠(歲)或至夏祭(祭)之月尚□

 葛卜・甲三 154/□吉。～(卒)□

 葛卜・甲一 16/悗(悶)，～(卒)戠(歲)或至夏

 葛卜・甲三 158/□閖(間)，～(卒)戠(歲)無咎□

 葛卜・零 215/□瘳疾、心悗(悶)，～(卒)□

 葛卜・零 17/□～(卒)戠(歲)□

 葛卜・零 97/□～(卒)戠(歲)□

 葛卜・甲三 87/悗(悶)，～(卒)戠(歲)或至夏祭(祭)□

 (左殘)葛卜・零 492/□悗(悶)，～(卒)戠(歲)或至□

 (左殘)葛簿甲・零 354/～(卒)。卲連嚚受□

☆衹

 葛卜・乙四 122/〔爲〕君集戠之貞，尚毋又(有)咎。占曰：卦亡(無)咎，君酒(將)喪～，又(有)火戒，又(有)外

 葛卜・乙四 45/□白文末白□，是以胃(謂)之喪～，駁黿禹(遇)□□□以火□□

☆褒

長遣策 2－015／一絲～

☆裯

長遣策 2－021／一繰（緟）紫之帰（寝）～（茵），繰（緟）緑之裏

長遣策 2－021／一綔（錦）坐（坐）～（茵），繰（緟）

長遣策 2－019／～（茵）、若（席），皆緅褐，綿裏，刞□之縁

☆襠

葛卜・甲一 25／□～公子虢命彭定以少（小）𪚩黱爲君貞，既怀（背）□

葛卜・甲二 5／□之日，～公子虜（虢）命彭定以少（小）𪚩（龍）黱爲君貞，既怀（背）□

☆襪

長遣策 2－011／二牁白膚，屯爵韋之～（韜），紃

長遣策 2－03／二笙，一箊竽，皆又（有）～（韜）

長遣策 2－019／一牪羸膚，綔（錦）～（韜），又（有）盍（蓋）

☆衻

（右殘）葛卜・乙四 100、零 532、678／□□□～箪（笲）爲君貞

☆衻

葛未・零 713／□～□

衻　部

求

葛卜・甲三 110／□瘠一巳。或以肎（肙）籠～丌（其）縈（説），又（有）祝（祟）於大（太）、北□

（上殘）葛卜・乙三 36／□～丌（其）縈（説），又（有）縈（祟）於□

長竹書 1－013／不～〔則〕□□□可〔行〕

葛卜・乙四 143／□思爲之～四羊（騂）義（犧）□

老　部

老

葛卜・甲三 268／是日歔（就）禱楚𥛚（先）～孃（童）、祝□

葛卜・乙一 22／又（有）敓（祟）見於司命，～孃（童）、㕵（祝）融、空（穴）酓（熊）

葛卜・甲三 188、197／舉禱楚先～童、祝融、禮（鬻）酓（熊），各兩痒（牂）。旂（祈）□

葛卜・零 429／□□～童□

壽

 葛卜・甲二 6、30、15/王遅(徙)於鄗(郢)鄖之歆(歲)八月丁巳之日,盬～君以吳夏〔之〕☐

 葛卜・甲三 342－1、零 309/☐〔王徙於鄗鄖之歆(歲)八月丁巳之日,盬～君以吳夏之☐

毛　部

☆毬

 葛簿乙・甲三 347－1/～良之述(遂)賙於鄰、于二袿(社),二䝅(豭)☐

 葛簿乙・甲三 414、412/～二袿(社)一豢、一豬,賙於淋(沉/湛)☐

尸　部

居

 葛卜・乙四 85/☐長箰爲君采(卒)歆(歲)貞,～鄖尚毋又(有)咎。脁占☐

 葛卜・乙四 100、零 532、678/～鄖,還反(返)至於東陵,尚毋又(有)咎

 長遣策 2－027/二～〔梟〕

犀

 葛卜・甲三 173/☐無咎。疾～瘧(瘧)☐

履(壁)

 長竹書 1－027/☐之☐而～(履)百束

屨(縷)

縷用作屨。見卷十三糸部縷字條。

尾　部

屈

 葛卜・乙四 43/☐夏屄、宮月戇(賽)禱大水,備(佩)玉卦。翠日於～栾

 葛卜・乙一 23、1/大敓(城)邺(兹)立(方)之歆(歲)～籴(栾)之月癸未之日,諝〔生〕☐

 葛卜・乙一 14/句鄂公奠(鄭)余穀大城邺(兹)立(方)之歆(歲)～栾之月癸未〔之日〕☐

 葛卜・零 503、零 700/～籴(栾)☐

 葛卜・零 414/☐歆(歲)～籴(栾)之☐

 葛簿乙・甲三 324/～九之述(遂)賙於邔生䉓,二䝅(豭)☐

舟　部

舟

 葛簿乙・甲三 321/～室一家,賙於魚是一䝅(豭),禱一☐

☆縢

 葛卜·零 308/☐飤～（縢）悬（以）～，飤猪悬（以）☐

 葛簿乙·乙四 76/☐禱於鼻鄹之袿（社）一～（縢）☐

 葛卜·零 163/☐□社褉～（縢），山義（犧）☐

 葛簿乙·乙三 65/☐禱於丌（其）袿（社）一～（縢）☐

 葛簿乙·乙三 53/☐禱於丌（其）袿（社）一～（縢）☐

 葛簿乙·零 196/☐丌（其）袿（社）一～（縢）☐

 葛簿乙·零 486/☐袿（社）一～（縢）☐

 葛簿乙·零 252/☐袿（社）一～（縢）

 葛簿乙·乙二 16/☐袿（社）一～（縢）☐

 葛簿乙·乙四 74/☐袿（社）一～（縢）☐

 （右殘）葛簿乙·零 380/☐一～（縢）☐

 葛簿乙·零 534/☐～（縢）☐

 （下殘）葛簿乙·零 78/一～（縢）

 （上殘）葛簿乙·乙三 18/☐～（縢）☐

☆纚

 葛卜·甲三 41/☐氏（是）日彭定習之以鳴～☐

方　部

方

 葛卜·乙四 148/☐酉之日，弍（一）禱大（太）、北～□☐

 葛卜·零 378/☐～、司命☐

 葛卜·乙四 139/☐一勮，北～茸槃（禱）乘良馬、珈（加）〔璧〕☐

 葛卜·乙三 61/☐瘇（續）。以丌（其）古（故）敚（說）之，悤（賽）禱北～☐

 葛卜·乙三 40/☐於北～一犅，先之以☐

 葛卜·甲一 11/☐忻（祈）福於北～，墾禱一備（佩）璧☐

 葛卜·乙二 30/古（故）敚（說）之。遄（遂）彭定之祝（說）。於北～一犅，先之☐

 葛卜·零 178/☐大（太），北～楚☐

 葛卜·甲三 239/☐解於北～，罜☐

 葛簿乙·乙四 14/禱北～一精，先之一璧，敓（就）☐

 葛簿乙·甲三 336/☐刞於競～一黏（貖），禱☐

 長遺策 2-01/二青～，二方監

長遣策 2-09/二～濫（鑑），屯彫裏

 長遣策 2-012/丌（其）木器：八～琦。二十豆，屯

儿　部

兌

 葛卜・甲三 31/☒丌（其）繇曰：是日未～，大言讘讘（絕），少（小）言惙惙，若組若結，夂（終）以□☒

兒　部

弁

 長遣策 2-07/〔實〕：一繻□衣，絵（錦）緅之夾，純惪，組緣，～（辮）續（繢）

先　部

先（先、祓、选、選）

先

 （上殘）葛卜・甲三 10/☒～，少（小）又（有）外言感也，不爲憖（尤）。君牁（將）又（有）志成也☒

 葛卜・甲三 214/☒□敓（就）禱三楚～屯一牂，緵（緵）之赴玉；敓禱□□☒

葛卜・乙一 17/遆（就）禱三楚～屯一牂（牂），瑷（瓔）之玉

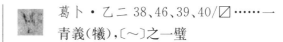 葛卜・乙二 38、46、39、40/☒……一青義（犧），〔～〕之一璧

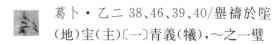 葛卜・乙二 38、46、39、40/賹禱於堕（地）宝（主）〔一〕青義（犧），～之一璧

葛卜・乙四 48、零 651/之，敓（敢）甬（用）一元牂痒（牂），～之☒

葛卜・甲三 11、24/☒昔我～出自郱遹

葛卜・乙三 40/☒於北方一牂，～之以☒

葛卜・乙二 30/古（故）敓（說）之。遜（逐）彭定之祝（說）。於北方一牂，～之☒

葛卜・甲三 188、197/賹禱楚～老童、祝融、禮（鬻）畲（熊），各兩痒（牂）。旌（祈）☒

葛卜・甲三 134、108/☒甲戌興乙亥禱楚～與五山，庚午之夕内齋☒

葛卜・零 99/☒於楚～與五山☒

葛卜・甲三 105/☒薦（薦）三楚～，客☒

葛卜・甲三 99/犧馬，～之以一璧，迈而逞（歸）之

葛卜・乙四 14/禱北方一精，～之一璧，歔（就）☒

葛卜・乙四 26/☒三楚～、堕（地）宝（主）、二天子、郗山、北〔方〕☒

葛卜・零 278/☒～之各一☒

長竹書 1-007/易（狄）之配（聞）之於～王之瀘也

祆

 葛卜·乙三 41/☑玉，舉禱於三楚～
（先）各一痒（牂），瑗（瓔）之𢍤〔玉〕☑

 葛卜·甲三 268/是日𢾭（就）禱楚～
（先）老嬞（童）、祝☑

选

 葛卜·甲三 142-1/☑～（先）之一
璧☑

 葛未·零 337/☑□～（先）

選

 葛卜·甲三 11、24/宅兹沮（沮）、章，
台～（先）䢃（遷）尻（處）

見　部

見

 葛卜·乙四 111/☑又（有）祝（祟）～

 葛卜·甲三 128/☑〔無〕咎，又（有）𢾭
（祟）～於卲（昭）王☑

 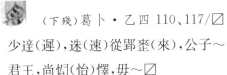（下殘）葛卜·乙四 110、117/☑
少迬（遲），迷（速）從郢㙂（來），公子～
君王，尚忻（怡）懌，毋～☑

 葛卜·乙四 44/☑君貞，既才（在）郢，牁
（將）～王，還返毋又（有）咎。趄齬☑

 葛卜·零 63/☑尚果～☑

 葛卜·零 4/☑田，又（有）祝（祟）～☑

 葛卜·甲三 3/☑亡（無）咎，又（有）𢾭
（祟），與鼄同𢾭（祟），～於大（太）☑

 葛卜·甲三 213/☑户、門。又（有）祝
（祟）～於卲（昭）王、蕙（惠）王、文君、
文夫人、子西君。𢾭（就）禱☑

 葛卜·零 198、203/有祝（祟）～于大
川有沿，少（小）臣成敬之瞿

 葛卜·甲三 177/☑〔無〕咎，又（有）𢾭
（祟）～於大（太）☑

 葛卜·乙一 6/☑𢾭（祟）～於卲（昭）
王、斉（文）君、斉（文）夫人、子西君。
是☑

 葛卜·甲一 5/☑之曰：吉，無咎。又
（有）𢾭（祟）～於卲（昭）王、獻（獻）惠

 葛卜·乙一 22/又（有）𢾭（祟）～於司
命、老嬞（童）、厎（祝）融、空（穴）酓
（熊）

 葛卜·零 52、54/☑又（有）𢾭（祟）
～☑

 葛卜·甲三 2/☑咎。又（有）𢾭（祟）
～於卲（昭）王、文☑

 葛卜·零 38/繁（祟）～於☑

 葛卜·零 388/𢾭（祟）～於☑

 葛卜·零 426/☑～於大（太）☑

（左殘）葛卜·零 624/☑～於☑

葛簿乙・甲三 375/⧄～一冢。新☐⧄

長遣策 2－013/七～禮(鬼)之衣,屯又(有)常

視

葛簿乙・甲三 318/⧄播與丌(其)國不～畀

葛簿乙・甲三 319/⧄西陵與丌(其)國不～畀⧄

葛簿乙・甲三 312/莫(鄭)～之述(遂)删於下彤、藁,二鈷(豭),禱二冢⧄

觀

葛卜・零 326/己巳之日,～⧄

☆覞

葛卜・甲三 42/⧄蔞茖受女於楚之戢(歲)～寮(栾)之月丁酉之日⧄

☆⿰貝見

葛卜・甲三 29/瘧(瘥),毋又(有)〔咎〕,盬～占⧄

欠 部

欲(欲、谷)

欲

長竹書 1－026、1－067/退瞿訇而～貴

谷用作欲。見卷十一谷部谷字條。

卷　九

頁　部

頁

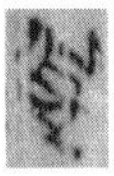
長遣策 2－05/〔㮷(漆),屯〕四鈇(鋪)～,又(有)

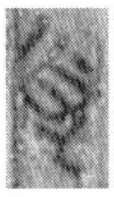
長遣策 2－017/丌(其)木器：一㮷(漆)橐,〔四〕鈇(鋪)～,屯又(有)鐶

葛卜·乙四 98/☐八月乙卯之日,鄭卜子怵以豐～之䨻爲君三戠(歲)貞☐

順(訓)

訓用作順。見卷三言部訓字條。

顫(潒)

潒用作顫。見卷十一水部潒字條。

☆岢

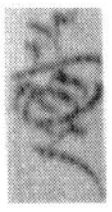
長遣策 2－04/良馬～翟𧮫

長遣策 2－021/一椸,～角

首　部

首(首、頁)

首

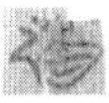
葛卜·零 234/☐童～以昬(文)黿爲☐

葛簿甲·甲三 203/☐吴毆無受一赤,又約,又弇□,又鳶(雁)～

葛簿甲·甲三 90/☐八十㕁又三㕁,又一㓥,約,鳶(雁)～☐

長竹書 1－016/又(有)～,行又(有)道

頁用作首。見本卷頁部頁字條。

☆𩠐

見本卷髟部髮字條。

☆髻

葛卜·零 103/之月乙巳之日,洍～

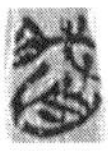
葛卜·甲三 117、120/洍～占之：亘貞吉,亡(無)咎☐

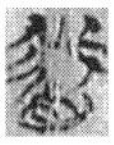
葛卜·乙一 18/王遲(徙)於鄩(鄩)郢之戠(歲)夏𥠃(柰)之月乙巳之日,洍～以陵☐

彡　部

彤

 長遣策 2-09/二方濫（鑑），屯～裹

 長遣策 2-011/二～□

 長遣策 2-011/二～枓

 長遣策 2-011/三～旅（枲）

 長遣策 2-03/一～錍

 長遣策 2-020/二疋桱（經），屯□～，八金足

 長遣策 2-025/亓（其）木器：十皇豆，屯剗（漆）～，厚奉之〔硟〕

 長遣策 2-029/亓（其）木器：一〔桿（概），剗（漆）～〕

☆彤

 葛卜·甲二 7/□埅（地）宝（主）一痒（牂）。辛～（酉）之

 葛卜·零 315/八月辛～（酉）

 葛卜·乙三 29/□〔王徙〕於藪（鄢）郢之歲（歲）八月辛～（酉）之

 葛卜·乙四 126/□月辛～（酉）之日西陵執事人台君王□

 葛卜·甲三 304/□～（酉）之日祭之，大廎（牢）饋之於黃李

 葛卜·甲三 46/之，贛，樂之。辛～（酉）之日禱之□

 （左殘）葛卜·零 542/□辛～（酉）之日□

 葛卜·乙一 22/癸～（酉）之日舉禱□

 葛簿乙·甲二 14、13/王遅（徙）於樊（鄢）郢之歲（歲）八月辛～（酉）之日，東□

文　部

文（文、斉、昏、曼）

文

 葛卜·乙四 45/□白～末白□，是以胃（謂）之喪衪，駮黿禺（遇）□□□以火□□

 葛卜·乙四 96/□以狱玉，型（荆）王豪（就）鼎（禱）型牢狱，～王以偷（逾）豪（就）禱大牢狱

葛卜·甲三 5/□□柰匙（賽）禱於型（荆）王以偷（逾），訓（順）至～王以偷（逾）□

 葛卜·甲三 213/□户、門。又（有）祝（崇）見於卲（昭）王、蕙（惠）王、～君、～夫人、子西君。敱（就）禱□

葛卜·甲三 200/樂之，舉禱子西君、～夫人各歆（特）牛饋

 葛卜·甲三 344-1/□痭，又（有）祝（崇）。以亓（其）古（故）敓（說）之。舉禱卲（昭）王、～君□

葛卜·甲三 116/☑〔平〕夜～君，戊午之昏以☑

葛卜·零 301、150/☑酯（荆）王、～王，以逾至～君，巳解□☑

葛卜·零 445/☑邵（昭）王、～☑

（右殘）葛卜·零 546、687/☑於～王、□□☑

（左殘）葛卜·乙四 128/☑君、～夫人，畀丌（其）大牧（牢），百

（左殘）葛卜·甲三 2/☑咎。又（有）敓（祟）見於邵（昭）王、～☑

葛卜·甲三 242/☑坪夜～君子良，樂，贛

葛卜·甲三 121/☑〔平〕夜～君各一玉☑

葛卜·甲三 276/～君，□禱□□□☑

葛卜·零 255/☑遞（就）禱～☑

葛卜·零 499/☑君～夫人☑

葛簿甲·甲三 206/～懸受四☑

（右殘）葛未·零 676/☑王～☑

各用作文。見卷二口部各字條。

昏用作文。見卷四目部昏字條。

曼用作文。見卷十二民部曼字條。

髟　部

髪（夏）

夏

長遺策 2-09/一捉～（髪）之帽

☆髦

葛簿乙·甲三 362/～二袿（社）

司　部

司

葛卜·零 378/☑方、～命☑

葛卜·零 102、59/☑爲賢子郢果告大～城瘥☑

葛卜·零 235、545/☑告大～城☑

葛卜·甲三 4/大（太），備（佩）玉瑞，罜日於是兒（幾），竈（賽）禱～命、～录（祿）☑

葛卜·甲一 7/☑甿（衞）箺，忻（祈）福於狄（太），一羊（驛）牡（牢）、一熊牡（牢）；～戠、～折☑

葛卜·乙一 15/公北、陞（地）宔（主）各一青義（犧）；～命、～裭（禍）各一䣜，與禱層之。或☑

葛卜·乙三 5/☑〔不〕瘥

（懌）之古（故），忻（祈）福於～褐（禍）、
～裞、～骵各一痒（牂）▨

葛卜・甲一 15/▨於～命一勮，舉禱
於▨

葛卜・甲三 182 - 2/▨～馬虻逗於
鐪▨

葛卜・乙四 97/▨宔（主）與～命，檟
（就）禱璧玉𤬚▨

葛卜・乙一 22/又（有）敚（祟）見於～
命、老嬩（童）、𢕟（祝）融、空（穴）酓
（熊）

葛卜・甲三 233、190/郣少（小）～馬
陳鰄惢（愁）以白靁（靈）爲君坪夜君貞

葛卜・零 236、186/▨車，郣公中、大
～馬子砌、郙（宛）公▨

　　　　葛卜・零 266/▨折、公北、～
命、～褐（禍）▨

（下殘）葛卜・零 229、261/▨一精，
～▨

（上殘）葛卜・零 6/▨～救返（及）左▨

葛卜・零 427/▨又（有）〔敚見〕於
～▨

（右殘）葛卜・零 159/▨～戠▨

葛簿乙・甲三 316/～馬魚之述（遂）
䁲於獞宗、余疋二貒（貈），禱二▨

葛簿乙・甲三 326 - 1/下獻～城已之
㦄人䁲一貒（貈），禱▨

葛簿乙・甲三 349/～城均之述（遂）
䁲於洛、鄷二袿（社）二貒（貈），禱▨

葛未・零 579/▨～▨

長遺策 2 - 02/一～覃珥

長遺策 2 - 02/一～齒珥

卪　部

卲

葛卜・乙四 82/▨君、陞（地）宔（主）、
靁（靈）君子。己未之日式（一）禱～
（昭）

葛卜・甲三 128/▨〔無〕咎，又（有）敚
（祟）見於～（昭）王▨

葛卜・零 560、522、554/▨〔祝〕融、穴
熊、～（昭）〔王〕▨

葛卜・乙四 12/▨一精，檟（就）禱～
（昭）王、蕙（惠）王，屯▨

葛卜・乙二 1/▨□舉禱於～（昭）王
大牢，樂之，百，贛▨

葛卜・乙三 28/▨舉良之敚（說）。舉
禱於～（昭）王、齊（文）▨

葛卜・零 9、甲三 23、57/▨食，～
（昭）告大川有沿，曰

葛卜・甲三 21/▨食，～（昭）告大川
有沿。少（小）臣

葛卜・甲三 344 - 1/▨疟，又（有）祝
（祟）。以亓（其）古（故）敚（說）之。舉
禱～（昭）王、文君▨

葛卜・甲一 21/▨篿爲君貞，忻（祈）福
於～（昭）王、獻（獻）惠王、柬大王▨

（右殘）葛卜・零 445/☑ ～（昭）王、文☑

葛卜・乙一 6/☑敓（祟）見於～（昭）王、吝（文）君、吝（文）夫人、子西君。是☑

葛卜・乙一 29、30/舉禱於～（昭）王、獻（獻）惠王各大牢饋，脽（棧）☑

葛卜・甲一 5/☑之曰：吉，無咎。又（有）敓（祟）見於～（昭）王、獻（獻）惠

葛卜・乙一 21、33/☑王、吝（文）君。舉禱於～（昭）王獻（獻）惠王、吝（文）君各一備（佩）玉。辛未之日禱之☑

葛卜・甲三 2/☑咎。又（有）敓（祟）見於～（昭）王、文☑

葛卜・甲三 161/☑壬午之日祭～（昭）王☑

葛卜・甲三 83/☑〔祝〕融、穴〔熊〕、～（昭）王、獻〔惠王〕☑

葛卜・甲三 212、199 - 3/☑瘑（瘥）。以丌（其）古（故）敓（說）之。遯（遂）鬸脂之敓，饋祭～（昭）王大牢，脽（棧）鐘樂之。鄭☑

葛卜・零 111/☑～（昭）王、吝（文）君各大牢☑

葛卜・甲三 69/之，賡於競坪王、～（昭）王☑

葛卜・零 436/☑～（昭）王□☑

葛卜・甲三 213/☑戶、門。又（有）祝（祟）見於～（昭）王、蕙（惠）王、文君、文夫人、子西君。敔（就）禱☑

邵

長遣策 2 - 02/一兩～（漆）緹（鞮）縷（屨）

長遣策 2 - 05/〔～（漆），屯〕四鈇（鋪）頁，又（有）

長遣策 2 - 011/二〔～（漆）〕□

長遣策 2 - 011/一奮（尊）〔榼（椢），～（漆）〕

長遣策 2 - 03/一戜盟（盟）之柜，□土鏤，～（漆）青黃之劃

長遣策 2 - 017/丌（其）木器：一～（漆）橐，〔四鈇（鋪）頁，屯又（有）鐶

長遣策 2 - 018/樂人〔之〕器：一〔樂〕坐梼（棧）鐘，少（小）大十又三，柅條，～（漆）劃，金玠

長遣策 2 - 025/丌（其）木器：十皇豆，屯～（漆）彫，厚奉之〔砡〕

長遣策 2 - 018/一樂〔坐〕□□，〔少（小）〕大十又九，柅條，～（漆）劃，緄維

長遣策 2 - 03/三～（漆）瑟，粢

長遣策 2 - 026/皇脛二十又五，□脛二十〔又〕五，屯〔～（漆）〕劃

長遣策 2 - 028/一□□□□，〔～（漆）青〕黃之劃

長遣策 2 - 029/丌（其）木器：一〔榼（椢），～（漆）彫〕

色　部

色

 長竹書 1 - 001/〔周公〕戒肰（然）乍（作）～曰

☆儲

 長遣策 2 - 015/一緂常，～（赭）膚之純，帛枽（攝）

卯　部

卿

 葛卜・零 92/☑旳配～賜☑

 長竹書 1 - 032/乃勠。含（今）～大夫

 長竹書 1 - 035/〔事天子〕而～

勹　部

勾

 葛簿甲・甲三 220/一匝，丌（其）鉆（重）一～（鈞）

 葛簿甲・零 444/☑五十～（鈞）☑☑

豕

 葛卜・乙三 42/☑飤。是日祭王孫厭一～，酉（酒）食☑

 葛卜・甲三 174/☑羿（殺），道一～□☑

 葛簿乙・甲三 367/某丘一～☑

 葛簿乙・甲三 378/茅丘一～☑

 葛簿乙・甲三 309/籴與一～☑

 葛簿乙・甲三 323/㞢一～☑

 葛簿乙・乙四 92/☑堵父一～☑

 葛簿乙・甲三 395/利牏一～☑

 葛簿乙・零 35/冒猶一～☑

 葛簿乙・甲三 338/☑埅一～。新☑

 葛簿乙・甲三 375/☑見一～。新□☑

 葛簿乙・甲三 351/角二袥（社）二～☑

 葛簿乙・甲三 179/中春竿我之里一～☑

 葛簿乙・零 628/☑～☑

 葛簿乙・甲三 327 - 1/☑一貒（貑），禱一～☑

 葛簿乙・甲三 346 - 2、384/墬無龍之述（遂）觐於蕫丘，寠二貒（貑），禱二～☑

 葛簿乙・甲三 312/奠（鄭）視之述（遂）觐於下肜、蘽，二貒（貑），禱二～☑

葛簿乙・甲三 320/醬（許）智（智），醬（許）智（智）之述（遂）𨊠於醯取三黏（貑），禱三～☐

 葛簿乙・甲三 405/袿（社）一�比、一猎、一～，𨊠於麓☐

 葛簿乙・甲三 364/芒、郿二黏（貑），禱二～☐

 葛簿乙・甲三 353/固二袿（社）一猎、一～，𨊠於郫思虛一黏（貑），禱☐

 葛簿乙・甲三 250/王虛二袿（社）一猎、一～，𨊠於☐

 葛簿乙・甲三 387/☐寺二袿（社）二～，𨊠於高寺一黏（貑），禱一～☐

 葛簿乙・甲三 340/☐禱一～

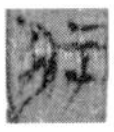

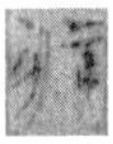

葛簿乙・甲三 361、344-2/一猎、一～。𨊠於郜戲組二黏

 葛簿乙・乙三 62/禱二～。砡☐

葛簿乙・甲三 334/聞（關）郿三袿（社）三～☐

葛簿乙・甲三 372/☐三袿（社）禱三～

葛簿乙・甲三 317/浮四袿（社）四～、一黏（貑），𨊠於桐者☐

葛簿乙・甲三 321/舟室一～，𨊠於魚是一黏（貑），禱一☐

葛簿乙・甲三 397/夫它一～，𨊠於☐

 葛簿乙・甲三 366/☐室一～

 葛簿乙・甲三 376/一黏（貑），禱一～☐

 葛簿乙・甲三 355/莆泉一～，𨊠於栗溪一黏（貑），禱一～☐

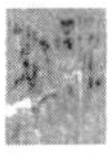

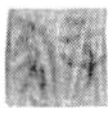

葛簿乙・甲三 374、385/筲生一～，𨊠於氏虢☐

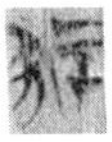

葛簿乙・甲三 386/邵一～，𨊠☐

（左殘）葛簿乙・甲三 411、415/☐～，𨊠於上蕾一黏（貑），禱☐

 葛簿乙・甲三 338/☐坓一～。新☐

葛簿乙・零 317/蔓丘一～

葛簿乙・甲三 313/亡夜一猎，𨊠於隋一黏（貑），禱一～☐

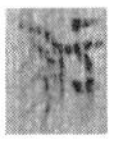

葛簿乙・甲三 390/蒔丘一猎，𨊠〔於〕經寺一黏（貑），禱一～☐

葛簿乙・甲三 278/☐虛，𨊠二黏（貑），禱二～☐

葛簿乙・甲三 333/猎，某一～，𨊠一☐

葛簿乙・甲三 331/☐於倉壄一黏（貑），禱一～☐

葛簿乙・甲三 180/☐𨊠於江一黏（貑），禱一～☐

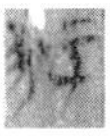

葛簿乙・甲三 382/☐～，𨊠於☐

 葛簿乙・甲三 332/☐𨊠安一黏（貑），禱一～☐

葛簿乙·甲三 346－1/☒夜一黏（殺），禱一～☒

葛簿乙·零 349/☒□一黏（殺），禱一～☒

（下殘）葛簿乙·甲三 281/☒城一黏（殺），禱一～☒

葛簿乙·甲三 328/☒友一黏（殺），禱一～☒

葛簿乙·甲三 326－2/☒一黏（殺），禱一～☒

葛簿乙·甲三 249/☒一黏（殺），禱一～☒

葛簿乙·乙三 55/☒禱一～☒

葛簿乙·甲三 371/☒禱一～☒

葛簿乙·零 273/☒禱一～☒

葛簿乙·零 316/☒禱一～☒

葛簿乙·乙三 64/☒禱一～☒

葛簿乙·零 362/☒丘一～，阞☒

（左殘）葛簿乙·零 528/☒□一～☒

葛簿乙·乙四 138/～☒

葛簿乙·甲三 327－2/☒繁、聖二黏（殺），禱二～☒

葛簿乙·乙三 52/☒黏（殺），禱二～。碰☒

（右殘）葛簿乙·零 655/☒二～☒

葛簿乙·零 310/☒四黏（殺），禱四～☒

葛簿乙·零 218/☒禱二～。碰☒

葛簿乙·乙四 142/☒～。碰☒

（左殘）葛簿乙·乙四 135/☒～。碰

葛簿乙·零 239－1/☒～。碰

（上殘）葛簿乙·零 510/☒～。碰☒

葛簿乙·甲三 78/☒～☒

（上殘）葛簿乙·甲三 82/☒～☒

（左殘）葛簿乙·甲三 85/☒～☒

葛簿乙·甲三 399/☒～☒

（上殘）葛簿乙·甲三 417/☒～☒

（右殘）葛簿乙·甲三 407/☒二一～☒

葛簿乙·乙三 57/☒禱一～☒

葛簿乙·零 719/☒一～☒

葛簿乙·甲三 252/☒～。□☒

葛簿乙·零 56/～

葛簿乙・乙二 15/☑一～☑

葛簿乙・乙四 153/☑～☑

葛簿乙・甲三 251/袿（社）一獵、四～。丌（其）國之龐伵罩苩☑

葛簿乙・乙四 137、甲三 360/☑斗句逾三䝬（羖），禱三～。未内☑

葛簿乙・甲三 285/☑里二獵、三～。丌（其）國☑三袿（社），上☑

葛未・零 509/☑～☑

（左殘）葛未・零 588/☑一～☑

（下殘）葛未・零 608、613/☑～☑

苟　部

敬

葛卜・零 198、203/有祝（祟）見于大川有汸，少（小）臣成～之瞿

鬼　部

鬼（禩、禝）

禩

長遺策 2－013/七見～（鬼）之衣，屯又（有）常

禝用作鬼。見卷七禾部禝字條。

畀　部

畀

葛卜・乙四 27/☑疾，亘（呕）～郫亥敓（説）於五殜（世）☑

禺

葛卜・乙四 45/☑白文末白☑，是以胃（謂）之喪祂，駁霝～（遇）☑☑☑以火☑☑

山　部

山

葛卜・零 237/☑邟～一☑☑

葛卜・甲二 29/☑五宔（主）～各一羖（殺）☑

葛卜・乙三 44、45/☑備（佩）玉，於邟～一玟璜，☑☑

葛卜・甲三 134、108/☑甲戌興乙亥禱楚先與五～，庚午之夕内齋☑

葛卜・零 99/☑於楚先與五～☑

葛卜・甲三 195/☑舉禱五～、祔崇☑

葛卜・零 163/☑☑社禝䅠（粢），～義（犠）☑

葛卜・乙四 26/☑三楚先、陞（地）宔（主）、二天子、邟～、北〔方〕☑

广　部

府

葛簿乙・甲三 352/☑二畀,未智(智)
亓(其)～里之算

☆雁

葛卜・乙三 22/君貞,既怀(背)、～
(膺)疾,以☐☑

葛卜・乙二 11/～(膺)疾,以瘏(胖)
痕(脹)☑

葛卜・乙二 37/☑以坪夜君不瘝
(悍),怀(背)、～(膺)

葛卜・甲二 22、23、24/☑〔王徙〕於鄩
(鄩)郢之歲(歲)八月丁巳之日,～
(膺)寅以少(小)央爲☑

葛卜・甲一 3/王遝(徙)於鄩(鄩)郢
之歲(歲)八月丁巳之日,～(膺)愴以
大央爲坪☑

葛卜・甲三 257/☑爲君貞,既怀(背)、
～(膺)疾,以瘏(胖)痕(脹),瘧☑

葛卜・乙三 51/貞,既怀(背)、～(膺)
疾以☑

厂　部

厭(厭、厝)

厭

葛卜・乙三 42/☑飲。是日祭王孫～
一冢,酉(酒)食☑

厝用作厭。見本部厝字條。

厇

長竹書 1-016/～又(有)

☆庹

(疑爲庹字)葛卜・乙四 17/☑☐～習
之以白☑

☆厝

葛卜・甲三 111/既成,社(攻)逾而～
(厭)之。氏(是)日國☑

葛卜・乙一 15/公北、坅(地)宝(主)
各一青義(犧);司命、司禌(禍)各一
勅,與禱～之。或☑

葛卜・乙三 24/☑祭王孫～☑

葛卜・甲一 4/☑～(厭)禱一勅。歸
備(佩)玉於二天子各二璧,歸☑

☆厭

葛未・零 471/☑～☑

☆廚(脰)

脰用作廚。見卷四肉部脰字條。

石　部

☆砏

(上殘)葛卜・零 236、186/☑車,鄩公
中、大司馬子～、郮(宛)公☑

☆硅

葛簿乙・乙三 62/禱二冢。～☒

葛簿乙・乙三 52/☒貈（猭），禱二冢。
～☒

（下殘）葛簿乙・零 218/☒禱二冢。～☒

葛簿乙・乙四 142/☒冢。～☒

葛簿乙・乙四 135/☒冢。～

葛簿乙・零 682/☒～☒

葛簿乙・零 239 - 1/☒冢。～

（左殘）葛簿乙・零 510/☒冢。～☒

☆硅

長遣策 2 - 08/四厚奉之～

長遣策 2 - 025/丌（其）木器：十皇豆，
屯斀（漆）彫，厚奉之〔～〕

長遣策 2 - 026/□□□之～

長　部

長

葛卜・甲三 36/☒大莫囂旟（陽）爲獸
（戰）於～城之〔歲〕☒

葛卜・甲三 296/☒莫囂易（陽）爲、晉
帀（師）獸（戰）於～〔城〕☒

葛卜・乙四 149、150/☒箈（筮）於東
陵，盥以～剌☒

葛卜・乙四 85/☒～箑爲君采（卒）戠
（歲）貞，居郢尚毋又（有）咎。豗占☒

（右殘）葛卜・乙四 105/☒□之月丁嬛
（亥）之日，莫（鄭）怵以～箑爲君采
（卒）戠（歲）貞☒

（左殘）葛卜・零 206/☒□尹丁以～☒

葛卜・乙三 7/☒隸溏諸生以～箑爲
君貞，既☒

葛卜・零 456/☒～箑☒

葛卜・甲三 26/戠（歲）八月己未之
日，鱸券以～☒

葛卜・甲三 235 - 1/☒之日鱸佚以～
剌☒

葛卜・零 160/☒□□以～剌☒

葛簿甲・甲三 92/☒弅□，～壄人☒

長遣策 2 - 010/一 □□□ ～ 六斧
（寸），泊組之〔塑〕

長遣策 2 - 019/一～羽翣

勿　部

勿

葛卜・零 115、22/☒□。䛌䛌（同人
比）。是嬴（嬴）切而口亦不爲大詢，～
卹（恤），亡（無）咎☒

易

　葛卜·甲三 296/☐莫嚻～（陽）爲、晉币（師）獸（戰）於長〔城〕☐

而　部

而

葛卜·甲三 111/既成，𢫦（攻）逾～厴（厭）之。氏（是）日國☐

葛卜·零 115、22/☐☐。䷒䷓（同人比）。是赢（歉）切～口亦不爲大詢，勿卹（恤），亡（無）咎☐

葛卜·零 197/☐～歸之☐☐

葛卜·甲三 219/既爲貞，～敓（説）丌（其）祝（祟），自夏

葛卜·甲三 101、94/☐亦豊（體）出～不良☐

葛卜·甲二 28/☐瘠不出，今亦豊（體）出，～不良又（有）閒（間）

葛卜·甲二 35/☐既爲貞，～敓（説）丌（其）☐

葛卜·甲三 99/犠馬，先之以一璧，边～逞（歸）之

長竹書 1-002/夫戔（賤）人剛恃～返（及）於型（刑）者

長竹書 1-012/～君天下

長竹書 1-026、1-067/退嚻訝～欲貴

長竹書 1-027/☐之☐～𧄍（履）百束

　長竹書 1-035/〔事天子〕～卿

　長竹書 1-040/帝～☐〔之〕

　長竹書 1-047、1-088/☐☐～可胃

　（右殘）長竹書 1-072/〔君～〕

　（左殘）長竹書 1-080/☐〔～〕

　（左殘）長竹書 1-107/☐〔～〕

　（左殘）長竹書 1-114/〔君～〕

　（左殘）長竹書 1-117/〔～〕

豕　部

貑（貀）

貀用作貑。見本部貀字條。

豭

　葛簿乙·甲三 175/肥陵陳～之述（遂）𡿺☐

豢（豢、䝅、䝅）

豢

葛卜·零 98/☐～，丌（其）☐

葛簿乙·甲三 275/☐大邑以牛；中邑以～；少（小）☐

葛簿乙・乙三 23/☒□鬷之里一～，鄇里一豿，王☒

　葛簿乙・甲二 27/纙子之里一～☒

　（下殘）葛簿乙・甲三 77/☒一～，駼里一～☒

　葛簿乙・零 91/☒夜之里一～☒

　葛簿乙・零 531/☒〔禱〕於丌（其）袿（社），一～☒

　葛簿乙・甲三 405/☒袿（社）一～、一豿、一豕，覾於麓☒

　葛簿乙・甲三 414、412/禞二袿（社）一～、一豿，覾於湫（沉/湛）☒

　葛簿乙・甲三 325－1/藁一～，覾於檆（桑）丘、桐槃（集）二豵（䝅）☒

　葛簿乙・甲三 393/南鄉一～，覾於☒

　葛簿乙・甲三 392/塴城一～，覾於☒

　葛簿乙・甲三 409/上鄉以～，覾於枫一豵（䝅）☒

　葛簿乙・甲三 413/☒下鄉以～☒

　葛簿乙・乙三 37/☒～，覾於無☒

　葛簿乙・甲三 264/城再以～，丌（其）龐☒

　葛未・零 744/☒～☒

䑷用作豢。見卷八舟部䑷字條。

豵用作豢。見本部豵字條。

☆豵

　葛卜・零 552/☒～（䝅），攻

　葛卜・甲二 18/☒以～（䝅）☒

　葛簿乙・甲三 122/☒～（䝅）☒

　葛簿乙・甲三 327－1/☒一～（䝅），禱一豕☒

　葛簿乙・甲三 316/司馬魚之述（遂）覾於獚宗、余疋二～（䝅），禱二☒

　葛簿乙・甲三 326－1/下獻司城己之槳人覾一～（䝅），禱☒

　葛簿乙・甲三 310/喬尹申之述（遂）覾於郪督、郯思，二～（䝅）☒

　葛簿乙・甲三 349/司城均之述（遂）覾於洛、鄻二袿（社）二～（䝅），禱☒

　葛簿乙・甲三 346－2、384/墜無龍之述（遂）覾於葷丘，寞二～（䝅），禱二豕☒

　（左殘）葛簿乙・甲三 324/屈九之述（遂）覾於郘生䩱，二～（䝅）☒

　葛簿乙・甲三 343－1/佖己之述（遂）覾於濯、脣（辰）袿（社），二～（䝅），禱二☒

　（右殘）葛簿乙・甲三 347－1/禞良之述（遂）覾於郕、于二袿（社），二～（䝅）☒

　葛簿乙・甲三 312/奠（鄭）視之述（遂）覾於下肜、槀，二～（䝅），禱二豕☒

葛簿乙・甲三 320/昏（許）智（智），昏（許）智（智）之述（遂）賏於鹽取三～（貏），禱三冢☐

葛簿乙・甲三 398/邾昱之述（遂）賏於雟☐一～（貏）☐

葛簿乙・甲三 314/玄悤之述（遂）賏於下窲、下姑留二～（貏），禱☐

葛簿乙・甲三 343-2/豯羌之述（遂）賏於上獻、友焚二～（貏）☐

葛簿乙・零 348/～（貏），禱☐

葛簿乙・甲三 364/芒、郎二～（貏），禱二冢☐

葛簿乙・甲三 353/固二祬（社）一猎、一冢，賏於邨思虛一～（貏），禱☐

葛簿乙・甲三 387/☐寺二祬（社）二冢，賏於高寺一～（貏），禱一冢☐

葛簿乙・甲三 361、344-2/一猎，一冢。賏於郜戲組二～

葛簿乙・甲三 317/浮四祬（社）四冢、一～（貏），賏於桐者☐

葛簿乙・甲三 321/舟室一冢，賏於魚是一～（貏），禱一☐

葛簿乙・甲三 376/一～（貏），禱一冢☐

葛簿乙・甲三 355/莆泉一冢，賏於栗溪一～（貏），禱一冢☐

葛簿乙・甲三 411、415/☐冢，賏於上蓄一～（貏），禱☐

葛簿乙・甲三 325-1/蘹一豢，賏於畾（桑）丘、桐柬（集）二～（貏）☐

葛簿乙・甲三 409/上邬以豢，賏於枛一～（貏）☐

葛簿乙・甲三 350/箴一猎，賏於舊虛、幣父二～（貏）☐

葛簿乙・甲三 313/亡夜一猎，賏於隋一～（貏），禱一冢☐

葛簿乙・甲三 390/蒴丘一猎，賏〔於〕經寺一～（貏），禱一冢☐

葛簿乙・甲三 404/☐一猎，賏於窮鵲、解溪三～（貏），三☐

葛簿乙・甲三 278/☐虛，賏二～（貏），禱二冢☐

葛簿乙・甲三 345-2/鹽一～（貏）☐

葛簿乙・乙四 146/☐沸，賏二～（貏），禱☐

葛簿乙・甲三 336/☐賏於競方一～（貏），禱☐

葛簿乙・甲三 331/☐於倉墅一～（貏），禱一冢☐

葛簿乙・甲三 180/☐賏於江一～（貏），禱一冢☐

葛簿乙・乙三 59/☐賏一～（貏）☐

葛簿乙・甲三 418/☐於茜丘一～（貏），禱☐

葛簿乙・甲三 332/☐賏安一～（貏），禱一冢☐

葛簿乙・甲三 346-1/☐夜一～（貏），禱一冢☐

葛簿乙・零 349/☐☐一～（貏），禱一冢☐

葛簿乙・甲三 281/☑城一～（豼），禱一冢☑

葛簿乙・甲三 328/☑友一～（豼），禱一冢☑

葛簿乙・甲三 326 - 2/☑一～（豼），禱一冢☑

葛簿乙・甲三 249/☑一～（豼），禱一冢☑

（左殘）葛簿乙・零 299/☑□一～（豼）☑

葛簿乙・零 263/☑丘二～（豼），禱二

葛簿乙・甲三 327 - 2/☑縈、聖二～（豼），禱二冢☑

葛簿乙・乙三 56/☑虚二～（豼），禱二☑

（上殘）葛簿乙・乙三 52/☑～（豼），禱二冢。䂭☑

葛簿乙・甲三 358/☑二～（豼），禱二☑

葛簿乙・甲三 408/☑全丘，三～（豼），禱☑

葛簿乙・零 310/☑四～（豼），禱四冢☑

葛簿乙・乙四 137、甲三 360/☑斗句逾三～（豼），禱三冢。未内☑

葛簿乙・甲三 282/☑□虚，聿（盡）割以九～（豼），禱以九☑

葛簿乙・零 333/☑犢，刵以二～（豼）☑

葛簿乙・甲三 228/☑之里害一～（豼）☑

葛簿乙・零 441/☑～（豼）☑

☆豻

葛卜・乙一 28/邅（就）禱霝（靈）君子一～，邅（就）禱門、户屯一羖（殺），邅（就）禱行一犬

（上殘）葛卜・乙一 4、10、乙二 12/夏栾（欒）之月己丑〔之日〕以君不瘥（懌）之古（故），邅（就）禱陳宗一～

葛卜・零 308/☑飤媵（豢）息（以）媵，飤～息（以）☑

葛卜・甲三 207/珥、衣常，叡（且）祭之以一～於東陵。占之：吉☑

葛卜・甲三 269/☑珥、衣常，叡（且）祭之以一～於東陵，占☑

葛卜・甲三 97/☑～□☑

葛卜・乙四 80/墬子肥～，酉（酒）食。叡（且）☑

葛簿乙・乙三 23/☑□鼜之里一豢，祁里一～，王☑

葛簿乙・甲三 123/下賻一～☑

葛簿乙・乙四 81/☑禱於丌（其）袿（社）一～☑

葛簿乙・乙二 7/☑禱於丌（其）袿（社）一～☑

葛簿乙・乙二 43/☑袿（社）一～☑

葛簿乙·甲三 124/□～□

 葛簿乙·甲三 308/□一袿(社)一～，既於□□

 葛簿乙·甲三 405/□袿(社)一豢、一～、一豕，既於麓□

 葛簿乙·甲三 353/固二袿(社)一～、一豕，既於郵思虚一豭(猳)，禱□

 葛簿乙·甲三 414、412/碼二袿(社)一豢、一～，既於湫(沉/湛)□

 葛簿乙·甲三 250/王虚二袿(社)一～、一豕，既於□

 葛簿乙·甲三 361、344-2/一～、一豕。既於鄩戲組二豭

 葛簿乙·零 400/□二袿(社)一～、一□

 葛簿乙·零 430/□袿(社)二～□

 葛簿乙·甲三 350/箴一～，既於舊虚、幣父二豭(猳)□

 葛簿乙·甲三 313/亡夜一～，既於隋一豭(猳)，禱一豕□

 葛簿乙·甲三 390/蒴丘一～，既〔於〕經寺一豭(猳)，禱一豕□

 葛簿乙·甲三 377/惻壆一～，既於竺□

 葛簿乙·甲三 403/漳溪一～，既於甜丘、某丘二□

 葛簿乙·甲三 404/□一～，既於窮鵑、解溪三豭(猳)，三□

 葛簿乙·甲三 394/□一～□

 葛簿乙·甲三 150/□～，既於禁(麓)□

 (下殘)葛簿乙·零 346/北郷一～□

 葛簿乙·甲三 333/～，某一豕，既一□

 葛簿乙·甲三 251/袿(社)一～、四豕。丌(其)國之龐伹礜苫□

 (左殘)葛簿乙·零 393/□～，龐□

 葛簿乙·甲三 285/□里二～、三豕。丌(其)國□三袿(社)，上□

 葛未·零 491/□～□

 葛未·零 674/□～□

☆篆

 葛卜·零 118/□□～以新□

 葛卜·甲三 71/□□䑞～占之曰：吉□

☆豵

 葛簿乙·甲三 363/□一袿(社)一～(豢)，既於戔

 葛簿乙·甲三 396/□袿(社)一～(豢)□

☆犭□

 (右殘)葛未·零 650/□～□

兒　部

兒

贏用作兒。見卷四肉部贏字條。

易　部

易

長竹書 1－001/～（狄），夫戔（賤）人
昏上則型（刑）殄至。剛

（左殘）長竹書 1－002/～（狄），夫戔
（賤）人剛恃而返於型（刑）者

長竹書 1－007/～（狄）之聑（聞）之於
先王之瀍也

（左殘）長竹書 1－021/□□□□〔～〕
□□□

（右殘）長竹書 1－098/□〔～〕□

卷　十

馬　部

馬

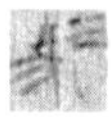
葛卜・乙四 59/☑□～之箁(筮)復惪爲君☑

葛卜・甲三 217/齊客陳異至(致)福於王之戢(歲)獻～之月乙丑之日

葛卜・甲三 33/齊客陳異至(致)福於王之戢(歲)獻～之月,觪龍以尨龗爲君卒(卒)戢(歲)☑

葛卜・零 214/☑〔齊客陳異致福於〕王之戢(歲)獻～之月乙睘(亥)之日☑

葛卜・甲三 342－2/獻(獻)～之月乙還(亥)之日,盧兆以尨龗爲☑

(上殘)葛卜・甲三 32/獻～之月〔乙〕還(亥)之日,酅喜以定☑

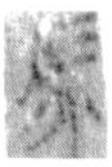
葛卜・乙四 139/☑一勳,北方咠㝕(禱)乘良～、珈(加)〔璧〕☑

葛卜・乙二 9/☑兩義(犧)～,以罌禱☑

葛卜・乙三 21/☑絑逄(路),驪(麗)義(犧)～☑

葛卜・甲三 84/☑□義(犧)～,女乘黄□☑

葛卜・零 167/☑車,義(犧)～☑

葛卜・甲三 182－2/☑司～蚘逗於鐠☑

葛卜・甲三 233、190/鄴少(小)司～陳覞愆(愆)以白霝(靈)爲君坪夜君貞

葛卜・甲三 99/犧～,先之以一璧,迈而逯(歸)之

葛卜・甲三 79/☑白,一乘絑逄(路),驪犧～,一☑

葛卜・零 236、186/☑車,鄖公中、大司～子硎、郈(宛)公☑

葛簿乙・甲三 316/司～魚之述(遂)睍於獞宗、余疋二豬(豭),禱二☑

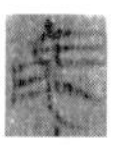
葛簿乙・甲三 325－2/～人二袿(社)二☑

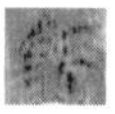
葛未・零 366/☑〔犧〕～☑

葛未・零 501/☑～□☑

長遺策 2－04/良～貴翚皓

驪

葛卜・乙三 21/☑絑逄(路),～(麗)義(犧)馬☑

葛卜·乙二 10/▨乘鞻迖（路），～
（麗）〔犧馬〕▨

葛卜·甲三 79/▨白，一乘絑迖（路），
～犧馬，一▨

騮

（下殘）葛卜·甲三 183 - 1/▨女乘～
▨

葛卜·甲三 167/▨乘～▨

駁（駁、畬）

駁

（右殘）葛卜·乙四 63、147/▨〔王復
於〕藍郢之戠冬禜（欒）之月丁嬛（亥）
之日，鄭疲以～𪋮爲君▨

（右殘）葛卜·乙四 46/彭定以～𪋮爲
君釆（卒）戠（歲）貞，占

葛卜·乙四 45/▨白文末白□，是以
胃（謂）之喪衼，～𪋮禺（遇）□□□以
火□▨

畬用作駁。見卷三攴部畬字條。

☆馭（馭、駚）

馭

（下殘）長竹書 1 - 03/教弨（射）异
（與）～

葛簿甲·甲三 292/▨衛（衛）𨌮、～吴
（昊）受九㠯又剛▨

駚用作馭。見本部駚字條。

☆駐

葛卜·甲三 215/鹽痁以～蘦爲坪夜
君貞，既心

葛卜·甲三 192、199 - 1/鹽痁習之以
～𪋮，占之：吉，不瘝（續）▨

☆駚

葛簿乙·甲三 77/▨一豢，～里一
豢▨

☆騂

羍用作騂。見卷四羊部羍字條。

廌　部

廌

葛卜·甲三 111/▨之日～（廌）大
（太）一犅，綏（纓）之以卦玉，旀（祈）之

葛卜·零 23/▨〔之〕日～（廌）之□▨

葛卜·乙三 60、乙二 13/▨巳之昏～
（廌）虘禱之堼（地）宔（主），八月辛酉
▨

葛卜·甲三 401/日於九月～（廌）叔
（且）禱之，吉▨

葛卜·甲三 105/▨～（廌）三楚先，
客▨

（左殘）葛卜·甲三 119/▨甲戌之昏以
起，乙亥之日～（廌）之

葛卜・甲三 80/八月甲戌之日～（薦）之☒

 葛卜・甲三 300、307/解於大（太），遞（遂）丌（其）疋祝（說），八月壬午之日～（薦）犬

 葛卜・零 303/☒敱（特）牛。既～（薦）之於東陵

 葛卜・零 734/☒～（薦）☒

薦（薦、鷹、禠）

薦

 葛卜・甲三 256/☒瘑（瘥）。以丌（其）古（故）敱（說）之。言～☒

鷹用作薦。見本部鷹字條。

禠用作薦。見卷一示部禠字條。

瀘

 長竹書 1－007/昜（狄）之䎽（聞）之於先王之～也

鹿　部

麗（驪）

驪用作麗。見卷十馬部驪字條。

☆䴥

 葛簿乙・甲三 251/袥（社）一豬、四豕。丌（其）國之䊪伅～苩☒

☆麢

 葛卜・零 352/☒於成斗～☒

㝹　部

☆㝹

 葛卜・乙四 85/☒長簟爲君羍（卒）敱（歲）貞，居郢尚毋又（有）咎。～占☒

犬　部

犬

 葛卜・甲一 2/☒一～，門一羊☒

 葛卜・甲三 56/☒敱（特）牛，樂之。豪（就）禱戶一羊，豪（就）禱行一～，豪（就）禱門☒

 葛卜・乙一 28/遠（就）禱霝（靈）君子一豬，遠（就）禱門、戶屯一羽（羖），遠（就）禱行一～

龙（龙、冕）

龙

 葛卜・甲三 133/☒之月己丑之日，公子命彭定以少（小）～龗爲☒

 葛卜・零 122/〔鮮〕鼉以～〔龗〕

 （左殘）葛卜・甲三 33/齊客陳異至（致）福於王之敱（歲）獻馬之月，鮮鼉以～龗爲君羍（卒）敱（歲）☒

（左殘）葛卜・乙四 130/▢～尵爲君釆
（卒）歔（歲）貞,占之▢▢

（右殘）葛卜・乙四 61/▢～尵爲君貞,
以丌（其）歔（肩）怀（背）疾▢

葛卜・乙四 103/▢以～電爲君釆
（卒）歔（歲）之貞,尚毋▢

（左殘）葛卜・甲三 342 - 2/獻（獻）馬
之月乙還（亥）之日,盧毗以～電爲▢

葛卜・甲三 204/彭定以少（小）～
尵▢

（左殘）葛卜・零 515/▢以少（小）～▢

尵用作尨。見卷七冂部尵字條。

友

葛簿乙・甲三 343 - 2/鯀羌之述（遂）
剅於上獻、～焚二豺（豭）▢

葛簿乙・甲三 328/▢～一豺（豭）,禱
一豕▢

獻（獻、獻）

獻

葛卜・甲三 217/齊客陳異至（致）福
於王之歔（歲）～馬之月乙丑之日

葛卜・甲三 27/齊客陳異至（致）福於
王之歔（歲）～▢

葛卜・甲三 33/齊客陳異至（致）福於
王之歔（歲）～馬之月,鯀尵以尨電爲
君釆（卒）歔（歲）▢

（左殘）葛卜・甲三 20/齊客陳異至福
於王〔之〕歔（歲）～▢

葛卜・零 214/▢〔齊客陳異致福於〕
王之歔（歲）～馬之月乙睘（亥）之
日▢

葛卜・甲三 32/～馬之月〔乙還（亥）
之日,勸喜以定▢

葛卜・甲三 83/▢〔祝〕融、穴〔熊〕、卲
（昭）王、～〔惠王〕▢

獻

葛卜・零 165、19/齊客陳異至（致）福
於王之歔（歲）～（獻）▢

葛卜・甲三 342 - 2/～（獻）馬之月乙
還（亥）之日,盧毗以尨電爲▢

葛卜・乙一 29、30/舉禱於卲（昭）王、
～（獻）惠王各大牢饋,脂（棧）▢

葛卜・甲一 5/▢之曰:吉,無咎。又
（有）敓（祟）見於卲（昭）王、～（獻）惠

葛卜・乙一 21、33/▢王、孚（文）君。
舉禱於卲（昭）王～（獻）惠王、孚（文）
君各一備（佩）玉。辛未之日禱之▢

葛簿乙・甲三 354/～（獻）二祬（社）
一牛、一▢

葛卜・甲一 21/▢簟爲君貞,忻（祈）
福於卲（昭）王、～（獻）惠王、柬大
王▢

狄（易）

易用作狄。見卷九易部易字條。

猶

葛簿乙・零 35/冒～一豕▢

長竹書 1 - 024/～芑蘭罌。敇（播）者

☆玁

葛簿乙・甲三 316/司馬魚之述（遂）跟於～宲，余疋二䝮（䍐），禱二☑

☆獻

葛簿乙・甲三 326 - 1/下～司城己之蘽人跟一䝮（䍐），禱☑

葛簿乙・甲三 343 - 2/駘羌之述（遂）跟於上～、友焚二䝮（䍐）☑

能　部

能

長竹書 1 - 018/丌（其）谷（欲）～又（有）弃也，～

熊　部

熊（熊、畬）

熊

葛卜・零 560、522、554/☑〔祝〕融、穴～、邵（昭）〔王〕☑

葛卜・零 71、137/☑一～牡（牢）、一羊（駐）〔牡（牢）〕☑

葛卜・甲一 7/☑衝（衛）竃，忻（祈）福於祑（太），一羊（駐）牡（牢）、一～牡（牢）；司戝，司折☑

葛卜・甲三 35/☑〔老〕童、祝融、穴～芳屯一☑

葛卜・零 2/☑□～犧□☑

葛卜・甲三 237 - 2/☑戯（且）塁羊（駐）～☑

畬用作熊。見卷十四酉部畬字條。

火　部

火

葛卜・乙四 122/〔爲〕君集戝之貞，尚毋又（有）咎。占曰：卦亡（無）咎，君牁（將）喪祍，又（有）～戒，又（有）外☑

葛卜・乙四 45/☑白文末白□，是以胃（謂）之喪祍，駮䨴禺（遇）□□□以～□☑

烕

長遣策 2 - 03/一～盟（盌）之柜，□土蔞，郤（漆）青黄之劃

然

見卷四肉部肰字條。

炭

長遣策 2 - 028/苕～盌

燭(爥)

爥

長遺策 2‑014/一柔(承)～(燭)之鑒(盤)。三▢

☆臮

長遺策 2‑011/二～

☆焚

葛簿乙・甲三 343‑2/蘇羌之述(遂)闕於上獻、灰～二黏(羯)▢

葛簿乙・零 466/～二▢

☆暖

葛簿乙・甲三 323/～一豕▢

☆燹

葛簿乙・甲二 14、13/王遲(徙)於～(鄢)郢之歲(歲)八月辛酉(酉)之日，東▢

赤　部

赤

葛簿甲・甲三 220/宋良志受四匜，又一～。李紳爲

葛簿甲・甲三 224/▢某棨(楷)、夊(終)御釱(錯)受十匜，又二～

葛簿甲・甲三 224/或受三匜，二～▢

葛簿甲・甲三 203/▢吳殹無受一～，又豹，又弅▢，又鳶(雁)首

葛簿甲・甲三 203/吳憙受一匜，二～，弅

葛簿甲・甲三 206/▢三～。王孫達受一匜，又三～

葛簿甲・甲三 311/▢受二匜，又二～，……二～，又弅

葛簿甲・甲三 211/▢受二匜，又二～，又剮，又豹

葛簿甲・甲三 244/▢受二～，弅▢

葛簿甲・甲三 254/▢……三～，又剮……▢

葛簿甲・零 525/▢～。某棨(楷)▢

葛未・零 364/▢～鄸▢

長遺策 2‑05/〔鑲。竹〕器：十笑(簠)，屯～綿之帽

赭(豬)

豬用作赭。見卷九色部豬字條。

大　部

大

葛卜・甲三 36/▢～莫嚻旈(陽)爲獸(戰)於長城之〔歲〕▢

葛卜・零 432/☑告～☑

葛卜・零 298/☑又(有)～咎☑

葛卜・零 102、59/☑爲賢子郚果告～
司城瘣☑

(下殘)葛卜・乙四 57/☑爲賢子歔哀
告～☑

葛卜・零 235、545/☑告～司城☑

葛卜・乙四 134/☑□擇之圉(牢)中
(中),晉□爲會相之訟(昭)告～☑

(左殘)葛卜・乙四 25/☑～留(牢),
百☑

葛卜・零 115、22/☑□。▤▤(同人
比)。是鼠(髕)切而口亦不爲～詢,勿
卹(恤),亡(無)咎☑

葛卜・甲三 209/☑競坪王～單(牢)
饋,延(棧)鐘樂之。遝(遝)頤

葛卜・甲三 31/☑丌(其)繇曰:是日
未兌,～言讑讑(絕),少(小)言悁悁,
若組若結,夂(終)以□☑

葛卜・乙四 96/☑以枈玉,酲(荊)王
槔(就)梟(禱)酲牢枈,文王以偸(逾)
槔(就)禱～牢枈

葛卜・乙四 43/☑夏尿、宫月忥(賽)
禱～水,備(佩)玉枈。罤日於屈柰

葛卜・乙四 136/☑杜中尚～簹,占☑

(左殘)葛卜・零 467/☑～薀□☑

葛卜・乙一 23、1/～戜(城)郵(茲)立
(方)之戠(歲)屈柰(柰)之月癸未之
日,諅〔生〕☑

葛卜・零 117/悍之～保(寶)〔豪
(家)〕☑

葛卜・乙一 14/句鄩公奠(鄭)余毅～
城郵(茲)立(方)之戠(歲)屈柰之月癸
未〔之日〕☑

葛卜・甲三 8、18/☑～戜(城)郵(茲)
郍之戠(歲),夏尿之月癸嬛(亥)之日,
趄鼇以鄗聯爲☑

葛卜・乙二 1/☑□舉禱於郘(昭)王
～牢,樂之,百,贛☑

葛卜・乙一 19/自夏柰(柰)之月以至
垄(來)戠(歲)夏柰尚毋又(有)～咎。
湿〔瞀〕☑

(左殘)葛卜・零 192/☑～資十月☑

葛卜・零 40/☑王～牢,百之,贛。壬
唇(辰)之日禱之☑

葛卜・乙二 25、零 205、乙三 48/之月
乙巳之日,晉(許)定以陵尹悍之～保
(寶)豪(家)爲

葛卜・甲三 219/以陵尹悍之～保
(寶)豪(家)爲君貞

葛卜・甲三 261/☑～單(牢)饋,延
(棧)鐘樂之

葛卜・甲三 117、120/柰(柰)之月以
至垄(來)戠(歲)之夏柰(柰),尚毋又
(有)～咎

葛卜・零 123/☑～迏(路)車☑

葛卜・乙二 27/☑之日,晉(許)定以
陵尹悍之～保(寶)豪(家)爲君貞

葛卜・零 198、203/有祱(祟)見于～
川有汧,少(小)臣成敬之瞿

葛卜・零 9、甲三 23、57/囗食，卲（昭）告～川有沿，曰

葛卜・甲三 21/囗食，卲（昭）告～川有沿。少（小）臣

葛卜・零 13/囗各～單（牢）饋，延（棧）鐘

（下殘）葛卜・乙一 31、25/自夏桼（楙）之月以至冬桼（楙）之月，聿（盡）七月尚毋又（有）～囗

葛卜・零 329/囗君七日貞，尚～囗

葛卜・甲三 151/之夏桼（楙），毋又（有）～咎囗

葛卜・甲三 155/桼（楙）毋又（有）～咎。占囗

葛卜・甲一 21/囗筮爲君貞，忻（祈）福於卲（昭）王、獻（獻）惠王、柬～王囗

葛卜・甲一 3/王遷（徙）於鄝（郢）郢之戠（歲）八月丁巳之日，雁（膺）愴以～央爲坪囗

葛卜・甲三 247、274/毋又（有）～咎，窮（躬）身尚自宜訓（順）。占之：亙貞吉，疾遬（速）囗

葛卜・甲三 258/王遷（徙）於敫（郢）郢之戠（歲）八月丁巳之日，鄉（應）愴以～央囗

葛卜・甲三 208/鄉（應）愴寅習之以～央，占之：〔吉〕，遬（速）又（有）閒（間），無祝（祟）囗

葛卜・甲三 72/囗以囗之～彤箺（筮）爲君貞，既心疾，以囗

葛卜・甲三 304/囗酡（酉）之日祭之，～竊（牢）饋之於黃李

葛卜・乙四 128/囗君、文夫人，聑丌（其）～牧（牢），百

葛卜・乙一 29、30/舉禱於卲（昭）王、獻（獻）惠王各～牢饋，脽（棧）囗

（左殘）葛卜・乙一 13/或舉禱於壐武君、命尹之子轍（璿）各～牢，百囗

葛卜・甲三 212、199 - 3/囗瘡（瘥）。以丌（其）古（故）敓之。遴（逐）艦脂之敓（說），饈祭卲（昭）王～牢，脽（棧）鐘樂之。鄭囗

葛卜・甲三 136/囗璧，以罷禱～牢饋，脽（棧）鐘樂之，百之，贛

葛卜・乙二 35、34/囗又（有）～咎，窮（躬）身尚自宜訓（順）。定占囗

葛卜・甲三 419/囗之，慈福舉禱斉（文）君，～牢饋之囗

葛卜・甲三 237 - 1/舉禱一乘～逸（路）黃輻，一䮖玉瑗囗囗

葛卜・零 236、186/囗車，鄭公中、～司馬子砐、郚（宛）公囗

葛卜・零 111/囗卲（昭）王、斉（文）君各～牢囗

葛卜・甲三 216/囗巳之日，晉（許）定以陵尹懌之～保（寶）豪（家）爲囗

葛卜・甲三 271/囗薇邸社，～殤坪夜之楚褐，東

（上殘）葛卜・零 468/囗～咎，占之囗

葛卜・零 433/囗～帀（師）囗囗

（上殘）葛簿乙・甲三 275/囗～邑以牛；中邑以豢；少（小）囗

葛簿乙·零 11/～椠（楷）里人☑

葛簿乙·甲三 348/閈（間）壁～宧果之述（遂）☑

葛未·零 461/☑～蓊以☑

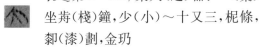
長遣策 2-018/樂人〔之〕器：一〔樂〕坐坿（棧）鐘，少（小）～十又三，柅條，卻（漆）劃，金玧

長遣策 2-018/一樂〔坐〕□□，〔少（小）〕～十又九，柅條，卻（漆）劃，緪維

長遣策 2-022/一～襄（囊）糧（糧）

夾

長遣策 2-07/〔實〕：一繡□衣，絵（錦）緅之～，純悥，組緣，弁（辮）繢（繪）

☆犬

葛卜·乙四 148/☑酉之日，弌（一）禱～（太）、北方□☑

葛卜·零 402/☑～（太）一犕☑

葛卜·甲三 111/☑之日鳸（薦）～（太）一犕，綏（纓）之以卦玉，旐（祈）之

（右殘）葛卜·零 151/解於～（太），臺（就）票（禱）□□□□

葛卜·甲三 3/☑亡（無）咎，又（有）敓（祟），與鼉同敓（祟），見於～（太）☑

葛卜·甲三 4/～（太），備（佩）玉卦，睪日於是冗（幾），悥（賽）禱司命、司录（禄）☑

葛卜·甲三 110/☑瘧一巳。或以肙（胃）鼍求丌（其）緊（説），又（有）祝（祟）於～（太）、北☑

葛卜·乙二 20/☑之，悥（賽）禱～（太）一☑

葛卜·甲三 177/☑〔無〕咎，又（有）敓（祟）見於～（太）☑

葛卜·零 178/☑～（太），北方楚☑

（左殘）葛卜·零 448、零 691/☑篕（笿），恒（亟）忻（祈）福於～（太）☑

葛卜·甲三 300、307/解於～（太），遬（逯）丌（其）戹祝（説），八月壬午之日鳸（薦）～

（下殘）葛卜·零 231/☑敱（就）禱～（太）☑

葛卜·零 312/☑於～（太），臺（就）禱☑

（下殘）葛卜·零 426/☑見於～（太）☑

（左殘）葛卜·零 690/☑～（太），臺（就）禱☑

亦　部

亦

葛卜·零 115、22/☑□。☰☳（同人比）。是贔（髍）切而口～不爲大詢，勿卹，亡（無）咎☑

（上殘）葛卜·甲三 101、94/☑～豐（體）出而不良☑

葛卜·甲二 28/☑疥不出，今～豐（體）出，而不良又（有）閈（間）

葛卜・甲三 135/☑難出，今～少☑

矢　部

昊

葛卜・甲二 6、30、15/王遲（徙）於鄝（鄢）郢之戠（歲）八月丁巳之日，盬壽君以～夏〔之〕☑

葛卜・甲三 342－1，零 309/☑〔王徙於鄢郢〕之戠（歲）八月丁巳之日，盬壽君以～夏之☑

葛簿甲・甲三 203/☑～殹無受一赤，又豹，又弅☑，又鳶（雁）首

葛簿甲・甲三 203/～悫受一區，二赤，弅

☆昊

見卷七日部戾字條。

天　部

喬

葛簿乙・甲三 310/～尹申之述（遂）䢃於赳督、郒思，二黏（羖）☑

壺　部

壺（瓠）

瓠用作壺。見卷七瓜部瓠字條。

幸　部

睪

葛卜・甲三 4/大（太），備（佩）玉珮，～日於是冗（幾），㥱（賽）禱司命、司禄（禄）☑

葛卜・零 219/☑備（佩）玉珮，～日於☑☑

葛卜・乙四 43/☑夏层、官月㥱（賽）禱大水，備（佩）玉珮。～日於屈柰

葛卜・零 318/☑～日臺（就）☑

葛卜・零 5/☑☑～日於☑

葛卜・甲三 339/☑～日八月之中脽（桟）☑

（右殘）葛卜・甲三 239/☑解於北方，～☑

執

葛卜・乙四 126/☑月辛酻（酉）之日西陵～事人台君王☑

夫　部

夫

葛卜・甲三 200/樂之，㙷禱子西君、文～人各哉（特）牛饋

 葛卜・零 499/☑君文～人☑

 葛簿乙・甲三 397/～它一冢,䢍於☑

長竹書 1－001/易(狄),～戔(賤)人
㝬(格)上則型(刑)殹(戮)至。剛

長竹書 1－002/～戔(賤)人剛恃而返
(及)於型(刑)者

長竹書 1－006/～貴

長竹書 1－014/～〔周〕

(左殘)長竹書 1－062、1－068/可〔虞〕
唐(乎)～

長竹書 1－071/矣。～

☆歀

葛卜・乙四 57/☑爲賢子～哀告大☑

葛卜・零 211/～良之☑

立　部

立

長竹書 1－010/～日贛賜布也

竝　部

竝

葛卜・乙一 23、1/大轍(城)邨(茲)～
(方)之散(歲)屈禦(柰)之月癸未之
日,諸〔生〕☑

 葛卜・乙一 14/句鄵公奠(鄭)余毂大
城邨(茲)～(方)之散(歲)屈禦之月癸
未〔之日〕☑

 葛卜・乙四 21/☑城邨(茲)～(方)之
散(歲)

凵　部

毗(甂)

毗

 　　長遣策 2－09/一齒〔～〕,
☐☐〔絴〕之〔～〕襄(囊),縩(緇)綿
之裏

 長遣策 2－013/二～

思　部

思

 葛卜・甲三 388/㥯～

 葛卜・乙四 143/☑～爲之求四羊
(騂)義(犠)☑

 葛卜・零 189/☑～坪夜君城(成)☐
瘳迷(速)癥(瘥)☑

 (左殘)葛卜・零 87/☑句(苟)～
〔坪〕☑

 葛簿乙・甲三 310/喬尹申之述(遂)
䢍於起昏、鄹～,二豴(豭)☑

葛簿乙・甲三 353/固二袿（社）一猾、一豕，瞅於郫～虚一狝（貜），禱☐

心　部

心

葛卜・乙四 7/☐以～瘃（閔）爲集☐

葛卜・甲三 219/忶（背）、膚疾，以痒（胖）瘣（脹）、～悗（閔）

葛卜・零 306/痒（胖）瘣（脹）、膚疾、以悗（閔）～

葛卜・零 584、甲三 266、277/忶（背）、膚疾，以痒（胖）瘣（脹）、～悗（閔），釆（卒）歔（歲）或至☐

葛卜・零 221、甲三 210/以痒（胖）瘣（脹）、～悗（閔），釆（卒）歔（歲）或至夏㡭（欒）之月尚☐

葛卜・甲三 189/☐坪夜君貞，既～悗（閔）、痒（胖）痕（脹），以百膌體疾

葛卜・甲三 291－2/☐痕（脹）、膚疾、悗（閔）～

葛卜・乙三 35/☐膚疾、痒（胖）痕（脹）、～

葛卜・甲三 291－1/☐既～悗（閔）以疾，戯（且）痕（脹）瘠不☐

葛卜・零 215/☐瘠疾、～悗（閔），釆（卒）☐

（下殘）葛卜・乙二 5/瘠疾、痒（胖）痕（脹）、～☐

葛卜・甲一 14/☐貞，忶（背）、膚疾，以痒（胖）痕（脹）、～悗（閔）☐

（上殘）葛卜・零 126/☐～悗（閔）☐

葛卜・甲一 13/☐忶（背）、膚疾，以痒（胖）痕（脹）、～☐

葛卜・甲三 100/☐貞，既胚（背）髓（膚）疾，以鑺（胛）疾，以～☐

葛卜・甲三 131/☐疾，髂（脅）疾，以～瘃（閔），尚毋死。☐良志☐

葛卜・甲三 72/☐以☐之大彤箁（筮）爲君貞，既～疾，以☐

葛卜・甲三 215/鹽烠以駐薝爲坪夜君貞，既～

葛卜・甲三 233、190/既～疾，以昷（合）於忶（背），戯（且）～瘃（閔）☐

葛卜・甲三 245/☐☐疾、髂疾，以～☐

（重文）葛卜・甲三 22、59/☐忶膚悗（閔）～之疾，忶膚悗（閔）～之疾，迷（速）瘳迷（速）癍（瘥）

長竹書 1－052/結之～

（上殘）長竹書 1－061/☐～毋

志

葛卜・甲三 10/☐先，少（小）又（有）外言感也，不爲憖（尤）。君牆（將）又（有）～成也☐

葛卜・乙一 28/夏㡭（欒）之月己丑之日，以君不瘴（懌）～古（故）

葛卜・乙一 12/暊與良～以陵尹

葛卜・乙二 44/☒之日，暊與良～以☒

葛卜・零 584、甲三 266、277/☒之日，暊與良～以陵尹懌之髊骭爲君貞

葛卜・甲三 241/良～占之曰☒

葛卜・甲三 131/☒疾，髖（脅）疾，以心瘩（悶），尚毋死。☒良～☒

葛卜・零 474/☒可～☒

葛卜・零 225/☒有～☒☒☒

葛簿甲・甲三 220/宋良～受四侸，又一赤。李綑爲

惪

葛卜・乙四 59/☒☒馬之箸（筮）復～爲君☒

葛卜・乙四 144/☒〔我王於林丘〕之畝（歲）九月甲申之日，攻差以君命取～需（靈）☒

葛卜・乙四 49/☒☒鷓習之以承～。占☒

葛卜・甲三 193/郬尹兼習之以新承～☒

長遺策 2－07/〔實〕：一繡☒衣，絵（錦）緅之夾，純～，組緣，弁（辮）繢（繪）

應（郿、雁）

郿用作應。見卷六邑部郿字條。

雁用作應。見卷九广部雁字條。

慎（敐）

敐用作慎。見卷三攴部敐字條。

憲

葛卜・甲三 25/之，亡（無）咎。牆（將）又（有）喜。奠（鄭）～習之以陸（隨）侯之☒

葛卜・乙四 145/☒需（靈）君子耳丌（其）敆（特）牛之禱。奠（鄭）～占之：扑☒

恭

見卷三廾部龏字條。

忻

葛卜・甲一 7/☒衛（衛）箕，～（祈）福於秋（太），一羋（騂）牡（牢）、一熊牡（牢）；司敆、司折☒

葛卜・乙三 5/☒〔不〕瘇（懌）之古（故），～（祈）福於司裼（禍）、司祿、司骰各一痒（牂）☒

葛卜・乙三 6/☒箕爲君貞，～（祈）福舉禱於☒

葛卜・甲一 11/☒～（祈）福於北方，舉禱一備（佩）璧☒

葛卜・甲一 21/☒箕爲君貞，～（祈）福於邵（昭）王、獻（獻）惠王、柬大王☒

葛卜・零 448、零 691/☒箸（筮），恒（亟）～（祈）福於大（太）☒

怡（惖）

惖用作怡。見本部惖字條。

慶

葛卜・甲三 65/☐ 霝（靈）力休有成
～,宜爾☐

恃

長竹書 1－002/夫戔（賤）人剛～而迏
（及）於型（刑）者

愈（懲）

懲用作愈。見本部懲字條。

恚

葛卜・乙二 3、4/☐吉。疾遬（速）敓
（損）,少（小）迬（遲）～（蠿）瘷（瘥）。
以亓（其）古（故）敓（說）☐

葛卜・甲三 184－2、185、222/或爲君
貞,以亓（其）不良～（蠿）瘳之古（故）,
尚毋又（有）祟

（下殘）葛卜・乙三 47/☐疾遬（速）敓
（損）,少（小）迬（遲）～（蠿）☐

葛卜・甲三 265/☐迬（遲）～（蠿）瘷
（瘥）,又（有）祝（祟）,以亓（其）古（故）
敓（說）之。舉禱☐

惡（亞）

亞用作惡。見卷十四亞部亞字條。

愴

葛卜・甲一 3/王遅（徙）於鄁（鄀）郢
之戠（歲）八月丁巳之日,雁（膺）～以
大央爲坪☐

葛卜・甲三 258/王遅（徙）於敨（鄀）
郢之戠（歲）八月丁巳之日,鄘（應）～
以大央☐

惻

葛簿乙・甲三 377/～墜一貓,瞡於
竺☐

忧

長竹書 1－039/也。式含（答）～也

（右殘）葛卜・甲三 198、199－2/☐悗
（悶）,戲（且）瘠不出,以又（有）痞,尚
遫（速）出,毋爲～

恤（衄）

衄用作恤。見卷五血部衄字條。

悶（瘁、悗）

瘁、悗用作悶。見卷七疒部瘁字條、本部悗
字條。

懼（瞿）

瞿用作懼。見卷四瞿部瞿字條。

惙

（重文）葛卜・甲三 31/☐亓（其）繇曰:
是日未兌,大言纗纗（絕）,少（小）言～
～,若組若結,夂（終）以☐☐

恐（恁）

恁

葛卜・甲三 15、60/☐佳（唯）潊（顥）
栗～（恐）瞿,甬（用）受繇元龜、晉簪
（筮）曰:

☆忎

見本部恐字條。

☆忋

葛卜·乙四110、117/☑少逞（遲），迷（速）從郢埜（來），公子見君王，尚～（怡）懌，毋見☑

（下殘）葛未·零353/寺～（怡）☑

☆悬

葛卜·零308/☑飤縢（縶）～（以）縢，飤猶～（以）☑

葛卜·甲一24/定貞之：亙貞無咎，疾逞（遲）瘕（瘥），又（有）瘠（續）。～（以）

☆怽

葛卜·乙四105/☑□之月丁嬛（亥）之日，奠（鄭）～以長箫爲君采（卒）歲（歲）貞☑

葛卜·乙四98/☑八月乙卯之日，鄭卜子～以疊頁之瓏爲君三歲（歲）貞☑

☆悗

葛卜·甲三219/怀（背）、膚疾，以痒（胖）瘕（脹）、心～（悶）

葛卜·甲二8/☑～（悶），采（卒）歲（歲）或至夏禁（栾）

葛卜·零306/痒（胖）瘕（脹）、膚疾、以～（悶）心

葛卜·零584、甲三266、277/怀（背）、膚疾，以痒（胖）瘕（脹）、心～（悶），采（卒）歲（歲）或至☑

葛卜·零221、甲三210/以痒（胖）瘕（脹）、心～（悶），采（卒）歲（歲）或至夏禁（栾）之月尚☑

葛卜·甲三189/☑坪夜君貞，既心～（悶）、瘕（胖）痕（脹），以百脂體疾

葛卜·甲三291-2/☑痕（脹）、膚疾、～（悶）心

葛卜·甲一16/～（悶），采（卒）歲（歲）或至夏

葛卜·甲三291-1/☑既心～（悶）以疾，敍（且）痕（脹）瘥不☑

葛卜·零215/☑瘤疾、心～（悶），采（卒）☑

（右殘）葛卜·甲一14/☑貞，怀（背）、膚疾，以瘕（胖）痕（脹）、心～（悶）☑

葛卜·零126/☑心～（悶）☑

葛卜·零277/☑～（悶），兩□☑

葛卜·甲三198、199-2/☑～（悶），敍（且）瘥不出，以又（有）瘖，尚遬（速）出，毋爲忧

葛卜·甲三87/～（悶），采（卒）歲（歲）或至夏禁（栾）☑

（下殘）葛卜·零26/☑疾，以～（悶）☑

（上殘）葛卜·零492/☑～（悶），采（卒）歲（歲）或至☑

（重文）葛卜・甲三 22、59/☒ 怀膚～
（悶）心之疾，怀膚～（悶）心之疾，迷
（速）瘔迷（速）癥（瘝）

☆悥

葛簿甲・甲三 206/文～受四☒

☆愻

葛未・甲三 28/☒□□～□□□□☒

☆愻

葛卜・乙四 113/☒郢之古（故），命～
（祈）福☒

☆愻

葛卜・甲三 233、190/郢少（小）司馬
陳鯢～（愻）以白霝（靈）爲君坪夜君貞

葛卜・零 164/☒咎，無～（愻）〔占〕☒

☆憙

見卷五喜部憙字條。

☆悢

見卷二口部哀字條。

☆偢

葛卜・乙三 33/☒爲箸告我～所取於
□☒

葛卜・甲三 388/～思

☆惥

葛卜・甲三 61/成敢（敢）甬（用）解訛
（過）瘝（釋）～（尤），若

葛卜・甲三 10/☒先，少（小）又（有）
外言惥也，不爲～（尤）。君酒（將）又
（有）志成也☒

☆惉

葛卜・甲三 419/☒之，～福罋禱吝
（文）君，大牢饋之☒

☆感

葛卜・乙四 95/☒中，君又行，君又
子，酒（將）～之，弗卬也。⚏⚏（坤
姤）。習之以衛☒

葛卜・甲三 10/☒先，少（小）又（有）
外言～也，不爲惥（尤）。君酒（將）又
（有）志成也☒

葛卜・零 204/☒女子之～，又疴疾復
（作），不爲訧（尤），詏☒

☆懌（懌、瘝）

懌

葛卜・乙四 110、117/☒少迖（遲），迷
（速）從郢坙（來），公子見君王，尚怉
（怡）～，毋見☒

葛卜・零 117/～之大保（寶）〔豪
（家）〕☒

葛卜・乙二 25、零 205、乙三 48/之月
乙巳之日，晉（許）定以陵尹～之大保
（寶）豪（家）爲☒

葛卜・甲三 219/以陵尹～之大保（寶）豪（家）爲君貞

 葛卜・乙二 27/☒之日，瞀（許）定以陵尹～之大保（寶）豪（家）爲君貞

 葛卜・零 584、甲三 266、277/☒之日，暊與良志以陵尹～之髒髀爲君貞

 葛卜・甲三 216/☒巳之日，瞀（許）定以陵尹～之大保（寶）豪（家）爲☒

 （下殘）葛卜・零 200、323/☒夏欒之月丙唇（辰）之日，陵君（尹）～☒

瘴用作懌。見卷七疒部瘴字條。

卷十一

水　部

水

 葛卜・乙四 43/☐夏层、盲月悥（賽）禱大～，備（佩）玉牪。罩日於屈弈

江

 葛卜・甲三 268/☐返（及）～、灘、泹（沮）、漳，延（延）至於灅（淮）

 葛卜・乙四 9/☐渚泹（沮）、章，返（及）～，走（上）逾取菖☐

 葛簿乙・甲三 180/☐夙於～一黏（貑），禱一豕☐

浣（浃）

浃用作浣。見卷本部浃字條。

温

 葛簿乙・甲三 322/邧余毂之述（遂）夙於～父、鵧（鳩），二☐

沮（泹）

泹用作沮。見本部泹字條。

漢

見本部灘字條。

漆（桼）

桼用作漆。見卷九卩部桼字條。

洛

 葛簿乙・甲三 349/司城均之述（遂）夙於～、酆二袿（社）二黏（貑），禱☐

漳

見卷三音部章字條。

淮（灅）

灅用作淮。見本部灅字條。

渚

 葛卜・乙四 9/☐～泹（沮）、章，返（及）江，走（上）逾取菖☐

灅

 葛卜・甲三 268/☐返（及）江、灘、泹（沮）、漳，延（延）至於～（淮）

湢

 長竹書 1－048／若～

 葛卜・乙一 18／王遲（徙）於敔（郹）郢之戠（歲）夏柰（栾）之月乙巳之日，～瞥以陵☒

 葛卜・乙一 19／自夏柰（栾）之月以至坅（來）戠（歲）夏柰尚毋又（有）大咎。～〔瞥〕☒

 葛卜・零 103／之月乙巳之日，～瞥

 （左殘）葛卜・甲三 117、120／～瞥占之：亙貞吉，亡（無）咎☒

溥

 長竹書 1－005／〔君〕子之道必若五浴之〔～〕，三

潒

 葛卜・甲三 15、60／☒隹（唯）～（顤）栗忈（恐）瞿，甬（用）受絴元龜、晉箸（筮）曰：

浮

 葛簿乙・甲三 317／～四袿（社）四冢、一黏（貑），鼆於桐者☒

濫

 長遣策 2－09／二方～（鑑），屯彫裏

淺

 長遣策 2－014／二～缶

瀆（潭）

潭用作瀆。見本部潭字條。

灘

 葛卜・甲三 268／☒返（及）江、～、沺（沮）、漳，延（延）至於濼（淮）

湯

 長遣策 2－014／一止缶，一～鼎，屯又（有）盍（蓋）

沐

 長遣策 2－08／二～鎣（盤）

 長遣策 2－09／一～帕

 長遣策 2－014／一～之鯔鼎

 長遣策 2－014／一～鎣（盤）

浴

 長竹書 1－005／〔君〕子之道必若五～之〔溥〕，三

汲（淺）

淺
 長遣策 2－014／箮。一～（汲）垪

☆浙

（左殘）葛卜·零 198、203/有祝（祟）見于大川有～，少（小）臣成敬之瞿

葛卜·零 9、甲三 23、57/☒食，卲（昭）告大川有～，曰

葛卜·甲三 21/☒食，卲（昭）告大川有～。少（小）臣

☆泊

長遣策 2 - 010/一 □□□ 長六羏（寸），～組之〔塗〕

☆沉

葛卜·甲三 268/☒返（及）江、灘、～（沮）、漳，延至於濮

葛卜·甲三 11、24/宅茲～（沮）、章，台選（先）囂（遷）尻（處）

葛卜·乙四 9/☒渚～（沮）、章，返（及）江，辵（上）逾取菖☒

☆洣

長遣策 2 - 08/一～（浣）鎣（盤）

長遣策 2 - 09/□〔室〕之器：一筭，丌（其）實：一～（浣）帕

☆沸

葛簿乙·乙四 146/☒～，跐二貀（貉），禱☒

☆湫

葛簿乙·甲三 414、412/禞二袿（社）一豢、一貓，跐於～（沉/湛）☒

☆滬

葛卜·乙三 7/☒箓～諸生以長篔爲君貞，既☒

☆滓

葛簿乙·甲三 403/～溪一豭，跐於聑丘、某丘二☒

☆灈

葛簿乙·甲三 343 - 1/佖己之述（遂）跐於～、唇（辰）袿（社），二貀（貉），禱二☒

☆沮

葛卜·甲三 103/☒～辵（上）睪☒

☆沮

葛未·零 363/☒敢（敢）～☒

☆沮

葛簿乙·甲三 402/☒述（遂）跐於～林糰☒

川　部

川

葛卜·零 198、203/有祝（祟）見于大～有浙，少（小）臣成敬之瞿

葛卜·零 9、甲三 23、57/☒食，卲（昭）告大～有浙，曰

葛卜·甲三 21/☒食，卲（昭）告大～有浠。少（小）臣

州

 長竹書 1－023/～，昊昊冥冥又（有）胥日

泉　部

泉

 葛簿乙·甲三 355/甫～一豕，剉於栗溪一豽（貑），禱一豕☒

永　部

羕

 葛卜·甲三 193/鄟尹～習之以新承喿☒

谷　部

谷

 長竹書 1－018/亓（其）～（欲）能又（有）弃也，能

谿（溪）

 葛簿乙·零 382/☒濁～☒

 葛簿乙·甲三 355/甫泉一豕，剉於栗～一豽（貑），禱一豕☒

 葛簿乙·甲三 403/滓～一豬，剉於咠丘、某丘二☒

 葛簿乙·甲三 404/☒一豬，剉於窅鶀、解～三豽（貑），三☒

 （下殘）葛簿乙·零 382/☒濁～☒

夂　部

冬

 葛卜·甲三 107/☒□貞，七月至～禁（欒）之月尚☒

 葛卜·乙四 63、147/☒〔王復於〕藍郢之散（歲）～禁（欒）之月丁嬛（亥）之日，鄭疲以駁竃爲君☒

 （右殘）葛卜·零 294、482、乙四 129/☒〔王〕復於藍郢之散（歲）～禁（欒）之月丁嬛（亥）之日，龜尹〔丹〕☒

 葛卜·零 496/☒之散（歲）～禁（欒）☒

 葛卜·乙一 31、25/自夏禁（欒）之月以至～禁（欒）之月，聿（盡）七月尚毋又（有）大☒

雨　部

霝

 （左殘）長遣策 2－01/一～（霝）

霝

（上殘）葛卜·零 355 /☑～（霝）君子☑

葛卜·乙四 82/☑君、墬（地）宔（主）、～（霝）君子。己未之日弍（一）禱卲（昭）

（下殘）葛卜·乙四 144/☑〔我王於林丘〕之戠（歲）九月甲申之日，攻差以君命取惪～（霝）☑

葛卜·乙一 28/邉（就）禱～（霝）君子一豭，邉（就）禱門、戶屯一羖（殺），邉（就）禱行一犬

葛卜·甲三 65/☑～（霝）力休有成慶，宜爾☑

（上殘）葛卜·乙四 145/☑～（霝）君子昜丌（其）戠（特）牛之禱。奠（鄭）憲占之：卦☑

葛卜·甲三 233、190/鄩少（小）司馬陳覎惥（愆）以白～（霝）爲君坪夜君貞

葛卜·乙四 119/☑～☑

葛卜·甲三 76/☑～（霝）君子、戶、步、門□☑

（下殘）葛未·零 602/☑宗、～☑

☆霳

葛簿乙·乙二 14/☑䢃羅丘～☑

魚　部

魚

葛簿乙·甲三 316/司馬～之述（遂）䢃於獞宀、余疋二豻（豭），禱二☑

葛簿乙·甲三 321/舟室一冢，䢃於～是一豻（豭），禱一☑

☆鮇

葛卜·甲三 33/齊客陳異至（致）福於王之戠（歲）獻馬之月，～鼅以龙竈爲君采（卒）戠（歲）☑

龍　部

龍

葛卜·零 572/☑無～☑

葛簿乙·甲三 346－2、384/墬無～之述（遂）䢃於菫丘，宲二豻（豭），禱二冢☑

葛簿乙·甲三 315/黃宜日之述（遂）䢃於新邑、～郊☑

卷十二

不　部

不

葛卜・零 472/☒ 祚（作），～爲忧（尤）☒

葛卜・甲三 10/☒先，少（小）又（有）外言感也，～爲慼（尤）。君牁（將）又（有）志成也☒

（上殘）葛卜・零 438/☒～爲☒

葛卜・乙四 125/以君之窮（躬）身～安之古（故）☒

葛卜・零 240/☒□亡（無）～☒

葛卜・零 115、22/☒□。䷌（同人比）。是羸（臝）切而口亦～爲大詢，勿卹，亡（無）咎☒

葛卜・零 204/☒女子之感，又疴疾後（作），～爲訧（尤），詘☒

葛卜・甲三 283/☒之日，以君之～瘇（懌）也☒

葛卜・甲三 40/☒毋死。占之：卦～死，亡（無）祝（祟）☒

葛卜・乙一 28/夏祭（柰）之月己丑之日，以君～瘇（懌）志古（故）

葛卜・乙一 4、10、乙二 12/夏祭（柰）之月己丑〔之日〕以君～瘇（懌）之古（故），遑（就）禱陳宗一豭

葛卜・乙一 17/夏祭（柰）之月己丑之日，以君～瘇（懌）之古（故）

葛卜・乙四 31/☒～䁅（遷）☒

葛卜・甲三 184－2、185、222/或爲君貞，以亓（其）～良恚（蠲）瘳之古（故），尚毋又（有）祟

葛卜・甲三 132、130/☒□。或爲君貞，以亓（其）～安於氏（是）尻（處）也，亘（亟）遲去☒

葛卜・甲三 291－1/☒既心悁（悶）以疾，戲（且）痕（脹）瘠～☒

葛卜・甲三 101、94/☒亦豊（體）出而～良☒

葛卜・甲二 28/☒瘠～出，今亦豊（體）出，而～良又（有）閒（間）

葛卜・乙二 37/☒以坪夜君～瘇（懌），怀（背）、雁（膺）

葛卜・甲三 164/己未之日以君～瘇（懌）之古（故）☒

葛卜・甲三 198、199 - 2/☑悗（悶），叡（且）瘏～出，以又（有）痦，尚遬（速）出，毋爲忧

葛卜・零 193/☑之即之～趴取於發與豬☑

葛卜・零 392/☑之～瘴（憚）☑

葛卜・甲三 192、199 - 1/鹽痁習之以駐鼄，占之：吉，～瘒（續）☑

葛卜・零 184、零 681/☑〔占〕之：吉，～瘒（續）☑

葛卜・乙四 22/☑尚毋死。占之：～死

葛卜・零 209/☑～瘴（憚）疠之古（故），祝☑☑

葛卜・零 300、零 85、零 593/☑城（成）□瘳遬（速）瘱（瘥），敔（敢）～遬（速）☑

葛卜・乙四 120/☑〔之〕～瘴（憚）☑

葛卜・零 508/☑敔（敢）～遬（速）☑

葛簿甲・甲三 294、零 334/以援。勒～萬（害）、鄻回二人受二臣

葛簿乙・甲三 318/☑橘與丌（其）國～視界

葛簿乙・甲三 319/☑西陵與丌（其）國～視界☑

長竹書 1 - 08/幾夜～難

長竹書 1 - 011/～員啎（乎）

（上殘）長竹書 1 - 013/～ 求〔則〕□□□可〔行〕

（左殘）長竹書 1 - 014/虔（吾）幾～智（智）才（哉）

長竹書 1 - 029/亞（惡），～智（智）丌（其）賎。三

至 部

至

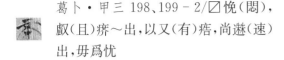

葛卜・甲三 217/齊客陳異～（致）福於王之戠（歲）獻馬之月乙丑之日

葛卜・甲三 39/無瘳，～癸卯之日安良瘚（瘥）。丌（其）祱（祟）與龜☑

葛卜・甲三 49/☑～師於陳之戠（歲）十月壬〔戌〕☑

葛卜・零 526/☑～師

葛卜・甲三 107/☑□貞，七月～冬夆（奈）之月尚☑

葛卜・甲三 52/☑咎□□□禱陞（地）宔（主）一瘁（牂），備（佩）玉觟，以□～室□☑

葛卜・零 664/☑□君～□☑

葛卜・乙四 100、零 532、678/居郢，還反（返）～於東陵，尚毋又（有）咎

葛卜・甲三 27/齊客陳異～（致）福於王之戠（歲）獻☑

葛卜・甲三 33/齊客陳異～（致）福於王之戠（歲）獻馬之月，魞鼄以龍鼄爲君釆（卒）戠（歲）☑

葛卜・甲三 20/齊客陳異～（致）福於王〔之〕戠（歲）獻☑

葛卜・零 165、19/齊客陳異～（致）福於王之歆（歲）獻（獻）☐

　葛卜・甲三 272/齊客陳異～（致）福於王之歆（歲）☐

　葛卜・甲三 5/☐☐欒惡（賽）禱於酓（荊）王以偷（逾），訓（順）～文王以偷（逾）☐

　葛卜・零 76/☐此～東☐

　葛卜・甲三 268/☐返（及）江、灘、泹（沮）、漳，延（延）～於滰（淮）

　葛卜・甲三 117、120/桼（欒）之月以～坴（來）歆（歲）之夏桼（欒），尚毋又（有）大咎

　葛卜・甲二 8/☐悗（悶），㴡（卒）歆（歲）或～夏桼（欒）

　葛卜・甲三 248/㴡（卒）歆（歲）國～坴（來）歆（歲）之夏桼（欒）☐

　葛卜・零 584、甲三 266、277/㤅（背）、膺疾，以痹（胖）瘇（脹）、心悗（悶），㴡（卒）歆（歲）或～☐

　葛卜・零 221、甲三 210/以痹（胖）瘇（脹）、心悗（悶），㴡（卒）歆（歲）或～夏桼（欒）之月尚☐

　葛卜・乙一 31、25/自夏桼（欒）之月以～冬桼（欒）之月，盡（盡）七月尚毋又（有）大☐

　葛卜・乙一 19/自夏桼（欒）之月以～坴（來）歆（歲）夏桼（欒）尚毋又（有）大咎。洰〔昏〕☐

　葛卜・甲一 16/悗（悶），㴡（卒）歆（歲）或～夏

　葛卜・甲三 280/☐競坪王以逾，～☐

　葛卜・零 301、150/☐酓（荊）王、文王，以逾～文君，已解☐☐

　葛卜・甲三 87/悗（悶），㴡（卒）歆（歲）或～夏桼（欒）☐

　葛卜・甲三 191/☐以～十月，三月☐

　葛卜・甲一 22/疾罷（一）瘕（續）罷（一）已，～九月又（有）良閒（間）☐

　葛卜・甲三 201/擇日於八月腥（棧）祭競坪王，以逾～含（文）君，占之：吉（下殘）

　葛卜・零 492/☐悗（悶），㴡（卒）歆（歲）或～☐

　葛未・零 143/☐此～☐

　長竹書 1－001/易（狄），夫戔（賤）人舀（格）上則型（刑）㿇（戮）～。剛

西　部

西

　葛卜・乙二 24、36/☐舉禱子～君，含（文）夫人☐

　葛卜・乙一 11/禱於含（文）夫人，酓宰（牢），樂戲（且）贛之；舉禱於子～君，酓宰（牢），樂☐

　葛卜・甲三 213/☐戶、門。又（有）祝（祟）見於卲（昭）王、蕙（惠）王、文君、文夫人、子～君。臷（就）禱☐

　葛卜・甲三 202、205/☐臺（就）禱子～君歆（特）牛。壬唇（辰）之日禱之☐

　葛卜・零 147/☐禱子～君歆（特）牛。壬唇之日禱之☐

葛卜・乙一 7/☑子～君、齐(文)

葛卜・甲三 200/樂之,墾禱子～君、
文夫人各戠(特)牛饋

葛卜・甲三 129/☑占之曰:甚吉,女
(如)～北☑

葛卜・乙四 126/☑月辛酓(酉)之日
～陵執事人台君王☑

葛卜・零 228/☑之古(故)命～陵人
☑

(左殘)葛卜・零 32、零 696/☑～陵
之☑

葛卜・乙一 6/☑敓(祟)見於卲(昭)
王、齐(文)君、齐(文)夫人、子～君。
是☑

葛卜・甲一 27/☑〔樂〕之,百之,贛。
墾禱於子～君戠(特)牛,樂☑

葛卜・甲二 38、39/☑樂之,饋祭子～
君酧

(右殘)葛簿乙・甲三 319/☑～陵與丌
(其)國不視界☑

葛未・零 411/☑～☐☑

鹽　部

鹽(鹽)

鹽
葛卜・甲三 29/癡(瘥),毋又(有)
〔咎〕,～見占☑

葛卜・甲二 6、30、15/王遷(徙)於鄆
(鄆)郢之戠(歲)八月丁巳之日,～壽
君以吳夏〔之〕☑

葛卜・甲三 342-1、零 309/☑〔王徙
於鄆郢〕之戠(歲)八月丁巳之日,～壽
君以吳夏之☑

葛卜・甲三 26/戠(歲)八月己未之
日,～券以長☑

葛卜・甲三 235-1/☑之日～伕以長
剌☑

葛卜・甲三 215/～痦以駐蕭爲坪夜
君貞,既心

葛卜・甲三 212、199-3/☑癡(瘥)。
以丌(其)古(故)敓(說)之。遝(逿)～
痦之敓,饈祭卲(昭)王大牢,腚(棧)鐘
樂之。鄭☑

葛卜・甲三 136/～埳占之曰:吉。既
告叞(且)☑

葛卜・甲三 115/☑～痦以駐竈爲坪
夜君

葛卜・甲三 192、199-1/～痦習之以
駐竈,占之:吉,不癓(續)☑

户　部

户

(右殘)葛卜・零 325/☑之～,一
～☑

葛卜・乙一 28/遱(就)禱霝(靈)君子
一豬,遱(就)禱門、～屯一羖(殺),遱
(就)禱行一犬

葛卜・甲三 76/☑霝(靈)君子、～、
步、門□☑

葛卜・零 442/☑禱門、～

葛卜・甲三 56/☑戠(特)牛,樂之。
豪(就)禱～一羊,豪(就)禱行一犬,豪
(就)禱門☑

(右殘)葛卜・甲三 213/☑～、門。又
(有)祝(祟)見於卲(昭)王、惠(惠)王、
文君、文夫人、子西君。敵(就)禱☑

房

長遣策 2‐08/一～枛(几)

門　部

門

葛卜・甲一 2/☑一犬,～一羊☑

葛卜・甲三 213/☑户、～。又(有)祝
(祟)見於卲(昭)王、惠(惠)王、文君、
文夫人、子西君。敵(就)禱☑

葛卜・乙一 28/遠(就)禱霝(靈)君子
一豭,遠(就)禱～、户屯一羝(羖),遠
(就)禱行一犬

(左殘)葛卜・甲三 56/☑戠(特)牛,樂
之。豪(就)禱户一羊,豪(就)禱行一
犬,豪(就)禱～☑

葛卜・零 442/☑禱～、户

(右殘)葛卜・甲三 76/☑霝(靈)君子、
户、步、～□☑

☆關(闗)

闗

葛簿乙・甲三 334/～(關)郘三袿
(社)三冡☑

☆間(閒、閑)

閒

葛卜・甲三 232、95/☑酒(將)遜(速)
又(有)～(間),無咎無戠(祟)☑

葛卜・甲三 235‐2/☑占之:義(宜)
遜(速)又(有)～(間),無咎無戠(祟)
□☑

葛卜・甲三 208/郦(應)愴寅習之以
大央,占之:〔吉〕,迷(速)又(有)～
(間),無祝(祟)☑

閑

葛卜・甲一 22/疾罷(一)瘖(續)罷
(一)已,至九月又(有)良～(間)☑

葛卜・甲三 158/☑～(間),芊(卒)戠
(歲)無咎☑

葛卜・甲三 17/旮中無咎,又(有)～
(間)

葛卜・零 401/☑又(有)～(間)爲☑

葛卜・甲二 28/☑瘠不出,今亦豐
(體)出,而不良又(有)～(間)

葛卜・零 440/☑又(有)良～(間)☑

葛簿乙・甲三 348/～(間)陞大宮果
之述(遂)☑

耳　部

聖

葛卜・甲三 137/册告自斉(文)王以
𢉤(就)～趄王,各束緵(錦)珈(加)璧

葛卜・甲三 267/☐伏占之曰:吉。册
告自斉(文)王以遚(就)～趄〔王〕☐

葛簿乙・甲三 327－2/☐縈、～二黏
(㺉),禱二冢☐

聞(聝、䎽)

聝

長竹書 1－007/易(狄)之～(聞)之於
先王之瀆也

長竹書 1－012/虔(吾)～(聞)周公

(左殘)長竹書 1－030、1－058/☐～
(聞)之也。邧(國)又☐

長竹書 1－036/才(哉)。子☐～(聞)
〔於〕

䎽

葛卜・零 173/☐☐～(聞)智(智)☐

葛簿甲・甲三 244/宭(旬)人昆～
(聞)受二,又豹☐

聯

長遣策 2－024/一～𡎚

長遣策 2－027/二〔～〕☐

手　部

攝(枽)

枽用作攝。見卷六木部枽字條。

擇(擇、敠)

擇

葛卜・乙四 134/☐☐～之圉(牢)审
(中),晉☐爲酓相之敀(昭)告大☐

葛卜・甲三 201/～日於八月腏(栈)
祭競坪王,以逾至斉(文)君,占之:吉

敠用作擇。見卷三攴部敠字條。

捉

長遣策 2－09/一～夏之帽

承(承、柔)

承

葛卜・甲三 193/鄆尹羕習之以新～
�;☐

葛卜・乙四 141/☐東陵,龜尹丹以～
國爲☐

葛卜・乙四 49/☐☐𣍹習之以～�;。
占☐

柔用作承。見卷六木部柔字條。

舉(𦥑)

𦥑

葛卜・甲一 11/☐忻(祈)福於北方,
～禱一備(佩)璧☐

葛卜・甲一 15/☒ 於司命一勬，～禱於☒

 葛卜・甲一 27/☒〔樂〕之，百之，贛。～禱於子西君戠（特）牛，樂☒

 葛卜・甲二 2/☒痒（牂），緩（纓）之以〔卦〕玉～☒

 葛卜・甲二 12/☒～禱☒

 葛卜・甲三 103/☒沺赱（上）～☒

 葛卜・甲三 137/☒～禱備（佩）玉，各齊璜

 （上殘）葛卜・甲三 146/☒～禱於秋（太）一精☒

 葛卜・甲三 147/☒～禱於☒

 葛卜・甲三 148/☒敓（說）之，～禱卲☒

 （上殘）葛卜・甲三 166、162/☒～禱於二天子各兩痒（牂），瑗（瓔）之以卦玉

 葛卜・甲三 188、197/～禱楚先老童、祝融、禮（鬻）酓（熊），各兩痒（牂）。旂（祈）☒

 （上殘）葛卜・甲三 195/☒～禱五山、祔崇☒

 葛卜・甲三 200/樂之，～禱子西君、文夫人各戠（特）牛饋

 葛卜・甲三 237 - 1/～禱一乘大迻（路）黃軺，一齡玉夏□☒

 葛卜・甲三 237 - 2/☒叙（且）～羊（駓）熊☒

 葛卜・甲三 243/☒之，～禱卲祂卲嘼（牢）、酉（酒）食

 葛卜・甲三 243/夏祂戠（特）牛、酉（酒）食，～禱☒

 葛卜・甲三 265/☒迿（遲）惷（瘹）瘲（瘲），又（有）祟（祟），以丌（其）古（故）敓（說）之。～禱☒

 葛卜・甲三 344 - 1/☒瘔，又（有）祟（祟）。以丌（其）古（故）敓（說）之。～禱卲（昭）王、文君☒

 葛卜・甲三 419/☒之，惥福～禱吝（文）君，大牢饋之☒

 葛卜・乙一 11/禱於吝（文）夫人，甜宰（牢），樂戲（且）贛之；～禱於子西君，甜宰（牢），樂☒

 葛卜・乙一 13/吝（文）夫人，～禱各一備（佩）璧

 葛卜・乙一 13/或～禱於壚武君、命尹之子歔（璠）各大牢，百☒

 葛卜・乙一 21、33/☒王、吝（文）君。～禱於卲（昭）王獻（獻）惠王、吝（文）君各一備（佩）玉。辛未之日禱之☒

 葛卜・乙一 22/癸酓（酉）之日～禱☒

 葛卜・乙一 29、30/～禱於卲（昭）王、獻（獻）惠王各大牢饋，朕（棧）☒

 葛卜・乙二 1/☒□～禱於卲（昭）王大牢，樂之，百，贛☒

 葛卜・乙二 9/☒兩義（犧）馬，以～禱☒

 葛卜・乙二 24、36/☒～禱子西君、吝（文）夫人☒

葛卜・乙二 38、46、39、40/～禱於墜
（地）宝（主）〔一〕青義（犧），先之一璧

葛卜・乙二 38、46、39、40/～禱於二
天子各痒（牂）☑

葛卜・乙三 6/☑簟爲君貞，忻（祈）福
～禱於☑

葛卜・乙三 8/☑☐以丌（其）古（故）
～禱各（文）☑

　　　　葛卜・乙三 28/☑～良之敓
（說）。～禱於卲（昭）王、斉（文）☑

葛卜・乙三 41/☑玉，～禱於三楚洗
（先）各一痒（牂），瑗（瓔）之烄〔玉〕

葛卜・乙四 3/☑丌（其）古（故）敓
（說）之。～〔禱〕☑

葛卜・零 1/牛，酉（酒）食。～禱於☑

葛卜・零 260/☑～☑

葛卜・零 279/☑～☐☑

葛卜・零 331－1/☑樂戲（且）贛
之。～

（下殘）葛卜・零 406/☑之古（故）～
〔禱〕☑

葛卜・零 410/☑～禱☑

損（敗）

敗用作損。見卷三攴部既字條。

播（敵）

敵用作播。見卷三攴部敵字條。

☆抾（故）

故用作抾。見卷三攴部故字條。

女　部

女

葛卜・甲三 42/☑蔓茖受～於楚之歲
（歲）親祭（禜）之月丁酉之日☑

葛卜・乙四 106/☑☐八月又（有）～
子之賞，九月、十月又（有）外☐☑

葛卜・零 204/☑～子之慼，又痌疾復
（作），不爲說（尤），詷☑

葛卜・甲三 84/☑☐義（犧）馬，～乘
黃☐☑

葛卜・甲三 183－1/☑～乘驪☑

葛卜・甲三 129/☑占之曰：甚吉，～
（如）西北☑

葛卜・乙四 58/☑犧六～☐☑

長竹書 1－08/～果

長竹書 1－009/天下爲之～（如）可

長遣策 2－04/一良～乘

母

長竹書 1－038/～教之七歲（歲）

葛卜・甲二 33/☑瘳（悶），尚～又
（有）咎☑

姑

葛簿乙·甲三 314/玄悥之述（遂）剄
於下竂、下～留二𥏫（戮），禱☒

葛簿乙·零 340/～瘤一袿（社）☒

嬛

葛卜·乙四 105/☒□之月丁～（亥）
之日，奠（鄭）怢以長篝爲君䅘（卒）歲
（歲）貞☒

（右殘）葛卜·乙四 63、147/☒〔王復
於〕藍郢之歲（歲）冬𣏂（栾）之月丁～
（亥）之日，鄭疭以駁䡴爲君☒

葛卜·零 294、482、乙四 129/☒〔王〕
復於藍郢之歲（歲）冬𣏂（栾）之月丁～
（亥）之日，黿尹〔丹〕☒

葛卜·零 77、154/☒～（亥）之日□☒

葛卜·零 257/之月乙～（亥）之日

葛卜·零 170/☒〔獻馬〕之月乙～
（亥）之日，黃佗以䛊□□爲君☒

葛卜·甲三 8、18/☒大䤁（城）郘（兹）
郘之歲（歲），夏尻之月癸～（亥）之日，
趄醫以䣄聯爲☒

葛卜·甲三 204/王遲（徙）於鄋（鄢）
郢之歲（歲），夏𣏂（栾）之月癸～（亥）
之日

如（如、女）

如

長竹書 1-004/迊～蠱

長竹書 1-004/相保～笰

女用作如。見本部女字條。

婁

葛簿甲·甲三 294、零 334/攻～連爲
攻人受六匝☒

姷（有）

有用作侑。見卷七有部有字條。

☆嬞

見卷三辛部童字條。

毋　部

毋（毋、母）

毋

葛卜·乙四 84/☒□～有咎。占之
曰：亙貞吉，少（小）逆（遲）

葛卜·乙四 103/☒以龙䡴爲君䅘
（卒）歲（歲）之貞，尚～☒

葛卜·乙四 44/☒君貞，既才（在）郢，
牉（將）見王，還返～又（有）咎。趄
醫☒

葛卜·乙四 85/☒長篝爲君䅘（卒）歲
（歲）貞，居郢尚～又（有）咎。僟占☒

葛卜·甲三 38/☒尚～又（有）咎。
占☒

葛卜·甲三 229/☒還返尚～又（有）
咎。〔占〕之：卦亡（無）咎。未☒

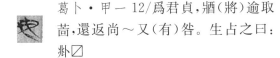

葛卜·甲一 12/爲君貞,泔(將)逾取茝,還返尚～又(有)咎。生占之曰：卟☒

葛卜·甲三 143/☒尚～爲虰(尤)。諸生占之☒

(上殘)葛卜·甲三 40/☒～死。占之：卟不死,亡(無)祝(祟)☒

葛卜·甲三 117、120/祭(禜)之月以至垄(來)戗(歲)之夏祭(禜),尚～又(有)大咎

葛卜·乙一 9、乙二 17/之月尚～又(有)咎,窮(躬)身尚自宜訓(順)。定☒

葛卜·乙四 30、32/☒臨爾产～遣爾☒

葛卜·甲三 114、113/既又(有)疾,尚遬(速)瘥(瘥),～又(有)☒

葛卜·甲三 29/瘥(瘥),～又(有)〔咎〕,艦見占☒

葛卜·甲三 194/☒君貞,既又(有)疾,尚遬(速)瘥(瘥),～又(有)咎

葛卜·乙一 31、25/自夏祭(禜)之月以至冬祭(禜)之月,聿(盡)七月尚～又(有)大☒

葛卜·零 93/～又(有)☒

葛卜·甲三 184－2、185、222/或爲君貞,以亓(其)不良恚(蠲)瘥之古(故),尚～又(有)祟

葛卜·甲三 151/之夏祭(禜),～又(有)大咎☒

葛卜·甲三 155/祭(禜)～又(有)大咎。占☒

葛卜·甲三 247、274/～又(有)大咎,窮(躬)身尚自宜訓(順)。占之：亘貞吉,疾遬(速)☒

(上殘)葛卜·乙二 2/☒～又(有)咎。☷☶(頤 謙)占之曰：吉,宜,少(小)迋(遲)瘥(瘥)。以亓(其)

葛卜·甲三 131/☒疾,髄(脅)疾,以心瘄(悶),尚～死。□良志☒

葛卜·乙四 40/☒戗(歲)之貞,尚～又(有)咎☒

葛卜·乙一 19/自夏祭之月以至垄(來)戗(歲)夏祭(禜)尚～又(有)大咎。洫〔瞖〕☒

葛卜·甲三 198、199－2/☒悗(悶),戚(且)瘥不出,以又(有)痞,尚遬(速)出,～爲憂

葛卜·甲三 112/迋(遲)出。☴☶(大過 旅)或爲君貞,以亓(其)迋(遲)出之古(故),尚～又(有)祟

葛卜·乙四 22/☒尚～死。占之：不死

葛卜·甲三 58/☒午之日尚～瘑(續)。占之：亘☒

葛卜·乙四 60/☒陵,尚～又(有)☒

葛卜·零 293/☒□之,躬身～☒

葛卜·甲三 62、63/☒尚～又(有)咎。貞無☒

葛卜·零 626/☒尚～☒

葛卜·零 210－1/☒尚～☒

(右殘)葛卜·零 227/☒～☒

葛卜·零 55/☒尚～又(有)咎☒

葛卜·零 144/☑尚～☑

 (右殘)葛卜·零 521/戠尚～又☑

 (左殘)葛卜·零 543/☑日尚～☑

 長竹書 1－004/～尾楠☑

 長竹書 1－020/☐☐～☐。☐☐☐

 長竹書 1－045/～☐善

 長竹書 1－061/☐心～

母

 葛卜·乙四 110、117/☑少逞(遲),迷(速)從郢壷(來),公子見君王,尚忻(怡)懌,～(毋)見☑

 葛卜·乙四 122/〔爲〕君集戠之貞,尚～(毋)又(有)咎。占曰:卦亡(無)咎,君酒(將)喪祂,又(有)火戒,又(有)外☑

 葛卜·乙四 100、零 532、678/居郢,還反(返)至於東陵,尚～(毋)又(有)咎

 葛卜·甲三 302/☑☰☰(咸 剝)。尚～(毋)☑

民　部

民

 長竹書 1－006/～則夜皆三代之子孫

 長竹書 1－015/☐☐〔於〕～利虐(乎)

 (下殘)長竹書 1－011/歔(愷)弟君子,〔～〕

 長竹書 1－025/天下又(有)☐,～〔則〕

 長竹書 1－033/丌(其)金玉,～乃

☆曼

 長遺策 2－028/一～〔竹箕(簍)。一〕兩鞜(鞅)〔縷(屨)〕,紫韋之納,紛純,紛曡(繩)

丿　部

弗

 葛卜·乙四 95/☑中,君又行,君又子,酒(將)感之,～卹也。☰☰(坤姤)。習之以衛☑

厂　部

☆戈

 (左殘)葛卜·零 185/☑☐爲☐～☐一☐☑

☆告

 長遺策 2－04/良馬賁翠～

乁　部

也

 葛卜·乙四 35/☑郘聯爲君貞,才(在)郢爲三月,尚自宜訓(順)～。醫占之:亡(無)

葛卜・乙四 95/☑中,君又行,君又子,牉(將)慼之,弗卹～。䷁䷢(坤姤)。習之以衛☑

葛卜・甲三 10/☑先,少(小)又(有)外言慼～,不爲慭(尤)。君牉(將)又(有)志成～☑

葛卜・零 280/☑果～

葛卜・甲三 283/☑之日,以君之不瘽(懌)～☑

葛卜・甲三 132、130/☑□。或爲君貞,以丌(其)不安於氏(是)凥(處)～,亙(亟)遷去☑

葛卜・甲三 165/☑遷去氏(是)凥(處)～,尚吉。定占之曰:甚

長竹書 1－007/易(狄)之䎽(聞)之於先王之灋～

長竹書 1－010/立日贛賜布～

長竹書 1－018/丌(其)谷(欲)能又(有)弃～,能

長竹書 1－030、1－058/□䎽(聞)之～。邦(國)又☑

長竹書 1－039/～。式䛉(答)忧～

(上殘)長竹書 1－056、1－0113/□生〔～〕

長竹書 1－069/〔～〕占

氏　部

氏

葛卜・甲三 111/既成,釭(攻)逾而厭(厭)之。～(是)日國☑

葛卜・甲三 200/定占之曰:吉。～(是)月之☑

葛卜・零 420/☑□於～(是)凥(處)☑

葛卜・甲三 132、130/☑□。或爲君貞,以丌(其)不安於～(是)凥(處)也,亙遷去☑

葛卜・甲三 165/☑遷去～(是)凥(處)也,尚吉。定占之曰:甚

葛卜・甲三 41/☑～(是)日彭定習之以鳴䕫☑

(左殘)葛卜・零 295/☑敓(説)～(是)祱(祟)□□☑

葛卜・零 391/☑～楚☑

戈　部

戈

長遣策 2－028/四～

戰(獸)

獸用作戰。見卷十四嘼部獸字條。

或

葛卜・乙一 15/公北、陞（地）宔（主）各一青義（犧）；司命、司禍（禍）各一勳，與禱厭之。～☐

葛卜・甲三 110/☐瘇一巳。～以肖（育）龜求丌（其）繁（說），又（有）祝（祟）於大（太）、北☐

葛卜・甲二 8/☐悗（悶），㝡（卒）散（歲）～至夏祭（栾）

葛卜・零 584、甲三 266、277/怀（背）、膺疾，以疛（胖）瘇（脹）、心悗（悶），㝡（卒）散（歲）～至☐

葛卜・零 221、甲三 210/以疛（胖）瘇（脹）、心悗（悶），㝡（卒）散（歲）～至夏祭（栾）之月尚☐

葛卜・乙二 45/☐☐牂（將）遬（速）瘥（瘥）。瞿～☐

葛卜・甲一 16/悗（悶），㝡（卒）散（歲）～至夏

葛卜・甲三 184-2、185、222/～爲君貞，以丌（其）不良恚（蠲）瘥之古（故），尚毋又（有）祟

葛卜・甲二 19、20/☰☰☰（同人 比）。～爲君貞，☐☐☐

葛卜・甲三 132、130/☐☐。～爲君貞，以丌（其）不安於氏（是）尻（處）也，亘（亟）遲去☐

葛卜・甲三 112/遂（遲）出。☰☰☰（大過 旅）～爲君貞，以丌（其）遂（遲）出之古（故），尚毋又（有）祟

葛卜・甲三 112/☰☰☰（泰 觀）～爲君貞，以丌（其）無亘（亟）祟之古（故）☐

葛卜・乙一 13/～塁禱於盦武君、命尹之子臧（璿）各大牢，百☐

葛卜・甲三 87/悗（悶），㝡（卒）散（歲）～至夏祭（栾）☐

（上殘）葛卜・乙三 32/☐～以義（犧）生、璧玉☐

（上殘）葛卜・零 270/☐～蓮（逐）彭定之☐

葛卜・零 492/☐悗（悶），㝡（卒）散（歲）～至☐

葛簿甲・甲三 224/～受三臽，二赤☐

戮（㣇）

㣇

長竹書 1-001/易（狄），夫戔（賤）人睿（格）上則型（刑）～（戮）至。剛

武

葛卜・乙一 13/或塁禱於盦～君、命尹之子臧（璿）各大牢，百☐

戠

（下殘）葛卜・乙一 8/☐室宷（中）～（特）☐

葛卜・甲三 56/☐～（特）牛，樂之。豪（就）禱戶一羊，豪（就）禱行一犬，豪（就）禱門☐

葛卜・甲三 202、205/☐豪（就）禱子西君～（特）牛。壬唇（辰）之日禱之☐

葛卜・零 147/☐禱子西君～（特）牛。壬唇之日禱之☐

葛卜·乙一 27/夫人各～(特)牛☐

 葛卜·甲三 200/樂之,舉禱子西君、文夫人各～(特)牛饋

 葛卜·甲三 14/☐宷(中)～(特)牛,樂之。臺(就)禱☐

 葛卜·乙四 145/☐霝(靈)君子躬丌(其)～(特)牛之禱。奠(鄭)憲占之:卦☐

 葛卜·甲一 27/☐〔樂〕之,百之,贛。舉禱於子西君～(特)牛,樂☐

 葛卜·甲三 86/☐刉牢酉(酒)食,夏死～(特)☐

 葛卜·甲三 243/夏祀～(特)牛、酉(酒)食,舉禱☐

 (上殘)葛卜·零 303/☐～(特)牛。既鷹(薦)之於東陵

 葛卜·零 174/☐各～(特)牛,酉(酒)〔食〕☐

戔

 長竹書 1-001/易(狄),夫～(賤)人詧上則型(刑)劵(戮)至。剛

 長竹書 1-002/夫～(賤)人剛悎而迡(及)於型(刑)者

 長竹書 1-064/～可

☆戙

 長竹書 1-001/〔周公〕～肰(然)乍(作)色曰

☆戙

 (左殘)長竹書 1-022、1-0118/☐〔爲〕☐☐者～(誅)☐

☆戠

見卷二步部歲字條。

☆戝

 長竹書 1-029/亞(惡),不智(智)丌(其)～。三

☆戥

 葛卜·甲一 7/☐衛(衛)篲,忻(祈)福於祙(太),一羊(駢)牡(牢)、一熊牡(牢);司～、司折☐

(右殘)葛卜·零 159/☐司～☐

☆戥

 葛簿乙·甲三 361、344-2/一獵,一冢。瑪於郜～組二黏

☆戲

 葛卜·甲三 64/☐☐少(小)臣成奉邁(害)～(虐)☐

我　部

我

 葛卜·甲三 1/～王於林丘之戠(歲)九月☐

 葛卜·零 302/☐之少多～钕☐

 葛卜·零 217/自～先人,以☐

葛卜・乙三 33/☒爲箸告～愳所取於□☒

葛卜・甲三 11、24/☒昔～先出自邖適

葛簿乙・甲三 179/中春竽～之里一冢☒

義

葛卜・乙一 15/公北、堕(地)宔(主)各一青～(犧)；司命、司褐(禍)各一勛,與禱厝之。或☒

葛卜・乙二 9/☒兩～(犧)馬,以舉禱☒

葛卜・乙三 21/☒絑迻(路),驪(麗)～(犧)馬☒

葛卜・甲三 84/☒□～(犧)馬,女乘黃□☒

葛卜・乙二 38、46、39、40/☒……一青～(犧),〔先〕之一璧

葛卜・乙二 38、46、39、40/舉禱於堕(地)宔(主)〔一〕青～(犧),先之一璧

葛卜・甲三 235-2/☒占之:～(宜)遬(速)又(有)閵(間),無咎無敓(祟)□☒

葛卜・零 167/☒車,～(犧)馬☒

葛卜・乙四 143/☒思爲之求四羊(骍)～(犧)☒

葛卜・甲三 12/☒占之曰:吉,～(宜)少(小)瘥(瘥),以☒

(右殘)葛卜・零 163/☒□社襖䍪(豢),山～(犧)☒

葛卜・零 207/☒弨元龜、箸(筮)、～(犧)牲、珪璧唯□☒

葛卜・乙三 32/☒或以～(犧)生、璧玉☒

(下殘)葛卜・零 283/☒龜、箸(筮)、～(犧)☒

(右殘)筮祭禱零 559/☒以～(犧)☒

(右殘)長竹書 1-050/□〔～〕□

瑟　部

瑟

長遣策 2-03/三刦(漆)～,桼

亡　部

亡

葛卜・零 201/☒〔占〕之:亙貞～(無)咎,君身少(小)又(有)

葛卜・乙四 35/☒郘聯爲君貞,才(在)郢爲三月,尚自宜訓(順)也。醫占之:～(無)

葛卜・零 100/☒貞,占之:逃(衸)～(無)咎,又(有)

葛卜・零 240/☒□～(無)不☒

葛卜・乙四 38/☒㝅(卒)戠(歲)貞,占之:衸～(無)咎,又(有)☒

葛卜・乙四 23/☑〔占〕之：𦥑～（無）咎。中炅（幾）君王又（有）亞（惡）於外☑

葛卜・甲三 270/～（無）敊（祟），炅（幾）中又（有）外龏（喪）☑

葛卜・甲三 43/☑黃佗占之：𦥑～（無）咎。未及中炅（幾）君王☑

葛卜・甲三 48/☑占之：君身～（無）咎☑

葛卜・甲三 47/☑占之：𦥑～（無）咎☑

葛卜・乙四 122/〔爲〕君集戠之貞，尚毋又（有）咎。占曰：𦥑～（無）咎，君酒（將）喪祀，又（有）火戒，又（有）外☑

葛卜・零 115、22/☑□。☰☷（同人比）。是㼜（毊）切而口亦不爲大詢，勿卹，～（無）咎☑

（下殘）葛卜・零 232/☑□□是以胃（謂）之又（有）言。亓（其）𦥑～（無）〔咎〕☑

葛卜・乙四 100、零 532、678/占曰：𦥑～（無）咎。又（有）祱（祟）☑

（左殘）葛卜・甲三 3/☑～（無）咎，又（有）敊（祟），與龜同敊（祟），見於大（太）☑

葛卜・甲三 25/之，～（無）咎。酒（將）又（有）喜。奠（鄭）憲習之以陸（隨）侯之☑

葛卜・零 336、341/☑𦥑～（無）咎，畿（幾）中☑

葛卜・乙四 133/☑貞，□占之：𦥑～（無）咎。君☑

葛卜・甲三 218/☑占之：𦥑～（無）咎。君又（有）☑

葛卜・零 83/☑𦥑～（無）咎

葛卜・甲三 229/☑還返尚毋又（有）咎。〔占〕之：𦥑～（無）咎。未☑

葛卜・甲三 40/☑毋死。占之：𦥑不死，～（無）祱（祟）☑

葛卜・甲三 117、120/浘瞽占之：亙貞吉，～（無）咎☑

葛卜・零 307/☑～咎，己酉脣（辰）禱之☑

葛卜・甲三 365/☑亙貞，𦥑～（無）咎，疾罷（一）☑

葛卜・甲三 19/☑𦥑～（無）咎，又（有）縈（祟）☑

葛卜・零 460/☑□定占之：𦥑～（無）☑

葛卜・乙四 71/☑自宜訓（順）。定占之：𦥑～（無）咎☑

葛卜・零 497/☑〔占〕之：𦥑～（無）咎，〔期〕中☑

葛簿乙・甲三 313/～夜一豬，剫於隋一豤（豭），禱一豕☑

午

見卷八人部作字條。

無（無、亡）

無

葛卜・甲三 39/～瘥，至癸卯之日安良瘼（瘥）。亓（其）祱（祟）與龜☑

葛卜・甲三 227/☑於䍜（盟）襪（詛），～☑

葛卜・甲三 226/瘚（瘥），～咎□□☒

　葛卜・零 572/☒～龍☒

　（下殘）葛卜・零 128/☒～咎～☒

　葛卜・乙三 39/☒～咎。疾逡（遲）瘚（瘥），又（有）瘩（續）。以丌（其）古（故）敚（說）☒

　葛卜・甲三 232、95/☒酒（將）遬（速）又（有）閒（間），～咎～敚（祟）☒

　葛卜・乙三 2，甲三 186/☒酒（將）遬（速）瘚（瘥），～咎～敚（祟）☒

　葛卜・零 330/☒亙貞～咎，迡（遲）瘚（瘥）。以丌（其）☒

　葛卜・甲三 235-2/☒占之：義（宜）遬（速）又（有）閒（間），～咎～敚（祟）□☒

　葛卜・甲一 24/定貞之：亙貞～咎，疾逡（遲）瘚（瘥），又（有）瘩（續）。恩（以）

　葛卜・甲二 34/☒〔占〕之曰：吉，～咎，遬（速）瘚（瘥）☒

　葛卜・甲三 173/☒～咎。疾犀瘚（瘥）☒

　葛卜・甲三 158/☒閒（間），啐（卒）散（歲）～咎☒

　葛卜・甲三 284/☒亙貞～咎，疾瞿（一）瘩（續）瞿（一）已☒

　葛卜・甲三 208/郿（應）愴寅習之以大央，占之：〔吉〕，迷（速）又（有）閒（間），～祝（祟）☒

　　葛卜・乙四 50/☒～咎、～祝（祟）☒

　葛卜・甲三 112/嘉占之曰：～亙（呕）祟

　葛卜・甲三 112/（泰觀）或爲君貞，以丌（其）～亙（呕）祟之古（故）☒

　葛卜・甲一 5/☒之曰：吉，～咎。又（有）敚（祟）見於卲（昭）王、獻（獻）惠

　葛卜・零 164/☒咎，～惥（悆）〔占〕☒

　葛卜・零 195/☒〔占〕之：亙貞～☒

　葛卜・甲一 22/☒〔占〕之：亙貞吉，～咎

　（下殘）葛卜・甲三 62、63/☒尚毋又（有）咎。貞～☒

　葛卜・甲三 17/☒占中～咎，又（有）閒（間）☒

　葛卜・零 28/☒中～咎，酒（將）☒

　葛卜・乙三 1/☒枓～☒

　（右殘）葛卜・零 487/☒枓～咎。又（有）☒

　（右殘）葛卜・零 493/☒～敚☒

　葛卜・零 223/☒曰吉，～☒

葛卜・零 513/☑ 戠(歲)～☑

 (右殘)葛卜・零 520/☑ 咎～祝(祟)☑

 葛簿甲・甲三 203/☑ 吳殹～受一赤,又豹,又弄☑,又鳶(雁)首

 葛簿乙・乙三 37/☑ 豢,卹於～☑

 葛簿乙・甲三 346－2,384/墜～龍之述(遂)卹於菫丘,寏二狣(貑),禱二冢☑

 葛簿乙・甲三 357、359/毳(桑)丘、～與☑

亡用作無。見本部亡字条。

☆鯤

 葛卜・甲三 233、190/鄝少(小)司馬陳～懲(愆)以白霝(靈)爲君坪夜君貞

匸　部

匜

見卷十四金部鉈字條。

☆匠

 葛簿甲・甲三 220/一～,丌(其)鉒(重)一勻(鈞)

 葛簿甲・甲三 220/宋良志受四～,又一赤。李紳爲

 葛簿甲・零 343/宋木受一～,又☑

 葛簿甲・甲三 294、零 334/以援。靮不薑(害)、鄻回二人受二～

 葛簿甲・甲三 294、零 334/攻婁連爲攻人受六～☑

 葛簿甲・甲三 224/☑ 某槃(楷)、夊(終)御釱(鎇)受十～,又二赤

 葛簿甲・甲三 224/或受三～,二赤☑

 葛簿甲・甲三 203/吳憙受一～,二赤,弄

 葛簿甲・甲三 206/☑ 三赤。王孫達受一～,又三赤

 葛簿甲・甲三 311/☑ 受二～,又二赤,……二赤,又弄

 葛簿甲・甲三 292/☑ 銜(衛)軋、馭吳(旲)受九～又剆☑

 葛簿甲・甲三 211/☑ 受二～,又二赤,又剆,又豹

 葛簿甲・甲三 90/☑ 八十～又三～,又一剆,豹,鳶(雁)首☑

 葛簿甲・乙三 4/☑ ～一☐☐。奠(鄭)迿受二☐☑

 葛簿甲・零 373/☑ ～又☑

 葛簿甲・零 375/☑ 六～又☑

曲　部

曲

 長遣策 2－023/☐☐☐☐〔絵(錦)〕～紈

弓　部

弡

葛卜・零 207/☒～元龜、箸（筮）、義
（犠）牲、珪璧唯□☒

葛未・零 599/☒天□～☒

☆弝

葛卜・零 472/☒～（作），不爲忧
（尤）☒

☆弢

葛卜・零 193/☒之即之不欼取於～
與着☒

葛卜・甲三 356/爲之啻，以徹剤（宰）
尹～與☒

☆弢

葛卜・甲三 271/☒～邵社，大殤坪夜
之楚褍，東

系　部

孫

葛卜・乙三 42/☒飤。是日祭王～厭
一豕，酉（酒）食☒

葛卜・零 313/☒是日祭王～□☒

葛卜・乙三 24/☒祭王～厝☒

葛簿甲・甲三 206/☒三赤。王～達
受一臣，又三赤

緜（綿）

綿

長遣策 2－05/〔鐶。竹〕器：十笑
（籃），屯赤～之帽

長遣策 2－08/□人之器：一鈔（繰）筶
（席），□～之純

長遣策 2－09/一齒〔篦〕，□□〔綌〕之
〔篦〕襄（囊），繗（緔）～之裏

長遣策 2－019/裀（茵）、若（席），皆緅
襡，～裏，刞□之緣

緜

葛卜・甲三 31/☒丌（其）～曰：是日
未兑，大言讇讇（絶），少（小）言惄惄，
若組若結，夂（終）以□☒

葛卜・甲三 15、60/☒隹（唯）漻（顄）
栗忈（恐）瞿，甬（用）受～元龜、晉箸
（筮）曰

卷十三

糸 部

繰（鈔）

鈔用作繰。見卷十四金部鈔字條。

純

 長遣策 2-07/〔實〕：一繡□衣，綻（錦）綈之夾，～悥，組緣，弁（辮）繢（繢）

 長遣策 2-08/□人之器：一鈔（繰）笞（席），□綿之～

 長遣策 2-015/一緂常，緖（赭）膚之～，帛栗（攝）

 長遣策 2-023/一帚（寢）笭（莞），一帚（寢）簞（筵），屯結芒之～

 長遣策 2-023/六簡（篋）簞（筵），屯綻（錦）～

 長遣策 2-023/一柿枳，綻（錦）〔～〕，組繢（繢）

 長遣策 2-028/一曼〔竹簽（箑）。一〕兩鞼（鞭）〔縷（屨）〕，紫韋之納，紛～，紛曾（繩）

經

 葛簿乙·甲三 390/蕲丘一猼，剈〔於〕～寺一黏（緞），禱一豕□

納

 長遣策 2-028/一曼〔竹簽（箑）。一〕兩鞼（鞭）〔縷（屨）〕，紫韋之～，紛純，紛曾（繩）

紡

 長遣策 2-04/一良囩（圓）軒，載～箭（蓋），綾

 長遣策 2-015/一～□與絹，紫裏，組

 長遣策 2-013/緣。二～絹，帛裏，組緣

 葛卜·乙四 6/☒陵尹子□～紫緟廿（二十）☒

絶（讙）

讙用作絶。見本卷言部讙字條重文讙讙。

續（癀、癏）

癀、癏用作續。見卷七疒部癀字條。

辮（弁）

弁用作辮。見卷八兒部弁字條。

結

葛卜・甲三 31/☑ 丌(其)繇曰：是日未兌，大言讙讙(絶)，少(小)言惙惙，若組若～，夊(終)以☐☑

(上殘)長竹書 1-052/～之心

終(夊、条)

夊

葛卜・甲三 31/☑ 丌(其)繇曰：是日未兌，大言讙讙(絶)，少(小)言惙惙，若組若結，～(終)以☐☑

葛簿甲・甲三 224/☑ 某桼(楂)、～(終)御釱(鎰)受十臣，又二赤

条

長遣策 2-023/一綐(錦)～(終)楉(枕)

絹

長遣策 2-015/一紡☐與～，紫裏，組

長遣策 2-013/緣。二紡～，帛裏，組緣

緑

長遣策 2-021/一纝(緒)紫之帰(寢)裀(茵)，纝(緒)～之裏

綝

(左殘)葛卜・乙三 21/☑～迢(路)，驪(麗)義(犧)馬☑

葛卜・甲三 79/☑白，一乘～迢(路)，驪犧馬，一☑

緝(纝)

纝用作緝。見本部纝字條。

緹

長遣策 2-02/一兩刞(漆)～(鞻)纏(屨)

紫

長遣策 2-06/四十笑(簟)，屯～緅之帞，～緅之☐

長遣策 2-015/一紡☐與絹，～裏，組

長遣策 2-021/一纝(緒)～之帰(寢)裀(茵)，纝(緒)緑之裏

長遣策 2-028/一夐〔竹篓(笠)。一〕兩鞹(鞍)〔纏(屨)〕，～韋之納，紛純，紛曾(繩)

長遣策 2-029/百善米，～緅百裏(囊)，米屯緅帞

葛卜・乙四 6/☑陵尹子☐紡～纗廿(二十)☑

紅

長遣策 2-013/一～介之留衣，帛裏，綅倉(合)

綵

 長遣策 2-015/一～常，櫧（赭）膚之純，帛枲（攝）

 長遣策 2-013/一紅介之留衣，帛裏，～畲（合）

纓（綏）

綏用作纓。見卷本部綏字條。

緄

 長遣策 2-013/一墼笲～絍

 長遣策 2-07/一索（素）～繡（帶），又（有）□〔鉤〕，黃金與白金之𦥑（錯）

 長遣策 2-018/一樂〔坐〕□□，〔少（小）〕大十又九，杞條，刜（漆）劃，～維

組

 葛卜·甲三 31/□丌（其）繇曰：是日未兌，大言韽韽（絕），少（小）言惄惄，若～若結，夊（終）以□□

 葛卜·甲三 253/□～，顡（喪）者甫□

 葛簿乙·甲三 361、344-2/一豬，一豕。䝬於鄙氒～二猲

 長遣策 2-02/一～繡（帶），一革，皆又（有）鉤

 長遣策 2-07/〔實〕：一繡□衣，絵（錦）緅之夾，純惪，～緣，弁（辯）繢（繪）

 長遣策 2-010/一 □□□ 長六笭（寸），泊～之〔塑〕

 長遣策 2-015/一青緅綏（纓）～

 長遣策 2-015/一丹緅之衦，□裏，〔～〕枲（攝），絵（錦）緣

 長遣策 2-015/一紡□與絹，紫裏，～

 長遣策 2-013/緣。二紡絹，帛裏，～緣

 長遣策 2-013/一牪齊緅之敏（袷），帛裏，～緣

 長遣策 2-023/一柿杚，絵（錦）〔純〕，～繢（繪）

絵

 （下殘）葛卜·零 409/□各束～（錦）□

 葛卜·甲三 137/册告自斉（文）王以豪（就）聖趄王，各束～（錦）珈（加）璧

 長遣策 2-07/〔實〕：一繡□衣，～（錦）緅之夾，純惪，組緣，弁（辯）繢（繪）

 長遣策 2-09/一齒〔芘〕，□□〔～〕之〔芘〕裏（囊），繟（緇）綿之裏

 長遣策 2-015/一丹緅之衦，□裏，〔組〕枲（攝），～（錦）緣

 長遣策 2-012/緅與索（素）～（錦）之紴（緊）裏（囊）二十又一

 長遣策 2-012/緅與青～（錦）之紴（緊）裏（囊）七

 長遣策 2-019/〔～（錦）〕□□□□□〔之〕緣

長遣策 2－019/一牪肎虘,～(錦)䋣(韜),又(有)盍(蓋)

長遣策 2－021/鉉。一□□□之以～(錦)

長遣策 2－021/一～(錦)侳(坐)裀(茵),縩(縉)

長遣策 2－023/□□□□〔～(錦)〕曲紖

長遣策 2－023/一～(錦)炵(終)梠(枕)

長遣策 2－023/六箙(箙)䉩(筵),屯～(錦)純

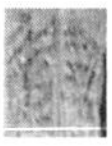
長遣策 2－023/一柿枳,～(錦)〔純〕,組繢(繪)

紃

長遣策 2－011/二牺白虘,屯爵韋之䋣(韜),～

縷

長遣策 2－02/一兩縖鞸～(屨)

長遣策 2－02/一兩桼(漆)緹(鞮)～(屨)

長遣策 2－02/一兩諠～(屨)

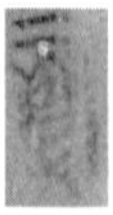
長遣策 2－02/一兩緂～(屨)

長遣策 2－028/一㚒〔竹篓(翣)。一〕兩䩬(鞔)〔～(屨)〕,紫韋之納,紛純,紛𦊨(繩)

長遣策 2－02/一兩絲紙～(屨)

繩(𦊨)

𦊨用作繩。見卷七日部𦊨字條。

縈

葛簿乙・甲三 327－2/☐～、聖二豭(豭),禱二冢☐

維

長遣策 2－018/一槳〔坐〕□□,〔少(小)〕大十又九,柅條,桼(漆)劃,緄～

繮

葛簿乙・甲二 27/～子之里一豢☐

紛

長遣策 2－028/一㚒〔竹篓(翣)。一〕兩䩬(鞔)〔縷(屨)〕,紫韋之納,～純,～𦊨(繩)

緅

長遣策 2－06/四十笑(簠),屯紫～之帩,紫～之□

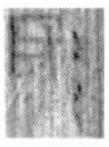
長遣策 2－015/一青～緹(纓)組

長遣策 2－012/～與索(素)絟(錦)之紴(縏)襄(囊)二十又一

長遺策 2－012/～與青綅（錦）之緥（繁）襄（囊）七

長遺策 2－019/裀（茵）、若（席），皆～褥，綿裏，刌□之緣

長遺策 2－024/二□□，屯～帕

長遺策 2－029/百善米，紫～百襄（囊），米屯～帕

☆緥

（左殘）長遺策 2－012/緅與索（素）綅（錦）之～（繁）襄（囊）二十又一

長遺策 2－012/緅與青綅（錦）之～（繁）襄（囊）七

☆紳

葛簿甲・甲三 220/宋良志受四臣，又一赤。李～爲

☆絚

長遺策 2－013/一墬笄絚～

☆結

長遺策 2－023/一帰（寢）笑（莞），一帰（寢）簑（筵），屯～芒之純

☆紙

長遺策 2－02/一兩絲～縷（屨）

☆絧

長遺策 2－023/□□□□〔綅（錦）〕曲～

長遺策 2－023/又爵、～、楢（枕）、枳，皆

☆綾

長遺策 2－04/一良囩（圓）軒，載紡萳（蓋），～

☆緵

葛卜・甲三 214/□□歘（就）禱三楚先屯一羘，～（纓）之卦玉；歘禱□□□

葛卜・乙一 24/融、空（穴）酓（熊）各一痒（羘），～（纓）之卦玉。壬唇（辰）之日禱之□

葛卜・甲三 170/□痒（羘），～（纓）之卦玉。定占之曰：吉□

葛卜・甲二 10/□聿（盡）～（纓）以卦玉，旂（祈）□

葛卜・甲二 2/□痒（羘），～（纓）之以〔卦〕玉塈□

葛卜・甲三 111/□之日鷹（薦）大（太）一糲，～（纓）之以卦玉，旂（祈）之

長遺策 2－015/一青緅～（纓）組

☆緷

葛卜・零 238/□遬（速）瘯（瘥），起病～命坪夜君□

☆ 縈

長竹書 1－066／～〔爲〕

☆ 緅

長遣策 2－02／一兩～縷（屨）

長遣策 2－07／〔實〕：一繢□衣，綏（錦）～之夾，純惪，組緣，弁（辮）績（繢）

長遣策 2－015／一丹～之衦，□裏，〔組〕椇（攝），綏（錦）緣

長遣策 2－013／一牸齊～之斂（袷），帛裏，組緣

長遣策 2－022／一□□□□，〔丹〕～之罬

☆ 緣

長遣策 2－019／〔綏（錦）〕□□□□□〔之〕～

長遣策 2－019／袇（茵）、若（席），皆緻襠，綿裏，剄□之～

長遣策 2－07／〔實〕：一繢□衣，綏（錦）緅之夾，純惪，組～，弁（辮）績（繢）

長遣策 2－015／一丹緅之衦，□裏，〔組〕椇（攝），綏（錦）～

長遣策 2－013／～。二紡絹，帛裏，組～

長遣策 2－013／一牸齊緅之斂（袷），帛裏，組～

（疑爲緣字）長遣策 2－04／二乘～达轅

☆ 繡

長遣策 2－02／一組～（帶），一革，皆又（有）鉤

長遣策 2－07／一索（素）緄～（帶），又（有）□〔鉤〕，黃金與白金之爲（錯）

☆ 綮（絉）

絉用作綮。見本部絉字條。

☆ 繁

葛簿甲・零 37／□～牖受□

☆ 纏

葛卜・乙四 6／□陵尹子□紡紫～廿（二十）□

☆ 緔

長竹書 1－034／〔之〕以卑～（亂）殜（世）

☆ 繡

長遣策 2－07／〔實〕：一～□衣，綏（錦）緅之夾，純惪，組緣，弁（辮）績（繢）

☆ 繢

長遣策 2－02／一兩～鞶縷（屨）

☆繒(繪)

繪用作繒。見本部繢字條。

☆繢

 長遣策 2－07/〔實〕：一繡□衣，綇(錦)
綝之夾，純悥，組緣，弁(辮)～(繢)

 長遣策 2－023/一柿枳，綇(錦)〔純〕，
組～(繢)

☆縥

 長遣策 2－09/一齒〔甀〕，□□〔綇〕之
〔甀〕襄(囊)，～(緗)綿之裏

 長遣策 2－021/一～(緗)紫之帰
(寢)裖(茵)，～(緗)綠之裏

 (左殘)長遣策 2－021/一綇(錦)伾
(坐)裖(茵)，～(緗)

☆縹

 葛簿乙・乙三 23/□□～之里一豢，
鄌里一獦，王□

☆糺

 (右殘)葛卜・零 16/□余饎～□□

素　部

素(素、索)

素

 葛簿乙・零 345/□□～自中，閟三□

索用作素。見卷六米部索字條。

絲　部

絲

 長遣策 2－02/一兩～紙縷(屨)

☆繺

 長遣策 2－027/一～刀

虫　部

蠲(恚)

恚用作蠲。見卷十心部恚字條。

蟣

 長遣策 2－03/一戚盟(盟)之柜，□土
～，劾(漆)青黃之劃

☆虯

 葛卜・甲三 143/□尚毋爲～(尤)。
諾生占之□

 葛卜・甲三 182－2/□司馬～逗於譖□

☆蠋

見卷十火部燭字條。

蚰　部

蝕

 葛未・零 435/～一□

☆蠹

長竹書 1－004/ 迊如～

它　部

它

葛簿乙・甲三 397/ 夫～一豕，剟於☑

龜　部

龜

葛卜・零 297/☑耵元～、簝（筮）☐☑

葛卜・零 245/☑君猒～☑

葛卜・甲三 15、60/☑隹（唯）漵（顙）栗忢（恐）瞿，甬（用）受繇元～、哭簝（筮）曰

葛卜・零 241/☑祟，與～同歃（祟）☑

葛卜・乙四 141/☑東陵，～尹丹以承國爲☑

葛卜・零 207/☑弲元～、簝（筮）、義（犧）牲，珪璧唯☐☑

葛卜・零 283/☑～、簝（筮）、義（犧）☑

葛卜・零 294、482、乙四 129/☑〔王〕復於藍郢之歲（歲）冬橐（柰）之月丁嬛（亥）之日，～尹〔丹〕☑

（下殘）葛卜・甲三 39/ 無瘳，至癸卯之日安良瘩（瘥）。亓（其）祝（祟）與～☑

黽　部

☆黇

葛卜・甲三 115/☑盬痁以～竈爲坪夜君

☆聆

葛卜・乙四 35/☑鄙～爲君貞，才（在）郢爲三月，尚自宜訓（順）也。酓占之：亡（無）

葛卜・甲三 8、18/☑大黇（城）邮（茲）郘之歲（歲），夏层之月癸嬛（亥）之日，趄酓以鄙～爲☑

☆竉

（右殘）葛卜・甲三 133/☑之月己丑之日，公子命彭定以少（小）尨～爲☑

葛卜・乙四 130/☑尨～爲君采（卒）歲（歲）貞，占之☐☑

葛卜・乙四 61/☑尨～爲君貞，以亓（其）敝（肩）怀（背）疾☑

葛卜・甲三 172、乙三 19/☑癸丑之日，彭定以少（小）尨（尨）～爲☑

葛卜・甲三 110/☑瘠一巳。或以肎（胄）～求亓（其）縏（說），又（有）祝（祟）於大（太）、北☑

葛卜・乙三 38/☑丑之日，彭定以少（小）尨（尨）～爲☑

葛卜·乙三 43/以少（小）寵（龍）～爲君貞,怀（背）

葛卜·甲三 204/彭定以少（小）龍～☑

葛卜·甲三 157/定以𩡅（駁）～☑

葛卜·零 370/☑白～☑

葛卜·乙三 20/☑白～爲坪〔夜君貞〕☑

☆ 龜

葛卜·甲三 3/☑亡（無）咎,又（有）敓（祟）,與～同敓（祟）,見於大（太）☑

葛卜·乙四 118/☑～☑

葛卜·零 122/〔穌〕～以龍〔龜〕

葛卜·甲三 33/齊客陳異至（致）福於王之歲（歲）獻馬之月,穌～以龍龜爲君𩡅（卒）歲（歲）☑

☆ 龝

葛卜·甲一 25/☑禖公子虦命彭定以少（小）寵（龍）～爲君貞,既怀（背）☑

葛卜·甲 5/☑之日,禖公子虢（虦）命彭定以少（小）寵（龍）～爲君貞,既怀（背）☑

☆ 龜

葛卜·乙四 103/☑以龍～爲君𩡅（卒）歲（歲）之貞,尚毋☑

葛卜·乙四 34/☑之～爲君𩡅（卒）歲（歲）之貞☑

葛卜·乙四 63、147/☑〔王復於〕藍郢之歲（歲）冬榢（柰）之月丁嬛（亥）之日,鄭瘷以𩡅（駁）～爲君☑

葛卜·零 450/☑之～奠☑

葛卜·甲三 192、199－1/鹽痷習之以駣～,占之:吉,不癄（續）☑

（下殘）葛卜·零 213、212/☑周墨習之以真～☑

葛卜·零 244/☑以白龜☑

葛卜·乙四 45/☑白文末白□,是以胃（謂）之喪祂,𩡅～禺（遇）□□□以火□☑

葛卜·乙四 46/彭定以𩡅（駁）～爲君𩡅（卒）歲（歲）貞,占

葛卜·甲三 33/齊客陳異至（致）福於王之歲（歲）獻馬之月,穌龜以龍～爲君𩡅（卒）歲（歲）☑

（下殘）葛卜·零 234/☑童首以昏（文）～爲☑

葛卜·甲三 342－2/獻（獻）馬之月乙還（亥）之日,盧㲋以龍～爲☑

葛卜·甲三 115/☑鹽痷以駣～爲坪夜君

☆ 瓏

葛卜·乙四 98/☑八月乙卯之日,鄭卜子悚以疊頁之～爲君三歲（歲）貞☑

二　部

二

葛卜・甲三 166、162/☐ 罌禱於～天子各兩痒（牂），璒（瓔）之以卦玉

葛卜・乙二 38、46、39、40/罌禱於～天子各痒（牂）☐

葛卜・甲一 4/☐ 厣（厭）禱一勖。歸備（佩）玉於～天子各～璧，歸☐

葛卜・甲三 81、182－1/☐ 一勖，歸備（佩）玉於～天子，各～

葛卜・零 335/☐ ～天子屯

葛卜・乙四 26/☐ 三楚先、陛（地）宔（主）、～天子、郙山、北〔方〕☐

葛簿甲・甲三 294、零 334/以援。靳不叴（害）、酈回～人受～臣

葛簿甲・甲三 224/☐ 某椉（楷）、夂（終）御釨（鎦）受十臣，又～赤

葛簿甲・甲三 224/或受三臣，～赤☐

葛簿甲・甲三 203/吳悥受一臣，～赤，弅

葛簿甲・甲三 311/☐ 受～臣，又～赤，……～赤，又弅

葛簿甲・甲三 211/☐ 受～臣，又～赤，又剆，又豹

葛簿甲・乙三 4/☐ 臣一☐☐。奠（鄭）迅受～☐☐

葛簿甲・甲三 244/☐ 受～赤，弅☐

葛簿甲・甲三 244/窑（匋）人昆豁（聞）受～，又豹☐

葛簿乙・甲三 351/角～祏（社）～冢☐

葛簿乙・甲三 352/☐ ～界，未智（智）丌（其）府里之算

（下殘）葛簿乙・甲三 316/司馬魚之述（遂）跏於獞宗、余疋～黏（貖），禱～☐

葛簿乙・甲三 310/喬尹申之述（遂）跏於赳曶、鄒思，～黏（貖）☐

葛簿乙・甲三 349/司城均之述（遂）跏於洛、酈～祏（社）～黏（貖），禱☐

葛簿乙・甲三 346－2、384/墜無龍之述（遂）跏於菫丘，寴～黏（貖），禱～冢☐

葛簿乙・甲三 324/屈九之述（遂）跏於郘生簇，～黏（貖）☐

葛簿乙・甲三 343－1/佊己之述（遂）跏於灉，脣（辰）祏（社），～黏（貖）（貖），禱～☐

葛簿乙・甲三 347－1/鎬良之述（遂）跏於鄩、于～祏（社），～黏（貖）☐

葛簿乙・甲三 312/奠（鄭）視之述（遂）跏於下肜、藁，～黏（貖），禱～冢☐

（下殘）葛簿乙・甲三 322/郂余慤之述（遂）跏於溫父、鵪（鳩），～☐

葛簿乙・甲三 314/玄熹之述（遂）甩於下窠、下姑留～黏（貜），禱☐

葛簿乙・甲三 343－2/盩羌之述（遂）甩於上獻、友焚～黏（貜）☐

葛簿乙・甲三 364/芒、郲～黏（貜），禱～家☐

葛簿乙・甲三 353/固～袿（社）一豭、一豕，甩於郫思虛一黏（貜），禱☐

葛簿乙・甲三 414、412/禢～袿（社）一豢、一豭，甩於淋（沉/湛）☐

葛簿乙・甲三 250/王虛～袿（社）一豭、一豕，甩於☐

葛簿乙・甲三 325－2/馬人～袿（社）～☐

葛簿乙・甲三 387/☐寺～袿（社）～豕，甩於高寺一黏（貜），禱一豕☐

葛簿乙・甲三 354/獻（獻）～袿（社）一牛、一☐

葛簿乙・甲三 362/髦～袿（社）

葛簿乙・甲三 361、344－2/一豭、一豕。甩於鄗戲組～黏

葛簿乙・乙三 62/禱～豕。硅☐

葛簿乙・甲三 330/☐～袿（社）☐

葛簿乙・零 400/☐～袿（社）一豭、一☐

葛簿乙・零 430/☐袿（社）～豭☐

葛簿乙・甲三 406/郎余～☐

葛簿乙・零 466/焚～☐

葛簿乙・甲三 325－1/橐一豢，甩於猌（桑）丘、桐棗（集）～黏（貜）☐

葛簿乙・甲三 350/臧一豭，甩於舊虛、幣父～黏（貜）☐

葛簿乙・甲三 403/漳溪一豭，甩於酈丘、某丘～☐

葛簿乙・甲三 278/☐虛，甩～黏（貜），禱～家☐

葛簿乙・乙四 146/☐湆，甩～黏（貜），禱☐

葛簿乙・零 263/☐丘～黏（貜），禱～

葛簿乙・甲三 327－2/☐縈、聖～黏（貜），禱～家☐

葛簿乙・乙三 56/☐虛～黏（貜），禱～☐

葛簿乙・乙三 52/☐黏（貜），禱～家。硅☐

葛簿乙・甲三 358/☐～黏（貜），禱～☐

葛簿乙・零 655/☐～家☐

葛簿乙・零 218/☐禱～家。硅☐

葛簿乙・甲三 285/☐里～豭、三家。丌（其）國☐三袿（社），上☐

葛簿乙・零 333/☐犝，甩以～黏（貜）☐

長竹書 1－111/～

長遣策 2－01/☐☐☐器：～芋（華）瓠（壺）

長遣策 2－04/～乘緣达轊

長遣策 2－01/～园（圓）缶

長遣策2-01/～青方,～方監

長遣策2-01/～囩(圓)監,屯青黃之劃

長遣策2-01/丌(其)木器:～

長遣策2-06/〔少(小)箕〕十又～

長遣策2-06/～豆箕

長遣策2-06/～笑(籃)箕

長遣策2-08/～沐鎜(盤)

長遣策2-09/～方濫(鑑),屯彫裏

長遣策2-010/一□□□,又(有)□□,丌(其)〔璠〕:一少(小)鐶,坕(徑)～〔夼(寸)〕

長遣策2-013/緣。～紡絹,帛裏,組緣

長遣策2-013/～毘

長遣策2-011/～〔郗(漆)〕□

長遣策2-011/～彫□

長遣策2-011/～彫柣

長遣策2-011/～奐

長遣策2-011/～筴

長遣策2-011/～牆白膚,屯爵韋之襎(韜),紃

長遣策2-014/～淺缶

長遣策2-014/～膚(鑪)

長遣策2-014/～銅(鈃),屯又(有)盇(蓋)

長遣策2-014/～釬

長遣策2-017/～饗(盛)斯

長遣策2-018/～□□

長遣策2-03/～笙,一簀竽,皆又(有)襎(韜)

長遣策2-03/～囊

長遣策2-019/～竹篝,一〔收〕□

長遣策2-020/～疋桯(桱),屯□彫,八金足

長遣策2-022/〔～竹篝〕

長遣策2-022/十又～箕□

長遣策2-024/寠(集)䊮之器:～□□

長遣策2-024/～□□,屯緅帽

長遣策2-024/～鉊

長遣策2-024/～牪□,屯又(有)盇(蓋)

長遣策2-025/～歛(合)豆

長遣策2-025/～囊,屯

長遣策2-027/～〔聅〕□

長遣策2-027/～鼎

長遣策2-027/～居〔杲〕

長遣策2-029/～芺(籃)〔初(粱)〕。四〕□□□

式

長竹書1-039/也。～畗(答)忧也

亙(亘、恒)

亘、恒用作亙。見卷六木部亘字條。

恒

見卷六木部亘字條。

竺

 葛簿乙・甲三 377/惻墜一豬，剚於
～☒

 長遣策 2－018/一□〔～〕

凡

 葛卜・甲一 10/☒贛。～是戊脣（辰）
以斂（合）己巳禱之

土　部

土

 長遣策 2－03/一戚盟（盟）之柜，□～
蔞，刢（漆）青黃之劃

地

見卷十三土部埅字條。

坪

 葛卜・零 490/☒□爲～夜君☒

 葛卜・甲三 209/☒競～王大單（牢）
饋，延（棧）鐘樂之。遬（逐）頤

 葛卜・甲三 114、113/鄌（應）嘉以衛
侯之篹（笩）爲～夜君貞

（上殘）葛卜・甲三 189/☒～夜君貞，
既心悗（悶）、瘴（胖）痕（脹），以百脯
體疾

 葛卜・甲二 21/☒王爲～夜☒

 葛卜・零 311/☒髀爲～夜☒

 葛卜・甲三 280/☒競～王以逾，至☒

 葛卜・乙三 20/☒白蘢爲～〔夜君貞〕

（上殘）葛卜・甲三 6/☒～夜君貞，既☒

 葛卜・乙二 37/☒以～夜君不瘥
（懌），怀（背）、雁（膺）

 葛卜・甲一 3/王遝（徙）於鄁（鄀）郢
之歲（歲）八月丁巳之日，雁（膺）愴以
大央爲～☒

 葛卜・甲三 301－2、301－1/☒以髀
髀爲～〔夜君〕貞，既肧（背）膺☒

 葛卜・甲三 215/鹽痀以駐蕅爲～夜
君貞，既心

 葛卜・甲三 233、190/鄭少（小）司馬
陳鰥惄（愆）以白靁（靈）爲君～夜君貞

 葛卜・甲三 115/☒鹽痀以駐鼆爲～
夜君

 葛卜・甲三 201/擇日於八月脠（棧）
祭競～王，以逾至斉（文）君，占之：吉

 葛卜・甲三 246/☒豪（家）爲～夜君
貞，既（將）☒

 葛卜・甲三 242/☒～鄝文君子良，
樂，贛

 葛卜・零 66、甲三 234/☒爲～鄝君卜
之☒

 葛卜・零 238/☒遬（速）癥（瘥），起病
經命～夜君☒

葛卜・零 180/☐刺爲～☐

 葛卜・零 369/☐爲～夜☐

 葛卜・零 189/☐思～夜君城(成)☐瘉迷(速)瘝(瘥)☐

 (下殘)葛卜・零 87/☐句(苟)思〔～〕☐

 葛卜・甲三 69/之,賡於競～王、邵(昭)王☐

 葛卜・甲三 271/☐敝邵社,大殤～夜之楚裋,東

 葛卜・零 395/☐～王☐

 (右殘)葛卜・零 570/☐～夜君☐

均

 葛簿乙・甲三 349/司城～之述(遂)眣於洛、酆二裋(社)二狛(貓),禱☐

堵

 葛簿乙・乙四 92/☐～父一冢☐

 葛簿乙・零 116/～ 里人禱於丌(其)☐

墨

 葛卜・零 213、212/☐周～習之以眞靁☐

在(才)

才用作在。見卷六才部才字條。

坐(坐、佐)

坐

 長遺策 2-018/樂人〔之〕器：一〔樂〕～丼(棧)鐘,少(小)大十又三,柁條,剢(漆)劃,金玬

 長遺策 2-018/一樂〔～〕☐☐,〔少(小)〕大十又九,柁條,剢(漆)劃,緄維

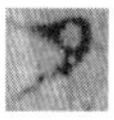

佐用作坐。見卷八人部佐字條。

型

 長竹書 1-001/易(狄),夫戔(賤)人喜(格)上則～(刑)殘(戮)至。剛

 長竹書 1-002/夫戔(賤)人剛恃而返(及)於～(刑)者

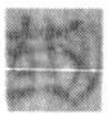

城(城、�)

城

 葛卜・甲三 36/☐大莫囂旖(陽)爲獸(戰)於長～之〔歲〕☐

 葛卜・零 235、545/☐告大司～☐

 葛卜・乙一 14/句郫公奠(鄭)余穀大～郰(茲)立(方)之戠(歲)屈樂之月癸未〔之日〕☐

 (左殘)葛卜・乙四 21/☐～郰(茲)立(方)之戠(歲)

 葛卜・甲三 30/☐☐公～鄟之戠(歲)亯月☐

 (左殘)葛卜・零 156/☐〔平〕夜君～☐☐☐☐☐☐

 葛卜・零 189/☐思坪夜君～(成)☐瘉迷(速)瘝(瘥)☐

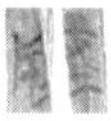

（左殘）葛卜·零 300、零 85、零 593/☑
～（成）□瘯遬（遬）癥（瘥），敢（敢）不
遬（遬）☑

葛卜·甲一 17/☑ 既 ～（成），敔
（且）☑

葛簿乙·甲三 326－1/下獻司～己之
㮰人臾一豭（豭），禱☑

葛簿乙·甲三 349/司～均之述（遂）
臾於洺、酆二袿（社）二豭（豭），禱☑

葛簿乙·甲三 368/臾於余～

葛簿乙·甲三 392/墰～一豢，臾於☑

葛簿乙·甲三 281/☑～一豭（豭），禱
一豖☑

葛簿乙·甲三 264/～再以豢，丌（其）
臆☑

葛未·零 668/☑～☑

葛卜·零 102,59/☑爲賢子䣄果告大
司～瘞☑

長竹書 1－017/□邦以～丌（其）名者

轍

葛卜·乙一 23,1/大～（城）邿（兹）立
（方）之戠（歲）屈篡（欒）之月癸未之
日，諁〔生〕☑

葛卜·甲三 8,18/☑大～（城）邿（兹）
郘之戠（歲），夏屒之月癸嬛（亥）之日，
趄齬以郘聯爲☑

塞

葛卜·零 281/☑～䄆禱，是日☑

（下殘）葛卜·零 484/☑□～☑

堋（塑）

塑

長遺策 2－010/☑〔之～〕

長遺策 2－010/一 □□□ 長六斧
（寸），泊組之〔～〕

圭（珪）

珪

葛卜·零 207/☑弻元龜、箸（筮）、義
（犧）牲、～璧唯□☑

☆杜

（上殘）葛卜·乙四 136/☑～中尚大
篙，占☑

☆㽵

葛簿乙·甲三 408/☑～丘，三豭
（豭），禱☑

☆空

葛卜·乙一 24/融、～（穴）酓（熊）各
一痒（牂），綏（纓）之卦玉。壬曆（辰）
之日禱之☑

葛卜·乙一 22/又（有）敓（祟）見於司
命、老嬞（童）、庍（祝）融、～（穴）酓
（熊）

（左殘）葛卜・零 288/☒〔祝〕融、～（穴）酓（熊）、各☒

 葛簿乙・甲三 366/☒～一冢

☆垪

 長遣策 2-024/一联～

☆産

 葛卜・乙四 30、32/☒臨爾～毋遺爾☒

☆垪

 長遣策 2-014/箁。一淫～

 長遣策 2-021/一～某（梅）酉（醬）

 長遣策 2-012/〔寠（集）脰（廚）〕之器：十〔醯〕～，屯又（有）盍（蓋）

☆陘

 葛卜・乙四 82/☒君、～（地）宔（主）、霝（靈）君子。己未之日弌（一）禱卲（昭）

 葛卜・乙四 86/☒於～（地）宔（主）一羊☒

 葛卜・甲三 52/☒咎□□□禱～（地）宔（主）一痒（羊），備（佩）玉袦，以□至室□☒

 葛卜・乙一 15/公北、～（地）宔（主）各一青義（犧）；司命、司禍（禍）各一勛，與禱厭之。或☒

 葛卜・乙三 17/☒禱～（地）宔（主）一羊，臺（就）☒

 葛卜・乙三 60、乙二 13/☒巳之昏鷹（薦）虡禱之～（地）宔（主），八月辛酉☒

 葛卜・乙二 38、46、39、40/塱禱於～（地）宔（主）〔一〕青義（犧），先之一璧

 葛卜・乙四 140/☒稟（禱）～（地）宔（主）☒

 （上殘）葛卜・甲二 7/☒～（地）宔（主）一痒（羊）。辛酓（酉）之

 葛卜・零 3/～（地）宔（主）以□☒

 葛卜・甲三 306/☒～（地）宔（主）☒

 葛卜・乙四 26/☒三楚先、～（地）宔（主）、二天子、郙山、北〔方〕☒

☆塝

 葛卜・甲三 136/鹽～占之曰：吉。既告叔（且）☒

☆壓

 （疑爲壓字）長遣策 2-021/一～食酉（醬）

☆墲

 葛卜・乙一 13/或塱禱於～武君、命尹之子戠（璿）各大牢，百☒

☆墬

 葛卜・乙四 80/～子肥猪，酉（酒）食。叔（且）☒

葛簿甲・甲三 92/☒弅□，長～人☒

葛簿乙・甲三 346-2、384/～無龍之述（遂）卹於蘁丘，寞二黏（豭），禱二豕☒

葛簿乙・甲三 348/閑（間）～大㚟果之述（遂）☒

葛簿乙・甲三 377/惻～一獝，卹於竺☒

葛簿乙・甲三 331/☒於倉～一黏（豭），禱一豕☒

長遣策 2-013/一～筭絚絙

長遣策 2-013/一少（小）～筭

☆埻

葛簿乙・甲三 392/～城一豢，卹於☒

☆墅

葛卜・甲三 259/王遅（徙）於～（鄩）郢之戠（歲）

里　部

里

葛簿乙・甲三 262/賓之命，命～人禱☒

　　葛簿乙・乙三 23/☒□鄩之～一豢，郚～一獝，王☒

葛簿乙・甲二 27/繮子之～一豢☒

葛簿乙・甲三 77/☒一豢，駃～一豢☒

葛簿乙・甲三 74/☒䎱（樀）～一☒

葛簿乙・零 91/☒夜之～一豢☒

葛簿乙・甲三 416/☒～……☒

葛簿乙・甲三 179/中春竽我之～一豕☒

葛簿乙・零 529/䎱（樀）～☒

葛簿乙・零 455/☒□～☒

葛簿乙・零 539/筲～☒

葛簿乙・甲三 352/☒二昇，未智（智）丌（其）府～之筭

葛簿乙・零 586/☒～之☒

葛簿乙・零 11/大䎱（樀）～人☒

葛簿乙・乙三 54/秸室之～人禱☒

葛簿乙・乙四 88/柏～人禱於丌（其）袥（社）☒

葛簿乙・零 116/堵～人禱於丌（其）☒

葛簿乙・零 403/郯～人☒

（左殘）葛簿乙・零 72/楊～人禱☒

葛簿乙・零 30/中楊～人☐

葛簿乙・零 88/☐～人禱於亓（其）袿（社）一☐

（上殘）葛簿乙・零 168/☐～人禱於亓（其）袿（社）☐

（右殘）葛簿乙・零 524/☐～人

（右殘）葛簿乙・零 596/☐～人☐

（右殘）葛簿乙・甲三 285/☐～二豬、三冢。亓（其）國☐三袿（社），上☐

葛簿乙・甲三 228/☐之～害一黏（豭）☐

田 部

田

葛卜・零 4/☐～，又（有）祝（祟）見☐

甸

（上殘）葛簿乙・甲三 400/～尹宋之述（遂）剮於上桑丘

留

葛簿乙・甲三 314/玄悳之述（遂）剮於下窲、下姑～二黏（豭），禱☐

長遣策 2-013/一紅介之～衣，帛裹，緣倉（合）

葛卜・乙四 25/☐大～（牢），百☐

☆甾

葛卜・甲三 51/☐～厡之月己巳之日☐☐

葛卜・乙四 96/☐以卦玉，～（荊）王臺（就）槀（禱）～牢卦，文王以偷（逾）臺（就）禱大牢卦

葛卜・甲三 5/☐□欒惠（賽）禱於～（荊）王以偷（逾），訓（順）至文王以偷（逾）☐

葛卜・乙一 11/禱於吝（文）夫人，～宰（牢），樂戲（且）贛之；舉禱於子西君，～宰（牢），樂☐

（右殘）葛卜・零 301、150/☐～（荊）王、文王，以逾至文君，已解□☐☐

葛卜・甲二 38、39/☐樂之，饋祭子西君～

葛卜・甲三 148/☐敓（說）之，舉禱～☐

（上殘）葛卜・甲三 86/☐～牢酉（酒）食，夏汜哉（特）☐

（左殘）葛卜・零 248/☐遠欒、～厡惠（賽）禱☐

葛卜・甲三 243/☐之，舉禱～衸～罩（牢）、酉（酒）食

葛簿乙・甲三 403/漳溪一豬，剮於～丘、某丘二☐

葛未·零 18/☑～☑

黃　部

黃

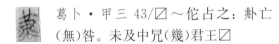葛卜·甲三 43/☑～佗占之：尌亡（無）咎。未及中覓（幾）君王☑

葛卜·零 170/☑〔獻馬〕之月乙㬅（亥）之日，～佗以詨□□爲君☑

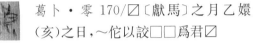葛卜·甲三 84/☑□義（犧）馬，女乘～□☑

葛卜·甲三 304/☑䣁（酉）之日祭之，大瘤（牢）饋之於～李

（下殘）葛卜·甲三 237－1/椕禱一乘大迗（路）～輯，一䤷玉夏□☑

葛卜·零 230/☑饋之於～李，占☑

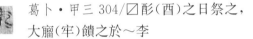葛簿乙·甲三 315/～宜日之述（遂）䣁於新邑、龍郔☑

長遣策 2－01/二囩（圓）監，屯青～之劃

長遣策 2－07/一索（素）緄縥（帶），又（有）□〔鉤〕，～金與白金之舄（錯）

長遣策 2－03/一戌盟（盟）之柜，□土蔞，劊（漆）青～之劃

長遣策 2－028/一□□□□，〔劊（漆）青〕～之劃

力　部

力

葛卜·甲三 65/☑霝（靈）～休有成慶，宜爾☑

加（珈）

珈用作加。見卷一玉部珈字條。

券

葛卜·甲三 26/戠（歲）八月己未之日，鑑～以長☑

☆勧

長竹書 1－032/乃～。含（今）卿大夫

卷十四

金　部

金

 長竹書 1-033/丌(其)～玉，民乃

 長遣策 2-07/一索(素)緄繡(帶)，又(有)□〔鉤〕，黃～與白～之烏(錯)

 長遣策 2-018/樂人〔之〕器：一〔㮚〕坐㮷(棧)鐘，少(小)大十又三，柶條，郗(漆)劃，～玥

 長遣策 2-020/二疋桱(脛)，屯□彫，八～足

鉉

 長遣策 2-021/～。一□□□之以綌(錦)

 長遣策 2-027/一□〔～〕

錯(烏)

烏用作錯。見卷四烏部烏字條。

鑪(膚)

膚用作鑪。見卷四肉部膚字條。

銖(銖、朱)

銖

 (左殘)長遣策 2-01/一～

朱用作銖。見卷六木部朱字條。

鈞(勻)

勻用作鈞。見卷九勻部勻字條。

錙

見本部鈄字條。

鈃(銅)

銅用作鈃。見本部銅字條。

鐘

 葛卜・甲三 145/☑饋，延(棧)～樂之☑

 葛卜・零 13/☑各大單(牢)饋，延(棧)～

 葛卜・甲三 200/延(棧)～樂之

 葛卜・甲三 209/☑競坪王大單(牢)饋，延(棧)～樂之。邌(遂)晭

葛卜・甲三 212、199－3/☐瘲(瘥)。
以丌(其)古(故)敔(説)之。邌(逐)黷
喵之敔,饈祭卲(昭)王大牢,脠(棧)～
樂之。鄭☐

葛卜・甲三 136/☐璧,以罷禱大牢
饋,脠(棧)～樂之,百之,贛

葛卜・甲三 261/☐大單(牢)饋,延
(棧)～樂之

葛卜・乙三 63/☐醋～樂之☐

葛卜・甲三 98/☐～樂之。是日☐

葛卜・零 8/脠(棧)～

(上殘)　　葛簿甲・甲三 293/☐～
佗、～豎受☐

長遣策 2－018/樂人〔之〕器：一〔樂〕
坐冑(棧)～,少(小)大十又三,桅條,
劫(漆)劃,金玭

鑑(濫)

濫用作鑑。見卷十一水部濫字條。

銘(方)

方用作銘。見卷八方部方字條。

鉈

長遣策 2－08/一～

錟

長遣策 2－027/一～杶

釺

長遣策 2－014/二～

鈇

長遣策 2－05/〔劫(漆),屯〕四～(鋪)
頁,又(有)

長遣策 2－017/丌(其)木器：一劫
(漆)橐,〔四〕～(鋪)頁,屯又(有)鐶

鋪(鈇)

鈇用作鋪。見本部鈇字條。

鈔

長遣策 2－08/☐人之器：一～(繰)筶
(席),☐綿之純

☆釕

葛簿甲・甲三 224/☐某築(楷)、夂
(終)御～(鏐)受十臣,又二赤

長遣策 2－015/尃(博)一夯(寸)〔少〕
夯(寸),厚～(鏐)夯(寸)

☆horn

長遣策 2－024/四倉(合)～,一
舃(錯)～,屯又(有)盍(蓋)

☆銅

長遣策 2－014/二～(釕),屯又(有)
盍(蓋)

☆鉒

 葛簿甲・甲三 220/一臣，亓（其）～
（重）一勺（鈞）

☆鈶

 長遣策 2－024/二～

 長遣策 2－025/十□，屯又（有）〔～〕

☆鎜

 長遣策 2－01/一～（盤）

 長遣策 2－08/二沐～（盤）

 長遣策 2－08/一洓（浣）～（盤）

 長遣策 2－014/一沐～（盤）

 長遣策 2－014/一柔（承）鐲（燭）之～
（盤）。三□

☆銘

 長遣策 2－027/一～

☆鉖

 長遣策 2－029/一〔轙〕，又（有）～

☆鐶

 長遣策 2－017/亓（其）木器：一欷
（漆）橐，〔四〕鈇（鋪）頁，屯又（有）～

 長遣策 2－05/〔～。竹〕器：十笶
（篦），屯赤綿之帽

 長遣策 2－010/一□□□，又（有）
□□，亓（其）〔璊〕：一少（小）～，坙
（徑）二〔夲（寸）〕

☆鐱

 葛卜・乙四 56/□瘟受君～□

 葛卜・零 480/□君～□

☆鏽

 長遣策 2－027/一〔齊～〕

几　部

几

楷用作几。見卷六木部楷字條。

尻

 葛卜・甲三 11、24/宅茲沮（沮）、章，
台選（先）覂（遷）～（處）

 葛卜・零 420/☑ □於氏（是）～
（處）☑

葛卜·甲二 19、20/☐虘（且）君必遲～（處）安善

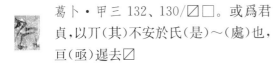
葛卜·甲三 132、130/☐☐。或爲君貞，以丌（其）不安於氏（是）～（處）也，亘（咂）遲去☐

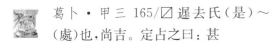
葛卜·甲三 165/☐遲去氏（是）～（處）也，尚吉。定占之曰：甚

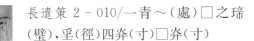
長遺策 2-010/一青～（處）☐之瑞（璧），呈（徑）四夲（寸）☐夲（寸）

☆兂

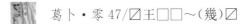
葛卜·乙四 23/☐〔占〕之：赴亡（無）咎。中～（幾）君王又（有）亞（惡）於外☐

葛卜·零 47/☐王☐☐～（幾）☐

葛卜·甲三 270/亡（無）欨（祟），～（幾）中又（有）外霁（喪）☐

葛卜·甲三 43/☐黃佗占之：赴亡（無）咎。未及中～（幾）君王☐

葛卜·甲三 4/大（太），備（佩）玉赴，罩曰於是～（幾），惡（賽）禱司命、司录（禄）☐

且　部

且（虘）

虘

葛卜·乙一 11/禱於斉（文）夫人，酓宰（牢），樂～（且）贛之；墨禱於子西君，酓宰（牢），樂☐

葛卜·甲三 401/日於九月薦（薦）～（且）禱之，吉☐

葛卜·甲二 19、20/☐～（且）君必遲尻（處）安善

葛卜·甲三 291-1/☐既心悁（悶）以疾，～（且）痕（脹）瘠不☐

葛卜·甲三 198、199-2/☐悁（悶），～（且）瘠不出，以又（有）瘩，尚遬（速）出，毋爲忧

葛卜·甲三 136/虈堬占之曰：吉。既告～（且）☐

葛卜·甲三 138/☐既替（皆）告～（且）禱巳☐

葛卜·零 452/☐之日替（皆）告～（且）禱之☐

葛卜·甲三 269/☐珥、衣常，～（且）祭之以一猪於東陵，占☐

葛卜·甲三 207/珥、衣常，～（且）祭之以一猪於東陵。占之：吉☐

葛卜·甲三 233、190/既心疾，以會（合）於怀（背），～（且）心瘠（悶）☐

葛卜·甲三 237-2/☐～（且）墨羕（駼）熊☐

葛卜·零 358/☐☐～（且）☐

葛卜·零 331-1/☐樂～（且）贛之。墨

葛卜·甲一 17/☐既城（成），～（且）☐

葛卜·乙四 80/墨子肥猪，酉（酒）食。～（且）☐

葛卜·甲三 153/☐☐☐宜少（小）迋（遲）～（且）☐

斤　部

所

葛卜・乙三 33/☑爲箬告我愳～取於☑☑

葛卜・零 12/～朴者以迷（速）愳（賽）禱☑

葛卜・甲二 40/☑下內外禩神句～☑

葛卜・零 291/☑禽～朴者☑

葛簿甲・甲三 221/王遟（徙）於鄱（鄩）郢之戠（歲）八月庚唇（辰）之日，～受盟於

斯

長遣策 2-017/二饗（盛）～

斷（刜）

刜

長遣策 2-01/四～（斷）瓠（壺）

新

葛卜・零 118/☑□篆以～☑

葛卜・甲三 193/郮尹羕習之以～承悥☑

葛簿乙・甲三 338/☑堲一冡。～☑

葛簿乙・甲三 375/☑見一冡。～□☑

葛簿乙・甲三 315/黃宜日之述（遂）踋於～邑、龍郊☑

頎

葛卜・乙三 27/☑勛～之

斗　部

斗

葛卜・零 352/☑於成～麋☑

葛簿乙・乙四 137、甲三 360/☑～句逾三䝭（貑），禱三冡。未內☑

車　部

車

葛卜・零 123/☑大迲（路）～☑

葛卜・零 167/☑～，羕（犠）馬☑

葛卜・零 236、186/☑～，鄭公中、大司馬子研、鄐（宛）公☑

軒

長遣策 2-04/一良囩（圓）～，載紡簓（蓋），綏

載

長遣策 2－04/一良囩(圓)軒，～紡箁(蓋)，綫

☆轙

長遣策 2－029/一〔～〕，又(有)錑

☆輓

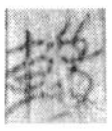
葛卜・乙四 102/▨之月丁嬛(亥)之日郹～以鄦韋(箠)爲君翠(卒)戠(歲)之貞

☆輯

(上殘)葛卜・甲三 237－1/壆禱一乘大逄(路)黄～，一鈐玉頁□▨

☆轞

長遣策 2－04/一乘良～

長遣策 2－04/二乘緣迖～

☆車□

葛簿甲・甲三 292/▨衠(衛)～、馭吳(昃)受九匿又剶▨

阜　部

陵

葛卜・乙四 149、150/▨箁(筮)於東～，盈以長剌▨

葛卜・乙四 123/▨～君爲▨

葛卜・乙四 100、零 532、678/▨居郢，還反(返)至於東～，尚毋又(有)咎

葛卜・乙一 12/賏與良志以～尹

葛卜・乙二 27/▨之日，譖(許)定以～尹懌之大保(寶)豢(家)爲君貞

葛卜・乙二 25、零 205、乙三 48/之月乙巳之日，譖(許)定以～尹懌之大保(寶)豢(家)爲

葛卜・甲三 219/以～尹懌之大保(寶)豢(家)爲君貞

葛卜・零 584、甲三 266、277/▨之日，賏與良志以～尹懌之髗髀爲君貞

葛卜・零 200、323/▨夏柰之月丙唇(辰)之日，～君(尹)懌▨

葛卜・乙四 6/▨～尹子□紡紫纏廿(二十)▨

葛卜・乙四 126/▨月辛彰(酉)之日西～執事人台君王▨

(右殘)葛卜・零 228/▨之古(故)命西～人▨

葛卜・零 32、零 696/▨西～之▨

葛卜・甲三 216/▨巳之日，譖(許)定以～尹懌之大保(寶)豢(家)爲

葛卜・甲三 207/珥、衣常，虘(且)祭之以一豬於東～。占之：吉▨

葛卜・甲三 269/▨珥、衣常，虘(且)祭之以一豬於東～，占▨

葛卜・乙一 18/王遅（徙）於敔（鄩）郢之戠（歲）夏橐（欒）之月乙巳之日，湢誻以～☐

 葛卜・乙四 141/☐東～，龜尹丹以承國爲☐

 葛卜・乙四 60/☐～，尚毋又（有）☐

 葛卜・零 303/☐戠（特）牛。既薦（薦）之於東～

 葛簿乙・零 42/☐安，～尹☐

 （左殘）葛簿乙・甲三 319/☐西～與丌（其）國不視界☐

 葛簿乙・甲三 175/肥～陳貐之述（遂）剛☐

 葛未・甲三 106/☐～☐

陸

 葛卜・甲三 25/之，亡（無）咎。酒（將）又（有）喜。奠（鄭）憲習之以～（隨）侯之☐

陳

 葛卜・甲三 49/☐至師於～之戠（歲）十月壬〔戌〕☐

 葛卜・甲三 217/齊客～異至（致）福於王之戠（歲）獻馬之月乙丑之日

 葛卜・甲三 27/齊客～異至（致）福於王之戠（歲）獻☐

 葛卜・甲三 33/齊客～異至（致）福於王之戠（歲）獻馬之月，鈇黿以龙竈爲君夅（卒）戠（歲）☐

 葛卜・甲三 20/齊客～異至（致）福於王〔之〕戠（歲）獻☐

 葛卜・零 165、19/齊客～異至（致）福於王之戠（歲）獻（獻）☐

 葛卜・甲三 272/齊客～異至（致）福於王之戠（歲）☐

 葛卜・乙一 4、10、乙二 12/夏橐（欒）之月己丑〔之日〕以君不瘥（懌）之古（故），遄（就）禱～宗一貓

 葛卜・甲三 233、190/鄢少（小）司馬～鯢惥（愆）以白霝（靈）爲君坪夜君貞

 葛簿乙・甲三 175/肥陵～貐之述（遂）剛☐

☆隋

 葛簿乙・甲三 313/亡夜一貓，剛於～一鈷（貑），禱一豕☐

四　部

四（四、三）

四

 葛卜・乙四 143/☐思爲之求～羊（騂）義（犧）☐

 葛簿乙・甲三 251/袿（社）一貓、～豕。丌（其）國之癰侐鞏茜☐

 葛未・零 239-2/☐～☐☐

 葛未・零 627/～☐

 長竹書 1-054/〔～曰咸〕

長遣策 2−01/～軔(斷)瓠(壺)

長遣策 2−05/〔卻(漆)，屯〕～鈇(鋪)頁，又(有)

長遣策 2−06/□□□□□箕～十又四

長遣策 2−06/～糩(糧)箕

長遣策 2−08/～厚奉之砡

長遣策 2−010/一青尻(處)□之瑞(璧)，呈(徑)～弅(寸)□弅(寸)

長遣策 2−03/～楄

長遣策 2−024/～會(合)釰，一烏(錯)釰，屯又(有)盍(蓋)

長遣策 2−025/～索□

長遣策 2−028/～戈

長遣策 2−029/二芺(簋)〔杊(梁)。〕～〕□□□

三

葛簿甲・甲三 220/宋良志受～厎，又一赤。李紳爲

葛簿甲・甲三 206/文惥受～☒

葛簿乙・甲三 317/浮～袿(社)～豕，一黏(豭)，瞁於桐者☒

葛簿乙・零 310/☒～黏(豭)，禱～豕☒

亞　部

亞

長竹書 1−029/～(惡)，不智(智)亓(其)賊。三

葛卜・乙四 23/☒〔占〕之：卦亡(無)咎。中冄(幾)君王又(有)～(惡)於外☒

五　部

五

葛卜・甲二 29/☒～宝(主)山各一羖(羧)☒

葛卜・乙四 36/☒兩又(有)～，丁巳之昏以☒

葛卜・甲三 230/☒□又～□白□☒

葛卜・甲三 134、108/☒甲戌興乙亥禱楚先與～山，庚午之夕内齋☒

葛卜・零 99/☒於楚先與～山☒

葛卜・甲三 195/☒舉禱～山、祔棠☒

葛卜・乙四 27/☒疾，亘(呕)由郫亥敓(說)於～殜(世)☒

葛卜・零 282/☒舊丘，是日敫(就)禱～祀☒

葛簿乙・甲三 335/毘一褬一牛，～

長竹書 1−005/〔君〕子之道必若～浴之〔溥〕，三

長遣策 2−020/～箕

長遣策 2－026/皇脛二十又～，□脛二十〔又〕～，屯〔郗（漆）〕劃

六　部

六

　　葛卜・乙四 58/☑犠～女□☑

　　葛簿甲・甲三 294、零 334/攻婁連爲攻人受～臤☑

　　葛簿甲・零 375/☑～臤又☑

　　葛未・乙四 131/☑～☑

　　長遣策 2－010/一 □□□長～釪（寸），泊組之〔塱〕

　　長遣策 2－023/～簡（笈）筵（筵），屯綕（錦）純

七　部

七

　　葛卜・乙一 31、25/自夏祭（欒）之月以至冬祭（欒）之月，聿（盡）～月尚毋又（有）大☑

　　葛卜・零 329/☑君～日貞，尚大☑

　　長竹書 1－038/母教之～戠（歲）

　　長遣策 2－015/～布帽

　　長遣策 2－013/～見祝（鬼）之衣，屯又（有）常

　　長遣策 2－012/緅與青綕（錦）之緻（繄）襄（囊）～

九　部

九

　　葛卜・乙四 106/☑□八月又（有）女子之賞，～月、十月又（有）外□☑

　　葛卜・乙四 144/☑〔我王於林丘〕之戠（歲）～月甲申之日，攻差以君命取慇需（靈）☑

　　葛卜・零 431/☑之戠～月乙卯之日□☑

　　葛卜・甲三 1/我王於林丘之戠（歲）～月☑

　　葛卜・甲三 401/日於～月鷹（薦）虞（且）禱之，吉☑

　　葛簿甲・甲三 292/☑廛（衛）軺、馭昊（昃）受～臤又刞☑

　　葛簿乙・甲三 324/屈～之述（遂）剛於邟生箙，二䝟（貒）☑

　　葛簿乙・甲三 282/☑□虛，聿（盡）割以～䝟（貒），禱以～☑

　　長遣策 2－018/一樂〔坐〕□□，〔少（小）〕大十又～，梔條，郗（漆）劃，絚維

　　長遣策 2－016－1/□賝～益□□

内　部

禽

　　葛卜・零 291/☑～所趴者☑

☆萬

葛簿甲・甲三 294、零 334/以援。靳不～（害）、鄟回二人受二臣

嘼　部

獸

獸

葛卜・甲三 36/☒大莫嘼腸（陽）爲～（戰）於長城之〔歲〕☒

葛卜・甲三 296/☒莫嘼昜（陽）爲、晉帀（師）～（戰）於長〔城〕☒

甲　部

甲

葛卜・乙四 144/☒〔我王於林丘〕之歲（歲）九月～申之日，攻差以君命取惪霝（靈）☒

葛卜・甲三 134、108/☒～戌興乙亥禱楚先與五山，庚午之夕內齋☒

葛卜・甲三 119/☒～戌之昏以起，乙亥之日鷹（薦）之

葛卜・甲三 80/八月～戌之日鷹（薦）之☒

乙　部

乙

葛卜・零 431/☒之歲九月～卯之日□☒

葛卜・乙一 12/王遅（徙）於敔（鄩）郢之散（歲）夏際（欒）之月～巳之日

葛卜・甲三 217/齊客陳異至（致）福於王之散（歲）獻馬之月～丑之日

葛卜・零 257/之月～嬛（亥）之日

葛卜・零 170/☒〔獻馬〕之月～嬛（亥）之日，黃佗以詨□□爲君☒

葛卜・零 214/☒〔齊客陳異致福於〕王之散（歲）獻馬之月～嬛（亥）之日☒

葛卜・甲三 342-2/獻（獻）馬之月～還（亥）之日，盧朼以龙黽爲☒

葛卜・乙二 25、零 205、乙三 48/之月～巳之日，䁂（許）定以陵尹懌之大保（寶）豪（家）爲☒

葛卜・零 103/之月～巳之日，洰瞀

葛卜・甲三 225、零 332-2/王遅（徙）於敔（鄩）郢之散（歲），夏際（欒）之月～巳之日☒

葛卜・甲三 114、113/☒〔王徙於〕鄩郢之散（歲），夏欒之月～卯之日

葛卜・甲三 159-3/☒夏欒之月～卯☒

葛卜・乙四 98/☒八月～卯之日，鄭卜子怵以疊頁之䘠爲君三散（歲）貞☒

葛卜・零 20/☒之月，～卯之☒

葛卜・甲三 134、108/☒甲戌興～亥禱楚先與五山，庚午之夕內齋☒

葛卜・甲三 119/☒甲戌之昏以起，～亥之日鷹（薦）之

乙

葛卜·甲三156/☑之月～☑

葛卜·乙一18/王遲(徙)於敔(郢)郢之戠(歲)夏篡(欒)之月～巳之日,湆瞀以陵☑

亂(嗣)

嗣用作亂。見卷十三糸部嗣字條。

尤(忧、懃、蚘、訧)

忧用作尤。見本部忧字條。

懃用作尤。見卷十心部懃字條。

蚘用作尤。見卷十三虫部蚘字條。

訧用作尤。見卷三言部訧字條。

☆忧

葛卜·零472/☑乍(作),不爲～(尤)☑

丙　部

丙(丙、酉)

丙

葛卜·零200、323/☑夏欒之月～唇(辰)之日,陵君(尹)懌☑

葛卜·零109、105/☑之,～唇(辰)之日,台君☑

酉

(上殘)葛卜·零176/☑～(丙)唇(辰)之日☑

葛未·零418/☑之月,～(丙)☑

丁　部

丁

葛卜·甲三42/☑蔓莕受女於楚之戠(歲)覩篡(欒)之月～酉之日☑

葛卜·甲三34/☑〔蔓莕受女〕於楚之戠(歲)遠篡(欒)之月～酉☑

葛卜·乙四105/☑□之月～嬛(亥)之日,奠(鄭)怵以長篡爲君釆(卒)戠(歲)貞☑

(下殘)葛卜·乙四63、147/☑〔王復於〕藍郢之戠(歲)冬篡(欒)之月～嬛(亥)之日,鄭疫以駁霝爲君☑

葛卜·零294、482、乙四129/☑〔王〕復於藍郢之戠(歲)冬篡(欒)之月～嬛(亥)之日,龜尹〔丹〕☑

葛卜·乙四102/☑之月～罠(亥)之日郱輓以鄅韋(篙)爲君釆(卒)戠(歲)之貞

葛卜·零271/☑～丑之日,□尹☑

葛卜·零206/☑□尹～以長☑

葛卜·甲二6、30、15/王遲(徙)於郗(郢)郢之戠(歲)郢之戠八月～巳之日,鹽壽君以吳夏〔之〕☑

葛卜·甲二22、23、24/☑〔王徙〕於郗(郢)郢之戠(歲)八月～巳之日,雁(膺)寅以少(小)央爲☑

葛卜·甲一3/王遲(徙)於郗(郢)郢之戠(歲)八月～巳之日,雁(膺)愴以大央爲坪☑

葛卜·甲三342-1、零309/☑〔王徙〕於鄹郢之戠（歲）八月～巳之日,盬壽君以吳夏之☑

葛卜·甲三178/☑〔王徙〕於郹（鄹）郢之戠（歲）八月～巳之日,郞（應）寅☑

葛卜·甲三258/王遲（徙）於敥（鄹）郢之戠（歲）八月～巳之日,郞（應）愴以大央☑

葛卜·甲三54、55/☑月～巳之日□□以髕髀爲☑

葛卜·乙四36/☑兩又（有）五,～巳之昏以☑

戊　部

戊

葛卜·甲三126、零95/☑～申之夕以記（起）,己〔酉禱之〕☑

葛卜·零535、704/☑□～午之☑

葛卜·甲三116/☑〔平〕夜文君,～午之昏以☑

葛卜·甲一10/☑贛。凡是～晷（辰）以斂（合）己巳禱之

葛卜·零113/☑〔王徙〕於鄹郢之戠（歲）八月～☑

葛卜·乙二6、31/☑□～申以起,己酉禱之☑

成（成、城）

成

葛卜·甲三10/☑先,少（小）又（有）外言感也,不爲憖（尤）。君牆（將）又（有）志～也☑

葛卜·零396/☑吉。既～☑

葛卜·甲三111/既～,釭（攻）逾而厴（厭）之。氏（是）日國☑

葛卜·零58/☑□～逾☑

葛卜·零352/☑於～斗塵☑

葛卜·甲三16/☑少（小）臣～迷（速）瘳,是☑

葛卜·乙四28/☑臣～敨（敢）☑

葛卜·零106/☑臣～之☑

葛卜·零198、203/有祝（祟）見于大川有洿,少（小）臣～敬之瞿

葛卜·零9、甲三23、57/於（嗚）唬悁（哀）哉！少（小）臣～蓦（暮）生暴（早）孤☑

葛卜·甲三64/☑□少（小）臣～奉遘（害）戲（虐）☑

葛卜·甲三61/～敨（敢）甬（用）解訛（過）瘳（釋）憖（尤）,若

葛卜·乙四70/☑少（小）臣～拜手稽首,敨（敢）甬（用）一元☑

葛卜·甲三65/☑霝（靈）力休有～慶,宜爾☑

葛卜·甲三45/☑□之祝（說）。占之:吉。既～☑

城用作成。見卷十三土部城字條。

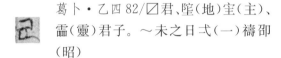

己　部

己

葛卜・乙四 82/☐君、陛(地)宝(主)、靁(靈)君子。～未之日弌(一)禱卲(昭)

葛卜・甲三 51/☐䶗戻之月～巳之日☐☐

(左殘)葛卜・甲三 133/☐之月～丑之日，公子命彭定以少(小)尨蘢爲☐

葛卜・乙一 26、2/王遅(徙)於敔(鄅)郢之戠(歲)亯月～巳之日

葛卜・乙一 16/王遅(徙)於敔(鄅)郢之戠(歲)亯月～巳之日，公子虢命諸生以衛箪

葛卜・乙三 49、乙二 21/夏䆪(柰)之月～丑之日

葛卜・乙一 5/☐郢之戠(歲)，夏䆪(柰)之月～丑之日，君鬠於答☐

葛卜・零 267、269/☐〔夏〕䆪(柰)之月，～丑之日☐

葛卜・乙一 28/夏䆪(柰)之月～丑之日，以君不瘳(懌)志古(故)

葛卜・乙一 4、10、乙二 12/夏䆪(柰)之月～丑〔之日〕以君不瘳(懌)之古(故)，遑(就)禱陳宗一豭

葛卜・乙一 17/夏䆪(柰)之月～丑之日，以君不瘳(懌)之古(故)

葛卜・乙二 6、31/☐☐戊申以起，～酉禱之☐

葛卜・乙四 4/☐☐之月～亥之日趄醤☐

葛卜・甲三 126、零 95/☐戊申之夕以記(起)，～〔酉禱之〕☐

葛卜・零 307/☐亡咎，～酉脣(辰)禱之☐

葛卜・甲三 26/散(歲)八月～未之日，鹽券以長☐

葛卜・乙四 5/八月～未之夕，以君之疠之☐

葛卜・甲三 164/～未之日以君不瘳(懌)之古(故)☐

葛卜・乙四 109/☐～未之日，歔(就)禱三殜(世)之殤(殤)☐

葛卜・零 272/☐玩，～未☐

葛卜・甲一 10/☐贛。凡是戊脣(辰)以斂(合)～巳禱之

葛卜・甲三 215/王遅(徙)於郪(鄅)郢之戠(歲)八月～巳之日

葛卜・甲三 144/☐起(起)，～酉禱之☐

葛卜・甲三 223/王〔徙〕於鄅郢之戠(歲)八月～巳之日，鄭建以☐☐

(右殘)葛卜・零 141/☐～巳☐

(左殘)葛卜・零 326/～巳之日，觀☐

葛簿乙・甲三 326－1/下獻司城～之㡭人戝一貆(豤)，禱☐

葛簿乙・甲三 343－1/伽～之述(遂)戝於濯、脣(辰)袿(社)，二貆(豤)，禱二☐

旂(旂)

旂用作旂。見卷七放部旂字條。

庚　部

庚

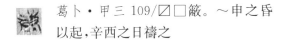 葛卜·甲三 109/☐☐簸。～申之昏以起,辛西之日禱之

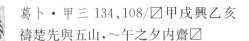 葛卜·甲三 134、108/☐甲戌興乙亥禱楚先與五山,～午之夕内齋☐

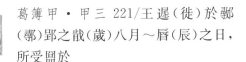 葛簿甲·甲三 221/王遲(徙)於鄴(鄀)郢之歲(歲)八月～脣(辰)之日,所受盟於

辛　部

辛

葛卜·零 80/☐～未之☐

葛卜·乙四 68/☰☷(觀 復)。～亥之☐

葛卜·乙三 60、乙二 13/☐巳之昏薦(薦)盧禱之墜(地)宝(主),八月～西☐

葛卜·甲三 109/☐☐簸。庚申之昏以起,～西之日禱之

葛卜·甲二 7/☐墜(地)宝(主)一痒(牂)。～酉(酉)之

葛卜·零 315/八月～酉(酉)

 葛卜·乙三 29/☐〔王徙〕於蓼(鄀)郢之歲(歲)八月～酉(酉)之☐

 葛卜·乙四 126/☐月～酉(酉)之日西陵執事人台君王☐

 葛卜·甲三 46/之,贛,樂之。～酉(酉)之日禱之☐

 (左殘)葛卜·零 542/☐～酉(酉)之日☐

 葛卜·乙一 21、33/☐王、斉(文)君。舉禱於卲(昭)王獻(獻)惠王、斉(文)君各一備(佩)玉。～未之日禱之☐

 葛卜·甲三 163/八月～巳之夕歸一璧於☐

 葛卜·零 640/☐斉(文)君,～☐

 葛簿乙·甲二 14、13/王遲(徙)於鄴(鄀)郢之歲(歲)八月～酉(酉)之日,東☐

 (右殘)葛未·零 548/☐～☐

壬　部

壬

 葛卜·甲三 49/☐至師於陳之歲(歲)十月～〔戌〕☐

 葛卜·甲三 37/之歲(歲)十月～戌☐

 葛卜·甲三 202、205/☐臺(就)禱子西君戠(特)牛。～脣(辰)之日禱之☐

葛卜・乙一 28/～唇（辰）之日〔禱之〕☑

葛卜・乙一 4、10、乙二 12/～唇（辰）之日禱之☑

葛卜・乙一 17/～唇（辰）之日禱之☑

葛卜・零 40/☑王大牢，百之，贛。～唇（辰）之日禱之☑

葛卜・零 147/☑禱子西君戠（特）牛。～唇之日禱之☑

葛卜・乙二 23、零 253/☑兩犀（羊），瑗（瓔）之掛玉。～唇（辰）之日禱之☑

葛卜・乙一 24/融、空（穴）酓（熊）各一犀（羊），綏（纓）之掛玉。～唇（辰）之日禱之☑

葛卜・甲三 161/☑～午之日祭卲（昭）王☑

葛卜・甲三 300、307/解於大（太），遯（逖）丌（其）疋祝（說），八月～午之日鷹（薦）大

（下殘）葛未・零 347－2/☑之月～☑

（右殘）葛未・零 50/☑～唇（辰）☑

葛卜・零 423/☑八月～丑之☑

（右殘）葛卜・乙四 151/☑三乘，尚吉。占之：吉。～☑

（左殘）葛卜・零 140/☑～☑

葛卜・乙一 23、1/大馘（城）邮（茲）竝（方）之戠（歲）屈檡（欒）之月～未之日，諸〔生〕☑

葛卜・乙一 14/句邟公奠（鄭）余戠大城邮（茲）竝（方）之戠（歲）屈欒之月～未〔之日〕☑

葛卜・甲三 8、18/☑大馘（城）邮（茲）邡之戠（歲），夏屎之月～嬛（亥）之日，趄醫以郘聯爲☑

葛卜・甲三 299/王遲（徙）於敫（鄢）郢之戠（歲），夏檡（欒）之月～丑☑

葛卜・甲三 172、乙三 19/☑～丑之日，彭定以少（小）㝵（龍）籠爲☑

葛卜・甲三 22、59/粱日～丑，少（小）☑

葛卜・甲三 204/王遲（徙）於鄀（鄢）郢之戠（歲），夏檡（欒）之月～嬛（亥）之日

葛卜・乙一 22/～酓（西）之日舉禱☑

（左殘）葛未・零 575/☑～☑

癸　部

癸

葛卜・甲三 39/無瘳，至～卯之日安良瘕（瘥）。丌（其）祱（祟）與龜☑

子　部

子

葛卜・乙四 106/☑□八月又（有）女～之賞，九月、十月又（有）外□☑

葛卜・零 355 /☐霝(靈)君～☐

 葛卜・乙四 82/☐君、堕(地)宝(主)、霝(靈)君～。己未之日式(一)禱卲(昭)

 葛卜・乙四 110、117/☐少迲(遲)，迷(速)從郢埜(來)，公～見君王，尚忻(怡)惶，毋見☐

 葛卜・甲三 133/☐之月己丑之日，公～命彭定以少(小)龙篭爲☐

 葛卜・乙四 95/☐中，君又行，君又～，酒(將)感之，弗卹也。▤▤(坤姤)。習之以衛☐

 葛卜・零 204/☐女～之感，又疴疾佺(作)，不爲訧(尤)，詗☐

 葛卜・乙二 24、36/☐舉禱～西君、吝(文)夫人☐

 葛卜・乙一 11/禱於吝(文)夫人，聞宰(牢)，樂戲(且)贛之；舉禱於～西君，聞宰(牢)，樂☐

 葛卜・乙一 16/王遲(徙)於敳(鄩)郢之敞(歲)亯月己巳之日，公～虢命諸生以衛箮

(右殘) 葛卜・甲三 166、162/☐舉禱於二天～各兩痒(牂)，瑗(瓔)之以卦玉

 葛卜・甲三 213/☐戶、門。又(有)祝(祟)見於卲(昭)王、蕙(惠)王、文君、文夫人，～西君。敳(就)禱☐

葛卜・甲三 202、205/☐臺(就)禱～西君敳(特)牛。壬辱(辰)之日禱之☐

葛卜・乙一 28/逯(就)禱霝(靈)君～一豬，逯(就)禱門、戶屯一羽(殺)，逯(就)禱行一犬

 葛卜・零 147/☐禱～西君敳(特)牛。壬辱之日禱之☐

 葛卜・乙一 7/☐～西君、吝(文)

 葛卜・乙二 38、46、39、40/☐舉禱於二天～各痒(牂)☐

 葛卜・乙四 80/墮～肥豬，酉(酒)食。戲(且)☐

 葛卜・甲三 200/樂之，舉禱～西君、文夫人各敳(特)牛饋

 葛卜・甲一 25/☐褡公～虢命彭定以少(小)冤(龙)鰝爲君貞，既怀(背)☐

 葛卜・甲二 5/☐之日，褡公～虜(虢)命彭定以少(小)冤(龙)鰝爲君貞，既怀(背)☐

 葛卜・乙四 6/☐陵尹～□紡紫纚廿(二十)☐

 葛卜・零 101/☐之日，定爲公～☐

 葛卜・乙四 145/☐霝(靈)君～耳丌(其)敳(特)牛之禱。奠(鄭)憲占之：尐☐

 葛卜・乙一 6/☐敂(祟)見於卲(昭)王、吝(文)君、吝(文)夫人，～西君。是☐

 葛卜・乙一 13/或舉禱於壝武君、命尹之～璥(璿)各大牢，百☐

 葛卜・甲一 27/☐〔樂〕之，百之，贛。舉禱於～西君敳(特)牛，樂☐

葛卜・甲一 4/☐壓(厭)禱一勎。歸備(佩)玉於二天～各二璧，歸☐

葛卜・甲三 81、182-1/☐一勎，歸備(佩)玉於二天～，各二

葛卜・甲二 38、39/☑樂之,饋祭～西君割

 葛卜・甲三 242/☑坪邲文君～良,樂,贛

 葛卜・零 335/☑二天～屯

 葛卜・零 67/古(故),公～爲☑

 葛卜・乙四 26/☑三楚先、陞(地)宝(主)、二天～、郍山、北〔方〕☑

 葛卜・甲三 76/☑霝(靈)君～、户、步、門☑☑

 葛卜・乙四 98/☑八月乙卯之日,鄭卜～怵以疊頁之躐爲君三戠(歲)貞☑

 葛卜・零 236、186/☑車,鄭公中、大司馬～砳、鄁(宛)公☑

 葛簿乙・甲二 27/彊～之里一紊☑

 葛未・零 446/☑☑～☑

 長竹書 1 - 005/〔君〕～之道必若五浴之〔溥〕,三

 長竹書 1 - 011/敳(愷)弟君～,〔民〕

 長竹書 1 - 013/不求〔則〕☑☑～可〔行〕

 (右殘)長竹書 1 - 035/〔事天～〕而卿

 長竹書 1 - 051/君～☑

 長竹書 1 - 037、1 - 060/☑三查(本)一～時

 長竹書 1 - 063/～之道

 長竹書 1 - 087/☑君～古昔

 長竹書 1 - 036/才(哉)。～☑韻(聞)〔於〕

毃

 葛卜・零 319/途～

 葛卜・乙一 14/句鄁公奠(鄭)余～大城邨(兹)竝(方)之戠(歲)屈欒之月癸未〔之日〕☑

 葛卜・零 342/☑奠(鄭)余～☑

 葛卜・甲三 391/☑奠(鄭)余～☑

孤

 葛卜・零 9、甲三 23、57/於(嗚)唬悁(哀)哉! 少(小)臣成蔓(暮)生㬥(早)～☑

☆敝

 長竹書 1 - 002/又(有)赱(上)～

☆援

 葛簿甲・甲三 294、零 334/以～。靮不萬(害)、勸回二人受二臣

丑　部

丑

（左殘）葛卜・甲三 133/☑之月己～之日，公子命彭定以少（小）龙籠爲☑

葛卜・零 423/☑八月癸～之☑

葛卜・甲三 217/齊客陳異至（致）福於王之歲（歲）獻馬之月乙～之日

葛卜・零 271/☑丁～之日，□尹☑

葛卜・乙三 49、乙二 21/夏㝅（夛）之月己～之日

葛卜・乙一 5/☑郢之歲（歲），夏㝅（夛）之月己～之日，君臂於筌☑

葛卜・零 267、269/☑〔夏〕㝅（夛）之月，己～之日☑

葛卜・乙一 28/夏㝅（夛）之月己～之日，以君不瘳（懌）志古（故）

（下殘）葛卜・乙一 4、10、乙二 12/夏㝅（夛）之月己～〔之日〕以君不瘳（懌）之古（故），還（就）禱陳宗一豭

葛卜・乙一 17/夏㝅（夛）之月己～之日，以君不瘳（懌）之古（故）

葛卜・甲三 299/王遅（徙）於敔（郢）郢之歲（歲），夏㝅（夛）之月癸～☑

葛卜・甲三 172、乙三 19/☑癸～之日，彭定以少（小）冕（龙）籠爲☑

（上殘）葛卜・乙三 38/☑～之日，彭定以少（小）冕（龙）籠爲☑

葛卜・甲三 22、59/罷日癸～，少（小）☑

寅　部

寅

葛卜・乙四 79/☑䷂䷃（離 漸）郇（應）～以☑

葛卜・甲二 22、23、24/☑〔王徙〕於敔（郢）郢之歲（歲）八月丁巳之日，雁（膺）～以少（小）央爲☑

葛卜・甲三 178/☑〔王徙〕於敔（郢）郢之歲（歲）八月丁巳之日，郇（應）～☑

葛卜・甲三 208/郇（應）愴～習之以大央，占之：〔吉〕，迷（速）又（有）闕（間），無祝（祟）☑

卯　部

卯

葛卜・甲三 39/無瘳，至癸～之日安良瘥（瘥）。丌（其）祝（祟）與龜☑

葛卜・零 431/☑之歲九月乙～之日□☑

葛卜・零 220/☑□～之日

葛卜・甲三 114、113/☑〔王徙於〕郢郢之歲（歲），夏夛之月乙～之日

葛卜・甲三 159 - 3/☑夏夛之月乙～☑

葛卜・零 108/☑～之日，彭

(上殘)葛卜·零 130/⧄～之日謠〔生〕

葛卜·零 20/⧄之月,乙～之⧄

葛卜·乙四 98/⧄八月乙～之日,鄭卜子怵以疊頁之䨶爲君三戢(歲)貞⧄

辰 部

辰(辱)

辱

葛卜·甲三 202、205/⧄臺(就)禱子西君戠(特)牛。壬辱(～)之日禱之⧄

葛卜·乙一 28/壬辱(～)之日〔禱之〕⧄

葛卜·乙一 4、10、乙二 12/壬辱(～)之日禱之⧄

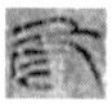
葛卜·乙一 17/壬辱(～)之日禱之⧄

葛卜·零 40/⧄王大牢,百之,贛。壬辱(～)之日禱之⧄

葛卜·乙二 23、零 253/⧄兩痒(牂),瓔(瓔)之牀玉。壬辱(～)之日禱之⧄

葛卜·零 200、323/⧄夏栾之月丙辱(～)之日,陵君(尹)懌⧄

葛卜·乙一 24/融、空(穴)龕(熊)各一痒(牂),緄(瓔)之牀玉。壬辱(～)之日禱之⧄

葛卜·零 176/⧄酉(丙)辱(～)之日⧄

葛卜·零 109、105/⧄之,丙辱(～)之日,台君⧄

葛卜·甲一 10/⧄贛。凡是戊辱(～)以歙(合)己巳禱之

葛簿甲·甲三 221/王遲(徙)於鄩(鄩)郢之戢(歲)八月庚辱(～)之日,所受盟於

葛簿乙·甲三 343－1/郤己之述(遂)䏡於灑、辱(～)袿(社),二豬(豭),禱二⧄

葛卜·零 307/⧄亡咎,己酉辱(～)禱之⧄

葛未·零 258/⧄辱(～)之日⧄

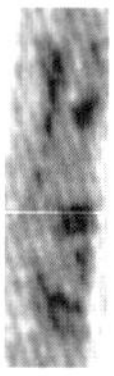
(右殘)葛未·零 50/⧄壬辱(～)⧄

巳 部

巳

葛卜·甲三 51/⧄留尿之月己～之日□⧄

葛卜·甲三 110/⧄瘖一～。或以肓(月)龍求丌(其)祭(説),又(有)祱(祟)於大(太)、北⧄

葛卜·乙三 60、乙二 13/⧄～之昏廌(薦)虘禱之陸(地)宝(主),八月辛酉⧄

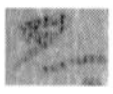
葛卜·零 339/⧄翟(一)～(已),又(有)祱(祟)⧄

葛卜·甲三 96/⧄達(遲)～,又(有)祱(祟)。以丌(其)古(故)敓(説)之。□⧄

葛卜·甲一 10/☑贛。凡是戊唇（辰）以斂（合）己～禱之

（左殘）葛卜·甲三 284/☑亙貞無咎，疾罷（一）癠（續）罷（一）～（已）☑

葛卜·甲二 6、30、15/王遟（徙）於鄹（鄝）郢之戩（歲）八月丁～之日，鹽壽君以吳夏〔之〕☑

葛卜·甲二 22、23、24/☑〔王徙〕於鄹（鄝）郢之戩（歲）八月丁～之日，雁（膺）寅以少（小）央爲☑

葛卜·甲一 3/王遟（徙）於鄹（鄝）郢之戩（歲）八月丁～之日，雁（膺）愴以大央爲坪☑

葛卜·甲三 342-1、零 309/☑〔王徙於鄝郢〕之戩（歲）八月丁～之日，鹽壽君以吳夏之☑

（上殘）葛卜·甲三 178/☑〔王徙〕於鄹（鄝）郢之戩（歲）八月丁～之日，郎（應）寅☑

葛卜·甲三 258/王遟（徙）於敼（鄝）郢之戩（歲）八月丁～之日，郎（應）愴以大央☑

葛卜·甲三 54、55/☑月丁～之日□□以髇髀爲☑

葛卜·乙四 36/☑兩又（有）五，丁～之昏以☑

葛卜·甲三 215/王遟（徙）於鄹（鄝）郢之戩（歲）八月己～之日

葛卜·甲三 223/王〔徙〕於鄹郢之戩（歲）八月己～之日，鄭建以□☑

葛卜·零 141/☑己～☑

葛卜·零 301、150/☑刜（荆）王、文王，以逾至文君，已解□☑

葛卜·零 326/己～之日，觀☑

葛卜·甲三 138/☑既瞽（皆）告戲（且）禱～☑

葛卜·甲三 216/☑～之日，晉（許）定以陵尹懌之大保（寶）豪（家）爲☑

葛卜·甲一 22/疾罷（一）癠（續）罷（一）～（已），至九月又（有）良閑（間）☑

葛卜·甲三 163/八月辛～之夕歸一璧於☑

葛卜·乙一 26、2/王遟（徙）於敼（鄝）郢之戩（歲）亯月己～之日

葛卜·乙一 12/王遟（徙）於敼（鄝）郢之戩（歲）夏祭（欒）之月乙～之日

葛卜·乙一 16/王遟（徙）於敼（鄝）郢之戩（歲）亯月己～之日，公子虢命諸生以衛箄

葛卜·乙一 18/王遟（徙）於敼（鄝）郢之戩（歲）夏祭（欒）之月乙～之日，湢瞀以陵☑

葛卜·零 103/之月乙～之日，湢瞀

葛卜·甲三 225、零 332-2/王遟（徙）於敼（鄝）郢之戩（歲），夏祭（欒）之月乙～之日☑

葛卜·乙二 25、零 205、乙三 48/之月乙～之日，晉（許）定以陵尹懌之大保（寶）豪（家）爲☑

葛未·零 577/☑～☑

㠯(㠯、怠)

㠯

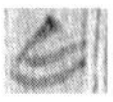
葛卜・零179/少(小)迡(遲)瘛(瘥)。～(以)丌(其)▨

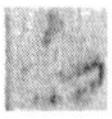
葛卜・乙四103/▨～(以)尨黿爲君卒(卒)戠(歲)之貞,尚毋▨

葛卜・乙四149、150/▨箬(筮)於東陵,盥～(以)長剌▨

葛卜・甲三133/▨之月己丑之日,公子命彭定～(以)少(小)尨黿爲▨

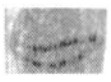
葛卜・乙四95/▨中,君又行,君又子,牆(將)慼之,弗卹也。☷☴(坤姤)。習之～(以)衛▨

葛卜・乙四144/▨〔我王於林丘〕之戠(歲)九月甲申之日,攻差～(以)君命取惪靁(靈)▨

葛卜・甲三52/▨咎□□□禱陞(地)宔(主)一痒(牂),備(佩)玉㭉,～(以)□至室□▨

葛卜・乙四125/～(以)君之竆(躬)身不安之古(故)▨

葛卜・乙四132/▨～(以)君之㮇㝵(得)瘸□▨

葛卜・零84/▨命畬尹～(以)▨

葛卜・乙四105/▨□之月丁嬛(亥)之日,奠(鄭)怸～(以)長簟爲君卒(卒)戠(歲)貞▨

葛卜・乙四63、147/▨〔王復於〕藍郢之戠(歲)冬栾(栾)之月丁嬛(亥)之日,鄭痎～(以)駁黿爲君▨

葛卜・甲三111/▨之日廌(薦)大(太)一犕,緄(纓)之～(以)㭉玉,旂(祈)之

葛卜・乙四102/▨之月丁睘(亥)之日郏輓～(以)鄺韋(箽)爲君卒(卒)戠(歲)之貞

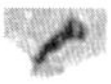
(下殘)葛卜・乙四79/▨☲☵(離 漸)鄘(應)寅～(以)▨

葛卜・零122/〔觩〕䰍～(以)尨〔黿〕

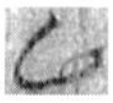
葛卜・甲三31/▨丌(其)繇曰:是日未兑,大言讖讖(絶),少(小)言愋愋,若組若結,夂(終)～(以)□▨

葛卜・零232/▨□□是～(以)胃(謂)之又(有)言。丌(其)㭉亡(無)〔咎〕▨

 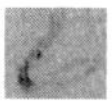
葛卜・乙四45/▨白文末白□,是以胃(謂)之喪祅,駁黿禺(遇)□□□～(以)火□▨

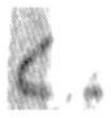 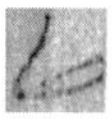
葛卜・乙四96/▨以㭉玉,型(荆)王豪(就)㬝(禱)型牢㭉,文王～(以)逾(逾)豪(就)禱大牢㭉

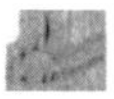
葛卜・乙四46/彭定～(以)駁黿爲君卒(卒)戠(歲)貞,占

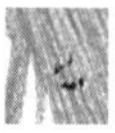
(下殘)葛卜・甲三33/齊客陳異至(致)福於王之戠(歲)獻馬之月,觩䰍～(以)尨黿爲君卒(卒)戠(歲)▨

葛卜・乙四61/▨尨黿爲君貞,～(以)丌(其)啟(肩)伓(背)疾▨

葛卜・乙四98/▨八月乙卯之日,鄭卜子怸～(以)豐頁之䰝爲君三戠(歲)貞▨

葛卜·零 234/☐童首～（以）昏（文）𪔂爲☐

葛卜·甲三 5/☐☐𣊟寋（賽）禱於𪐷（荊）王～（以）𨒰（逾），訓（順）至文王以𨒰（逾）☐

葛卜·零 170/☐〔獻馬〕之月乙𢝊（亥）之日，黃佗～（以）詨☐☐爲君☐

葛卜·甲三 342-2/獻（獻）馬之月乙𢝊（亥）之日，盧𢑥～（以）龙𪔂爲☐

葛卜·甲三 32/獻馬之月〔乙〕𢝊（亥）之日，酄喜～（以）定☐

葛卜·甲三 25/之，亡（無）咎。牕（將）又（有）喜。奠（鄭）憲習之～（以）陸（隨）侯之☐

葛卜·甲三 283/☐之日，～（以）君之不瘳（懌）也☐

葛卜·甲三 8、18/☐大𢧕（城）邮（兹）邡之𢧕（歲），夏㞘之月癸𢝊（亥）之日，赳齮～（以）鄱聯爲☐

葛卜·甲二 16/☐諯生～（以）☐☐爲君貞，牕（將）逾☐

葛卜·乙一 26、2/諯生～（以）𪩵（衛）箅爲君貞

葛卜·乙一 12/暊與良志～（以）陵尹☐

葛卜·乙一 16/王遷（徙）於敔（鄢）郢之𢧕（歲）𡩋月己巳之日，公子虢命諯生～（以）衛箅

葛卜·乙一 18/王遷（徙）於敔（鄢）郢之𢧕（歲）夏㞘（柰）之月乙巳之日，汦瞀～（以）陵☐

葛卜·乙一 19/自夏㞘之月～（以）至坴（來）𢧕（歲）夏㞘（柰）尚毋又（有）大咎。汦〔瞀〕☐

葛卜·乙二 6、31/☐☐戊申～（以）起，己酉禱之☐

葛卜·乙二 44/☐之日，暊與良志～（以）☐

葛卜·甲三 216/☐巳之日，䜌（許）定～（以）陵尹憚之大保（寶）豪（家）爲☐

葛卜·零 146/☐犠～（以）逨（來）☐

葛卜·甲三 166、162/☐嚳禱於二天子各兩𤯌（牂），瑗（瓔）之～（以）𦣻玉

葛卜·乙二 22/☐命一𤯌（牂），瑗（瓔）之～（以）〔𦣻玉〕☐

葛卜·甲三 110/☐瘠一巳。或～（以）肎（月）𪔂求𠀠（其）𦅫（說），又（有）祝（祟）於大（太）、北☐

葛卜·乙一 28/夏㞘（柰）之月己丑之日，～（以）君不瘳（懌）志古（故）

葛卜·乙一 4、10、乙二 12/夏㞘（柰）之月己丑〔之日〕～（以）君不瘳（懌）之古（故），遷（就）禱陳宗一豬

葛卜·乙一 17/夏㞘（柰）之月己丑之日，～（以）君不瘳（懌）之古（故）

葛卜·零 210-2/☐骹（背）～（以）☐

葛卜·乙四 7/☐～（以）心瘒（悶）爲集☐

葛卜·零 217/自我先人，～（以）☐

葛卜·乙三 8/☐☐～（以）𠀠（其）古（故）嚳禱㪝（文）☐

葛卜·乙二 25、零 205、乙三 48/之月乙巳之日，醤(許)定～(以)陵尹憚之大保(寶)豪(家)爲☑

葛卜·乙三 22/君貞，既怀(背)、雁(膺)疾，～(以)□□☑

(左、右殘)葛卜·甲三 219/～(以)陵尹憚之大保(寶)豪(家)爲君貞

葛卜·甲三 219/怀(背)、膺疾，～(以)痹(胖)瘇(脹)、心悗(悶)

葛卜·甲三 117、120/祭(楽)之月～(以)至坓(來)歉(歲)之夏祭(楽)，尚毋又(有)大咎

葛卜·甲三 126、零 95/☑戊申之夕～(以)记(起)，己〔酉禱之☑

葛卜·乙三 39/☑無咎。疾逩(遲)瘇(瘉)，又(有)瘇(續)。～(以)丌(其)古(故)敓(說)☑

葛卜·乙三 61/☑瘇(續)。～(以)丌(其)古(故)敓(說)之，悥(賽)禱北方☑

葛卜·乙二 9/☑兩義(犧)馬，～(以)墾禱☑

葛卜·零 188/☑～(以)一璧，既☑

葛卜·乙二 27/☑之日，醤(許)定～(以)陵尹憚之大保(寶)豪(家)爲君貞

葛卜·甲三 172、乙三 19/☑癸丑之日，彭定～(以)少(小)冟(龍)䈞爲☑

葛卜·乙三 38/☑丑之日，彭定～(以)少(小)冟(龍)䈞爲☑

(右殘)葛卜·乙三 43/～(以)少(小)冟(龍)䈞爲君貞，怀(背)

葛卜·乙二 11/雁(膺)疾，～(以)痹(胖)瘇(脹)☑

葛卜·乙二 3、4/☑吉。疾遬(速)戠(損)，少(小)逞(遲)悥(蠲)瘇(瘥)。～(以)丌(其)古(故)敓(說)☑

葛卜·甲三 204/彭定～(以)少(小)冟䈞☑

葛卜·零 199/☑爲君貞，怀(背)膺疾，～(以)☑

葛卜·零 306/痹(胖)瘇(脹)、膚疾，～(以)悗(悶)心

葛卜·零 584、甲三 266、277/☑之日，暊與良志～(以)陵尹憚之髓脾爲君貞

葛卜·零 584、甲三 266、277/怀(背)、膺疾，～(以)痹(胖)瘇(脹)、心悗(悶)，采(卒)歉(歲)或至☑

葛卜·零 330/☑亙貞無咎，逞(遲)瘇(瘥)。～(以)丌(其)☑

葛卜·零 221、甲三 210/～(以)痹(胖)瘇(脹)、心悗(悶)，采(卒)歉(歲)或至夏祭(楽)之月尚☑

葛卜·甲三 238/☑貞，既怀(背)膺疾，～(以)☑

葛卜·甲三 344-1/☑瘇，又(有)祝(祟)。～(以)丌(其)古(故)敓(說)之。墾禱卲(昭)王、文君☑

葛卜·甲三 114、113/郞(應)嘉～(以)衛侯之箦(筮)爲坪夜君貞

葛卜·甲三 157/定～(以)吝(駁)䈞☑

葛卜·甲三 189/☑坪夜君貞，既心悗(悶)、瘇(胖)瘇(脹)，～(以)百腈體疾

葛卜·零 118/☑□篆～（以）新☑

葛卜·零 206/☑□尹丁～（以）長☑

葛卜·乙三 7/☑ 蒝濾諸生～（以）長箄爲君貞，既☑

葛卜·甲一 25/☑禤公子虢命彭定～（以）少（小）寵（龙）驗爲君貞，既怀（背）☑

葛卜·乙一 31、25/自夏篓（栾）之月～（以）至冬篓（栾）之月，聿（盡）七月尚毋又（有）大☑

葛卜·甲二 5/☑之日，禤公子虞（虢）命彭定～（以）少（小）寵（龙）驗爲君貞，既怀（背）☑

葛卜·甲三 96/☑迡（遲）巳，又（有）祝（祟）。～（以）丌（其）古（故）敓（説）之。□☑

葛卜·甲三 184‑2、185、222/或爲君貞，～（以）丌（其）不良慧（蠲）瘳之古（故），尚毋又（有）祟

葛卜·甲三 132、130/☑□。或爲君貞，～（以）丌（其）不安於氏（是）尻（處）也，亙（亟）遟去☑

葛卜·甲三 291‑1/☑既心悗（悶）～（以）疾，戲（且）痕（脹）瘠不☑

葛卜·乙二 41/☑瘝（續），～（以）丌（其）古（故）敓（説）☑

（左殘）葛卜·乙三 40/☑於北方一轉，先之～（以）☑

葛卜·甲三 280/☑競坪王～（以）逾，至☑

葛卜·甲三 152/☑～（以）衛箄爲君☑

葛卜·乙二 37/☑～（以）坪夜君不瘝（憚），怀（背）、雁（膺）☑

葛卜·乙二 19/☑貞，怀（背）、膺疾，～（以）瘠（胖）痕（脹）☑

葛卜·甲一 14/☑貞，怀（背）、膺疾，～（以）瘠（胖）痕（脹）、心悗（悶）☑

葛卜·甲三 149/☑膺疾，～（以）瘠（胖）痕（脹）☑

葛卜·零 686/☑疾、～（以）☑

葛卜·零 125/☑瘠（胖）痕（脹）～（以）百☑

葛卜·零 328/☑～（以）瘠（胖）痕（脹）☑

葛卜·零 268/☑諸生～（以）籄（衛）☑

葛卜·甲一 13/☑怀（背）、膺疾，～（以）瘠（胖）痕（脹）、心☑

葛卜·甲二 6、30、15/王遟（徙）於郙（鄂）郢之歲（歲）八月丁巳之日，盬壽君～（以）吳夏〔之〕☑

葛卜·甲二 22、23、24/☑〔王徙〕於郙（鄂）郢之歲（歲）八月丁巳之日，雁（膺）寅～（以）少（小）央爲☑

葛卜·甲一 3/王遟（徙）於郙（鄂）郢之歲（歲）八月丁巳之日，雁（膺）愴～（以）大央爲坪☑

葛卜·乙二 2/☑毋又（有）咎。䷚䷎（頤 謙）占之曰：吉，宜，少（小）迡（遲）癥（瘥）。～（以）丌（其）

葛卜·甲三 342‑1、零 309/☑〔王徙於郙郢〕之歲（歲）八月丁巳之日，盬壽君～（以）吳夏之☑

葛卜・甲三 258/王遅（徙）於敔（鄩）郢之歲（歲）八月丁巳之日，郕（應）愴～（以）大央☑

葛卜・甲三 257/☑爲君貞，既怀（背）雁（膺）疾，～（以）瘁（胖）痕（脹），癄☑

葛卜・甲三 54、55/☑月丁巳之日□□～（以）髕髀爲☑

葛卜・甲三 53/☑□～（以）髕髀〔占〕之曰：吉☑

葛卜・乙四 8/☑貞，既肍（背）雎（膺）疾，～（以）髕（胖）疾☑

葛卜・甲三 208/郕（應）愴寅習之～（以）大央，占之：〔吉〕，迷（速）又（有）閑（間），無祝（祟）☑

葛卜・乙四 36/☑兩又（有）五，丁巳之昏～（以）☑

葛卜・甲三 116/☑〔平〕夜文君，戊午之昏～（以）☑

葛卜・甲三 26/歲（歲）八月己未之日，盬券～（以）長☑

葛卜・甲三 100/☑貞，既肕（背）雎（膺）疾，以髕（胖）疾，～（以）心☑

葛卜・甲三 301 - 2、301 - 1/☑～（以）髕髀爲坪〔夜君〕貞，既肕（背）膺☑

葛卜・甲三 131/☑疾，骶（脅）疾，～（以）心痔（悶），尚毋死。□良志☑

葛卜・甲三 235 - 1/☑之日盬俟～（以）長刺☑

葛卜・甲三 9/☑□貞，既疾□□，～（以）髕（胖）疾，自☑

葛卜・乙四 5/八月己未之夕，～（以）君之疠之☑

葛卜・甲三 164/己未之日～（以）君不瘅（懌）之古（故）☑

葛卜・零 301、150/☑酊（荆）王、文王，～（以）逾至文君，巳解□☑

葛卜・甲三 72/☑～（以）□之大彤箸（笙）爲君貞，既心疾，～（以）☑

葛卜・甲三 198、199 - 2/☑悗（悶），叡（且）瘁不出，～（以）又（有）痞，尚遬（速）出，毋爲忧

葛卜・甲三 112/达（遲）出。䷛（大過 旅）或爲君貞，～（以）亓（其）达（遲）出之古（故），尚毋又（有）祟

葛卜・甲三 112/䷓（泰 觀）或爲君貞，～（以）亓（其）無亘（亟）祟之古（故）☑

葛卜・甲三 109/☑□籤。庚申之昏～（以）起，辛酉之日禱之

葛卜・甲三 356/爲之菑，～（以）微剚（宰）尹發與☑

葛卜・甲二 10/☑聿（盡）緩（纓）～（以）烄玉，旆（祈）☑

葛卜・甲三 207/珥、衣常，叡（且）祭之～（以）一豭於東陵。占之：吉☑

葛卜・零 12/所烄者～（以）迷（速）竆（賽）禱☑

葛卜・甲一 10/☑贛。凡是戊曆（辰）～（以）歙（合）己巳禱之

葛卜・甲三 215/盬𥬠～(以)駐䔶爲坪夜君貞,既心

葛卜・甲三 223/王〔徙〕於鄩郢之戠(歲)八月己巳之日,鄭建～(以)□⍁

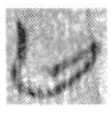
葛卜・甲三 212、199－3/⍁瘤(瘥)。～(以)亓(其)古(故)敓(説)之。遯(迻)盬𥬠之敓,𥙘祭卲(昭)王大牢,腿(棧)鐘樂之。鄭⍁

葛卜・甲三 136/⍁璧,～(以)罷禱大牢饋,𦢊(棧)鐘樂之,百之,贛

葛卜・甲三 137/册告自吝(文)王～(以)𦎫(就)聖桓王,各束絟(錦)珈(加)璧

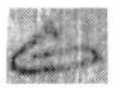
葛卜・零 397/⍁珈(加)璧,～(以)⍁

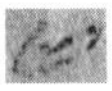
葛卜・甲三 265/⍁逹(遲)恚(蠲)瘤(瘥),又(有)祱(祟),～(以)亓(其)古(故)敓(説)之。舉禱⍁

葛卜・甲三 176/⍁□～(以)亓(其)古(故)敓(説)之。吝(文)君、吝(文)夫人歸⍁

葛卜・甲二 2/⍁痒(胖),緄(纓)之～(以)〔𤦹〕玉舉⍁

葛卜・甲三 269/⍁珥、衣常,叡(且)祭之～(以)一豬於東陵,占⍁

葛卜・甲三 233、190/鄴少(小)司馬陳鯢瑟(愆)～(以)白靁(靈)爲君坪夜君貞

葛卜・甲三 233、190/既心疾,～(以)䢔(合)於伓(背),叡(且)心痵(悶)⍁

葛卜・甲三 115/⍁盬𥬠～(以)黠竃爲坪夜君

葛卜・乙三 51/貞,既伓(背)、膺(膺)疾～(以)⍁

葛卜・甲三 188、197/⍁～(以)亓(其)古(故)敓(説)之

葛卜・甲三 191/⍁～(以)至十月,三月⍁

葛卜・甲三 192、199－1/盬𥬠習之～(以)駐竃,占之:吉,不癪(續)⍁

葛卜・甲三 119/⍁甲戌之昏～(以)起,乙亥之日鳶(薦)之

葛卜・零 3/陛(地)宔(主)～(以)□⍁

葛卜・甲三 99/犧馬,先之～(以)一璧,迈而逯(歸)之

葛卜・甲三 201/擇日於八月腿(棧)祭競坪王,～(以)逾至吝(文)君,占之:吉

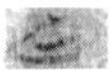
葛卜・零 276/～(以)良□⍁

葛卜・甲三 193/鄽尹羕習之～(以)新承惪⍁

葛卜・乙四 141/⍁東陵,龜尹丹～(以)承國爲⍁

葛卜・乙四 49/⍁□旓習之～(以)承惪。占⍁

葛卜・零 213、212/⍁周墨習之～(以)寘竃⍁

葛卜・乙四 17/⍁□㢿習之～(以)白⍁

葛卜・甲三 245/⍁□疾、髂疾,～(以)心⍁

葛卜・甲三 256/⍁瘤(瘥)。～(以)亓(其)古(故)敓(説)之。亯薦⍁

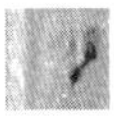
葛卜・甲三 12/⍁占之曰:吉,義(宜)少(小)瘦(瘥),～(以)⍁

葛卜·甲三41/☑氏(是)日彭定習之～(㠯)鳴耀☑

葛卜·零287/☑之,百之,贛。～(㠯)旂(祈)☑

葛卜·甲三267/☑伕占之曰:吉。冊告自帝(文)王～(㠯)遹(就)聖趄〔王〕☑

葛卜·乙三32/☑或～(㠯)義(犧)生、璧玉☑

葛卜·零175/☑箸(筮)～(㠯)☐☑

葛卜·零454/☑☐君身～(㠯)☑

葛卜·零60/☑疾～(㠯)☑

葛卜·零26/☑疾,～(㠯)悗(悶)☑

葛卜·零376/☑～(㠯)少央☑

葛卜·甲三91/～(㠯)丌(其)古(故)☐☐☐☑

葛卜·甲二31/☑禱～(㠯)☑

葛卜·零21/☑禱～(㠯)☑

葛卜·甲二18/☑～(㠯)貁(猴)☑

葛卜·零244/☑～(㠯)白黿☑

(右殘)葛卜·零372/☑君貞～(㠯)丌(其)☑

(右殘)葛卜·零160/☑☐☐～(㠯)長刺☑

(右殘)葛卜·零483/☑～(㠯)☐豪(家)之☑

葛卜·零327、零321/☑歬疾,～(㠯)☑

(左殘)葛卜·零515/☑～(㠯)少(小)龙☑

(右殘)葛卜·零556/☑尹丹～(㠯)☑

(右殘)葛卜·零559/☑～(㠯)義(犧)☑

葛簿甲·甲三294、零334/～(㠯)援。靳不舅(害)、鄆回二人受二㡴

葛簿乙·甲三275/☑大邑～(㠯)牛;中邑～(㠯)豢;少(小)☑

(右殘)葛簿乙·零383/☑～(㠯)牛,丘～(㠯)☑

葛簿乙·甲三409/上邻～(㠯)豢,剈於杋一貁(猴)☑

葛簿乙·甲三413/☑下邻～(㠯)豢☑

葛簿乙·甲三264/城再～(㠯)豢,丌(其)廱☑

葛簿乙·甲三282/☑☐虛,聿(盡)割以九貁(猴),禱～(㠯)九☑

葛簿乙·零333/☑犝,剈～(㠯)二貁(猴)☑

葛未·零404/☑～(㠯)☑

(下殘)葛未·零461/☑大蒜～(㠯)☑

葛未·零473/☑邡～(㠯)☑

(下殘)葛未·零417/☑之所～(㠯)☑

葛未·零494/☑～(㠯)☑

（右殘）葛未·零 555/☒～（以）☒

葛未·零 698/☒之～（以）☒

（右殘）葛未·零 708/☒～（以）君☒

葛未·零 723/☒～（以）☒

葛未·零 733/☒～（以）☒

葛未·零 738/☒～（以）☒

長竹書 1-017/□邦～（以）城丌（其）名者

長竹書 1-031/□監於此，～（以）□

長竹書 1-034/〔之〕～（以）卑𦜕（亂）𣴓（世）

長竹書 1-049/言～（以）〔爲〕

（左殘）長竹書 1-053/〔申～（以）監〕

長遣策 2-021/鉉。一□□□之～（以）綵（錦）

息用作以，見卷十心部息字條。

午　部

午

（下殘）葛卜·零 535、704/☒□戊～之☒

葛卜·甲三 116/☒〔平〕夜文君，戊～之昏以☒

葛卜·甲三 134、108/☒甲戌興乙亥禱楚先與五山，庚～之夕内齋☒

葛卜·甲三 161/☒壬～之日祭卲（昭）王☒

葛卜·甲三 300、307/解於大（太），遫（逐）丌（其）定祝（說），八月壬～之日鷹（薦）犬

葛卜·甲三 58/☒～之日尚毋瘧（續）。占之：亙☒

未　部

未

葛卜·乙四 82/☒君、墬（地）宔（主）、霝（靈）君子。己～之日弎（一）禱卲（昭）

（右殘）葛卜·零 540/☒～之日□☒□

葛卜·零 80/☒辛～之☒

葛卜·甲三 43/☒黄佗占之：肰亡（無）咎。～及中咠（幾）君王☒

葛卜·乙一 23、1/大𩫖（城）郢（茲）立（方）之歲（歲）屈𥸸（栾）之月癸～之日，諁〔生〕☒

葛卜·乙一 14/句䢌公奠（鄭）余毄大城郢（茲）立（方）之歲（歲）屈栾之月癸～〔之日〕☒

葛卜·甲三 229/☒還返尚毋又（有）咎。〔占〕之：肰亡（無）咎。～☒

葛卜·甲三 184-2、185、222/☒□～良瘵（瘥）。䷆䷏（師 坤）

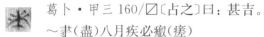
葛卜·甲三 160/☑〔占之〕曰：甚吉。～聿(盡)八月疾必瘥(瘥)

葛卜·甲三 26/戠(歲)八月己～之日，鹽券以長☑

葛卜·乙四 5/八月己～之夕，以君之疠之☑

葛卜·甲三 164/己～之日以君不瘴(憚)之古(故)☑

葛卜·乙四 109/☑己～之日，歔(就)禱三殜(世)之殤(殤)☑

葛卜·零 272/☑玩,己～☑

葛卜·乙一 21、33/☑王、客(文)君。墾禱於卲(昭)王獻(獻)惠王、客(文)君各一備(佩)玉。辛～之日禱之☑

葛卜·零 434/☑□～良☑

葛卜·甲三 31/☑丌(其)繇曰：是日～兌，大言謯謯(絕)，少(小)言惙惙，若組若結，夂(終)以□☑

葛簿乙·甲三 352/☑二畀，～智(智)丌(其)府里之算

葛簿乙·乙四 137、甲三 360/☑斗句逾三黏(殺)，禱三豕。～内☑

申　部

申

葛卜·零 516/☑尹～☑

葛卜·乙四 144/☑〔我王於林丘〕之戠(歲)九月甲～之日,攻差以君命取恳雷(靈)☑

葛卜·甲三 126、零 95/☑戊～之夕以記(起),己〔酉禱之〕☑

葛卜·甲三 109/☑□箙。庚～之昏以起,辛酉之日禱之

葛卜·乙二 6、31/☑□戊～以起,己酉禱之☑

葛簿乙·甲三 310/喬尹～之述(遂)覘於赻骨、郒思,二黏(殺)☑

(左殘)長竹書 1-053/〔～以監〕

酉　部

酉(酉、酓)

酉

葛卜·甲三 42/☑蔓荅受女於楚之戠(歲)觀祭(樂)之月丁～之日☑

(下殘)葛卜·甲三 34/☑〔蔓荅受女〕於楚之戠(歲)遠祭(樂)之月丁～☑

(右殘)葛卜·乙四 148/☑～之日,弌(一)禱大(太)、北方□☑

葛卜·乙三 42/☑飤。是日祭王孫厭一豕,～(酒)食☑

葛卜·零 307/☑亡咎,己～辰(辰)禱之☑

(右殘)葛卜·乙三 60、乙二 13/☑巳之昏鷹(薦)盧禱之堅(地)宝(主),八月辛～☑

葛卜·甲三 109/☑□箙。庚申之昏以起,辛～之日禱之

葛卜·甲三 243/☑之,墾禱詛礻詛單(牢)、～(酒)食

（右殘）葛卜·甲三 243/夏祀戠(特)牛、～(酒)食,舉禱☒

葛卜·甲三 86/☒甾牢～(酒)食,夏𣲘戠(特)☒

葛卜·零 1/牛,～(酒)食。舉禱於☒

（下殘）葛卜·零 174/☒各戠(特)牛,～(酒)〔食〕☒

葛卜·乙二 6、31/☒□戊申以起,己～禱之☒

葛卜·乙四 80/壄子肥豬,～(酒)食。戲(且)☒

葛卜·甲三 144/☒起(起),己～禱之☒

彭用作酉。見卷九彡部彭字條。

配

葛卜·零 92/☒𡇯～卿賜☒

醬(牆)

牆用作醬。見本部牆字條。

酋

葛卜·零 84/☒命～尹以☒

葛卜·乙一 24/融、空(穴)～(熊)各一痒(牂),綏(纓)之卦玉。壬脣(辰)之日禱之☒

葛卜·乙四 134/☒□擇之圉(牢)审(中),晉□爲～相之敓(昭)告大☒

葛卜·乙一 22/又(有)敓(祟)見於司命、老嬞(童)、赊(祝)融、空(穴)～(熊)

葛卜·甲三 188、197/舉禱楚先老童、祝融、禵(鬻)～(熊),各兩痒(牂)。旂(祈)☒

葛卜·零 288/☒〔祝〕融、空(穴)～(熊)、各☒

葛卜·零 254、162/☒〔祝〕融、穴～(熊),歇(就)禱北☒

☆牆

長遺策 2-011/二～白膚,屯爵韋之襏(韜),紃

長遺策 2-021/一壂食～(醬)

長遺策 2-021/一㚘某(梅)～

（右殘）葛卜·零 89/☒君～(將)又(有)恴□☒

葛卜·乙四 44/☒君貞,既才(在)郢,～(將)見王,還返毋又(有)咎。赶齮☒

葛卜·乙四 95/☒中,君又行,君又子,～(將)慼之,弗卹也。▦▦(坤姤)。習之以衛☒

葛卜·甲三 10/☒先,少(小)又(有)外言慼也,不爲憖(尤)。君～(將)又(有)志成也☒

葛卜·乙四 122/〔爲〕君集戠之貞,尚毋又(有)咎。占曰:卦亡(無)咎,君～(將)喪祀,又(有)火戒,又(有)外☒

葛卜·甲三 25/之,亡(無)咎。～(將)又(有)喜。奠(鄭)憲習之以陸(隨)侯之☑

 葛卜·甲二 16/☑諸生以□□爲君貞,～(將)逾☑

 葛卜·乙一 26,2/～(將)逾取茵,還

 葛卜·甲一 12/爲君貞,～(將)逾取茵,還返尚毋又(有)咎。生占之曰:枞☑

 葛卜·甲三 232、95/☑～(將)遬(速)又(有)闕(間),無咎無敓(祟)☑

 葛卜·乙三 2,甲三 186/☑～(將)遬(速)癑(瘥),無咎無敓(祟)☑

 葛卜·乙二 45/☑□～(將)遬(速)癑(瘥)。瞿或☑

 葛卜·甲二 32/☑～(將)爲癏(續)於後☑

 葛卜·零 481/☑□□之,君～(將)遬(速)癑(瘥)☑

 (左殘)葛卜·零 246/☑占之:吉。～(將)☑

 葛卜·零 28/☑中無咎,～(將)☑

☆醓

 葛卜·乙三 63/☑～鐘樂之☑

☆畜

 長遣策 2－011/一～(尊)〔榾(櫪),剹(漆)〕

☆醑

 長遣策 2－012/〔槖(集)脰(廚)〕之器:十〔～〕拚,屯又(有)盉(蓋)

酉　部

尊(畜)

畜用作尊。見本卷酉部畜字條。

戌　部

戌

 葛卜·甲三 37/之散(歲)十月壬～☑

 葛卜·甲三 134、108/☑甲～興乙亥禱楚先與五山,庚午之夕内齋☑

 (右殘)葛卜·甲三 119/☑甲～之昏以起,乙亥之日鷹(薦)之

 葛卜·甲三 80/八月甲～之日鷹(薦)之☑

 葛卜·零 264/☑～之☑

亥　部

亥(亥、孉、睘、還)

亥

葛卜·乙四 4/☑□之月己～之日超齒☑

葛卜・乙四 68/☰☷（觀 復）。辛～
之☐

 葛卜・乙二 42/☐～之日瞽（皆）禱
（薦）之，吉☐

 葛卜・甲三 134、108/☐甲戌興乙～
禱楚先與五山，庚午之夕内齋☐

 葛卜・甲三 119/☐甲戌之昏以起，乙
～之日薦（薦）之

 葛卜・乙四 27/☐疾，亘（亟）由郢～
敓（說）於五殜（世）☐

嬛用作亥。見卷十二女部嬛字條。

睘用作亥。見卷四目部睘字條。

還用作亥。見卷二辵部還字條。

合　文

之日

葛卜·零 431/☑之戠九月乙卯～～□☑

葛卜·乙四 82/☑君、埅(地)宔(主)、霝(靈)君子。己未～～式(一)禱卲(昭)

葛卜·乙四 148/☑酉～～，式(一)禱大(太)、北方□☑

葛卜·甲三 51/☑晋屎之月己巳～～□☑

葛卜·乙四 98/☑八月乙卯～～，鄭卜子恘以疊頁之瓹爲君三戠(歲)貞☑

葛卜·乙一 12/王遅(徙)於敢(郢)郢之戠(歲)夏祭(柰)之月乙巳～～

(左殘)葛卜·甲三 133/☑之月己丑～～，公子命彭定以少(小)尨蘁爲☑

葛卜·甲三 133/☑之月己丑～～，公子命彭定以少(小)尨蘁爲☑

葛卜·乙四 144/☑〔我王於林丘〕之戠(歲)九月甲申～～，攻差以君命取惥霝(靈)☑

葛卜·零 220/☑□卯～～

(右殘)葛卜·零 540/☑未～～～□☑

葛卜·乙四 105/☑□之月丁嬛(亥)～～～，奠(鄭)恘以長篁爲君采(卒)戠(歲)貞☑

葛卜·乙四 63、147/☑〔王復於〕藍郢之戠(歲)冬祭(柰)之月丁嬛(亥)～～，鄭疫以駁黽爲君☑

葛卜·甲三 111/☑～～鷹(薦)大(太)一犞，綏(纓)之以觥玉，旂(祈)之

葛卜·零 294、482、乙四 129/☑〔王〕復於藍郢之戠(歲)冬祭(柰)之月丁嬛(亥)～～～，龜尹〔丹〕☑

葛卜·乙四 102/☑之月丁買(亥)～～郲輓以鄭韋(箪)爲君采(卒)戠(歲)之貞

葛卜·零 77、154/☑嬛(亥)～～～□☑

(左殘)葛卜·零 257/之月乙嬛(亥)～～～

葛卜·零 170/☑〔獻馬〕之月乙嬛(亥)～～～，黃佗以詙□□爲君☑

葛卜·甲三 342 - 2/獻(獻)馬之月乙還(亥)～～～，虜妣以尨黽爲☑

葛卜·甲三 216/☑巳～～，晉(許)定以陵尹惲之大保(寶)豪(家)爲☑

葛卜·甲三 32/獻馬之月〔乙〕還(亥)
～～,酇喜以定☑

 葛卜·甲三 283/☑～～,以君之不瘥
(懌)也☑

 葛卜·乙一 23、1/大黻(城)邨(兹)立
(方)之散(歲)屈綮(欒)之月癸未～
～,諸〔生〕☑

 葛卜·甲三 8、18/☑大黻(城)邨(兹)
邟之散(歲),夏戾之月癸嬛(亥)～～,
趄鼇以郚聯爲☑

 葛卜·乙一 26、2/王遅(徙)於敔(郚)
郢之散(歲)宣月己巳～～

 葛卜·乙一 16/王遅(徙)於敔(郚)郢
之散(歲)宣月己巳～～,公子虢命諸
生以衛篿

 葛卜·乙一 18/王遅(徙)於敔(郚)郢
之散(歲)夏綮(欒)之月乙巳～～,湢
瞀以陵☑

 葛卜·零 271/☑丁丑～～,□尹☑

 葛卜·乙一 28/夏綮(欒)之月己丑～
～,以君不瘥(懌)志古(故)

 葛卜·乙一 28/壬唇(辰)～～〔禱之〕
☑

 葛卜·乙一 4、10、乙二 12/壬唇(辰)
～～禱之☑

 葛卜·乙一 17/夏綮(欒)之月己丑～
～,以君不瘥(懌)之古(故)

 葛卜·乙一 17/壬唇(辰)～～禱之☑

 葛卜·零 40/☑王大牢,百之,贛。壬
唇(辰)～～禱之☑

 葛卜·零 147/☑禱子西君戠(特)牛。
壬唇(辰)～～禱之☑

 葛卜·乙二 23、零 253/☑兩痒(牂),
瑗(瓔)之牪玉。壬唇(辰)～～禱
之☑

 葛卜·甲三 305/☑□～～禱之☑

 葛卜·乙一 24/融、空(穴)酓(熊)各
一痒(牂),緌(纓)之牪玉。壬唇(辰)
～～禱之☑

 葛卜·甲三 88/☑～～禱之☑

 葛卜·乙一 22/癸酘(酉)～～舉禱☑

 葛卜·零 171/☑～～瑤☑

 葛卜·甲三 119/☑甲戌之昏以起,乙
亥～～鹿(薦)之

 葛卜·甲三 80/八月甲戌～～鹿(薦)
之☑

 葛卜·甲三 161/☑壬午～～祭邵
(昭)王☑

 葛卜·甲三 300、307/解於大(太),邎
(逢)丌(其)疋祝(説),八月壬午～～
鹿(薦)犬

 葛卜·零 290/☑～～禱之。氏(是)
日臺(就)〔禱〕☑

 葛卜·零 518/☑～～禱之☑

 葛卜·乙四 4/☑□之月己亥～～趄
鼇☑

 葛卜·乙二 25、零 205、乙三 48/之月
乙巳～～,譻(許)定以陵尹懌之大保
(寶)豪(家)爲☑

葛卜·零 103/之月乙巳～～，洭督

葛卜·甲三 225、零 332－2/王遟（徙）於敫（鄩）郢之歲（歲），夏柰（栾）之月乙巳～～☐

（右殘）葛卜·乙二 27/☐～～，晉（許）定以陵尹懌之大保（寶）豪（家）爲君貞

葛卜·甲三 172、乙三 19/☐癸丑～～，彭定以少（小）冠（龙）龗爲☐

葛卜·乙三 38/☐丑～～，彭定以少（小）冠（龙）龗爲☐

（左殘）葛卜·甲三 202、205/☐臺（就）禱子西君歆（特）牛。壬脣（辰）～～禱之☐

葛卜·乙一 5/☐郢之歲（歲），夏柰（栾）之月己丑～～，君磬於筶☐

（上殘）葛卜·零 267、269/☐〔夏〕柰（栾）之月，己丑～～☐

葛卜·甲三 204/王遟（徙）於鄩（鄩）郢之歲（歲），夏柰（栾）之月癸嬛（亥）～～

葛卜·零 584、甲三 266、277/☐～～，暊與良志以陵尹懌之髇牌爲君貞

葛卜·零 108/☐卯～～，彭

葛卜·零 130/☐卯～～諸〔生〕

葛卜·零 200、323/☐夏栾之月丙脣（辰）～～，陵君（尹）懌☐

（下殘）葛卜·零 176/☐酉（丙）脣（辰）～～☐

葛卜·零 109、105/☐之，丙脣（辰）～～，台君☐

葛卜·零 190/☐～～禪☐

葛卜·甲二 5/☐～～，褘公子虜（號）命彭定以少（小）冠（龙）矜爲君貞，既怀（背）☐

葛卜·甲二 6、30、15/王遟（徙）於鄩（鄩）郢之歲（歲）八月丁巳～～，鹽壽君以吳夏〔之〕☐

葛卜·甲二 22、23、24/☐〔王徙〕於鄩（鄩）郢之歲（歲）八月丁巳～～，雁（膺）寅以少（小）央爲☐

葛卜·甲一 3/王遟（徙）於鄩（鄩）郢之歲（歲）八月丁巳～～，雁（膺）愴以大央爲坪☐

葛卜·甲三 342－1、零 309/☐〔王徙於鄩郢〕之歲（歲）八月丁巳～～，鹽壽君以吳夏之☐

葛卜·甲三 178/☐〔王徙〕於鄩（鄩）郢之歲（歲）八月丁巳～～，郿（應）寅☐

葛卜·甲三 258/王遟（徙）於敫（鄩）郢之歲（歲）八月丁巳～～，郿（應）愴以大央☐

葛卜·甲三 235－1/☐～～鹽佚以長剌☐

葛卜·甲三 164/己未～～以君不瘥（懌）之古（故）☐

乙四 109/☐己未～～，歆禱三殜（世）之殤（殤）☐

葛卜·零 101/☐～～，定爲公子☐

葛卜·乙四 126/☐月辛彭（酉）～～西陵執事人台君王☐

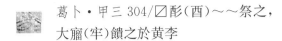 葛卜·甲三 304/囗酌(酉)～～祭之，大宬(牢)饋之於黄李

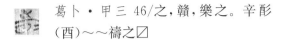 葛卜·甲三 46/之，贛，樂之。辛酌(酉)～～禱之囗

 (右殘)葛卜·零 542/囗辛酌(酉)～～囗

 葛卜·甲三 215/王遅(徙)於鄝(鄀)郢之歔(歲)八月己巳～～

 葛卜·零 452/囗～～瞥(皆)告歔(且)禱之囗

 葛卜·乙一 21、33/囗王、迲(文)君。懇禱於卲(昭)王獻(獻)惠王、迲(文)君各一備(佩)玉。辛未～～禱之囗

 葛簿甲·甲三 221/王遅(徙)於鄝(鄀)郢之歔(歲)八月庚唇(辰)～～，所受圖於

 葛簿乙·甲二 14、13/王遅(徙)於樊(鄀)郢之歔(歲)八月辛酌(酉)～～，東囗

 葛未·零 258/囗唇(辰)～～囗

 葛未·零 625/囗囗～～囗

是(氏)日

是日

 葛卜·乙三 42/囗飤。～～祭王孫厭一豕，酉(酒)食囗

 (上殘)葛卜·零 313/囗～～祭王孫囗囗

 葛卜·甲三 268/～～歔(就)禱楚祱(先)老嬨(童)、祝囗

 葛卜·零 281/囗塞累(盟)禱，～～囗

 葛卜·零 282/囗舊丘，～～歔(就)禱五祀囗

氏日

 (用作是日)葛卜·零 290/囗之日禱之。～(是)～臺(就)〔禱〕囗

之歲(歔)

葛卜·零 431/囗～～(歲)九月乙卯之日囗囗

葛卜·甲三 1/我王於林丘～～(歲)九月囗

葛卜·甲三 259/王遅(徙)於墊(鄀)郢～～(歲)

之月

葛卜·甲三 42/囗蔓萻受女於楚之歔(歲)親祭(祭)～～丁酉之日囗

葛卜·甲三 42/囗蔓萻受女於楚之歔(歲)親祭(祭)～～丁酉之日

葛卜·甲三 107/囗囗貞，七月至冬祭(祭)～～尚囗

(左殘)葛卜·乙四 105/囗囗～～丁嬛(亥)之日，奠(鄭)怵以長箪爲君釆(卒)歔(歲)貞囗

葛卜·乙四 63、147/囗〔王復於〕藍郢之歔(歲)冬祭(祭)～～丁嬛(亥)之日，鄭疢以駁霝爲君囗

葛卜·零 294、482、乙四 129/□〔王〕復於藍郢之散(歲)冬栾(栾)～～丁嫒(亥)之日,龜尹〔丹〕□

(右殘)葛卜·乙四 102/□～～丁睘(亥)之日郴輗以鄭韋(箪)爲君採(卒)散(歲)之貞

(左殘)葛卜·零 170/□〔獻馬〕～～乙嫒(亥)之日,黃佗以詨□□爲君□

葛卜·甲三 342-2/獻(獻)馬～～乙還(亥)之日,盧妣以龍黽爲□

葛卜·甲三 32/獻馬～～〔乙〕還(亥)之日,鄞喜以定□

葛卜·乙一 23、1/大轍(城)邸(茲)立(方)之散(歲)屈栾(栾)～～癸未之日,諿〔生〕□

葛卜·乙一 12/王遅(徙)於敥(鄀)郢之散(歲)夏栾(栾)～～乙巳之日

葛卜·乙一 14/句郹公奠(鄭)余毅大城邸(茲)立(方)之散(歲)屈栾～～癸未〔之日〕□

葛卜·乙一 18/王遅(徙)於敥(鄀)郢之散(歲)夏栾(栾)～～乙巳之日,湢瞀以陵□

葛卜·乙一 19/自夏栾～～以至埜(來)散(歲)夏栾(栾)尚毋又(有)大咎。湢〔瞀〕□

葛卜·甲三 8、18/□大轍(城)邸(茲)郊之散(歲),夏层～～癸嫒(亥)之日,趄齨以郘聯爲□

葛卜·乙一 28/夏栾(栾)～～己丑之日,以君不瘳(懌)志古(故)

葛卜·乙一 17/夏栾(栾)～～己丑之日,以君不瘳(懌)之古(故)

葛卜·乙一 4、10、乙二 12/夏栾(栾)～～己丑〔之日〕以君不瘳(懌)之古(故),遪(就)禱陳宗一貓

葛卜·乙三 49、乙二 21/夏栾(栾)～～己丑之日

葛卜·乙一 5/□郢之散(歲),夏栾(栾)～～己丑之日,君蠁於客□

葛卜·零 267、269/□〔夏〕栾(栾)～～,己丑之日□

葛卜·甲三 204/王遅(徙)於鄒(鄀)郢之散(歲),夏栾(栾)～～癸嫒(亥)之日

葛卜·零 221、甲三 210/以痒(胖)瘊(脹),心悗(悶),採(卒)散(歲)或至夏栾(栾)～～尚□

葛卜·甲三 159-3/□夏栾～～乙卯□

葛卜·零 200、323/□夏栾～～丙唇(辰)之日,陵君〔尹〕懌□

葛卜·甲三 159-2/王遅(徙)於鄒(鄀)郢之散(歲),夏栾(栾)～～□

葛卜·乙一 31、25/自夏栾(栾)～～以至冬栾(栾)～～,聿(盡)七月尚毋又(有)大□

葛卜·零 275/□栾(栾)～～尚

(右殘)葛卜·零 103/～～乙巳之日,湢瞀

葛卜·乙四 4/□□～～己亥之日趄齨□

葛卜·乙二 25、零 205、乙三 48/～～乙巳之日，晉（許）定以陵尹懌之大保（寶）豪（家）爲☒

葛卜·甲三 117、120/滎（欒）～～以至埜（來）戠（歲）之夏滎（欒），尚毋又（有）大咎

葛卜·甲三 225、零 332－2/王遲（徙）於敔（郚）郢之戠（歲），夏滎（欒）～～乙巳之日☒

葛卜·甲三 126、零 95/☒戊申～～以记（起），己〔酉禱之〕☒

葛卜·甲三 299/王遲（徙）於敔（郚）郢之戠（歲），夏滎（欒）～～癸丑☒

葛卜·乙一 9、乙二 17/～～尚毋又（有）咎，窮（躬）身尚自宜訓（順）。定☒

（下殘）葛卜·零 96/☒夏滎（欒）～～☒

（下殘）葛卜·零 182/☒夏滎（欒）～～☒

葛卜·乙四 5/八月己未～～，以君之疠之☒

葛卜·甲三 134、108/☒甲戌興乙亥禱楚先與五山，庚午～～內齋☒

葛卜·甲三 156/☒～～乙☒

葛卜·零 233－2/☒～～尚☒

葛未·零 36/☒滎（欒）～～☒

葛未·零 347－2/☒～～壬☒

（上殘）葛未·零 418/☒～～，酉（丙）☒

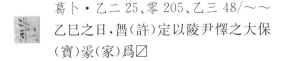

（左殘）葛未·零 717/☒～～□睘☒

七月

葛卜·甲三 107/☒□貞，～～至冬滎（欒）之月尚☒

八月

葛卜·零 423/☒～～癸丑之☒

葛卜·甲二 22、23、24/☒〔王徙〕於鄵（郚）郢之戠（歲）～～丁巳之日，雁（膺）寅以少（小）央爲☒

葛卜·甲一 3/王遲（徙）於鄵（郚）郢之戠（歲）～～丁巳之日，雁（膺）愴以大央爲坪☒

葛卜·甲三 342－1、零 309/☒〔王徙於郚郢〕之戠（歲）～～丁巳之日，盬壽君以吳夏之☒

葛卜·甲三 178/☒〔王徙〕於鄵（郚）郢之戠（歲）～～丁巳之日，郎（應）寅☒

葛卜·甲三 258/王遲（徙）於敔（郚）郢之戠（歲）～～丁巳之日，郎（應）愴以大央☒

葛卜·甲二 25/☒占之曰：吉。聿（盡）～～疾瘲（瘥）☒

葛卜·甲三 160/☒〔占之〕曰：甚吉。未聿（盡）～～疾必瘲（瘥）

葛卜·甲三 303/☒之祝（説）。戳（擇）日於～～之审（中）賽禱☒

葛卜・甲二 6、30、15/王遲（徙）於鄝（鄂）郢之歲（歲）～～丁巳之日，鹽壽君以吳夏〔之〕☒

 葛卜・乙四 5/～～己未之夕，以君之疢之☒

 葛卜・零 315/～～辛酘（酉）

 葛卜・乙三 29/☒〔王徙〕於鄗（鄂）郢之歲（歲）～～辛酘（酉）之☒

 葛卜・甲三 339/☒睪日～～之中腄（棧）☒

 葛卜・甲三 80/～～甲戌之日鹰（薦）之☒

 葛卜・零 113/☒〔王徙〕於鄂郢之歲（歲）～～戌☒

 葛卜・甲三 163/～～辛巳之夕歸一璧於☒

 葛卜・甲三 300、307/解於大（太），遴（逯）丌（其）疋祝（説），～～壬午之日鹰（薦）犬

 葛卜・甲三 201/擇日於～～腄（棧）祭競坪王，以逾至斉（文）君，占之：吉

 葛卜・乙四 98/☒～～乙卯之日，鄭卜子愯以疊頁之豑爲君三戩（歲）貞☒

 葛簿乙・甲二 14、13/王遲（徙）於獒（鄂）郢之歲（歲）～～辛酘（酉）之日，束☒

九月

 葛卜・甲一 22/疾罷（一）癴（續）罷（一）已，至～～又（有）良閼（間）☒

十月

 葛卜・零 192/☒大資～～☒

 葛卜・甲三 191/☒以至～～，三月☒

二十

 葛卜・乙四 6/☒陵尹子☐紡紫纁～～☒

 長遣策 2-012/緅與索（素）繪（錦）之縌（縏）襄（囊）～～又一

 長遣策 2-012/丌（其）木器：八方琦。～～豆，屯

 長遣策 2-020/周者～～

  長遣策 2-026/皇脛～～又五，☐脛～～〔又〕五，屯〔釛（漆）〕劃

三十

 長遣策 2-020/丌（其）木器：杯豆～～

 長遣策 2-020/杯～～

 葛卜・乙三 46/☒☐於斉（文）夫人～～乘☒

四十

 長遣策 2-022/少（小）襄（囊）糗（糢）～～又八

長遣策 2 - 06/□□□□□ 笄～～
又四

長遣策 2 - 06/～～笑（簋），屯紫緅之
帽，紫緅之□

五十

葛簿甲・零 444/□～～勻（鈞）□□

八十

葛簿甲・甲三 90/□～～臣又三臣，
又一剈，豹，鳶首（雁）□

夫人

（下殘）葛卜・零 387/□吝（文）～～□

葛卜・乙二 24，36/□舉禱子西君、吝
（文）～～□

葛卜・乙一 11/禱於吝（文）～～，剮
牢（牢），樂盧（且）贛之；舉禱於子西
君，剮牢（牢），樂□

葛卜・甲三 213/□戶、門。又（有）祱
（祟）見於卲（昭）王、蕙（惠）王、文君、
文～～、子西君。敚（就）禱□

葛卜・乙一 27/～～各戠（特）牛□

葛卜・乙四 128/□君、文～～，耳丌
（其）大牧（牢），百

葛卜・乙一 6/□敚（祟）見於卲（昭）
王、吝（文）君、吝（文）～～、子西君。
是□

葛卜・乙一 13/吝（文）～～，舉禱各
一備（佩）璧

葛卜・甲三 176/□□以丌（其）古
（故）敚（說）之。吝（文）君、吝（文）～
～歸□

葛卜・乙三 46/□□於吝（文）～～卅
（三十）乘□

先人

葛卜・零 217/自我～～，以□

葛卜・甲三 13/□罷夜遂～～□

賢子

葛卜・零 102，59/□爲～～郭果告大
司城瘥□

葛卜・乙四 57/□爲～～猒哀告大□

小子

葛卜・零 39，527/□□～～夜□

子孫

長竹書 1 - 006/民則夜皆三代之～～

大夫

長竹書 1 - 032/乃勎。含（今）卿～～

爵韋

長遣策 2 - 011/二牾白膚，屯～～之
縢（韜），紃

稽首

 葛卜·乙四 70/☑少(小)臣成拜手～
～,敢(敢)甬(用)一元☑

拜手

 葛卜·乙四 70/☑少(小)臣成～～稽
首,敢(敢)甬(用)一元☑

躬(躳)身

 葛卜·甲一 9/☑又(有)瘥,～(躬)～
尚☑

 葛卜·零 293/☑□之,～(躬)～毋☑

之所

 葛未·零 417/☑～～以☑

厚奉

 長遣策 2-08/四～～之砡

 長遣策 2-011/一～～之旂(旀)

 長遣策 2-025/丌(其)木器:十皇豆,
屯卻(漆)彫,～～之〔砡〕

竹簍

 長遣策 2-022/〔二～～〕

 長遣策 2-019/二～～,一〔收〕☑

存　疑　字

葛卜·乙四 59/☑～馬之箁(筮)復㥁爲君☑

葛卜·乙四 84/☑～毋有咎。占之曰：亙貞吉，少(小)逞(遲)

葛卜·零 251/☑～亙貞吉

葛卜·零 490/☑～爲坪夜君☑

葛卜·甲三 107/☑～貞，七月至冬禜(栾)之月尚☑

葛卜·乙四 106/☑～八月又(有)女子之賞，九月、十月又(有)外～☑

葛卜·零 506/～。占之☑

葛卜·零 89/☑君酒(將)又(有)憙～☑

葛卜·乙四 62/☑～兩牂。占之：吉☑

葛卜·乙四 148/☑酉之日，弌(一)禱大(太)、北方～☑

葛卜·零 224/☑帀(師)賓之～☑

葛卜·甲三 51/☑酙层之月己巳之日～☑

葛卜·甲三 52/☑咎～～～禱陞(地)宝(主)一痒(牂)，備(佩)玉㺪，以～至室～☑

葛卜·零 90/☑～才(在)郢，躳☑

葛卜·零 237/☑郇山一～☑

葛卜·零 439/☑之，褌(捐)禱於～晟☑

葛卜·零 374/☑～於～之丘☑

葛卜·零 371/☑一璧～☑

葛卜·零 220/☑～卯之日

葛卜·零 540/☑未之日～☑

葛卜·乙四 132/☑以君之樂尋(得)瘒～☑

葛卜·甲三 231/☑於累(盟)褢(詛)～☑

葛卜·乙二 26/☑～朼果廷☑

葛卜·甲三 226/瘕(瘥)，無咎

~~☐

 葛卜·零660/郊(蔡)~☐

　　葛卜·零664/☐~君至~☐

 葛卜·零652/☐可之祆~☐

 葛卜·乙四134/☐~擇之囝(牢)审(中)，晉~爲盦相之敬(昭)告大☐

 葛卜·零394/☐~有(侑)，禱安☐

 葛卜·乙四105/☐~之月丁嬛(亥)之日，奠(鄭)恘以長箎爲君采(卒)歲(歲)貞☐

 葛卜·零240/☐~亡(無)不☐

　　葛卜·零47/☐王~~旡(幾)☐

 葛卜·零115、22/☐~。☰☷(同人比)。是㘓(羸)切而口亦不爲大詢，勿卹，亡(無)咎☐

 葛卜·甲三31/☐丌(其)繇曰：是日未兌，大言讖讖(絕)，少(小)言惙惙，若組若結，夂(終)以~☐

　　葛卜·零232/☐~~~是以胃(謂)之又(有)言。丌(其)卦亡(無)〔咎〕☐

　　葛卜·乙四45/☐白文末白~，是以胃(謂)之喪

衵，駁竈禺(遇)~~~以火~☐

　　葛卜·乙四100、零532、678/☐~~礿箄(筮)爲君貞

　　葛卜·零151/解於大(太)，臺(就)槑(禱)~~~~

 葛卜·乙四130/☐尨鼀爲君采(卒)歲(歲)貞，占之~☐

 葛卜·零219/☐備(佩)玉杸，罙日於~☐

 葛卜·乙二6、31/☐~戊申以起，己酉禱之☐

 葛卜·甲三5/☐~夆悆(賽)禱於酊(荊)王以逾(逾)，訓(順)至文王以逾(逾)☐

　　葛卜·零170/☐〔獻馬〕之月乙嬛(亥)之日，黃佗以詨~~爲君☐

 葛卜·零415/☐之和筲，黍筲~☐

 葛卜·零297/☐唓元龜、簪(筮)~☐

 葛卜·乙四133/☐貞，~占之：卦亡(無)咎。君☐

 葛卜·零 145/⧄～鄐之⧄

 葛卜·零 467/⧄大亹～⧄

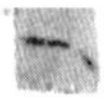 葛卜·零 431/⧄之戠九月乙卯之日～⧄

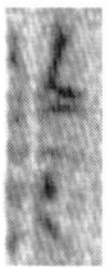 葛卜·甲三 30/⧄～公城鄎之戠(歲)亯月⧄

  葛卜·甲二 16/⧄謠生以～～爲君貞,牆(將)逾⧄

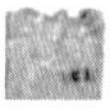 葛卜·乙二 1/⧄～舉禱於卲(昭)王大牢,樂之,百,贛⧄

 葛卜·零 16/⧄余鐫䋣～⧄

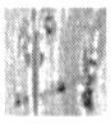 葛卜·零 58/⧄～成逾⧄

 葛卜·零 313/⧄是日祭王孫～⧄

 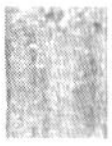  葛卜·甲三 214/⧄～䡅(就)禱三楚先屯一牂,緄(纓)之琳玉;䡅禱～～⧄

 葛卜·甲三 305/⧄～之日禱之⧄

 葛卜·零 114/⧄于天之～⧄

 葛卜·零 173/⧄～䎽(聞)智(智)⧄

 葛卜·乙三 8/⧄～以丌(其)古(故)舉禱吝(文)⧄

 葛卜·乙四 4/⧄～之月己亥之日趄醫⧄

 葛卜·乙三 22/君貞,既伓(背)、雁(膺)疾,以～⧄

 葛卜·乙三 33/⧄爲箸告我傴所取於～⧄

  葛卜·甲三 84/⧄～義(犧)馬,女乘黄～⧄

 葛卜·零 23/⧄〔之〕日鳥(薦)之～⧄

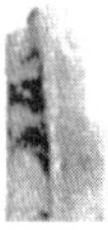 葛卜·甲三 64/⧄～少(小)臣成奉遹(害)戲(虐)⧄

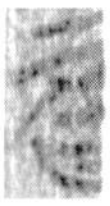 葛卜·零 39、527/⧄～小子夜⧄

  葛卜·乙四 53/⧄～～禱祠,航有⧄

 葛卜·甲三 235－2/⧄占之:義(宜)遬(速)又(有)閯(間),無咎無敓(祟)～⧄

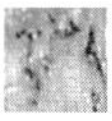 葛卜·甲三 174/⧄翗(殺),道一冢～⧄

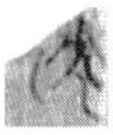 葛卜·零 118/⧄～豢以新⧄

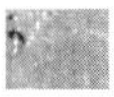 葛卜·乙二 45/⧄～牆(將)遬(速)瘻(瘥)。瞿或⧄

 葛卜·零 206/⧄～尹丁以長⧄

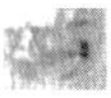 葛卜·零 5/⧄～罷日於⧄

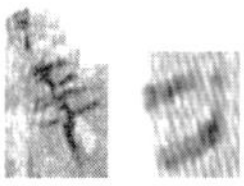

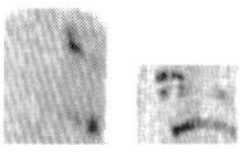

葛卜·甲三 96/☐ 逯（遲）巳，又（有）祱（祟）。以丌（其）古（故）敓（説）之。～☐

 葛卜·甲三 184－2、185、222/☐～未良瘳（瘥）。▤▤（師 坤）

 葛卜·零 420/☐～於氏（是）尻（處）☐

 葛卜·甲二 19、20/▤▤（同人 比）。或爲君貞，～～☐

葛卜·甲三 132、130/☐～。或爲君貞，以丌（其）不安於氏（是）尻（處）也，亙（亟）遲去☐

 葛卜·零 197/☐而歸之～☐

 葛卜·甲二 37/☐～。▤▤（師 臨）。亙生☐

 葛卜·甲三 153/☐～～宜少（小）逯（遲）叙（且）☐

 葛卜·零 277/☐悗（悶），兩～☐

 葛卜·零 458/☐〔占之〕曰：吉～☐

 葛卜·甲三 54、55/☐月丁巳之日～～以髓髀爲☐

 葛卜·甲三 53/☐～以髓髀〔占〕之曰：吉☐

  葛卜·甲三 230/☐～又五～白～☐

 葛卜·零 535、704/☐～戊午之☐

 葛卜·甲三 131/☐疾，骷（脅）疾，以心瘄（悶），尚毋死。～良志☐

 葛卜·甲三 9/☐～貞，既疾～～，以髓（胖）疾，自☐

 葛卜·零 301、150/☐酙（荊）王、文王，以逾至文君，巳解～☐

  葛卜·零 546、687/☐於文王、～～☐

 葛卜·零 344/☐～一痒。嘉占☐

 葛卜·甲三 109/☐～籤。庚申之昏以起，辛酉之日禱之

 葛卜·零 293/☐～之，躬身毋☐

 葛卜·零 322/☐～占之曰：其☐

 葛卜·零 460/☐～定占之：朴亡（無）☐

 葛卜·零 2/☐～熊犠～☐

 葛卜·甲三 304/占之：吉。畬～☐

 葛卜·甲三 223/王〔徙〕於鄩郢之戠（歲）八月己巳之日，鄭建以～☐

 葛卜·甲三 176/☐～以丌（其）古（故）敓（説）之。吝（文）君、吝（文）夫人歸☐

 葛卜·甲三 171/璧，～☐

葛卜·乙三 44、45/☑備(佩)玉,於郹山一玟璜,～☑

 葛卜·甲三 93/☑～於郹之☑

 葛卜·零 3/陛(地)宔(主)以～☑

 葛卜·甲三 45/☑～之祝(説)。占之:吉。既成☑

 葛卜·/避齐(文)君之祝～

 葛卜·甲三 237－1/墨禱一乘大逤(路)黄輤,一魵玉夏～☑

 葛卜·零 463/☑～吉日,窀(賽)亓(其)☑

 葛卜·零 276/以良～☑

 葛卜·零 358/☑～叡(且)☑

 葛卜·零 459/☑～之戠(歲)☑

 葛卜·乙四 49/☑～鷈習之以承熹。占☑

 葛卜·乙四 17/☑～廏習之以白☑

 葛卜·甲三 245/☑～疾、骳疾,以心☑

 葛卜·零 434/☑～未良☑

 葛卜·零 163/☑～社襆縢(綦),山義(犧)☑

 葛卜·甲三 76/☑霝(靈)君子、户、步、門～☑

 葛卜·零 207/☑弲元龜、箸(筮)、義(犧)牲、珪璧唯～☑

 葛卜·零 156/☑〔平〕夜君城～～～～～☑

 葛卜·零 209/☑不瘇(憚)疠之古(故),祝～☑

 葛卜·乙三 31/☑～臺(就)禱三楚☑

 葛卜·零 175/☑箸(筮)以～☑

 葛卜·甲三 97/☑貓～☑

 葛卜·乙四 58/☑犧六女～☑

 葛卜·零 131/☑～～～楚〔邦〕又(有)旻(得)☑

 葛卜·甲三 380/☑梡瘇□尹～☑

 葛卜·零 454/☑～君身以☑

 葛卜·零 481/☑～～之,君牆(將)遬(速)瘋(瘀)☑

 葛卜·零 470/☑牢～☑

 葛卜·零 295/☑敓(説)氏(是)祝(祟)～～☑

 葛卜·零 485/☑咎。～☑

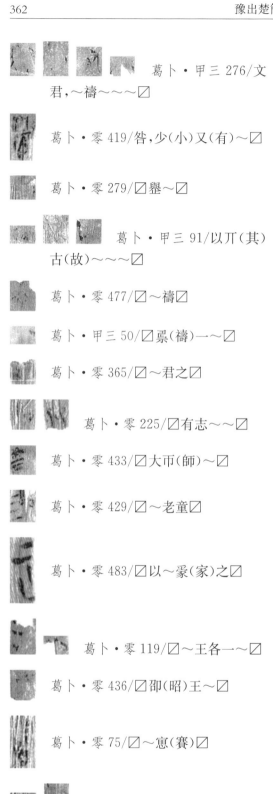

葛卜・甲三 276/文君, ～禱～～～☑

葛卜・零 419/咎, 少(小)又(有)～☑

葛卜・零 279/☑𦣉～☑

葛卜・甲三 91/以丌(其)古(故)～～～☑

葛卜・零 477/☑～禱☑

葛卜・甲三 50/☑𥚃(禱)一～☑

葛卜・零 365/☑～君之☑

葛卜・零 225/☑有志～～☑

葛卜・零 433/☑大帀(師)～☑

葛卜・零 429/☑～老童☑

葛卜・零 483/☑以～豪(家)之☑

葛卜・零 119/☑～王各一～☑

葛卜・零 436/☑卲(昭)王～☑

葛卜・零 75/☑～悤(賽)☑

葛卜・零 160/☑～～以長刺☑

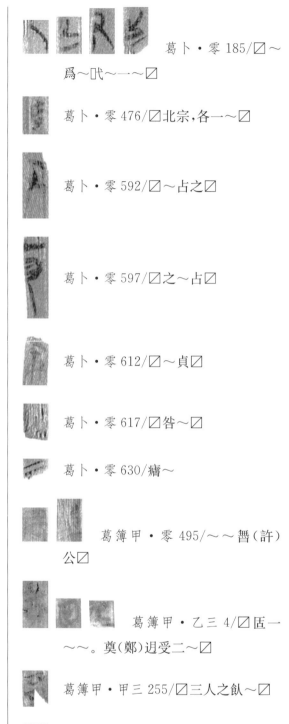

葛卜・零 185/☑～爲～弋～一～☑

葛卜・零 476/☑北宗, 各一～☑

葛卜・零 592/☑～占之☑

葛卜・零 597/☑之～占☑

葛卜・零 612/☑～貞☑

葛卜・零 617/☑咎～☑

葛卜・零 630/癰～

葛簿甲・零 495/～～嘼(許)公☑

葛簿甲・乙三 4/☑臣一～～～。奠(鄭)迆受二～☑

葛簿甲・甲三 255/☑三人之飤～☑

葛簿甲・零 444/☑五十勻(鈞)～☑

葛簿乙・乙三 23/☑～鄡之里一豪, 郜里一豬, 王☑

葛簿乙·甲三 375/☑ 見一冢。新～☑

 葛簿乙·零 455/☑～里☑

 葛簿乙·甲三 308/～一裚（社）一猎，覗於～☑

 葛簿乙·零 345/☑～素自中，覗三☑

 葛簿乙·零 349/☑～一豿（猳），禱一冢☑

 葛簿乙·零 528/☑～一冢☑

 葛簿乙·零 299/☑～一豿（猳）☑

 葛簿乙·甲三 341/☑～一褉一牛☑

 葛簿乙·零 638/☑～㾺☑

 葛簿乙·甲三 282/☑～虗，聿（盡）割以九豿（猳），禱以九☑

 葛簿乙·甲三 252/☑冢。～☑

 葛未·零 479/☑～戠（歲）☑

 葛未·零 166/☑☐此～☑

 葛未·零 692/☑～又（有）～☑

 葛未·甲三 389/☑～又

～～……☑

 葛未·零 631/☑～☑

 葛未·零 239‑2/☑四～☑

 葛未·零 627/☑四～☑

 葛未·零 446/☑～子☑

 葛未·甲二 1/☑～～☑

 葛未·甲三 125/☑～～～～～～☑

 葛未·甲三 28/☑～～悉～～～☑

 葛未·零 132/☑～夏☑

 葛未·零 337/☑～选（先）

 葛未·零 425/☑速～☑

 葛未·零 411/☑西～☑

 葛未·零 424/☑～於☑

 葛未·零 134/☑～既☑

 葛未·零 625/☑～之日☑

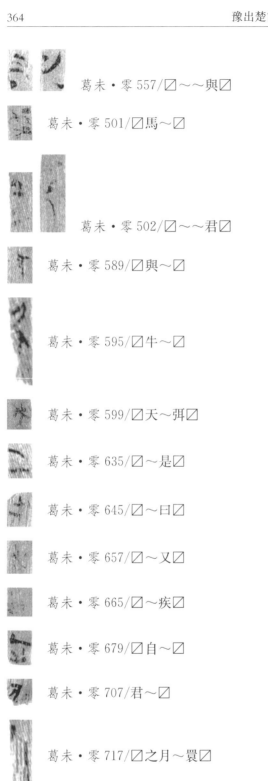

葛未・零 557/▢～～～與▢

葛未・零 501/▢馬～▢

葛未・零 502/▢～～～君▢

葛未・零 589/▢與～▢

葛未・零 595/▢牛～▢

葛未・零 599/▢天～弔▢

葛未・零 635/▢～是▢

葛未・零 645/▢～曰▢

葛未・零 657/▢～又▢

葛未・零 665/▢～疾▢

葛未・零 679/▢自～▢

葛未・零 707/君～▢

葛未・零 717/▢之月～罘▢

葛未・零 742/▢兒～▢

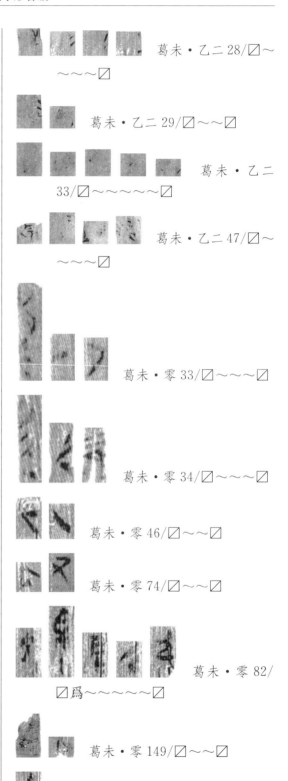

葛未・乙二 28/▢～～～～▢

葛未・乙二 29/▢～～▢

葛未・乙二 33/▢～～～～～▢

葛未・乙二 47/▢～～～～▢

葛未・零 33/▢～～～～▢

葛未・零 34/▢～～～▢

葛未・零 46/▢～～▢

葛未・零 74/▢～～～▢

葛未・零 82/▢爲～～～～～▢

葛未・零 149/▢～～▢

葛未・零 153/▢～▢

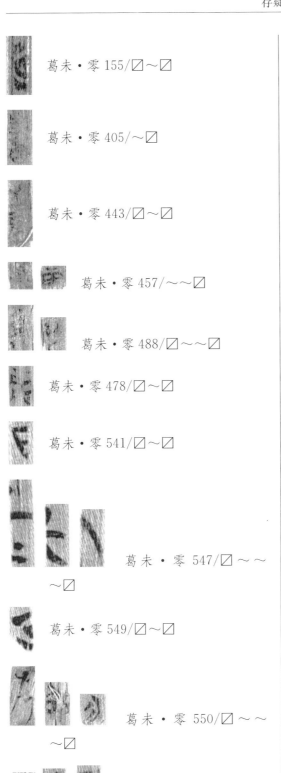

葛未·零 155/☑～☑

葛未·零 405/～☑

葛未·零 443/☑～☑

葛未·零 457/～～☑

葛未·零 488/☑～～☑

葛未·零 478/☑～☑

葛未·零 541/☑～☑

葛未·零 547/☑～～～☑

葛未·零 549/☑～☑

葛未·零 550/☑～～～☑

葛未·零 523/☑～

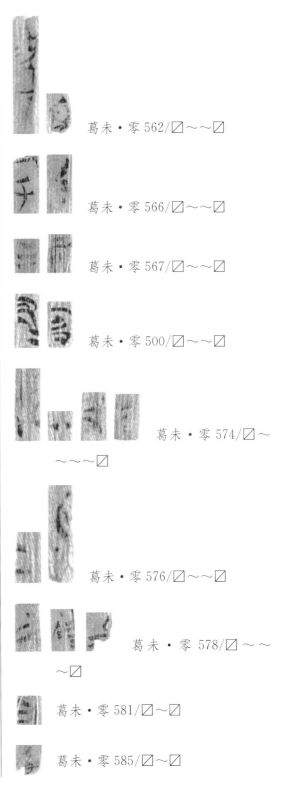

～～～☑

葛未·零 562/☑～～☑

葛未·零 566/☑～～☑

葛未·零 567/☑～～☑

葛未·零 500/☑～～☑

葛未·零 574/☑～～～～☑

葛未·零 576/☑～～☑

葛未·零 578/☑～～～☑

葛未·零 581/☑～☑

葛未·零 585/☑～☑

葛未・零 591/☒～☒

葛未・零 594/☒～～☒

葛未・零 600/☒～☒

葛未・零 604/☒～☒

葛未・零 605/☒～☒

葛未・零 606/☒～☒

葛未・零 607/☒～～☒

葛未・零 610/☒～～☒

葛未・零 611/☒～☒

葛未・零 615/☒～☒

葛未・零 616/☒～～☒

葛未・零 620/☒～☒

葛未・零 621/☒～☒

葛未・零 622/☒～☒

葛未・零 623/☒～☒

葛未・零 636/☒～～☒

葛未・零 637/☒～☒

葛未・零 644/☒～☒

葛未・零 646/☒～～～☒

葛未・零 647/☒～～～☒

葛未·零 648/☑一～☑

葛未·零 649/☑～～☑

葛未·零 653/～☑

葛未·零 654/～☑

葛未·零 656/☑～☑

葛未·零 658/☑～～～☑

葛未·零 659/～～～～☑

葛未·零 667/☑～☑

葛未·零 669/☑～～☑

葛未·零 671/☑～☑

葛未·零 672/☑～～☑

葛未·零 673/☑～～～☑

葛未·零 675/☑～～☑

葛未·零 680/☑～～☑

葛未·零 683/☑～☑

葛未·零 684/☑～☑

葛未·零 688/☑～☑

葛未·零 694/☑～～～☑

葛未·零 695/☑～～～☑

葛未·零 697/☑～☑

葛未·零 699/☑～～☑

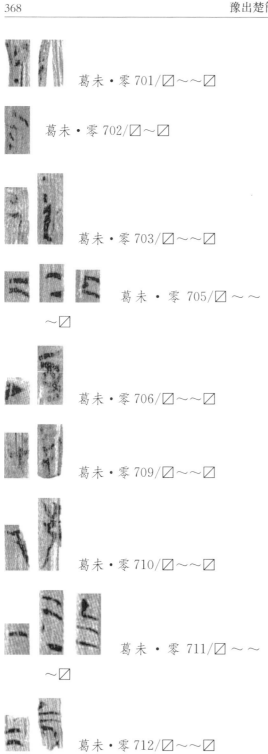

葛未・零701/☒～～☒

葛未・零702/☒～☒

葛未・零703/☒～～☒

葛未・零705/☒～～
～☒

葛未・零706/☒～～☒

葛未・零709/☒～～☒

葛未・零710/☒～～☒

葛未・零711/☒～～
～☒

葛未・零712/☒～～☒

葛未・零714/☒～☒

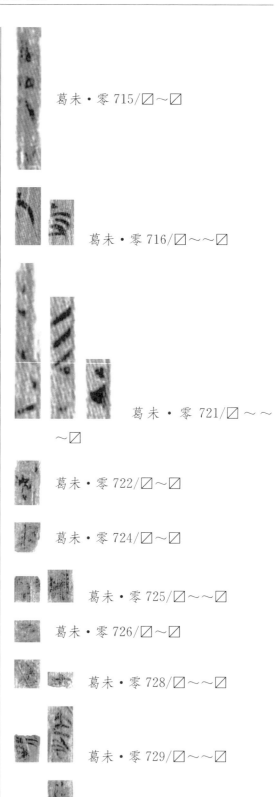

葛未・零715/☒～☒

葛未・零716/☒～～☒

葛未・零721/☒～～
～☒

葛未・零722/☒～☒

葛未・零724/☒～☒

葛未・零725/☒～～☒

葛未・零726/☒～☒

葛未・零728/☒～～☒

葛未・零729/☒～～☒

葛未・零732/☒～～☒

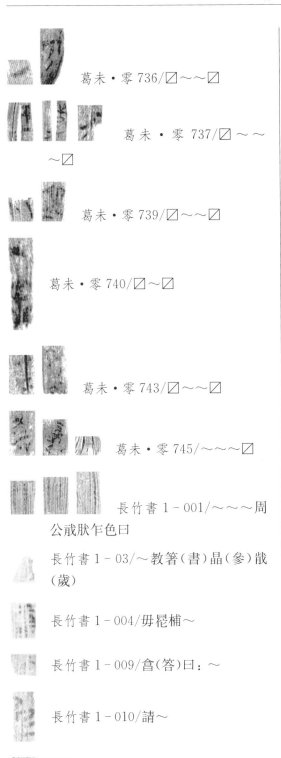

葛未·零 736/☑～～☑

葛未·零 737/☑～～～☑

葛未·零 739/☑～～☑

葛未·零 740/☑～☑

葛未·零 743/☑～～☑

葛未·零 745/～～～☑

長竹書 1-001/～～～周公戒肰乍色曰

長竹書 1-03/～教箸（書）晶（参）哉（歲）

長竹書 1-004/毋髡補～

長竹書 1-009/倉（答）曰：～

長竹書 1-010/請～

長竹書 1-013/不求〔則〕～～～可〔行〕

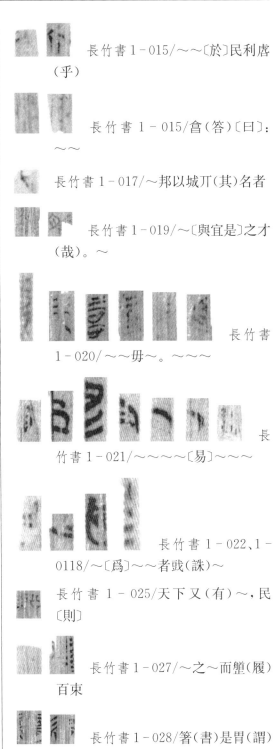

長竹書 1-015/～～〔於〕民利啺（乎）

長竹書 1-015/倉（答）〔曰〕：～～

長竹書 1-017/～邦以城丌（其）名者

長竹書 1-019/～〔與宜是〕之才（哉）。～

長竹書 1-020/～～毋～。～～～

長竹書 1-021/～～～～〔易〕～～～

長竹書 1-022、1-0118/～〔爲〕～～者哉（誅）～

長竹書 1-025/天下又（有）～，民〔則〕

長竹書 1-027/～之～而塱（履）百束

長竹書 1-028/箸（書）是胃（謂）～～宜

長竹書 1-030、1-058/～聑（聞）之也。郼（國）又☑

 長竹書1-031/～監於此，以～

 長竹書1-037、1-060/～三杳（本）一子時

 長竹書1-040/帝而～〔之〕

 長竹書1-041/～〔宜節〕身

 長竹書1-043/～～〔是胃（謂）〕

 長竹書1-044、1-099/～～天〔道〕～

 長竹書1-045/毋～善

 長竹書1-047、1-088/～～而可胃

 長竹書1-050/～〔義〕～

 長竹書1-051/君子～

 長竹書1-055/三～～

 長竹書1-056、1-0113/～生〔也〕

   長竹書1-057/～～～

  長竹書1-059、1-0110/～之～

 長竹書1-061/～心毋

 長竹書1-070/述～

 長竹書1-073/～〔必〕

 長竹書1-074/～周公曰

  長竹書1-076/～～

 長竹書1-078/～

 長竹書1-079/～～

 長竹書1-080/～〔而〕

 長竹書1-081/～

 長竹書1-083/～

 長竹書1-086/～

 長竹書1-087/～君子古昔

 長竹書1-089/～～～～

 長竹書1-092/～

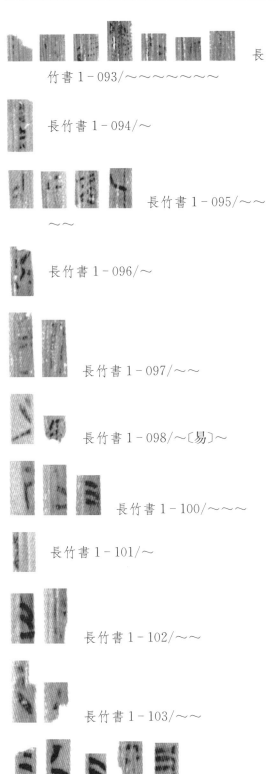

長

竹書 1－093／～～～～～～

長竹書 1－094／～

長竹書 1－095／～～
～～

長竹書 1－096／～

長竹書 1－097／～～

長竹書 1－098／～〔易〕～

長竹書 1－100／～～～

長竹書 1－101／～

長竹書 1－102／～～

長竹書 1－103／～～

長竹書 1－
104／～～～～～

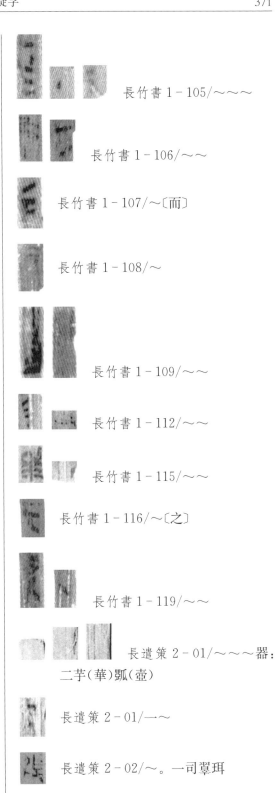

長竹書 1－105／～～～

長竹書 1－106／～～

長竹書 1－107／～〔而〕

長竹書 1－108／～

長竹書 1－109／～～

長竹書 1－112／～～

長竹書 1－115／～～

長竹書 1－116／～〔之〕

長竹書 1－119／～～

長遣策 2－01／～～～器：
二芋（華）瓠（壺）

長遣策 2－01／一～

長遣策 2－02／～。一司翠珥

長遣策 2－04／～～贊

長遣策 2－06／
～～～～～箕四十又四

長遣策 2－06／四十筊（簋），屯紫緻之
帽，紫緻之～

長遣策 2－07／〔實〕：一繡～衣，綆
（錦）緅之夾，純慧，組緣，弁（辮）繢
（繒）

長遣策 2－07／一索（素）緄緧（帶），又
（有）～〔鉤〕，黃金與白金之烏（錯）

長遣策 2－08／～人之器：一鈔（纅）箈
（席），～綿之純

長遣策 2－08／一敆（合）～

長遣策 2－09／～〔室〕之器：一笄，丌
（其）實：一洪帽

長遣策 2－09／一齒〔匕〕，～～
〔綵〕之〔匕〕裏（囊），綵（緇）綿之裏

長遣策 2－
010／一～～～，又（有）～～，丌（其）
〔璠〕：一少（小）鐶，呈（徑）二〔夸
（寸）〕

長遣策 2－010／一～～～～
長六夸（寸），泊組之〔塤〕

長遣策 2－010／一青尻（處）～之
瑞（璧），呈（徑）四夸（寸）～夸（寸）

長遣策 2－015／一丹緅之衦，～裏，
〔組〕柔（攝），綆（錦）緣

長遣策 2－011／～〔瓠（壺）〕

長遣策 2－011／二〔㓼（漆）〕～

長遣策 2－011／二彫～

長遣策 2－011／一～

長遣策 2－014／一柔（承）躅（燭）之瑩
（盤）。三～

長遣策 2－018／一棜〔坐〕～～，
〔少（小）〕大十又九，柅條，㓼（漆）劃，
緄維

長遣策 2－018／二～～

長遣策 2－018／一～～

長遣策 2－018／一～〔竺〕

長遣策 2－03／一～～

長遣策 2－03／一戜盟（盟）之柜，～土
螻，㓼（漆）青黃之劃

長遣策 2－
019／〔綆（錦）〕～～～～～〔之〕緣

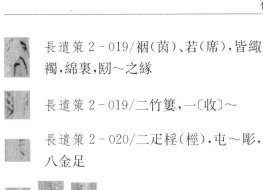

長遣策 2-019/裀(茵)、若(席),皆緻褐,綿裏,䣃～之緣

長遣策 2-019/二竹簍,一〔收〕～

長遣策 2-020/二疋桱(莖),屯～彤,八金足

長遣策 2-021/鉉。一～～～之以絵(錦)

長遣策 2-022/～～,番芋(華)之～

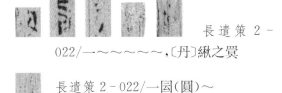

長遣策 2-022/一～～～～～,〔丹〕緅之罥

長遣策 2-022/一囩(圓)～

長遣策 2-022/十又二箕～

長遣策 2-023/～～～～〔絵(錦)〕曲紈

長遣策 2-024/窠(集)粘之器:二～～

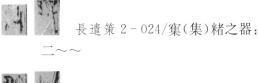

長遣策 2-024/一～～

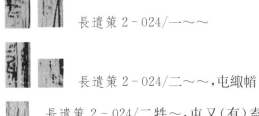

長遣策 2-024/二～～,屯緅帞

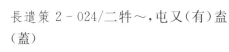

長遣策 2-024/二牰～,屯又(有)盍(蓋)

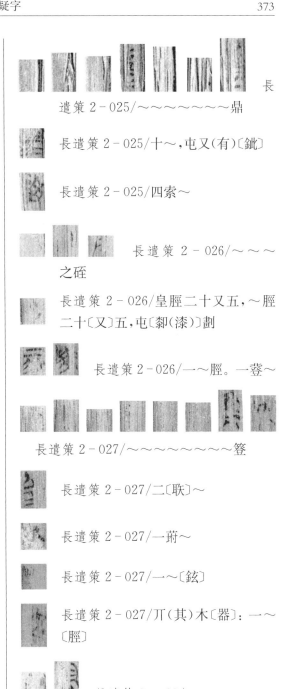

長遣策 2-025/～～～～～～鼎

長遣策 2-025/十～,屯又(有)〔鉙〕

長遣策 2-025/四索～

長遣策 2-026/～～～之砥

長遣策 2-026/皇脛二十又五,～脛二十〔又〕五,屯〔䣁(漆)〕劃

長遣策 2-026/一～脛。一鐙～

長遣策 2-027/～～～～～～～鐁

長遣策 2-027/二〔耿〕～

長遣策 2-027/一莿～

長遣策 2-027/一～〔鉉〕

長遣策 2-027/兀(其)木〔器〕:一～〔脛〕

長遣策 2-028/～～

長遣策 2-028/一～～～～,〔䣁(漆)青〕黃之劃

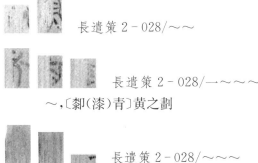

長遣策 2-028/～～～

    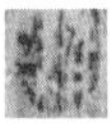 長遣策 2－029/～〔楮〕之～：～～～

   長遣策 2－029/二芙(筐)〔秎(粱)。四〕～～～

   長遣策 2－016－1/～貹九益～～

 長遣策 2－016－2/～〔貹〕八益削〔益〕一朱(銖)

 葛卜・零 297/☒□珥元龜、箬(筮)～☒

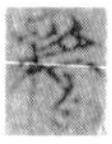 葛卜・乙四 134/☒□擇之圁(牢)审(中),晉～爲酓相之瞅(昭)告大☒

 葛卜・零 77、154/☒嬛(亥)之日～☒

 葛卜・零 271/☒丁丑之日,～尹☒

 葛卜・甲三 71/☒～㬎豢占之曰:吉☒

 葛卜・乙三 46/☒～於吝(文)夫人卅(三十)乘☒

 葛卜・乙四 6/☒陵尹子～紡紫緟廿(二十)☒

 葛卜・甲三 72/☒以～之大彤箬(筮)爲君貞,既心疾,以☒

 葛卜・零 189/☒思坪夜君城(成)～瘳迭(速)瘧(瘥)☒

 葛卜・零 300、零 85、零 593/☒城(成)～瘳遬(速)瘧(瘥),敔(敢)不遬(速)☒

 葛卜・零 484/☒～塞☒

 葛卜・甲三 380/☒梘瘻～尹□☒

 (上殘)葛卜・零 92/☒～配卿賜☒

 葛簿甲・甲三 203/☒吴殹無受一赤,又約,又弇～,又鳶(雁)首

 葛簿甲・甲三 89/～劃良受一☒

 葛簿甲・甲三 244/☒受二赤,弇～

 葛簿甲・甲三 92/☒弇～,長墬人☒

 葛簿乙・甲三 398/郑㬝之述(遂)𦣞於寷～一豭(豭)☒

 葛簿乙・甲三 308/～一䄇(社)一豬,𦣞於～☒

 葛簿乙・甲三 285/☒里二豬、三冢。丌(其)國～三䄇(社),上☒

 葛未・零 166/☒□呲～☒

 葛未・零 742/□兕～☒

 葛簿甲・零 354/𠦍(卒)。～連囂受☒

 葛未・零 563/☒～☒

葛未・零 564/☑～☑

葛未・零 565/☑～☑

長遣策 2-08/～人之器：一鈔（繰）笘（席），～綿之純

長遣策 2-015/一紡～與絹，紫裏，組

長遣策 2-028/一～～～～，〔劄（漆）青〕黄之劃

長竹書 1-036/才（哉）。子～䎃（聞）〔於〕

卦　符

　葛卜・乙四 95/☒ 中，君又行，君又子，酒（將）感之，弗卹也。▤▤（坤姤）。習之以衛☒

　葛卜・乙四 79/☒ ▤▤（離漸）郦（應）寅以☒

　葛卜・零 115、22/☒ □ ▤▤（同人比）。是羸（癩）切而口亦不爲大詢，勿卹，亡（無）咎☒

　葛卜・乙四 68/▤▤（觀復）。辛亥之☒

　葛卜・乙四 15/▤▤（遁謙）。王遲（徙）於敔（鄩）郢之散（歲），夏祭（奈）☒

　葛卜・甲三 184 - 2、185、222/☒ □ 未良瘯（瘥）。▤▤（師坤）

　葛卜・甲二 19、20/▤▤（同人比）。或爲君貞，□□☒

　葛卜・甲二 37/☒ □。▤▤（師臨）。亙生☒

　葛卜・乙二 2/☒ 毋又（有）咎。▤▤（頤謙）占之曰：吉，宜，少（小）逞（遲）瘯（瘥）。以丌（其）

　葛卜・甲三 112/逞（遲）出。▤▤（大過旅）或爲君貞，以丌（其）逞（遲）出之古（故），尚毋又（有）祟

　葛卜・甲三 112/▤▤（泰觀）或爲君貞，以丌（其）無亙（亟）祟之古（故）☒

　葛卜・甲三 302/☒ ▤▤（咸剝）。尚毋☒

附録　釋　文

葛陵楚墓竹簡

一　卜筮祭禱

☑大莫嚻膓（陽）爲獸（戰）於長城之〔歲〕☑甲三 36

☑莫嚻昜（陽）爲、晉帀（師）獸（戰）於長〔城〕☑甲三 296

☑蔓荅受女於楚之䚟（歲）親（遠）橤（欒）之月丁酉之日☑甲三 42

☑〔蔓荅受女〕於楚之䚟（歲）遠橤（欒）之月丁酉☑甲三 34

☑□馬之篕（筮）復悳爲君☑乙四 59

☑□毋有咎。占之曰：亙（恒）貞吉，少（小）迲（遲）乙四 84

無瘥，至癸卯之日安良瘢（瘥）。其祝（祟）與軀☑甲三 39

☑之，褐（揖）禱於☑零 533

☑□亙（恒）貞吉，零 251 少（小）迲（遲）瘢（瘥）。以其☑零 179

☑□爲坪夜君☑零 490

☑陵君爲☑乙四 123

☑又（有）祝（祟）見乙四 111

☑乍（作），不爲忧（尤）☑零 472

☑至師於陳之䚟（歲）十月壬〔戌〕☑甲三 49

☑至師〔於陳〕之䚟（歲）十月壬戌零 526、甲三 37

☑□貞，七月至冬橤（欒）之月尚☑甲三 107

☑〔占〕之：亙（恒）貞亡（無）咎，君身少（小）又（有）零 201

☑□八月又（有）女子之賞，九月、十月又（有）外□☑乙四 106

☑之䚟（歲）九月乙卯之日□☑零 431

☑以龙竈爲君采（卒）䚟（歲）之貞，尚毋☑乙四 103

☑礝（靈）君子☑零 355

☑君、陞（地）宔（主）、霝（靈）君子。己未之日弍（一）禱卻（昭）乙四82

☑君牂（將）又（有）惪（意）☑零89

我王於林丘之歲（歲）九月☑☑甲三1

☑之竈爲君釆（卒）歲（歲）之貞☑乙四34

☑又（有）咎，恒。占之：狊〔無咎〕☑甲三44

☑〔無〕咎，又（有）敓（祟）見於卲（昭）王☑甲三128

☑少迡（遲），迷（速）從郢埜（來），公子見君王，尚忓（怡）懌，毋見☑乙四110、117

☑篖（筮）於東陵，盟以長刺☑乙四149、150

☑□兩羊。占之：吉☑乙四62

☑酉之日，弍禱大（太）、北方□☑乙四148

☑帀（師）賓之□☑零224

☑郙耷爲君貞，才（在）郢爲三月，尚自宜訓（順）也。繇占之：亡（無）乙四35

☑智屍之月己巳之日□☑甲三51

☑之月己丑之日，公子命彭定以少（小）龙籠爲☑甲三133

☑君貞，既才（在）郢，牂（將）見王，還返毋又（有）咎。趄繇☑乙四44

☑中，君又行，君又（有）子，牂（將）慼之，弗卹也。☰☷☰（坤 姤）。習之以衛☑乙四95

☑先，少（小）又（有）外言慼也，不爲慭（尤）。君牂（將）又（有）志成也。☑甲三10

☑長篝爲君釆（卒）歲（歲）貞，居郢尚毋又（有）咎。䶂占☑乙四85

☑於陞（地）宔（主）一羊。☑乙四86

☑□才（在）郢，躳（躬）☑零90

☑篝爲君貞，才（在）行，還☑乙四55

☑各一羴（羊）☑乙一3

☑〔我王於林丘〕之歲（歲）九月甲申之日，攻差以君命取惪霝（靈）☑乙四144

☑咎□□□禱陞（地）宔（主）一羴（羊），備（佩）玉狊，以□至室□☑甲三52

☑八月癸丑之☑零423

☑咡元龜、篖（筮）□☑零297

☑告大☑零432

☑不爲☑零438

☑斉（文）夫人☑零387

☑尚果見☑零63

☑果也零280

☑方、司命☑零378

☑大（太）一犕☑零402

▨郙山一□▨零 237

▨之，禝（揖）禱於□晟▨零 439

▨□於□之丘▨零 374

▨曰吉▨零 398

▨一璧□▨零 371

▨吉。既成▨零 396

▨八月乙卯之日，鄭卜子怵以𩀄頁之䨥爲君三戢（歲）貞▨乙四 98

▨□卯之日，零 220 以君之竆（躳）身不安之古（故）▨乙四 125

▨貞，占之：逊（尗）亡（無）咎，又（有）零 100

▨三乘，尚吉。占之：吉。癸▨乙四 151

▨未之日□▨零 540

▨一犬，門一羊▨甲一 2

▨辛未之▨零 80

▨以君之㯪㝵（得）瘧□▨乙四 132

▨於䍃（盟）禮（詛），無▨甲三 227

▨命畬尹以▨零 84

▨於䍃（盟）禮（詛）□▨甲三 231

▨□朼果廷▨乙二 26

▨〔祝〕融、穴熊、卲（昭）〔王〕▨零 560、522、554

瘛（瘥），無咎□□▨甲三 226

▨君䡃龜▨零 245

▨無龍▨零 572

鄵（蔡）□▨零 660

▨尹申▨零 516

▨又（有）大咎▨零 298

▨□君至□▨零 664

▨可之篨□▨零 652

▨爲賢子郛果告大司城瘧▨零 102、59

▨爲賢子䵼哀告大▨乙四 57

▨告大司城▨零 235、545

▨□擇之囷（牢）审（中），晉□爲畬相之䣼（昭）告大▨乙四 134

▨瘧受君鐱▨乙四 56

▨君鐱▨零 480

☑褍（揖）禱於☑零243

☑□有（侑），禱安☑零394

☑之祝☑零720

☑飤。是日祭王孫厭一豢，酉（酒）食。☑乙三42

王復於藍郢之〔歲〕☑乙四54

王復於藍郢之〔歲〕☑甲三297

☑□之月丁嬛（亥）之日，奠（鄭）惎以長箮爲君采（卒）散（歲）貞☑乙四105

☑〔王復於〕藍郢之散（歲）冬柰（桼）之月丁嬛（亥）之日，鄭疲以駁靐爲君☑乙四63、147

☑之日鷹（薦）犬（太）一韡，綏（纓）之以卦玉，旂（祈）之。既成，釭（攻）逾而厴（厭）之。氏（是）日國☑甲三111

☑田，又（有）祱（祟）見☑零4

☑郢之古（故），命悉（祈）福☑乙四113

☑〔王〕復於藍郢之散（歲）冬柰（桼）之月丁嬛（亥）之日，龜尹〔丹〕☑零294、482、乙四129

又（有）咎。疲占之☑甲三345-1

☑之散（歲）冬柰（桼）☑零496

☑之月丁睘（亥）之日邥輓以鄗韋（箮）爲君采（卒）散（歲）之貞。□乙四102

□。占之☑零506

☑行，又（有）外霝（喪）。☑乙四52

☑祱☑零265

王復於藍〔郢之歲〕☑零421

☑☲☵（離 漸）郿（應）寅以☑乙四79

☑大留（牢），百☑乙四25

☑□亡（無）不☑零240

王復於☑零670

☑藍☑零633、634

☑嬛（亥）之日□☑零77、154

☑之竈奠☑零450

☑〔占之〕曰：宜少（小）☑零136

☑藍鐯☑零416

☑采（卒）散（歲）貞，占之：卦亡（無）咎，又（有）☑乙四38

☑〔占〕之：卦亡（無）咎。中咼（幾）君王又（有）亞（惡）於外☑乙四23

☑王□□咼（幾）☑零47

亡（無）敓（祟），咼（幾）中又（有）外霝（喪）☑甲三270

▢黄佗占之：卦亡（無）咎。未及中冎（幾）君王▢甲三 43

▢占之：君身亡（無）咎▢甲三 48

▢占之：卦亡（無）咎▢甲三 47

▢尚毋又（有）咎。占▢甲三 38

齊客陳異至（致）福於王之戠（歲）獻馬之月乙丑之日，甲三 217〔穌〕龜以龙〔籠〕零 122〔爲〕君集戠（歲）之貞，尚毋又（有）咎。占曰：卦亡（無）咎，君酒（將）喪祐，又（有）火戒，又（有）外▢乙四 122

▢▢。䷌䷇（同人　比）。是贏（羸）切而口亦不爲大詢，勿卹（恤），亡（無）咎。▢零 115、22

▢其繇（繇）曰：是日末兌，大言讘（絕）讘（絕），少（小）言惙惙，若組若結，夊（終）以▢▢甲三 31

▢▢▢是以胃（謂）之又（有）言。其卦亡（無）〔咎〕▢零 232

▢白文末白▢，是以胃（謂）之喪祐，駁黿禺（遇）▢▢▢以火▢▢乙四 45

▢▢▢和箅（筮）爲君貞，居郢，㻻（還）反（返）至於東陵，尚毋又（有）咎。占曰：卦亡（無）咎。又（有）祝（祟）▢乙四 100、零 532、678

▢以卦玉，㓝（荆）王臺（就）㝅（禱）㓝牢卦，文王以偷（逾）臺（就）禱大牢卦▢乙四 96

▢解於大（太），臺（就）㝅（禱）▢▢▢▢▢零 151

齊客陳異至（致）福於王之戠（歲）獻▢甲三 27

▢之月乙㜏（亥）之日零 257，彭定以駁黿爲君采（卒）戠（歲）貞，占乙四 46

齊客陳異至（致）福戠於王之戠（歲）獻馬之月，穌龜以龙黿爲君采（卒）戠（歲）▢甲三 33

齊客陳異至（致）福於王〔之〕戠（歲）獻▢甲三 20

▢龙籠爲君采（卒）戠（歲）貞，占之▢▢乙四 130

齊客陳異至（致）福於王之戠（歲）獻（獻）▢零 165、19

▢龙籠爲君貞，以其啟（肩）怀（背）疾▢乙四 61

齊客陳異至（致）福於王之戠（歲）▢甲三 272

▢童首以昏（文）黿爲▢零 234

▢亡（無）咎，又（有）敓（祟），與黿同敓（祟），見於大（太）▢甲三 3

大（太），備（佩）玉卦，䍁（擇）日於是冎（幾），惠（賽）禱司命、司录（禄）▢甲三 4

▢備（佩）玉卦，䍁（擇）日於▢▢零 219

▢夏层，言月惠（賽）禱大水，備（佩）玉卦。䍁（擇）日於屈柰乙四 43

▢▢柰惠（賽）禱於㓝（荆）王以偷（逾），訓（順）至文王以偷（逾）▢甲三 5

▢䍁（擇）日臺（就）▢零 318

▢〔獻馬〕之月乙㜏（亥）之日，黄佗以詨▢▢爲君▢零 170

▢女子之慼，又痾疾徟（作），不爲訧（尤），詷▢零 204

☑〔占〕之：亙（恒）☑零 202

☑〔齊客陳異致福於〕王之戠（歲）獻馬之月乙睘（亥）之日☑零 214

獻（獻）馬之月乙還（亥）之日，盧妣以龙䵴爲☑甲三 342－2

獻馬之月〔乙〕還（亥）之日，酄喜以定☑甲三 32

之，亡（無）咎。酒（將）又（有）喜。奠（鄭）憲習之以陸（隨）侯之☑甲三 25

☑之日，以君之不瘳（懌）也☑甲三 283

☑一精，臺（就）禱卲（昭）王、蕙（惠）王，屯☑乙四 12

☑牡中尚大箸，占☑乙四 136

☑之和箸，黍箸□☑零 415

☑箸☑零 368

☑一熊牡（牢）、一羊（駐）〔牡（牢）〕☑零 71、137

☑卦亡（無）咎，咒（幾）中☑零 336、341

☑貞，□占之：卦亡（無）咎。君☑乙四 133

占之：卦亡（無）咎。君又（有）☑甲三 218

☑□鄙之☑零 145

猷良之☑零 211

☑之卦☑零 389

☑無咎無☑零 128

☑癸☑零 140

☑玉一璧☑零 57

☑卦亡（無）咎零 83

☑各束綒（錦）☑零 409

☑珈（加）璧☑零 727

☑大薑□☑零 467

句鄂公鄭乙一 32 途毃零 319 大轍（城）邺（茲）立（方）之戠（歲）屈㯥（柰）之月癸未之日，諮〔生〕☑乙一 23、1

☑䢔（衛）箸，忻（祈）福於秋（太），一羊（駐）牡（牢）、一熊牡（牢）；司戠、司折☑甲一 7

公北、埅（地）宔（主）各一青義（犧）；司命、司褐（禍）各一勉，與禱䩾（厭）之。或☑乙一 15

句鄂公奠（鄭）余毃大城邺（茲）立（方）之戠（歲）屈㯥（柰）之月癸未〔之日〕☑乙一 14

☑大轍（城）邺（茲）邡（方）之戠（歲）夏层之月癸嬛（亥）之日，起齧以郜聯爲☑甲三 8、18

☑〔句鄂〕公鄭途（余）〔毃〕零 222

☑城邺（茲）立（方）之戠（歲）乙四 21 屈㯥（柰）☑零 503、零 700

☑奠（鄭）余毃☑零 342

☑奠（鄭）余穀☑甲三 391

☑散（歲）屈綮（欒）之☑零 414

☑□公城鄝之散（歲）亯月☑甲三 30

王自肥遺郢遅（徙）於鄝郢之散（歲），亯月☑甲三 240

☑諸生以□□爲君貞，牆（將）逾☑甲二 16

☑還返尚毋又（有）咎。〔占〕之：靽亡（無）咎。未☑甲三 229

☑塁禱子西君、育（文）夫人☑乙二 24、36

王遅（徙）於敔（鄝）郢之散（歲）亯月己巳之日，諸生以衛（衛）篁爲君貞，牆（將）逾取嵩，還
乙一 26、2 返尚☑零 169

☑□塁禱於卲（昭）王大牢，樂之，百，贛☑乙二 1

禱於育（文）夫人，뫰宰（牢），樂獻（且）贛之；塁禱於子西君，뫰宰（牢），樂☑乙一 11

☑勳顡之乙三 27

王遅（徙）於敔（鄝）郢之散（歲）亯月己巳之日，公子虢命諸生以衛篁乙一 16 爲君貞，牆（將）
逾取嵩，還返尚毋又（有）咎。生占之曰：靽☑甲一 12

☑尚毋爲蚘（尤）。諸生占之☑甲三 143

☑生之敓（説），歸一璧☑乙三 50

☑之散（歲）亯月☑零 51

☑丁丑之日，□尹☑零 271

☑之古（故）塁〔禱〕☑零 406

☑大資十月☑零 192

☑犠以逨（來）☑零 146

☑犠與☑零 242

☑三羊（騂）☑零 693

☑此至東☑零 76

☑之少多我牧☑零 302

☑余鱬紲□□☑零 16

☑讵於☑零 64

☑□成逾☑零 58

☑敔（鄝）郢之散（歲）零 216 夏綮（欒）之月己丑之日，乙三 49、乙二 21 君馨於荅☑乙二 8

☑郢之散（歲）夏綮（欒）之月己丑之日，君馨於荅☑乙一 5

☑〔夏〕綮（欒）之月，己丑之日☑零 267、269

☑與絪旹（幾）☑零 124

☑吉。君身☑甲一 8

☑毋死。占之：妐不死，亡（無）祝（祟）☑甲三 40

☑〔昭〕王、惠〔王〕☑零 361

☑玉，嬰禱於三楚祱（先）各一瘅（牂），瑷（瓔）之妐〔玉〕☑乙三 41

☑之，是日邅（就）禱於☑甲三 102

☑嬰禱於二天子各兩瘅（牂），瑷（瓔）之以妐玉。甲三 166、162

☑命一瘅（牂），瑷（瓔）之以〔妐玉〕☑乙二 22

☑一瘅（牂），瑷（瓔）☑零 587、598、569

☑室审（中）歆（特）☑乙一 8

☑之户，一户☑零 325

☑歆（特）牛，樂之。臺（就）禱户一羊，臺（就）禱行一犬，臺（就）禱門☑甲三 56

☑是日祭王孫□☑零 313

☑祭王孫屌☑乙三 24

☑〔不〕瘥（懌）之古（故），忻（祈）福於司禑（禍）、司祸、司龇各一瘅（牂）☑乙三 5

☑一勧，北方戝楝（禱）乘良馬、珈（加）〔璧〕☑乙四 139

☑□歆（就）禱三楚先屯一牂，瑷（纓）之妐玉；歆（就）禱□□☑甲三 214

☑返（及）江、灘（漢）、泜（沮）、漳、延（延）至於瀗（淮）。是日歆（就）禱楚祱（先）老嬞（童）、祝☑甲三 268

☑瘥一巳。或以肎（胃）醮求其䌓（說），又（有）祝（祟）於大（太）、北☑甲三 110

☑户、門。又（有）祝（祟）見於邵（昭）王、蕙（惠）王、文君、文夫人、子西君。歆（就）禱☑甲三 213

☑禱陞（地）宝（主）一牂，臺（就）☑乙三 17

☑於成斗麋☑零 352

☑臺（就）禱子西君歆（特）牛。壬唇（辰）之日禱之。☑甲三 202、205

夏㝵（栾）之月己丑之日，以君不瘥（懌）志古（故），邅（就）禱霝（靈）君子一猖，邅（就）禱門、户屯一羖（殺），邅（就）禱行一犬。壬唇（辰）之日〔禱之〕☑乙一 28

夏㝵（栾）之月己丑〔之日〕以君不瘥（懌）之古（故），邅（就）禱陳宗一猖。壬唇（辰）之日禱之☑乙一 4、10、乙二 12

夏㝵（栾）之月己丑之日，以君不瘥（懌）之古（故），邅（就）禱三楚先屯一瘅（牂），瑷（瓔）之妐玉。壬唇（辰）之日禱之☑乙一 17

☑王大牢，百之，贛。壬唇（辰）之日禱之☑零 40

☑禱子西君歆（特）牛。壬唇（辰）之日禱之☑零 147

☑兩瘅（牂），瑷（瓔）之妐玉。壬唇（辰）之日禱之☑乙二 23、零 253

☑□之日禱之☑甲三 305

☑彭定☑甲三 168

☑胑（背）以☑零 210-2

☑少（小）臣成迷（速）瘳，是☑甲三 16

☑以心瘆爲集☑乙四 7

☑歲（歲）貞，自☑零 177

☑豎良之敓（説）。豎禱於卲（昭）王、斉（文）☑乙三 28

臣成敓（敢）☑乙四 28

自我先人，以☑零 217

☑罷夜遂先人☑甲三 13

☑貞，楚邦既☑零 172

☑于天之☑☑零 114

☑☑龥（聞）智☑零 173

☑〔司〕命一勳☑零 15

☑选（先）之一璧☑甲三 142-1

☑☑以其古（故）豎禱斉（文）☑乙三 8

☑之，甚吉。乙四 24

融、空（穴）畬（熊）各一犐（牂），瑗（纓）之卦玉。壬脣（辰）之日禱之☑乙一 24

☑之日禱之☑甲三 88

☑☑之月己亥之日赽齾☑乙四 4

王遟（徙）於勬（郢）郢之歲（歲）夏㝈（栾）☑乙一 20 之月乙巳之日，䚔（許）定以陵尹懌之大保（寶）豙（家）爲乙二 25、零 205、乙三 48 君貞，既怀（背）、雁（膺）疾，以☑☑乙三 22

王遟（徙）於敱（郢）郢之歲（歲）夏㝈（栾）之月乙巳之日，頤與良志以陵尹乙一 12 懌之大保（寶）〔豙（家）〕☑零 117

王遟（徙）於敱（郢）郢之歲（歲）夏㝈（栾）之月乙巳之日，湄觺以陵☑乙一 18

自夏㝈（栾）之月以至坴歲（歲）夏㝈（栾）尚毋又（有）大咎。湄〔觺〕☑乙一 19

☑瘆（悶），尚母（毋）又（有）咎☑甲三 33

☑之日，頤與良志以☑乙二 44

☑☑戊申以起，己酉禱之☑乙二 6、31

王遟（徙）於勬（郢）郢之歲（歲）☑乙四 66

☑巳之日，䚔（許）定以陵尹懌之大保（寶）豙（家）爲☑甲三 216

☑之，豎禱酭礻酭單、酉（酒）食，夏礻歲（特）牛、酉（酒）食，豎禱☑甲三 243

☑大單（牢）饋，延（棧）鐘樂之。甲三 261

墜子肥豬，酉（酒）食。尗（且）☑乙四 80

☐起(起),己酉禱之☐甲三 144

王遷(徙)於鄩(鄩)郢之散(歲)夏〔柰〕乙四 67 之月乙巳之日,洍瞀零 103 以陵尹懌之大保(寶)豪(家)爲君貞,伓(背)、膺疾,以痒(胖)瘬(脹)、心痵(悶)。既爲貞,而敚(説)其祱(祟),自夏甲三 219 㮈(柰)之月以至桼(來)散(歲)之夏㮈(柰),尚毋又(有)大咎。洍瞀占之:亘(恒)貞吉,亡(無)咎。☐甲三 117、120

王遷(徙)於鄩(鄩)郢之散(歲)夏㮈(柰)之月乙巳之日☐甲三 225、零 332 - 2

☐王孱(徙)於鄩(鄩)零 79 郢之散(歲)夏☐零 142

☐戊申之夕以记(起),己〔酉禱之〕☐甲三 126、零 95

☐爲箸告我傢所取於□☐乙三 33

☐祟,與黽同敚(祟)☐零 241

☐亡咎,己酉唇(晨)禱之☐零 307

☐無咎。疾迖(遲)瘛(瘥),又(有)癀(續)。以其古(故)敚(説)☐乙三 39

☐痒(牂),緄(纓)之牀玉。定占之曰:吉☐甲三 170

☐癀(續)。以其古(故)敚(説)之,寋(賽)禱北方☐乙三 61

☐兩義(犧)馬,以罌禱☐乙二 9

☐之,寋(賽)禱大(太)一☐乙二 20

☐以一璧,既☐零 188

☐大逄車☐零 123

☐絑(朱)逄,驪(麗)義(犧)馬☐乙三 21

☐□義(犧)馬,女乘黄□☐甲三 84

☐乘韃逄,驪(麗)〔犧馬〕☐乙二 10

☐女乘騮☐甲三 183 - 1

☐乘騮☐甲三 167

䷓䷗(觀 復)。辛亥之☐乙四 68

☐〔之〕日鳶(薦)之□☐零 23

☐巳之昏鳶(薦)叡(且)禱之陛(地)宔(主),八月辛酉☐乙三 60、乙二 13

日於九月鳶(薦)叡(且)禱之,吉☐甲三 401

王遷(徙)於鄩(鄩)郢之散(歲),夏㮈(柰)之月癸丑☐甲三 299

☐之日,譬(許)定以陵尹懌之大保(寶)豪(家)爲君貞,乙二 27 既伓(背)☐零 296

☐痵(悶),翠(卒)散(歲)或至夏㮈(柰)甲二 8

之月尚毋又(有)咎,躳(躬)身尚自宜訓(順)。定☐乙一 9、乙二 17

☐子西君、吝(文)乙一 7 夫人各戠(特)牛☐乙一 27

☐癸丑之日,彭定以少(小)冟(龙)黿爲☐甲三 172、乙三 19

☑丑之日，彭定以少（小）冕（龙）籠爲☑乙三 38

以少（小）冕（龙）籠爲君貞，怀（背）乙三 43 雁（膺）疾，以痹（胖）痕（脹）☑乙二 11

☑吉。疾遬（速）敚（損），少（小）遉（遲）恚（蠲）蠲（瘥）。以其古（故）敓（説）☑乙二 3、4

☑於司命一勛，瞏禱於☑甲一 15

☑一青義（犠），〔先〕之一璧；瞏禱於陞（地）宔（主）〔一〕青義（犠），先之一璧；瞏禱於二天子各痒（牂）☑乙二 38、46、39、40

☑牉（將）遬（速）又（有）関（間），無咎無敓☑甲三 232、95

☑牉（將）遬（速）瘥（瘥），無咎無敓☑乙三 2、甲三 186

☑怀（背）脣悗心之疾，怀（背）脣悗心之疾，迷（速）瘳遬（速）瘥（瘥）。罷日癸丑，少（小）☑甲三 22、59

☑臣成之☑零 106

☑隹（唯）潒（顫）栗忈（恐）瞿（懼），甬（用）受縣（絲）元龜、晉（巫）筲（筮）曰：甲三 15、60

有祝（祟）見于大川有沾，少（小）臣成敬之瞿（懼）零 198、203 之，敓（敢）甬（用）一元犅痒（牂），先之☑乙四 48、零 651

☑食，卲（昭）告大川有沾，曰：於（嗚）虖（虐）悽（哀）哉！少（小）臣成蓦（暮）生曩（早）孤☑零 9、甲三 23、57

☑□少（小）臣成奉（逢）遘（害）戲（虐）甲三 64

☑食，卲（昭）告大川有沾。少（小）臣甲三 21 成敓（敢）甬（用）解訛（過）瘂（釋）慧（尤），若甲三 61

☑昔我先出自卲遒，宅兹沮（沮）、章（漳），台選（徙）蹇（遷）尻（處）甲三 11、24

☑渚沮（沮）、章（漳）、汲（及）江，走（上）逾取菌☑乙四 9

☑少（小）臣成拜手稽首，敓（敢）甬（用）一元☑乙四 70

☑饋，延（棧）鐘樂之☑甲三 145

☑□小子夜☑零 39、527

☑尚敘敓（拔）☑零 148

☑□□禱祠，林有☑乙四 53

☑不蹇（遷）☑乙四 31

☑臨爾産毋遺爾☑乙四 30、32

☑靁（靈）力休有成慶，宜爾☑甲三 65

王遷（徙）於鄝（鄀）郢之歲（歲）夏篍（柰）之月癸嬛（亥）之日，彭定以少（小）龙籠☑甲三 204

☑爲君貞，怀（背）脣疾，以☑零 199

痹（胖）瘳（脹）、膚疾、以瘴（悶）心，零 306 萃（卒）歲（歲）國（或）至來（來）歲（歲）之夏篍（柰）☑甲三 248

☑罷（一）已，又（有）祝（祟）☑零 339

☑各大單（牢）饋，延（棧）鐘☑13 樂之，舉禱子西君、文夫人各戠（特）牛饋，延（棧）鐘樂之。定占之曰：吉。氏（是）月之☑甲三 200

☑之日，晅與良志以陵尹懌之髕髀爲君貞，怀（背）、膺疾，以痄（胖）瘕（脹）、心瘇（悶），采（卒）戠（歲）或至☑零 584、甲三 266、277

☑亙（恆）貞無咎，迡（遲）瘥（瘥）。以其☑零 330

☑樂之。占之：吉。惠王。良志占之曰☑甲三 241

☑爲君貞，怀（背）膺疾，以痄（胖）瘕（脹）、心瘇（悶），采（卒）戠（歲）或至夏褮（栾）之月尚☑零 221、甲三 210

☑貞，既怀（背）膺疾，以☑甲三 238

☑亙（恆）貞，尯亡（無）咎，疾瀺（一）☑甲三 365

☑痞，又（有）祱（祟）。以其古（故）敓（說）之。舉禱卲（昭）王、文君☑甲三 344 - 1

☑競坪（平）王大單（牢）饋，延（棧）鐘樂之。遫（逐）晅甲三 209

☑〔王徙於〕鄩郢之戠（歲）夏褮（栾）之月乙卯之日，郿（應）嘉以衛侯之篿（筮）爲坪夜君貞，既又（有）疾，尚遫（速）瘥（瘥），毋又（有）☑甲三 114、113

王遅（徙）於敔（鄩）郢之戠（歲）☑甲三 183 - 2

☑夏褮之月乙卯☑甲三 159 - 3

☑卯之日，彭零 108 定以肴（駁）韂☑甲三 157

☑卯之日諝〔生〕零 130

☑坪夜君貞，既心悗（悶）、痺（胖）痕（脹），以百脢體疾。卜箸（筮）爲尬（攻），既☑甲三 189

☑又疾尚遫（速）零 121 瘥（瘥），毋又（有）〔咎〕，鹽（鹽）見占☑甲三 29

☑占之：義（宜）遫（速）又（有）閖（間），無咎無敚☑☑甲三 235 - 2

☑翔（殺），道一冢☑☑甲三 174

☑王爲坪夜☑甲二 21

☑之月，乙卯之☑零 20

☑□篆以新☑零 118

☑髀爲坪夜☑零 311

☑君貞，既又（有）疾，尚遫（速）瘥（瘥），毋又（有）咎。占之：難瘥（瘥）☑甲三 194

☑其古（故）敓（說）之。舉〔禱〕☑乙四 3

☑□牂（將）遫（速）瘥（瘥）。瞿或☑乙二 45

☑飤縢（豢）㠯（以）縢（豢），飤豬㠯（以）☑零 308

☑〔老〕童、祝融、穴熊芳屯一☑甲三 35

☑□䞓篆占之曰：吉☑甲三 71

☑吉。采（卒）。☑甲三 154

☑夏祭之月丙辱（辰）之日，陵君（尹）懌☑零 200、323

☑酉（丙）辱（辰）之日☑零 176

☑之，丙辱（辰）之日，台君☑零 109、105

☑之日禪☑零 190

☑□尹丁以長☑零 206

☑痕（脹）、膚疾、悗（悶）心甲三 291 - 2

☑□罕（擇）日於☑零 5

☑車，義（犧）馬☑零 167

王遅（徙）於鄝（鄩）郢之戠（歲）夏祭（欒）之月☑甲三 159 - 2

☑蒙濾諸生以長篃爲君貞，既☑乙三 7

☑褘公子號命彭定以少（小）冟（尨）齡爲君貞，既怀（背）☑甲一 25

☑疾，尚遴（速）瘥（瘥）。定貞（占）之：亙（恒）貞無咎，疾迡（遲）瘥（瘥），又（有）瘤（續）。息（以）甲一 24 疾髗、痕（脹）腹、瘠（膚）疾。自夏祭（欒）之月以至冬祭（欒）之月，聿（盡）七月尚毋又（有）大☑乙一 31、25

☑之日，褘公子虜（虢）命彭定以少（小）冟（尨）齡爲君貞，既怀（背）☑甲二 5

☑瘠疾、痹（胖）痕（脹）、心乙三 35 悗（悶），釆（卒）戠（歲）或至夏甲一 16

☑祭（欒）之月尚零 275 毋又（有）☑零 93

☑與賓禱之。甲一 23

☑君七日貞，尚大☑零 329

☑又（有）瘥，躳身尚☑甲一 9

☑迡（遲）巳（已），又（有）祝（祟）。以其古（故）敓（説）之。□☑甲三 96

☑〔占〕之曰：吉，無咎，遴（速）瘥（瘥）☑甲二 34

☰☷（遯 謙）。王遅（徙）於敔（鄩）郢之戠（歲）夏祭（欒）☑乙四 15

☑□未良瘥（瘥）。☷☷（師 坤）。或爲君貞，以其不良悬（蠲）瘥之古（故），尚毋又（有）祟。倉占之甲三 184 - 2、185、222

☑牁（將）爲瘤（續）於後☑甲二 32

☑占之曰：吉。聿（盡）八月疾瘥（瘥）☑甲二 25

☑〔占之〕曰：甚吉。未聿（盡）八月疾必瘥（瘥）。甲三 160

☑之祝（説）。敓（擇）日於八月之审（中）賽禱☑甲三 303

☑五宝（主）山各一殺☑甲二 29

☑爲君貞☑零 73

☑□於氏（是）凥（處）☑零 420

☑戙（且）君必遅（徙）凥（處）安善。☰☷（同人 比）。或爲君貞，□□☑甲二 19、20

☑□。或爲君貞，以其不安於氏（是）尻（處）也，亙（亟）遲（徙）去☑甲三132、130

☑占之曰：甚吉，女（如）西北☑甲三129

☑而歸之□□零197

☑遲（徙）去氏（是）尻（處）也，尚吉。定占之曰：甚甲三165吉。旮（幾）之审（中）疾☑甲三236☑□。䷒（師臨）。亙（恒）生☑甲二37

☑既心悁（悶）以疾，戲（且）痕（脹）瘠不☑甲三291–1

☑亦豊（體）出而不良☑甲三101、94

☑又（有）閜（間）心☑零401

☑瘠不出，今亦豊（體）出，而不良又（有）閜（間）。甲二28

☑難出，今亦少☑甲三135

☑古（故）敓（説）之。遫（逐）☑甲三169

☑瘖（續），以其古（故）敓（説）☑乙二41

☑無咎。疾犀迓（遲）癥（瘥）☑甲三173

☑〔無〕咎，又（有）敓（祟）見於大（太）☑甲三177

☑疾遬（速）敓（損），少（小）迓（遲）悥（蠲）☑乙三47

之夏綮（柰），毋又（有）大咎☑甲三151

☑閜（間），采（卒）歔（歲）無咎☑甲三158

綮（柰）毋又（有）大咎。占☑甲三155

☑斉（文）君。占之曰：吉☑甲三260

☑於北方一犝，先之以☑乙三40

☑□於斉（文）夫人三十乘☑乙三46

☑競坪（平）王以逾，至☑甲三280

☑亙（恒）貞無咎，疾罷（一）瘖（續）罷（一）已☑甲三284

☑□□宜少（小）迓（遲）癥（瘥）☑甲三153

☑祝吳（昃）禱之☑甲三159–1

☑嘟（鄙）郢之歔（歲）夏乙四16綮（柰）☑零379

☑歔（歲）夏綮（柰）☑零360

☑夏綮（柰）之月☑零96

☑夏綮（柰）之月☑零182

☑夏綮（柰）☑甲二9

☑夏綮（柰）☑零27

☑夏☑零359

☑以衛箄爲君☑甲三152

☑長篁☑零 456

☑白簹☑零 370

☑白簹爲坪〔夜君貞〕☑乙三 20

☑癙（膚）疾、心悗（悶），采（卒）☑零 215

☑采（卒）歳（歳）☑零 17

☑采（卒）歳（歳）☑零 97

☑坪夜君貞，既☑甲三 6

☑君貞，既☑零 285

☑既爲貞，而敓（説）其☑甲二 35

☑以坪夜君不瘁（懌），怀（背）、雁（膺）乙二 37 膚疾、瘇（胖）痕（脹）、心☑乙二 5

☑貞，怀（背）、膚疾，以瘇（胖）痕（脹）☑乙二 19

☑貞，怀（背）、膚疾，以瘇（胖）痕（脹）、心悗（悶）☑甲一 14

☑怀（背）、膚疾，以瘇（胖）痕（脹）、心☑甲一 13

☑膚疾，以瘇（胖）痕（脹）☑甲三 149

☑痕（脹），癙（膚）疾☑零 292

☑癙（膚）疾☑零 357

☑瘇（胖）痕（脹）☑零 138

☑疾、以☑零 686

☑心悗（悶）☑零 126

☑悗（悶），兩□☑零 277

☑瘇（胖）痕（脹）以百☑零 125

☑以瘇（胖）痕（脹）☑零 328

☑胆體☑零 256

☑諸生以衞（衞）☑零 268

☑篁爲君貞，忻（祈）福舉禱於☑乙三 6

☑忻（祈）福於北方，舉禱一備（佩）璧☑甲一 11

☑篁爲君貞，忻（祈）福於卲（昭）王、獻（獻）惠王、柬大王☑甲一 21

王遟（徙）於鄩（鄩）郢之歳（歳）八月丁巳之日，䤁（鹽）壽君以吳夏〔之〕☑甲二 6、30、15

☑〔王徙〕於鄩（鄩）郢之歳（歳）八月丁巳之日，雁（膺）寅以少（小）央爲☑甲二 22、23、24

王遟（徙）於鄩（鄩）郢之歳（歳）八月丁巳之日，雁（膺）愴以大央爲坪☑甲一 3

毋又（有）大咎，窮（躬）身尚自宜訓（順）。占之：亘（恒）貞吉，疾遴（速）☑甲三 247、274

☑毋又（有）咎。☷☶（頤　謙）占之曰：吉，宜，少（小）迻（遲）瘕（瘥）。以其乙二 2 古（故）敓（説）之。遬（遫）彭定之祝（説）。於北方一犅，先之☑乙二 30

☑〔占〕之曰：亙（恒）貞☑ 零 412

☑〔占之〕曰：吉☑☑ 零 458

☑璧。占之：甚吉。甲三 181

☑〔王徙於鄩郢〕之歲（歲）八月丁巳之日，盬（鹽）壽君以吳夏之☑ 甲三 342－1、零 309

☑〔王徙〕於鄩（鄩）郢之歲（歲）八月丁巳之日，䣩（應）寅☑ 甲三 178

王遷（徙）於鄩（鄩）郢之歲（歲）八月丁巳之日，䣩（應）愴以大央☑ 甲三 258

☑爲君貞，既伓（背）、雁（膺）疾，以瘦（胖）痕（脹），瘡（膚）☑ 甲三 257

☑月丁巳之日☑☑以髇髀爲☑ 甲三 54、55

☑☑以髇髀〔占〕之曰：吉☑ 甲三 53

☑貞，既肵（背）雕（膺）疾，以髋（胖）疾☑ 乙四 8

☑陵尹子☑紡紫纊廿☑ 乙四 6

䣩（應）愴寅習之以大央，占之：〔吉〕，迻（速）又（有）閦（間），無祝（祟）☑ 甲三 208

☑兩又（有）五，丁巳之昏以☑ 乙四 36

☑☑又五☑白☑☑ 甲三 230

☑☑戊午之☑ 零 535、704

☑㝷（禱）墅（地）宔（主）☑ 乙四 140

☑宔（主）與司命，檇（就）禱璧玉犐☑ 乙四 97

☑〔平〕夜文君，戊午之昏以☑ 甲三 116

王遷（徙）於嘟（鄩）郢之乙四 47 歲（歲）八月己未之日，盬（鹽）券以長☑ 甲三 26

☑貞，既肵（背）雕（膺）疾，以髋（胖）疾，以心☑ 甲三 100

☑瘂（悶），爲集歲（歲）貞，自☑ 零 135

☑以髇髀爲坪〔夜君〕貞，既肵（背）膺☑ 甲三 301－2、301－1

☑疾，髋（脅）疾，以心瘂（悶），尚毋死。☑良志☑ 甲三 131

☑之日盬（鹽）佚以長刺☑ 甲三 235－1

☑歲（歲）之貞，尚毋又（有）咎☑ 乙四 40

☑☑貞，既疾☑☑，以髋（胖）疾，自☑ 甲三 9

八月己未之夕，以君之疠（病）之☑ 乙四 5

☑宀（中）戠（特）牛，樂之。臺（就）禱☑ 甲三 14

己未之日以君不瘻（懌）之古（故）☑ 甲三 164

王遷（徙）於☑ 零 112

☑犐亡（無）咎，又（有）祝（祟）☑ 甲三 19

☑無咎、無祝（祟）☑ 乙四 50

☑求其祝（說），又（有）祝（祟）於☑ 乙三 36

☑舠（荆）王、文王，以逾至文君，已解☑☑零301、150

☑己未之日，歖（就）禱三殜（世）之殤（殤）☑乙四109

☑卲（昭）王、文☑零445

☑於文王、□□☑零546、687

☑玩，己未☑零272

☑以□之大彤箁（筮）爲君貞，既心疾，以☑甲三72

☑惉（悶），戲（且）瘠不出，以又（有）瘩，尚遬（速）出，毋爲忧。嘉占之曰：亙（恒）貞吉，少甲三198、199‐2逴（遲）出。䷛䷷（大過　旅）或爲君貞，以其逴（遲）出之古（故），尚毋又（有）祟。嘉占之曰：無亙（亟）祟。䷊䷓（泰　觀）或爲君貞，以其無亙（亟）祟之古（故）☑甲三112

☑□一牂。嘉占☑零344

☑〔占之〕曰：亙（恒）貞吉☑零120

☑□筮。庚申之昏以起，辛酉之日禱之甲三109

☑之日，定爲公子☑零101

☑□之，躬身毋☑零293

☑君王，定占之☑乙四121

☑禱門、户零442

☑□占之曰：其☑零322

☑□定占之：尜亡（無）☑零460

☑占之：尜☑乙四83

☑之即之不欨取於發與肴☑零193

慁思甲三388爲之啻（謫），以微宰（宰）尹發與☑甲三356

☑司馬虻逗於儲☑甲三182‐2

☑之不瘝（憚）☑零392

☑占之：君☑零453

☑思爲之求四羊（駢）義（犧）☑乙四143

☑□熊犧（犧）□☑零2

☑聿（盡）緵（纓）以尜玉，旆（祈）☑甲二10

☑堑（地）宔（主）一牂（牂）。辛酓（酉）之甲二7

王遅（徙）於堅（鄩）郢之歲（歲）甲三259八月辛酓（酉）零315

☑〔王徙〕於蘵（鄩）郢之歲（歲）八月辛酓（酉）之☑乙三29

☑月辛酓（酉）之日西陵執事人台君王☑乙四126

☑之古（故）命西陵人☑零228

☑西陵之☑零32、零696

☐酚（酉）之日祭之，大瘤（牢）餽之於黃李。占之：吉。啻（謫）☐☐甲三 304

珥、衣常（裳），叡（且）祭之以一豬於東陵。占之：吉☐甲三 207

☐霝（靈）君子畠其戠（特）牛之禱。奠（鄭）憲占之：狀☐乙四 145

所狀者以迷（速）宨（賽）禱☐零 12

☐君、文夫人，畠其大牧（牢），百乙四 128

之，贛，樂之。辛酚（酉）之日禱之☐甲三 46

☐辛酚（酉）之日☐零 542

☐亥之日瞽（皆）禠（薦）之，吉☐乙二 42

☐敓（崇）見於卲（昭）王、杏（文）君、杏（文）夫人、子西君。是☐乙一 6

其古（故）敓（說）之。舉禱於卲（昭）王、獻（獻）惠王各大牢餽，迕（棧）☐乙一 29、30

杏（文）夫人，舉禱各一備（佩）璧。或舉禱於坙武君、命（令）尹之子瀞（璿）各大牢，百☐
乙一 13

☐〔樂〕之，百之，贛。舉禱於子西君戠（特）牛，樂☐甲一 27

☐贛。凡是戊唇（辰）以斂（合）己巳禱之。甲一 10

王遲（徙）於郹（郢）郢之散（歲）八月己巳之日，鹽（鹽）痁以駐蒿（靈）爲坪夜君貞，既心
甲三 215悗（悶），采（卒）散（歲）或至夏禜（栾）☐甲三 87

王〔徙〕於郹郢之散（歲）八月己巳之日，鄭建以☐☐甲三 223

☐瘝（瘥）。以其古（故）敓（說）之。遯（逐）鹽（鹽）痁之敓，釋祭卲（昭）王大牢，腿（棧）鐘
樂之。鄭☐甲三 212、199－3

☐璧，以罷禱大牢餽，腿（棧）鐘樂之，百之，贛。鹽（鹽）埸占之曰：吉。既告叡（且）☐
甲三 136

☐舉禱備（佩）玉，各弊璜。冊告自杏（文）王以豪（就）聖趄王，各束絵（錦）珈（加）璧。
甲三 137

王遲（徙）☐零 49、62

☐之散（歲）☐零 70

☐八月☐零 530

☐己巳☐零 141

己巳之日，觀☐零 326

☐珈（加）璧，以☐零 397

☐既瞽（皆）告叡（且）禱已。☐甲三 138

☐之日瞽（皆）告叡（且）禱之☐零 452

☐之曰：吉，無咎。又（有）敓（崇）見於卲（昭）王、獻（獻）惠甲一 5

☐迠（遲）恚（蠋）瘝（瘥），又（有）敓（崇），以其古（故）敓（說）之。舉禱☐甲三 265

☑□以其古（故）敓（説）之。旮（文）君、旮（文）夫人歸☑甲三 176

☑厤（厭）禱一勋。歸備（佩）玉於二天子各二璧，歸☑甲一 4

☑痒（牂），緅（纓）之以〔卦〕玉壆☑甲二 2

☑王、旮（文）君。壆禱於獻（獻）惠王、旮（文）君各一備（佩）玉。辛未之日禱之☑
乙一 21、33

☑又（有）大咎，窮（躬）身尚自宜訓（順）。定占☑乙二 35、34

☑珥、衣常（裳），虡（且）祭之以一豬於東陵，占☑甲三 269

☑一勋，歸備（佩）玉於二天子，各二甲三 81、182－1 璧，□☑甲三 171

☑備（佩）玉，於郘山一玼瑇，□☑乙三 44、45

又（有）敓（祟）見於司命、老嬇（童）、祝融、空（穴）奮（熊）。癸酌（酉）之日壆禱☑乙一 22

☑□於郘之☑甲三 93

郚少（小）司馬陳鄦惥（愆）以白霝（靈）爲君坪夜君貞，既心疾，以盒（合）於怀（背），虡（且）
心瘆（悶）☑甲三 233、190

☑盬（鹽）痁以歂竃爲坪夜君甲三 115 貞，既怀（背）、雁（膺）疾以☑乙三 51

☑以其古（故）敓（説）之。壆禱楚先老童、祝融、禮（鬻）奮（熊），各兩痒（牂）。旂（祈）☑
甲三 188、197

☑甲戌興乙亥禱楚先與五山，庚午之夕内齋☑甲三 134、108

瑤命郘（許）☑零 187

☑之日瑤☑零 171

☑霝☑乙四 119

☑旂（祈）之☑零 284

☑咎，無惥〔占〕☑零 164

☑自八☑零 305

☑以至十月，三月☑甲三 191

☑尚☑零 685

☑於楚先與五山☑零 99

☑壆禱五山、祠棠☑甲三 195

☑薦（薦）三楚先，客（各）☑甲三 105

☑下内外褌神句所☑甲二 40

☑之，慈（祈）福壆禱旮（文）君，大牢饋之☑甲三 419

☑樂之，饋祭子西君翢甲二 38、39

盬（鹽）痁習之以歂竃，占之：吉，不瘑（續）☑甲三 192、199－1

☑甲戌之昏以起，乙亥之日薦（薦）之。甲三 119

☑之月乙☑甲三 **156**

☑又（有）敓（祟）見☑零 **52、54**

☑尚購之☑零 **129**

☑〔占〕之：吉，不瘥（續）☑零 **184**、零 **681** ☑大（太），北方楚☑零 **178**

☑占之：亙（恒）貞吉☑零 **208**

☑〔占〕之：亙（恒）貞無☑零 **195**

☑尚毋死。占之：不死。乙四 **22**

☑翠（擇）日八月之中腄（脡）☑甲三 **339**

☑舉禱☑甲二 **12**

陞（地）宔（主）以□☑零 **3**

☑陞（地）宔（主）☑甲三 **306**

☑疾，亙（亟）由郫亥敓（說）於五殜（世）☑乙四 **27**

☑簹（筮），恒（亟）忻（祈）福於大（太）☑零 **448**、零 **691**

☑〔占〕之：亙（恒）貞吉，無咎。疾罷（一）瘥（續）罷（一）已，至九月又（有）良閒（間）☑
甲一 **22**

八月甲戌之日廌（薦）之。☑甲三 **80**

☑□之祝（說）。占之：吉。既成☑甲三 **45**

☑〔王徙〕於鄢郢之歲（歲）八月戊☑零 **113**

☑咎。又（有）敓（祟）見於卲（昭）王、文☑甲三 **2**

八月辛巳之夕歸一璧於☑甲三 **163**

☑壬午之日祭卲（昭）王☑甲三 **161**

☑卉（文）君與啻（禘）。解於大（太），遬（遫）其定祝（說），八月壬午之日廌（薦）大（太）☑
甲三 **300、307**

犠馬，先之以一璧，迺（乃）而逯（歸）之。遬（遫）卉（文）君之祝（說）□☑甲三 **99**

舉禱一乘大逤黃輯，一軡玉寽□☑甲三 **237‐1**

☑白，一乘絑（朱）逤，驪犠馬，一☑甲三 **79**

擇日於八月腄（脡）祭競坪（平）王，以逾至卉（文）君，占之：吉。既敘之。甲三 **201**

☑解於北方，翠（擇）☑甲三 **239**

☑□吉日，惥（賽）其☑零 **463**

☑敊（且）舉羍（騂）熊☑甲三 **237‐2**

☑醍鐘樂之☑乙三 **63**

☑君身☑零 **408**

此果廷☑乙四 **10**

以良□□零276

□□歔(且)□零358

□又(有)良閑(間)□零440

王遅(徙)於郪(鄢)郢之乙四2歳(歲)八□零194

王遅(徙)□零677

□□之歳(歲)□零459

王遅(徙)於郪(鄢)郢)□零25

王遅(徙)□零507

王遅(徙)於敫(鄢)郢〔之歲〕□零498

□於敫(鄢)郢之□零580、730

王遅(徙)□零274

郢尹羕習之以新承惪□甲三193

□東陵，龜尹丹以承國爲□乙四141

□□旇習之以承惪。占□乙四49

□周墨習之以寅鼉□零213、212

□庋習之以白□乙四17

□豪(家)爲坪夜君貞，既□甲三246

□□疾、骭疾，以心□甲三245

□癰(瘥)。以其古(故)敓(說)之。亯(享)薦□甲三256

□□未良□零434

□坪栾文君子良，樂，贛甲三242

□爲坪栾君卜之□零66、甲三234

□午之日尚毋瘱(續)。占之：亘(恒)□甲三58

□嘉占之曰：吉□甲三75

□占之曰：吉□甲三73

□占之曰：吉□零61

□占之：吉。既牆(將)□零246

□占之曰：吉，遫(速)□甲三187

□占之曰：吉，義(宜)少(小)瘏(瘥)，以□甲三12

□氏(是)日彭定習之以鳴觱□甲三41

□自宜訓(順)。定占之：卦亡(無)咎□乙四71

□〔坪〕夜文君各一玉□甲三121

□〔祝〕融、穴〔熊〕、卲(昭)王、獻〔惠王〕□甲三83

☑〔祝〕融、空（穴）酓（熊）、各☑零288

☑塞（賽）禦（盟）禱，是日☑零281

☑□社襑（稷）𦣞（豢），山義（犧）☑零163

禱北方一精，先之一璧，𢼸（就）☑乙四14

☑二天子屯零335

☑疠（病）之零158古（故），公子爲☑零67

☑三楚先、陛（地）宝（主）、二天子、郘山、北〔方〕☑乙四26

☑霝（靈）君子、戶、步、門□☑甲三76

☑車，鄝公中、大司馬子砈、䢊（宛）公☑零236、186

☑遬（速）瘥（瘥），起病經命坪夜君☑零238

☑舊丘，是日𢼸（就）禱五祀☑零282

☑之日禱之。氏日（是日）𢼸（就）〔禱〕☑零290

☑先之各一□零278

☑弻元龜、筶（筮）、義（犧）牲，珪璧唯□☑零207

☑之，百之，贛。以斿（祈）☑零287

☑樂之，百之，贛之。祝甲三298虎☑甲三295

☑佚占之曰：吉。冊告自斉（文）王以邌（就）聖赻〔王〕☑甲三267

☑折、公北、司命、司裑（禍）☑零266

☑𢼸（就）禱大（太）零231

☑〔平〕夜君城□□□□□☑零156

☑刺爲坪☑零180

☑或以義（犧）生（牲）、璧玉☑乙三32

☑龜、筶（筮）、義（犧）☑零283

☑爲坪夜☑零369

☑禽所卦者☑零291

☑一精，司☑零229、261

☑饋之於黄李，占☑零230

☑不瘥（憚）疠（病）之古（故），祝□☑零209

☑或蓬（逾）彭定之☑零270

☑思坪夜君城（成）□瘳迷（速）瘥（瘥）☑零189

☑□𦣞（就）禱三楚☑乙三31

☑筶（筮）以□☑零175

☑〔祝〕融、穴酓（熊），𢼸（就）禱北☑零254、162

☑句（苟）思〔坪〕☑零 87

☑城（成）□瘵遬（速）瘥（瘥），敢（敢）不遬（速）☑零 300、零 85、零 593

☑䣃（文）君，辛☑零 640

☑陵，尚毋又（有）☑乙四 60

☑敓（說）之，舉禱酉☑甲三 148

☑酓牢西（酒）食，夏祭戠（特）☑甲三 86

☑舉禱於☑甲三 147

牛，西（酒）食。舉禱於☑零 1

☑戠（特）牛。既薦（薦）之於東陵零 303

☑舉禱於大（太）一精☑甲三 146

☑樂虘（且）贛之。舉零 331－1

☑卲（昭）王、䣃（文）君各大牢☑零 111

☑鐘樂之。是日☑甲三 98

☑豬□☑甲三 97

☑犧六女□☑乙四 58

之，廙於競坪（平）王、卲（昭）王☑甲三 69

☑尚毋又（有）咎。貞無☑甲三 62、63

☑旮（幾）中無咎，又（有）閞（間）☑甲三 17

☑禨邔社，大殤坪夜之楚禝（稷），東甲三 271

其袿（社）禝（稷），芒袿（社）命䖵（娩）☑零 338、零 24

☑□□□楚〔邦〕又（有）㝵（得）☑零 131

☑椇廗□尹□☑甲三 380

☑組，矞（喪）者甫☑甲三 253

☑𦣞配卿（饗）賜☑零 92

☑□君身以☑零 454

☑爲君貞☑零 289

☑大咎，占之☑零 468

☑□□之，君牉（將）遬（速）瘥（瘥）☑零 481

☑槃耳☑零 127

☑虢命祝☑零 249

☑疾以☑零 60

☑牢□☑零 470

☑𢾭（攻）☑零 465

☑瘄（膚）疾☑零 469

☑瘳，尚☑零 475

☑疾，以悗☑零 26

☑中無咎，酒（將）☑零 28

☑卟無☑乙三 1

☑鼄☑乙四 118

☑惥（賽）禱☑乙四 91

☑貼（猨），攻零 552

☑敓（說）氏（是）祝（祟）☑☑☑零 295

☑自宜訓（順）☑零 286

☑尚自宜訓（順）☑零 65

☑宜順。定☑零 14

☑☑塞（賽）☑零 484

☑咎。☑☑零 485

☑卟無咎。又（有）☑零 487

☑無敓☑零 493

☑既城（成），叡（且）☑甲一 17

文君，☑禱☑☑☑☑甲三 276

☑遪（就）禱文☑零 255

☑〔之〕不瘳（懌）☑乙四 120

☑一痒，遪（就）☑乙四 124

咎，少（小）又（有）☑☑零 419

有楚之☑零 94

☑以少央☑零 376

☑咎，疾一☑零 191

☑毄禱☑零 410

☑毄☑☑零 279

☑痒（痒）☑零 320

☑一痒（痒）☑零 29

☑朓（棧）鐘☑零 8

☑〔占〕之：卟亡（無）咎，〔期〕中☑零 497

☑悗，采（卒）戠（歲）或至☑零 492

以其古（故）☑☑☑☑甲三 91

祝（祟）見於☐零 38

☑兩羕☑零 538

☑敚☑零 551

☑☐禱☑零 477

☑一勮☑零 351

☑禱以☑甲二 31

☑禱以☑零 21

☑以貈（豰）☑甲二 18

☑禀（禱）一☐☑甲三 50

☑汇走（上）嬰☑甲三 103

☑之月尚☑零 233－2

☑以白黿☑零 244

☑定習之☑零 183

☑祭各☑零 262

☑占之☑零 69

☑〔占〕之：亘（恒）☑零 53

☑之，占之☑零 181

☑占之☑零 385

☑亘（恒）貞☑零 7

☑☐君之☑零 365

☑貞既☑零 81

☑智之☑零 247

☑戌之☑零 264

☑可志☑零 474

☑有志☐☐☑零 225

☑〔占〕之：吉☑零 41、零 86

☑禱之☑零 10

☑氏楚☑零 391

☑坪王☑零 395

宔（主）☑零 413

☑大帀（師）☐☑零 433

☑亘（恒）貞☑零 437

☑於大（太），臺（就）禱☑零 312

☑□老童☑零429

☑之，遠（就）禱三楚☑零314

☑䷦䷖（咸 剝）。尚毋☑甲三302

☑遠柰、鄙尻憙（賽）禱零248

☑尚毋☑零626

☑尚毋☑零210－1

☑尚☑零227

☑尚毋又（有）咎☑零55

☑尚毋☑零144

☑又（有）悥（意）☑零139

☑司救返（及）左☑零6

☑牛，占☑零226

☑曰吉，無☑零223

☑疾，尚迷（速）☑甲三127

☑悥（意），又（有）☑零110

☑豢，其☑零98

☑君貞以其☑零372

☑以□豪（家）之☑零483

☑瘇（懌）之古（故），爲☑零447

☑牢☑零537

☑王傑☑零629

敚（崇）見於☑零388

☑王☑零350

☑□王各一□☑零119

☑又（有）〔敚見〕於司☑零427

☑卲（昭）王□☑零436

☑見於大（太）☑零426

☑一勦飤之，遠（就）☑乙四127

☑□憙（賽）☑零75

☑司戠☑零159

☑□□以長剌☑零160

☑公北☑零161

☑各戠（特）牛，酉（酒）〔食〕☑零174

☑□爲□代□一□☑零 185

☑墾☑零 260

☑旬疾，以☑零 327、零 321

☑北宗，各一□☑零 476

☑北宗☑零 107

☑瘴（懌）之古（故），遝（就）禱☑零 324

☑占☑零 544

☑散（歲）無☑零 513

☑以少（小）尨蘢☑零 515

☑之日禱之☑零 518

☑占之曰☑零 519

☑咎無祝（祟）☑零 520

散（歲）尚毋又☑零 521

☑一牂☑零 553

☑尹丹以☑零 556

☑以義（犧）☑零 559

☑之神☑零 561

☑坪夜君☑零 570

☑君文夫人☑零 499

☑之甬（用）☑零 504

☑王自☑零 505

☑敓（敢）不遬（速）☑零 508

☑吝（文）君☑零 511

☑日尚毋☑零 543

☑占之☑零 568

☑怀（背）☑零 571

☑貞☑零 583

☑□占之☑零 592

☑之□占☑零 597

☑□貞☑零 612

☑咎□☑零 617

☑見於☑零 624

☑瘏（膚）□☑零 630

☑占☑零 **643**

☑與禱☑零 **689**

☑大（太），臺（就）禱☑零 **690**

☑鴈（薦）☑零 **734**

☑君貞☑零 **741**

二　簿　書

甲

王遷（徙）於鄾（鄩）郢之歲（歲）八月庚唇（辰）之日，所受盟（盟）於甲三 **221**☑☑晉（許）公☑零 **495**

一臣，其鈺（重）一勺（鈞）。宋良志受四臣，又一赤。李紳爲甲三 **220** 宋木受一臣，又☑零 **343**

以援。靮不萬（害）、鄭回二人受二臣。攻嫠連爲攻人受六臣☑甲三 **294**、零 **334**

☑某桀（楷）、夂（終）御釪受十臣，又二赤；或受三臣，二赤☑甲三 **224**

☑吳殹無受一赤，又豹，又弅☑，又鴈（雁）首。吳憙受一臣，二赤，弅甲三 **203**☑象良受一☑甲三 **89**

☑三赤。三孫達受一臣，又三赤。文墨受四☑甲三 **206**

☑受二臣，又二赤，……二赤，又弅甲三 **311** 罙。汌連嚻受☑零 **354**

☑衛（衛）軻、馭吳（昃）受九臣又剆☑甲三 **292**

☑受二臣，又二赤，又剆，又豹。辻差倉受甲三 **211**

☑八十臣又三臣，又一剆，豹，鴈（雁）首☑甲三 **90**

☑臣一☑☑。奠（鄭）迅受二☑☑乙三 **4**

☑受二赤，弅☑。窑（旬）人昆龠（聞）受二，又豹☑甲三 **244**

☑……三赤，又剆……☑甲三 **254**

☑與休君受十☑甲三 **273‑1**

☑弅☑，長墜人☑甲三 **92**

☑三人之飤☑☑甲三 **255**

☑鐘佗、鐘豎受☑甲三 **293**

☑繁䲼受☑零 **37**

☑臣又☑零 **373**

☑六臣又☑零 **375**

☑赤。某桀（楷）☑零 **525**

☑昀一☑零 **407**

☑五十勻（鈞）☑☑零 **444**

乙

王遉（徙）於燹（鄩）鄪之戠（歲）八月辛酓（酉）之日，東☑甲二 **14、13**

賓之命，命里人禱☑甲三 **262**

☑大邑以牛；中邑以豢；少（小）☑甲三 **275**

☑以牛，丘以☑零 **383**

☑□䢺之里一豢，祁里一猪，王☑乙三 **23**

繮子之里一豢。☑甲二 **27**

☑一豢，馯（馭）里一豢☑甲三 **77**

☑槩（楷）里一☑甲三 **74**

鳴父、劓（葛）丘、枯☑甲三 **263**

☑安，陵尹☑零 **42**

☑夜之里一豢☑零 **91**

☑里☑甲三 **416**

☑祵（社）☑乙三 **30**

某丘一豕☑甲三 **367**

茅丘一豕☑甲三 **378**

☑葟丘之☑乙四 **94**

下賵一猪☑甲三 **123**

𥚹與一豕☑甲三 **309**

㺱一豕☑甲三 **323**

☑堵父一豕☑乙四 **92**

利牁一豕☑甲三 **395**

冒猶一豕☑零 **35**

☑塴一豕。新☑甲三 **338**

☑見一豕。新□☑甲三 **375**

角二祵（社）二豕☑甲三 **351**

中春竽我之里一豕☑甲三 **179**

槩（楷）里☑零 **529**

☑□里☑零 **455**

箮里☑零 **539**

☑楀與其國不視畀甲三 **318**

☑西陵與其國不視界☑甲三 **319**

☑二界，未智其佁里之算。甲三 **352**

☑里之☑零 **586**

大樂（樑）里人☑零 **11**

秸室之里人禱☑乙三 **54**

梠里人禱於其袿（社）☑乙四 **88**

堵里人禱於其☑零 **116**

郊里人☑零 **403**

楊里人禱☑零 **72**

中楊里人☑零 **30**

☑里人禱於其袿（社）一☑零 **88**

☑里人禱於其袿（社）☑零 **168**

☑里人零 **524** 禱☑零 **44**

☑里人☑零 **596**

☑禱於鳬鄭之袿（社）一隊（豢）☑乙四 **76**

☑禱於其袿（社）一隊（豢）☑乙三 **65**

☑禱於其袿（社）一隊（豢）☑乙三 **53**

☑禱於其袿（社）一豬。☑乙四 **81**

☑禱於其袿（社）一豬。☑乙二 **7**

☑〔禱〕於其袿（社），一豢☑零 **531**

☑禱於其袿（社）☑零 **48**、零 **512**

☑禱於其☑零 **133**

☑禱於其袿（社）☑零 **618**

☑於其袿（社）☑零 **45**

☑禱於其☑零 **68**

☑於其袿（社）☑零 **718**

☑其袿（社）一隊（豢）☑零 **196**

☑袿（社）一隊（豢）☑零 **486**

☑袿（社）一隊（豢）。零 **252**

☑袿（社）一隊（豢）☑乙二 **16**

☑袿（社）一隊（豢）☑乙四 **74**

☑袿（社）一豬☑乙二 **43**

☑豬☑甲三 **124**

☑猏（豭）☑甲三 **122**

☑冢☑零 **628**

☑一縢（豢）☑零 **380**

☑縢（豢）☑零 **534**

☑一縢（豢）☑零 **78**

☑縢（豢）☑乙三 **18**

☑社（社）一牛☑零 **43**

☑一牛☑零 **152**

☑一牛☑零 **517**

☑一牛☑零 **31**

☑一牛☑零 **609**

甸尹宋之述（遂）刖（刉）於上桑丘甲三 **400** 一猏（豭），禱一冢☑甲三 **327 - 1**

司馬魚之述（遂）刖（刉）於獐宗、余疋二猏（豭），禱二☑甲三 **316**

下獻司城己之檻人刖（刉）一猏（豭），禱☑甲三 **326 - 1**

喬尹申之述（遂）刖（刉）於赴臂、鄒思，二猏（豭）☑甲三 **310**

司城均之述（遂）刖（刉）於洛、鄯二社（社）二猏（豭），禱☑甲三 **349**

墬無龍之述（遂）刖（刉）於葟（繁）丘，寠二猏（豭），禱二冢☑甲三 **346 - 2、384**

屈九之述（遂）刖（刉）於毑生箙，二猏（豭）☑甲三 **324**

伵（蓮）己之述（遂）刖（刉）於灘、脣（辰）社（社），二猏（豭），禱二☑甲三 **343 - 1**

鎬良之述（遂）刖（刉）於鄝、于二社（社），二猏（豭）☑甲三 **347 - 1**

奠（鄭）視之述（遂）刖（刉）於下彤、藁，二猏（豭），禱二冢☑甲三 **312**

晢（許）智，晢（許）智之述（遂）刖（刉）於鹽取三猏（豭），禱三冢☑甲三 **320**

邡豊之述（遂）刖（刉）於雟□一猏（豭）☑甲三 **398**

黃宜日之述（遂）刖（刉）於新邑、龍郤☑甲三 **315**

邡余穀之述（遂）刖（刉）於温父、鶴（鳩），二☑甲三 **322**

玄悥（悥）之述（遂）刖（刉）於下窳、下姑留二猏（豭），禱☑甲三 **314**

緣羌之述（遂）刖（刉）於上獻、友焚二猏（豭）☑甲三 **343 - 2**

肥陵陳蒱之述（遂）刖（刉）☑甲三 **175**

閑（閒）墬大宮果之述（遂）☑甲三 **348**

☑述（遂）刖（刉）於㑴譻一甲三 **379** 猏（豭），禱☑零 **348**

☑述（遂）刖（刉）於汇林糯☑甲三 **402**

☑述（遂）☑甲三 **370**

□一社（社）一豬，刖（刉）於□☑甲三 **308**

姑瘤一袿(社)☑零 340

☑袿(社)一豯、一猪、一豕，阞(匃)於麓☑甲三 405

☑一袿(社)一猪(豯)，阞(匃)於戗甲三 363 芒、廊二貼(獂)，禱二豕☑甲三 364

☑袿(社)一豬(豯)☑甲三 396

固二袿(社)一猪、一豕，阞(匃)於邮思虛一貼(獂)，禱☑甲三 353

甂二袿(社)一豯、一猪，阞(匃)於淋(沉/湛)☑甲三 414、412

王虛二袿(社)一猪、一豕，阞(匃)於☑甲三 250

馬人二袿(社)二☑甲三 325－2

☑寺二袿(社)二豕，阞(匃)於高寺一貼(獂)，禱一豕☑甲三 387

☑禱一豕。甲三 340

獻(獻)二袿(社)一牛、一☑甲三 354

髦二袿(社)甲三 362 一猪，一豕。阞(匃)於郜戲組二貼，甲三 361、344－2 禱二豕。砡☑乙三 62

☑二袿(社)☑甲三 330

☑二袿(社)一猪、一☑零 400

☑袿(社)二豬☑零 430

邱余二☑甲三 406

焚二☑零 466

聞(關)鄮三袿(社)三豕☑甲三 334

苟三袿(社)☑甲三 329

☑三袿(社)禱三豕，甲三 372 阞(匃)☑甲三 369

浮四袿(社)四豕、一貼(獂)，阞(匃)於桐者☑甲三 317

舟室一豕，阞(匃)於魚是一貼(獂)，禱一☑甲三 321

蔓丘一豕，零 317☐阞(匃)於其舊虛一☑零 304

夫它一豕，阞(匃)於☑甲三 397

☑空一豕，甲三 366☐阞(匃)於余城甲三 368 一貼(獂)，禱一豕☑甲三 376

莆泉一豕，阞(匃)於栗溪一貼(獂)，禱一豕☑甲三 355

箮生一豕，阞(匃)於疋虢☑甲三 374、385

郢一豕，阞(匃)☑甲三 386

☑豕，阞(匃)於上蓄一貼(獂)，禱☑甲三 411、415

☑虁一豯，阞(匃)於顙(桑)丘、桐寨二貼(獂)☑甲三 325－1

南鄒一豯，阞(匃)於☑甲三 393

塝城一豯，阞(匃)於☑甲三 392

上郊以豯，阞(匃)於枫一貼(獂)☑甲三 409

☑下□以豢☑甲三 413

箴一豬，刏（勼）於舊虛、幣父二豻（貑）☑甲三 350

亡夜一豬，刏（勼）於隋一豻（貑），禱一豕☑甲三 313

蔴丘一豬，刏（勼）〔於〕經寺一豻（貑），禱一豕☑甲三 390

惻墜一豬，刏（勼）於竺☑甲三 377

㳠（濆）溪一豬，刏（勼）於晉丘、某丘二☑甲三 403

☑一豬，刏（勼）於窋鷶、解溪三豻（貑），三☑甲三 404

☑一豬☑甲三 394

☑豬，刏（勼）於禁（麓）☑甲三 150

☑虛，刏（勼）二豻（貑），禱二豕☑甲三 278

北郲一豬☑零 346

☑郶父一甲三 337 豬，某一豕，刏（勼）一☑甲三 333

下蓄一☑甲三 410

☑某一〔豻〕☑乙三 58

☑濁溪☑零 382

☑刏（勼）於逾甲三 373 醯一豻（貑）☑甲三 345－2

☑□素自中，刏（勼）三☑零 345

☑淠，刏（勼）二豻（貑），禱☑乙四 146

☑刏（勼）於競方一豻（貑），禱☑甲三 336

☑於倉墜一豻（貑），禱一豕☑甲三 331

☑刏（勼）於江一豻（貑），禱一豕☑甲三 180

☑刏（勼）羅丘霝☑乙二 14

☑豢，刏（勼）於無☑乙三 37

☑刏（勼）一豻（貑）☑乙三 59

☑於莆丘一豻（貑），禱☑甲三 322

☑刏（勼）於甲三 383 㮮（桑）丘、無與☑甲三 357、359

☑豕，刏（勼）於☑甲三 382

☑刏（勼）於☑甲三 279

☑刏（勼）☑甲二 11

☑刏（勼）☑零 399

☑刏（勼）安一豻（貑），禱一豕☑甲三 418

☑夜一豻（貑），禱一豕☑甲三 346－1

☑□一豻（貑），禱一豕☑零 349

☒城一豻（貑），禱一豕☒甲三 281

☒犬一豻（貑），禱一豕☒甲三 328

☒一豻（貑），禱一豕☒甲三 326‐2

☒一豻（貑），禱一豕☒甲三 249

☒禱一豕☒乙三 55

☒禱一豕☒甲三 371

☒禱一豕☒零 273

☒禱一豕☒零 316

☒禱一豕☒乙三 64

☒丘一豕，刞（刉）☒零 362

☒□一豕☒零 528

☒□一豻（貑）☒零 299

☒丘二豻（貑），禱二零 263 豕☒乙四 138

☒縈、聖二豻（貑），禱二豕☒甲三 327‐2

☒虚二豻（貑），禱二☒乙三 56

☒豻（貑），禱二豕。䃉☒乙三 52

☒二豻（貑），禱二☒甲三 358

☒二豕☒零 655

☒坴丘，三豻（貑），禱☒甲三 408

☒四豻（貑），禱四豕☒零 310

☒禱二豕。䃉☒零 218

☒豕。䃉☒乙四 142

☒豕。䃉乙四 135

☒䃉☒零 682

☒豕，䃉零 239‐1

☒豕。䃉☒零 510

☒豕☒甲三 78

☒豕☒甲三 82

☒豕☒甲三 85

☒豕☒甲三 399

☒豕☒甲三 417

☒一豕☒甲三 407

☒禱一豕☒乙三 57

☑一冢☑零 719

☑冢。□☑甲三 252

☑冢☑零 56

☑一冢☑乙二 15

☑冢☑乙四 153

罍一褆（稷）一牛，五甲三 335 袿（社）一豯、四冢。其國之瘴㑛聾甴☑甲三 251

郱一褆（稷）一牛，三袿（社）☑乙四 90

☑□一褆（稷）一牛☑甲三 341

☑斗句逾三黏（羖），禱三冢。未内☑乙四 137、甲三 360

城再以豢，其瘴☑甲三 264

☑其瘴之☑零 464

☑豯，瘴☑零 393

☑瘴☑零 514

☑□瘴☑零 638

☑瘴☑零 386

☑里二豯、三冢。其國□三袿（社），上☑甲三 285

☑□虚，聿（盡）割以九黏（羖），禱以九☑甲三 282

☑犝，跐（刉）以二黏（羖）☑零 333

☑之里害（割）一黏（羖）☑甲三 228

☑黏（羖）☑零 441

三　未歸類簡

☑王元年☑零 250

☑之戠（歲）☑零 384

☑此至☑零 143

☑以☑零 404

☑寺郘☑零 356

☑〔犧〕馬☑零 366

☑赤郹☑零 364

☑□戠（歲）☑零 479

☑大蒜以☑零 461

☑厭☑零 471

☑邖以☑零 473

☑此☑☑零 166

☑𡎚☑零 259

☑敓（敢）汇☑零 363

☑逨（來）☑零 489

☑豬☑零 491

☑□又（有）□☑零 692

☑□又□□……☑甲三 389

☑唇（辰）之日☑零 258

寺㤾☑零 353

☑之所以☑零 417

☑喜☑零 642

☑□☑零 631

又☑零 428

☑四□☑零 239－2

☑四□☑零 627

☑□子☑零 446

☑歔歔☑零 377

☑以☑零 494

☑□□☑甲二 1

☑之甲一 18

☑之☑甲二 3

☑一☑甲二 4

☑□□□□□□□☑甲三 125

☑陵☑甲三 106

☑□□悲□□□□☑甲三 28

☑時☑甲三 196

☑瘵之月☑零 36

☑之月壬☑零 347－2

☑□夏☑零 132

☑之月酉（丙）☑零 418

☑習☑零 18

☑之日☑零 104

☑之☑零 367

☑□选零 337

蠽（蛾）一☑零 435

☑迷（來）□☑零 425

☑更☑零 390

☑西□☑零 411

☑□於☑零 424

☑其舊☑零 462

☑既☑乙四 11

☑六☑乙四 131

☑壬唇（辰）☑零 50

☑□既☑零 134

☑□之日☑零 625

☑蒂☑零 381

☑朱☑零 422

☑吉☑零 451

☑辛☑零 548

☑以☑零 555

☑□□與☑零 557

☑一☑零 558

☑卯☑零 563

☑卯☑零 564

☑卯☑零 565

☑馬□零 501

☑□□君☑零 502

☑豕☑零 509

☑一☑零 573

☑癸☑零 575

☑巳☑零 577

☑司☑零 579

☑與☑零 582

☑一豕☑零 588

☑與□☑零 589

☑之日☑零 590

☑牛☐☑零595

☑天☐弻☑零599

☑食☑零601

☑宗、霝☑零602

☑之☑零603

☑豕☑零608、613

☑嘉☑零614

☑邥☑零619

☑君☑零632

☑☐是☑零635

☑樂☑零641

☑☐曰☑零645

☑邥☑零650

☑☐又☑零657

☑夏☑零663

☑☐疾☑零665

☑祭王☑零666

☑城☑零668

☑豬☑零674

☑王文☑零676

☑自☐☑零679

☑自☐☑零679

☑之以☑零698

君☐☑零707

☑以君☑零708

☑秂☑零713

☑之月☐睘☑零717

☑以☑零723

☑邥☑零731

☑以☑零733

☑之戝（歲）☑零735

☑以☑零738

☑兄☐☑零742

☑豢☑零744

☑☑☑☑☑乙二28

☑☑☑☑零566

☑☑☑☑乙二29

☑☑☑☑零567

☑☑☑☑☑☑☑乙二33

☑☑☑☑☑☑乙二47

☑☑☑☑☑零33

☑☑☑☑☑零34

☑☑☑☑零46

☑☑☑☑零74

☑爲☑☑☑☑☑零82

☑☑☑☑零149

☑☑☑零153

☑☑☑☑零500

☑☑☑☑☑☑零574

☑☑☑☑零576

☑☑☑☑☑零578

☑☑☑零581

☑☑☑零585

☑☑☑零591

☑☑☑☑零594

☑☑☑零600

☑☑☑零155

☐☑零405

☑☑☑零443

☐☑☑零457

☑☑☑☑零488

☑☑☑零478

☑☑☑零541

☑☑☑☑零547

☑☑☑零549

☑☑☑☑☑零550

□□□□□□零 523

□□□□零 562

□□□□零 636

□□□零 637

□□□零 644

□□□零 604

□□□零 605

□□□零 606

□□□□零 607

□□□□零 610

□□□零 611

□□□零 615

□□□□零 616

□□□零 620

□□□零 621

□□□零 622

□□□零 623

□□□□零 701

□□□零 702

□□□□零 703

□□□□□□零 646

□□□□□零 647

□一□□零 648

□□□□零 649

□□零 653

□□零 654

□□□零 656

□□□□□零 658

□□□□□零 659

□□□零 667

□□□□零 669

□□□零 671

□□□□零 672

□□□□□零 673

□□□□零 675

□□□□□□零 705

□□□□□零 706

□□□□□零 709

□□□□□零 710

□□□□□□零 711

□□□□□零 712

□□□零 714

□□□零 715

□□□□零 716

□□□□□□零 721

□□□零 722

□□□零 724

□□□□零 725

□□□零 726

□□□□零 728

□□□□零 680

□□□零 683

□□□零 684

□□□零 688

□□□□□□零 694

□□□□□□零 695

□□□□零 729

□□□□零 732

□□□□零 736

□□□□□零 737

□□□□零 739

□□□零 740

□□□零 697

□□□□零 699

□□□□零 743

□□□□零 745

長臺關楚墓竹簡

一　竹　書

□□□〔周〕公戚肰（然）乍（作）色曰：易（狄），夫戔（賤）人㝬（格）上則型（刑）殄（戮）至。剛 1-001

〔公曰〕：易（狄），夫戔（賤）人剛悷而返（及）於型（刑）者，又（有）辵（上）孯 1-002

□教箸（書）晶（參）散（歲），教言三散（歲），教弞（射）弆（與）〔馭（御）〕1-003

迖如盍，相保如芥，毋㞬楠□ 1-004

〔君〕子之道必若五浴之〔溥〕，三 1-005

民則夜（亦）皆三代之子孙。夫貴 1-006

易（狄）之䎽（聞）之於先王之瀘也。1-007

章弆（與）節，幾夜（亦）不難。女果。1-008

天下爲之女（如）可（何）？盒（答）曰：□ 1-009

立日贛賜布也。請□ 1-010

不員虖（乎）？敳（愷）弟君子，〔民〕1-011

而君天下。虔（吾）䎽（聞）周公 1-012

不求〔則〕□□□子可〔行〕1-013

虔（吾）幾（豈）不智（知）才（哉）。夫〔周〕1-014

□□〔於〕民利虖（乎）。盒（答）〔曰〕：□□ 1-015

又（有）首，行又（有）道，厇又（有）1-016

□邦以城（成）其名者 1-017

其谷（欲）能又（有）弃也，能 1-018

□〔與宜是〕之才（哉）。□ 1-019

□□毋□。□□□ 1-020

□□□□〔易〕□□□ 1-021

□〔爲〕□□者□戋（誅）1-022、1-0118

州，昊昊冥冥又（有）胥日 1-023

猶芑蘭礜。敆（播）者 1-024

天下又（有）□，民〔則〕1-025

退嚚訡而欲貴 1-026、1-067

□之□而䑏（履）百束 1-027

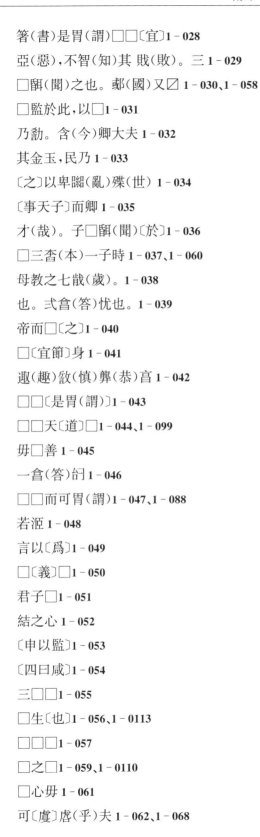

箸（書）是胃（謂）□□〔宜〕1-028

亞（惡），不智（知）其 貶（敗）。三 1-029

□聝（聞）之也。邶（國）又☑ 1-030、1-058

□監於此，以□ 1-031

乃勸。含（今）卿大夫 1-032

其金玉，民乃 1-033

〔之〕以卑蹦（亂）殊（世）1-034

〔事天子〕而卿 1-035

才（哉）。子□聝（聞）〔於〕1-036

□三杏（本）一子時 1-037、1-060

母教之七歆（歲）。1-038

也。式含（答）忧也。1-039

帝而□〔之〕1-040

□〔宜節〕身 1-041

逫（趣）敳（慎）鼻（恭）言 1-042

□□〔是胃（謂）〕1-043

□□天〔道〕□ 1-044、1-099

毋□善 1-045

一含（答）旳 1-046

□□而可胃（謂）1-047、1-088

若湉 1-048

言以〔爲〕1-049

□〔義〕□ 1-050

君子□ 1-051

結之心 1-052

〔申以監〕1-053

〔四曰咸〕1-054

三□□ 1-055

□生〔也〕1-056、1-0113

□□□ 1-057

□之□ 1-059、1-0110

□心毋 1-061

可〔虞〕唐（乎）夫 1-062、1-068

子之道 1 - 063

戔可 1 - 064

含（今）爲 1 - 065

縈〔爲〕1 - 066

〔也〕訇 1 - 069

述□ 1 - 070

矣。夫 1 - 071

〔君而〕1 - 072

□〔必〕1 - 073

□周公曰 1 - 074

〔天〕下 1 - 075

□□ 1 - 076

遊 1 - 077

□ 1 - 078

□□ 1 - 079

□〔而〕1 - 080

□ 1 - 081

同 1 - 082

□ 1 - 083

〔身者〕1 - 084

〔道〕1 - 085

□ 1 - 086

□君子古昔 1 - 087

□□□□ 1 - 089

天 1 - 090

〔之〕1 - 091

□ 1 - 092

□□□□□□□ 1 - 093

□ 1 - 094

□□□□ 1 - 095

□ 1 - 096

□□ 1 - 097

□〔易〕□ 1 - 098

□□□1-100

□1-101

□□1-102

□□1-103

□□□□□1-104

□□□1-105

□□1-106

□〔而〕1-107

□1-108

□□1-109

二 1-111

□□1-112

〔君而〕1-114

□1-115

□〔之〕1-116

〔而〕1-117

□□1-119

二　遣　策

□□□器：二芌（華）瓠（壺）。二圓（圓）缶。二青方（鈁），二方監（鑑）。四軔（斷）瓠（壺）。二圓（圓）監（鑑），屯青黄之劃。一鍫（盤）。一□。一銖。一畾（罍）。其〔木〕器：二 2-01

□。一司（笥）翠（翠）珥。一司（笥）齒珥。一組緂（帶），一革，皆又（有）鉤（鈎）。一兩繡鞻纋（屨）。一兩絲紙纋（屨）。一兩刟（漆）緹（鞮）纋（屨）。一兩詎纋（屨）。一兩緅纋（屨）。2-02

□□贊。一良圓（圓）軒，載紡筒（蓋），絞。良馬賮翠（翠）𠂤告。一良女乘。一乘良轎（轎）。二乘緣达轎（轎）。2-04

〔刟（漆），屯〕四銖（鋪）頁（首），又（有）〔鏇。竹〕器：十笇（簠），屯赤綿之帽。2-05

□□□□□笇四十又四。〔少（小）笇〕十又二。四糫（糗）笇。二豆笇。二笑笇。四十笇（簠），屯紫緅之帽，紫緅之□。2-06

☑〔實〕：一繡□衣，絵（錦）緅之夾，純薏，組緣，弁（辮）續（繢）。一索（素）緄緂（帶），又（有）□〔鉤（鈎）〕，黄金與白金之烏（錯）。其璠（佩）：2-07

□人之器：一鈔（繅）笘（席），□綿之純。一房梠（几）。四厚奉之砥。二澮（沫）鍫（盤）。一泆（浣）鍫（盤）。一鉈（匜）。一斂（合）□。2-08

□〔室〕之器：一笲，其實：一泆（浣）帽。一沐帽。一捉㚻之帽。二方濫（鑑），屯彫裏。一

齒〔毘〕，□□〔絵（錦）〕之〔毘〕襄（囊），繰（緇）綿之裏。**2-09**

　　☑〔之壆（繃）〕。一□□□，又（有）□□，其〔瑞（佩）〕：一少（小）鐶，坚（徑）二〔夲（寸）〕。一□□□長六夲（寸），泊（薄）組之〔壆（繃）〕。一青尻□之瑞（璧），坚（徑）四夲（寸）□夲（寸），**2-010**

　　專（博）一夲（寸）〔少〕夲（寸），厚釙（鎺）夲（寸）。一青緅綬（纓）組。一綅常（裳），儲（赭）膚之純，帛槑（攝）。一丹緅之衦，□裏，〔組〕槑（攝），絵（錦）緣。七布帕。一絲褎。一紡□與絹，紫裏，組 **2-015**

　　緣。二紡絹，帛裏，組緣。一牪齊緅之敆（袷），帛裏，組緣。七見禩（鬼）之衣，屯又（有）常（裳）。二毘。一隥弅緄紝。一少（小）隥弅。一紅介之留衣，帛裏，綅倉（合）。**2-013**

　　□〔瓠（壺）〕。二〔剹（漆）〕□。二彫□。二彫桝。一厚奉之旐（㔱）。三彫旐（㔱）。一篓。一□。二筴。一酓（尊）〔棍（椷），剹（漆）〕。二筴。一白。二酒白膚，屯爵韋之襦（韜），紃。**2-011**

　　〔寁（集）腶（廚）〕之器：十〔醓〕坃（瓶），屯又（有）盇（蓋）。緅與索（素）絵（錦）之扳（絜）襄（囊）二十又一。緅與青絵（錦）之扳（絜）襄（囊）七。其木器：八方琦。二十豆，屯 **2-012**

　　簍。一溰（汲）坃（瓶）。一讪缶，一湯鼎，屯又（有）盇（蓋）。二淺缶。二膚（鑪）。一沐之鮖鼎。二銅（鉼），屯又（有）盇（蓋）。二釪。一沐鎜（盤）。一柔（承）蠋之鎜（盤）。三□ **2-014**

　　二餐（盛）斯。其木器：一剹（漆）橐，〔四〕鈇（鋪）頁（首），屯又（有）鐶。一棍（椷）。☑ **2-017**

　　樂人〔之〕器：一〔樂〕坐（座）庤（棧）鐘，少（小）大十又三，柅條，剹（漆）劃，金玥。一樂〔坐（座）〕□□，〔少（小）〕大十又九，柅條，剹（漆）劃，繩維。二□□。一□□。一□〔竽〕。**2-018**

　　二笙，一簫竽，皆又（有）襦（韜）。一□□。一彫䐊（磬）。二橐。四棹。一威盟之柜，□土蔞，剹（漆）青黃之劃。三剹（漆）瑟，桼。一良臄（翣）。一臄（翣）。**2-03**

　　〔絵（錦）〕□□□□□〔之〕緣。袽（茵）、若（席），皆緅褐，綿裏，劅□之緣。一牪赢膚，絵（錦）襦（韜），又（有）盇（蓋）。一長羽翣。一瑉翣。二竹簍（翣），一〔收〕□ **2-019**

　　☑周者二十。二疋桱（桱），屯□彫，八金足。其木器：杯豆三十。杯三十。一棍（椷）。五簍。**2-020**

　　鈜。一□□□之以絵（錦）。一壐食酒（醬）。一坃（瓶）某（梅）酒（醬）。一簛箕。一帚（帬）。一柅，賞角。一白。一繰（緇）紫之帰（寢）袽（茵），繰（緇）綠之裏。一絵（錦）坐（坐）袽（茵），繰（緇）**2-021**

　　□□，番芊之□。一□□□□□，〔丹〕緅之罠。一圂（圓）□。〔二竹簍（翣）〕。少（小）襄（囊）糗（糧）四十又八。一大襄（囊）糗（糧）。十又二簍□。**2-022**

　　□□□□〔絵（錦）〕曲紝。一絵（錦）条（終）楮。一帰（寢）笑（莞），一帰（寢）篁（筵），屯結芒之純。六簡（箋）篁（筵），屯絵（錦）純。一柿枳，絵（錦）〔純〕，組績（繢）。又觩、緥、楮、枳，皆 **2-023**

　　寁（集）糙之器：二□□。一耿坓。一□□。二□□，屯緅帕。二鉏。二牪□，屯又（有）盇（蓋）。四倉（合）鈬，一舄（錯）鈬，屯又（有）盇（蓋）。**2-024**

□□□□□□□鼎。十□,屯又(有)〔鉥〕。四索□。其木器：十皇豆,屯斟(漆)彫,厚奉之〔硋〕。二斂(合)豆。一棞(橛)。二橐,屯。**2-025**

□□□之硋。皇脛二十又五,□脛二十〔又〕五,屯〔斟(漆)〕劃。一□脛。一簦□。**2-026**

□□□□□□□□簽。二〔耺〕□。一〔齊鏽〕。一膚舍(合)。一銭杚(匕)。一銘。一莇□。一綪刀。二鼎。一鉤(鈎)。一銘。一□〔鉉〕。其木〔器〕：一□〔脛〕。二居〔杲〕。**2-027**

□□。一曼(文)〔竹簍(晏)〕。一〕兩鞼(鞍)〔縷(屨)〕,紫韋之納,紛純,紛畳(繩)。八累(盥)僮。四戈。一□□□□,〔斟(漆)青〕黄之劃。□□□。茖炭盨。**2-028**

□〔糒之□：□□□。二芙(籩)〔秎(粱)〕。四〕□□□。一〔轑〕,又(有)銾。百善米,紫緅百襄(囊),米屯緅帽。其木器：一〔棞(橛)〕,斟(漆)彫。**2-029**

☑ **2-016-3**

附　簽牌

□〔貹(重)九益(鎰)〕□□**2-016-1**

□〔貹(重)〕八益(鎰)削〔益(鎰)〕一朱(銖)**2-016-2**

參 考 文 獻

B

邴尚白：《葛陵楚簡研究》，臺灣大學博士論文，2007 年。

C

蔡麗利：《楚卜筮簡綜合研究》，吉林大學博士論文，2012 年。

蔡麗利：《楚文字“罷”研究綜述》，《現代語文（語言研究版）》2010 年第 9 期。

蔡麗利：《新蔡葛陵楚墓卜筮簡集釋》，吉林大學碩士論文，2007 年。

蔡麗利編：《楚卜筮簡文字編》，學苑出版社，2015 年。

晁福林：《説新蔡楚簡的薦字和薦祭》，《中國國家博物館館刊》2011 年第 6 期。

陳　絜：《談談新蔡葛陵楚墓竹簡中的“丘”》，《紀念徐中舒先生誕辰 110 周年國際學術研討會論文集》，巴蜀書社，2010 年。

陳　偉：《“刉”字試説》，武漢大學簡帛研究中心簡帛網，2009 年 4 月 15 日。

陳　偉：《讀新蔡簡札記三則》，武漢大學簡帛研究中心簡帛網，2004 年 1 月 30 日。

陳　偉：《葛陵楚簡所見的卜筮與禱祠》，《出土文獻研究》第 6 輯，2004 年。

陳　偉：《葛陵簡中的縣》，武漢大學簡帛研究中心簡帛網，2004 年 2 月 29 日。

陳　偉：《新蔡楚簡零釋》，《華學》第 6 輯，2003 年。

陳煒湛：《釋中》，《中山大學學報（哲學社會科學版）》1982 年第 2 期。

陳煒湛：《戰國以前竹簡蠡測》，《中山大學學報（哲學社會科學版）》1980 年第 4 期。

陳彦堂、左超、劉維：《河南信陽長臺關七號楚墓發掘簡報》，《文物》2004 年第 3 期。

D

大西克也：《試論新蔡楚簡的“述（遂）”字》，《古文字研究》第 26 輯，2006 年。

董　珊：《楚簡簿記與楚國量制研究》，《考古學報》2010 年第 2 期。

董　珊：《楚簡中從“大”聲之字的讀法》，武漢大學簡帛研究中心簡帛網，2007 年 7 月 8 日。

董　珊：《信陽楚墓遣策所記的陶壺和木壺》，武漢大學簡帛研究中心簡帛網，2007 年 6 月

20 日。

董　　珊:《新蔡楚簡所見"顓項"和"睢漳"》,北京大學博士後工作報告,2004 年。

F

范常喜:《新蔡楚簡"耳禱"即"罷禱"説》,武漢大學簡帛研究中心簡帛網,2006 年 10 月 17 日。

范常喜:《戰國楚祭禱簡"蒿之"、"百之"補議》,《中國歷史文物》2006 年第 5 期。

房振三:《信陽楚簡文字研究》,安徽大學碩士論文,2003 年。

馮　　華:《新蔡葛陵楚簡卜筮制度研究》,復旦大學出土文獻與古文字研究網,2021 年 9 月
　　3 日。

馮勝君:《戰國楚文字"電"字用作"畽"字補議》,《漢字研究》第 1 輯,2005 年。

G

高明、涂白奎編著:《古文字類編(增訂本)》,上海古籍出版社,2008 年。

葛英會、彭浩編:《楚簡帛文字編》,東方書店,1992 年。

顧鐵符:《信陽一號楚墓的地望和人物》,《故宮博物院院刊》1979 年第 2 期。

郭沫若:《信陽墓的年代與國別》,《文物參考資料》1958 年第 1 期。

郭若愚編著:《戰國楚簡文字編》,上海書畫出版社,1994 年。

H

何家興、王冰清:《銀雀山漢簡用字探源》,《孫子研究》2018 年第 3 期。

何琳儀:《楚都丹淅説新證》,武漢大學簡帛研究中心簡帛網,2003 年 11 月 23 日。

何琳儀:《新蔡楚簡地名偶識——兼釋次竝戈》,武漢大學簡帛研究中心簡帛網,2002 年 10 月
　　20 日。

何琳儀:《新蔡簡考釋訂正》,武漢大學簡帛研究中心簡帛網,2003 年 12 月 17 日。

何琳儀:《新蔡竹簡選釋》,《安徽大學學報》2004 年第 3 期。

何琳儀:《信陽楚簡選釋》,《文物研究》1993 年第 8 期。

何琳儀:《信陽竹書與〈墨子〉佚文》,《安徽大學學報(哲學社會科學版)》2001 年第 1 期。

何琳儀:《戰國古文字典——戰國文字聲系》,中華書局,1998 年。

何有祖:《楚簡散札六則》,武漢大學簡帛研究中心簡帛網,2007 年 7 月 21 日。

何有祖:《新蔡楚簡釋讀札記》,武漢大學簡帛研究中心簡帛網,2007 年 1 月 14 日。

河南省文物考古研究所、河南省駐馬店市文物局、新蔡縣文物保護管理所:《河南新蔡平夜君
　　成墓的發掘》,《文物》2002 年第 8 期。

河南省文物考古研究所、信陽市文物工作隊:《河南信陽長臺關七號楚墓發掘簡報》,《文物》

2004 年第 3 期。

河南省文物考古研究所：《新蔡葛陵楚墓》，大象出版社，2003 年。

河南省文物研究所：《信陽楚墓》，文物出版社，1986 年。

湖北省社會科學院歷史研究所編：《楚文化新探》，湖北人民出版社，1981 年。

許慇慧：《戰國時期楚國的"莫敖"考》，《理論界》2012 年第 5 期。

黄德寬：《試釋楚簡中的"湛"字》，復旦大學出土文獻與古文字研究網，2017 年 6 月 6 日。

黄德寬：《新蔡葛陵楚簡所見"穴熊"及相關問題》，《古籍研究》2005 年第 2 期。

黄德寬主編，徐在國等編著：《戰國文字字形表》，上海古籍出版社，2017 年。

黄鳳春：《釋信陽楚簡中的"磈石之砥"》，《楚文化研究論集》第六集，湖北教育出版社，2005 年。

J

賈連敏：《新蔡葛陵楚簡中的祭禱文書》，《華夏考古》2004 年第 3 期。

賈連敏：《新蔡竹簡中的楚先祖名》，《華學》2004 年第 7 期。

K

孔婷琰：《戰國楚簡文字編（非古書類）》，華東師範大學碩士論文，2021 年。

L

賴怡璇：《葛陵簡用字習慣與特殊字形考察》，《簡帛研究》2019 年第 2 期。

李　零：《長臺關楚簡〈申徒狄〉研究》，張政烺先生九十華誕紀念文集編委會編：《揖芬集——張政烺先生九十華誕紀念文集》，社會科學文獻出版社，2002 年。

李　鋭：《由清華簡〈系年〉談戰國初楚史年代的問題》，《史學史研究》2013 年第 2 期。

李家浩：《包山楚簡所見楚先祖名及其相關的問題》，《文史》1997 年第 42 期。

李家浩：《楚簡所記楚人祖先"鬻熊"、"穴熊"爲一人説》，《文史》第 3 輯，2010 年。

李家浩：《楚簡中的袷衣》，《中國古文字研究》第 1 輯，吉林大學出版社，1999 年。

李家浩：《楚墓卜筮簡説辭中的"樂""百""贛"》，《出土文獻綜合研究集刊》2019 年。

李家浩：《從曾姬無卹壺銘文談楚滅繒的年代》，《文史》1990 年第 33 期。

李家浩：《葛陵村楚簡中的"句郚"》，《古文字研究》2012 年。

李家浩：《信陽楚簡"澮"字及從"夬"之字》，《中國語言學報》1982 年第 1 期。

李家浩：《信陽楚簡中的"柿枳"》，《簡帛研究》第 2 輯，法律出版社，1996 年。

李家浩：《戰國文字中的"宊"字》，《出土文獻與古文字研究》2015 年。

李美辰：《清華簡書手抄寫用字習慣探研》，《漢語史學報》2020 年第 2 期。

李守奎：《清華簡〈系年〉"莫囂爲"考論》，《中原文化研究》2014 年第 2 期。

李守奎編著：《楚文字編》，華東師範大學出版社，2003 年。

李天虹：《新蔡楚簡補釋四則》，武漢大學簡帛研究中心簡帛網，2003 年 12 月 17 日。

李學勤：《簡帛佚籍與學術史》，江西教育出版社，2001 年。

李學勤：《論葛陵楚簡的年代》，《文物》2004 年第 7 期。

李學勤：《論戰國簡的卦畫》，《出土文獻研究》2004 年。

李學勤：《清華簡〈楚居〉與楚徙郢郡》，《江漢考古》2011 年第 2 期。

李學勤：《清華簡〈系年〉及有關古史問題》，《文物》2011 年第 3 期。

李學勤：《信陽楚墓中發現最早的戰國竹書》，《光明日報》1957 年 11 月 27 日。

李學勤：《戰國題銘概述（上）》，《文物》1959 年第 7 期。

林義光：《文源》，中西書局，2012 年。

劉彬徽：《葛陵楚墓的年代及相關問題的討論》，楚文化研究會：《楚文化研究論集》第七集，嶽麓書社，2007 年。

劉　剛：《"瘕"字源流考》，復旦大學出土文獻與古文字研究網，2009 年 5 月 8 日。

劉　剛：《據清華簡考釋新蔡簡二則》，《古文字研究》2014 年。

劉　剛：《釋楚簡中從"册"的兩個字》，復旦大學出土文獻與古文字研究網，2012 年 4 月 1 日。

劉　剛：《新蔡簡釋地一則》，復旦大學出土文獻與古文字研究網，2013 年 1 月 2 日。

劉國勝：《信陽長臺關楚簡〈遣策〉編聯二題》，《江漢考古》2001 年第 3 期。

劉國勝：《信陽遣册"柅"蠡測》，武漢大學簡帛研究中心簡帛網，2010 年 10 月 22 日。

劉信芳：《楚簡"三楚先"、"楚先"、"荆王"以及相關祀禮》，《文史》第 4 輯，2005 年。

劉信芳：《楚簡器物釋名（下篇）》，藝文印書館，1997 年。

劉信芳：《新蔡葛陵楚墓的年代以及相關問題（二）》，武漢大學簡帛研究中心簡帛網，2003 年 12 月 17 日。

劉　雲：《清華簡文字考釋四則》，復旦大學出土文獻與古文字研究網，2011 年 6 月 11 日。

劉　釗：《釋楚簡中的"繶"（繆）字》，《江漢考古》1999 年第 1 期。

劉　釗：《釋新蔡葛陵楚簡中的"腿"字》，武漢大學簡帛研究中心簡帛網，2003 年 12 月 28 日。

羅新慧：《說新蔡楚簡"嬰之以兆玉"及其相關問題》，《文物》2005 年第 3 期。

羅新慧：《說新蔡楚簡中的禱辭》，《中國歷史文物》2007 年第 1 期。

M

馬國權：《戰國楚竹簡略説》，《戰國楚簡研究》1977 年第 6 期。

P

彭　浩：《包山二號楚墓卜筮和祭禱竹書的初步研究》，楚文化研究會編：《楚文化研究論集

（第二集）》，湖北人民出版社，1991 年。

彭　浩：《信陽長臺關楚簡補釋》，《江漢考古》1984 年第 2 期。

S

單曉偉：《新蔡葛陵楚墓竹簡編聯及相關問題研究》，安徽大學碩士論文，2007 年。

商承祚編著：《戰國楚竹簡彙編》，齊魯書社，1995 年。

沈　培：《周原甲骨文裏的"囪"和楚墓竹簡裏的"囪"》，《漢字研究》2005 年。

史樹青：《信陽長臺關出土竹書考》，《北京師范大學學報（社會科學版）》1963 年第 4 期。

宋國定、賈連敏：《新蔡"平夜君成"墓與出土楚簡》，艾蘭、邢文編：《新出簡帛研究》，文物出版社，2004 年。

宋華強：《〈離騷〉"三後"即新蔡簡"三楚先"說——兼論"穴熊"不屬於"三楚先"》，《雲夢學刊》2006 年第 2 期。

宋華強：《楚簡"能（從羽）禱"新釋》，武漢大學簡帛研究中心簡帛網，2006 年 9 月 3 日。

宋華強：《楚簡神靈名三釋》，武漢大學簡帛研究中心簡帛網，2006 年 12 月 17 日。

宋華強：《楚簡中从"黽"从"甘"之字新考》，武漢大學簡帛研究中心簡帛網，2006 年 12 月 30 日。

宋華強：《論新蔡簡中的"卒歲"與"集歲"》，武漢大學簡帛研究中心簡帛網，2005 年 12 月 7 日。

宋華強：《試論平夜君成即平夜文君之子》，武漢大學簡帛研究中心簡帛網，2006 年 5 月 17 日。

宋華強：《釋新蔡簡中的量器"䉤（釜）"》，武漢大學簡帛研究中心簡帛網，2005 年 11 月 13 日。

宋華強：《釋新蔡簡中的一個祭牲名》，武漢大學簡帛研究中心簡帛網，2006 年 5 月 24 日。

宋華強：《釋新蔡簡中一個卜骨名》，《中國歷史文物》2008 年第 5 期。

宋華強：《釋新蔡簡中一個卜骨名》，武漢大學簡帛研究中心簡帛網，2006 年 6 月 25 日。

宋華強：《新蔡楚簡所記量器"䉤（釜）"小考》，《平頂山學院學報》2006 年第 4 期。

宋華強：《新蔡葛陵楚簡初探》，武漢大學出版社，2010 年。

宋華強：《新蔡簡"百之"、"贛之"解》，武漢大學簡帛研究中心簡帛網，2006 年 8 月 13 日。

宋華強：《新蔡簡"肩"字補正》，武漢大學簡帛研究中心簡帛網，2006 年 3 月 14 日。

宋華強：《新蔡簡"延"字及从"延"之字辨析》，武漢大學簡帛研究中心簡帛網，2006 年 5 月 3 日。

宋華強：《新蔡簡地名考釋二則》，武漢大學簡帛研究中心簡帛網，2008 年 4 月 12 日。

宋華強：《新蔡簡和〈柬大王泊旱〉的"乃而"》，武漢大學簡帛研究中心簡帛網，2006 年 9 月 24 日。

宋華強：《新蔡簡兩個神靈名簡說》，武漢大學簡帛研究中心簡帛網，2006 年 7 月 1 日。

宋華強：《新蔡簡所記卜龜考》，武漢大學簡帛研究中心簡帛網，2005 年 12 月 2 日。

宋華強：《新蔡簡與"速"義近之字及楚簡中相關諸字新考》，武漢大學簡帛研究中心簡帛網，
　　2006 年 7 月 31 日。

宋華強：《由新蔡簡"肩背疾"説到平夜君成所患爲心痛之症》，武漢大學簡帛研究中心簡帛網，
　　2005 年 12 月 7 日。

蘇建洲：《楚簡文字考釋四則》，武漢大學簡帛研究中心簡帛網，2008 年 10 月 11 日。

蘇建洲：《釋楚竹書幾個从"尤"的字形》，武漢大學簡帛研究中心簡帛網，2008 年 1 月 1 日。

蘇建洲：《也論清華簡〈系年〉"莫囂易爲"》，《中原文化研究》2014 年第 5 期。

T

湯餘惠：《楚器銘文八考》，考古與文物叢刊第 2 號《古文字論集》1983 年。

湯餘惠主編：《戰國文字編》，福建人民出版社，2001 年。

滕壬生：《楚系簡帛文字編（增訂本）》，湖北教育出版社，2008 年。

田　河：《信陽長臺關出土竹書研究概述》，《長春師范學院學報》2005 年第 6 期。

田　河：《信陽長臺關楚簡遣策集釋》，吉林大學碩士論文，2004 年。

W

王　寧：《説楚文字中"罷"字的本義》，復旦大學出土文獻與古文字研究網，2016 年 7 月 28 日。

王　寧：《由楚簡"犮"説石經古文"厥"》，武漢大學簡帛研究中心簡帛網，2011 年 12 月 30 日。

王志平：《〈孔子家語〉札記》，王元化：《學術集林（第九卷）》，上海遠東出版社，1996 年。

魏宜輝、周言：《再談新蔡楚簡中的"穴熊"》，武漢大學簡帛研究中心簡帛網，2004 年 11 月
　　8 日。

吳良寶：《戰國楚簡地名輯證》，武漢大學出版社，2010 年。

武漢大學簡帛研究中心、河南省文物考古研究所編著：《楚地出土戰國簡册合集（二）》，文物出
　　版社，2013 年。

武漢大學簡帛研究中心、荆門市博物館編著：《楚地出土戰國簡册（十四種）》，經濟科學出版
　　社，2009 年。

武家璧：《葛陵楚簡"我王之歲"的年代》，武漢大學簡帛研究中心簡帛網，2009 年 1 月 17 日。

武家璧：《葛陵楚簡的曆朔斷年與紀年事件》，武漢大學簡帛研究中心簡帛網，2011 年 11 月
　　4 日。

X

徐　灝：《説文解字注箋》（續修四庫全書），上海古籍出版社，1995 年。

徐在國：《談新蔡葛陵楚簡札記（二）》，武漢大學簡帛研究中心簡帛網，2003 年 12 月 17 日。

徐在國：《談新蔡葛陵楚簡中的幾支車馬簡》，武漢大學簡帛研究中心簡帛網，2003 年 12 月
　　13 日。

徐在國：《新蔡葛陵楚簡札記》，《中國文字研究》2004 年第 5 期。

徐在國：《新蔡簡中的兩個地名》，河北大學漢字研究中心：《漢字研究》第 1 輯，學苑出版社，
　　2005 年。

禤健聰：《楚簡所見量制單位輯證》，《中原文物》2008 年第 2 期。

禤健聰：《新蔡楚簡短札一則》，武漢大學簡帛研究中心簡帛網，2003 年 12 月 28 日。

禤健聰：《戰國楚系簡帛用字習慣研究》，科學出版社，2017 年。

Y

晏昌貴：《葛陵和包山楚簡的兩種簿書》，《中國簡帛學論壇 2007 國際學術討論會論文集》
　　2007 年。

晏昌貴：《秦家嘴“卜筮祭禱”簡釋文輯校》，《湖北大學學報(哲學社會科學版)》2005 年第 1 期。

晏昌貴：《新蔡葛陵楚簡“上逾取稟”略説》，丁四新主編：《楚地簡帛思想研究(三)》，湖北教育
　　出版社，2007 年。

晏昌貴：《新蔡竹簡拼接舉例》，武漢大學簡帛研究中心簡帛網，2004 年 2 月 22 日。

楊　華：《“五祀”祭禱與楚漢文化的繼承》，武漢大學簡帛研究中心簡帛網，2004 年 2 月 15 日。

楊　華：《楚地簡帛思想研究》，湖北教育出版社，2005 年。

楊　華：《楚簡中的諸“司”及其經學意義》，《中國文化研究》2006 年第 1 期。

楊　華：《新蔡簡所見楚地祭禱禮儀兩則》，武漢大學簡帛研究中心簡帛網，2004 年 8 月 1 日。

楊澤生：《長臺關竹書的學派性質新探》，《文史》2001 年第 4 期。

楊澤生：《戰國竹書研究》，中山大學出版社，2009 年。

于成龍：《楚禮新證——楚簡中的紀時、卜筮與祭禱》，北京大學博士論文，2004 年。

于成龍：《釋䢍——新蔡楚簡中的䢍禮》，《故宮博物院院刊》2004 年第 4 期。

于成龍：《戰國新蔡葛陵楚簡中的“享玉”制度》，《中國歷史文物》2005 年第 4 期。

于　弗：《新蔡葛陵楚墓竹簡中的繇辭》，《文物》2005 年第 1 期。

余　萍：《新蔡楚簡實詞研究》，安徽大學碩士論文，2010 年。

俞紹宏：《新蔡簡紀日簡“䂂”聲字考》，《漢語史研究集刊》2015 年第 1 期。

袁國華《〈新蔡葛陵楚墓竹簡〉文字考釋》，《康樂集——曾憲通教授七十慶壽論文集》，中山大學
　　出版社，2006 年。

袁金平：《讀新蔡楚簡札記一則》，武漢大學簡帛研究中心簡帛網，2005 年 1 月 26 日。

袁金平：《釋新蔡葛陵楚簡中的“贏”字》，《古代文明》2009 年第 3 期。

袁金平：《新蔡楚簡字詞疏正二則》，《古籍研究》2006 年第 2 期。

袁金平：《新蔡葛陵楚簡曆日"癸嬛"、"乙嬛"釋讀辨正》,《古籍研究》2012 年第 57 期。

袁金平：《新蔡葛陵楚簡文字學價值淺析》,《時代文學》2008 年第 11 期。

袁金平：《新蔡葛陵楚簡研究綜述》,《中國史研究動態》2011 年第 5 期。

袁金平：《新蔡葛陵楚簡字詞考釋三則》,《寧夏大學學報(人文社會科學版)》2009 年第 3 期。

袁金平：《新蔡葛陵楚簡字詞研究》,安徽大學博士論文,2007 年。

Z

曾憲通、陳偉武主編：《出土戰國文獻字詞集釋》,中華書局,2018 年。

張　飛：《〈戰國古文字典〉校訂(侯部—陽部)》,安徽大學碩士論文,2020 年。

張勝波：《新蔡楚簡文字研究概述》,《平頂山學院學報》2007 年第 3 期。

張勝波：《新蔡葛陵楚墓竹簡文字編》,吉林大學碩士論文,2006 年。

張世珍：《北大漢簡〈老子〉異文研究》,河南大學碩士論文,2017 年。

張新俊：《釋新蔡楚簡中的"奈(祟)"》,武漢大學簡帛研究中心簡帛網,2006 年 5 月 3 日。

張新俊：《釋殷墟甲骨文中的"驪"》,武漢大學簡帛研究中心簡帛網,2004 年 3 月 29 日。

張新俊：《新蔡楚簡零釋》,武漢大學簡帛研究中心簡帛網,2010 年 4 月 16 日。

張新俊：《新蔡葛陵楚墓竹簡文字補正》,武漢大學簡帛研究中心簡帛網,2004 年 2 月 22 日。

張振林：《緙絲史的珍貴資料》,《中山大學學報(哲學社會科學版)》1980 年第 1 期。

鄭　威：《新蔡葛陵楚簡地名雜識三則》,丁四新主編：《楚地簡帛思想研究(三)》,湖北教育出版社,2007 年。

中山大學古文字研究室：《信陽長台關戰國楚墓楚竹簡第一組〈竹書〉考釋》,《戰國楚簡研究》1977 年第 2 期。

中山大學古文字研究室：《信陽長臺關戰國楚墓竹簡第二組〈遣策〉考釋》,《戰國楚簡研究》1977 年第 2 期。

中山大學古文字研究室楚簡整理小組：《一篇浸透著奴隸主思想的反面教材》,《文物》1976 年第 6 期。

周朋升：《阜陽漢簡〈詩經〉用字習慣考察》,《學術交流》2013 年第 5 期。

周朋升：《張家山漢墓竹簡用字習慣考察》,《語言科學》2014 年第 3 期。

朱德熙、裘錫圭：《信陽楚簡考釋(五篇)》,《考古學報》1973 年第 1 期。

朱德熙：《朱德熙文集》第五卷,商務印書館,1999 年。

筆畫檢字表

訇	59	長	249	佳	144	府	247	咸	55	肖	129
矣	155	拉	285	卹	149	沮	273	革	86	則	131
甬	203	或	290	匐	154	泊	275	故	100	虐	147
邵	242	武	290	郏	193	泜	275	相	110	恒	166
八畫		戔	291	郎	193	房	282	皆	110	郢	190
【一】		坪	309	昏	197	空	311	兹	124	昭	197
玩	32	亞	323	利	204	券	315	甚	143	冒	219
茅	36	酉	326	帛	221	庚	329	厚	157	禺	247
苛	36	【丨】		佩	223	【一】		柲	162	易	250
若	37	尚	42	咎	224	厔	21	某	163	炭	260
述	66	剌	134	伷	227	迓	71	枯	164	思	266
奉	83	畀	142	佚	227	建	74	南	185	恃	269
取	96	果	163	㞶	230	君	130	柬	186	恤	269
事	96	固	187	狄	259	弞	154	剌	186	恳	270
青	150	邮	192	竺	309	录	204	赴	193	【丿】	
來	158	邵	193	金	316	居	234	頁	239	皇	30
柜	163	吳	197	所	320	屈	234	戒	291	牲	46
柿	165	昆	198	【丶】		承	283	型	310	迷	67
杯	166	昊	198	秋	21	姑	286	城	310	後	73
東	167	易	255	於	116	怍	296	垯	312	徼	74
林	168	怡	268	郊	193	亞	308	拼	312	迨	75
枏	192	門	282	夜	202	**九畫**		垚	329	弇	83
昔	197	【丿】		定	206	【一】		【丨】		牧	100
林	205	牪	47	安	207	珈	33	畐	55	香	109
兩	219	命	54	宜	207	珽	33	時	59	竿	137
枤	220	卑	96	宝	208	荅	36	是	65	食	152
若	220	籵	107	宗	209	萷	36	遇	67	侯	155
砭	248	受	124	宛	209	春	37	貞	102	郓	189
废	248	胚	128	衦	231	哉	55	昀	110	郜	192
		肥	129	祄	232			胃	128	郇	193

			十二畫		
聅 283	敘 100	痾 215	**【一】**	貴 188	傑 223
彧 291	逊 109	疲 215	槑 18	貼 188	俟 228
堵 310	敔 125	祫 231	綵 23	晶 199	采 232
堋 311	脰 128	褭 233	琦 33	鼎 204	順 239
塂 312	脛 130	裀 233	蒂 38	惻 269	猶 259
塇 314	笧 137	視 238	喪 60	悶 269	喬 265
黃 315	笙 137	惙 269	達 71	間 282	惥 271
蚓 320	笄 138	渚 273	甭 84	紫 298	無 293
掔 332	笞 220	淮 273	惠 124	**【丿】**	鈃 316
脣 334	從 228	淺 274	喜 145	番 45	鈁 317
【丨】	欲 238	湃 275	彭 146	精 47	鈞 316
唯 54	彫 240	羕 276	埀 158	翕 59	鈇 317
唬 59	夐 261	寅 333	椢 167	逾 66	鈔 317
戠 61	悉 271	**【一】**	桯 167	偷 67	禽 324
欨 75	魚 277	星 68	樂 167	復 73	**【、】**
異 84	壄 311	逞 61	敬 247	御 74	禄 10
虖 147	釺 317	痁 81	厤 248	爲 86	禱 12
盧 148	釳 317	敬 100	黏 251	智 112	啻 55
虛 148	畬 345	習 112	馭 257	集 115	道 72
國 186	**【、】**	睨 132	焚 261	舄 123	遂 71
郶 194	袿 19	睄 135	壺 265	答 137	詢 81
鄝 194	柰 21	賞 188	惪 268	筵 137	善 82
屄 198	祝 23	終 298	惪 268	箕 138	童 83
常 219	牧 46	組 299	惡 269	答 138	啟 129
虛 229	訊 81	紙 301	斯 320	笑 138	割 134
悬 271	訬 81	紙 301	**【丨】**	鉼 154	奠 142
婁 286	章 83	結 301	惈 59	鄒 194	就 155
賊 291	敆 98	絪 301	盌 149	胃 201	遊 199
【丿】	剳 134	牰 345		黍 204	寔 210
祭 11	痒 214			備 223	剴 210

漳	83	緄	299	膚	128	瘤	214	【丨】		癃	130
賓	188	縊	299	賜	188	瘟	216	還	70	窮	210
鄭	189	翟	299	賤	188	廚	248	徻	70	窳	210
鄪	194	維	300	鄲	194	篆	254	器	77	癄	214
齊	203	緻	300	罳	219	潷	275	爵	127	瘵	214
褉	204	墜	312	熚	261	慶	269	骴	127	褸	233
糈	205	隋	322	闈	282	【𠃍】		虜	148	憲	268
實	207			戲	291	邁	73	暴	198	懌	271
戛	241	**十五畫**		墨	310	嫜	83	帿	220	龍	277
獸	266	【一】		【丿】		矗	169	戰	289	縈	300
慝	271	蕖	38	遯	67	瓠	205	【丿】		【𠃍】
漆	273	蕏	38	衛	75	履	234	薔	80	敽	100
漢	273	趣	60	斂	100	選	237	瞀	85	罷	113
潒	274	逿	70	箖	138	戮	290	興	85	鞚	160
滹	275	豎	97	箆	138	緹	298	歟	100	爈	167
縈	302	蕙	124	箾	138	緂	302	篞	136	鄻	194
奮	346	殤	126	管	157	緣	302	篢	136	嬛	286
【𠃍】		羸	205	樂	164	**十六畫**		餗	153	黴	296
隨	66	猎	253	獞	260	【一】		錦	221	縉	298
嬰	113	駃	257	鮽	277	鄩	36	瞀	239	纏	302
瑯	113	感	271	縼	296	融	86	舉	283	
畿	123	播	285	鋪	317	巰	162	繁	302	**十七畫**
劃	134	殢	290	【丶】		橎	163	錯	316	【一】
盡	149	戯	291	請	80	樞	167	錙	316	舊	114
鄱	189	墡	313	褰	115	禁	169	鍒	317	韠	147
熊	260	輓	321	廣	188	猴	250	鎣	318	櫚	167
曼	288	【丨】		鄺	194	豯	254	銘	318	橐	186
綿	296	遺	71	膓	199	薦	258	【丶】		臨	230
緑	298	齒	75	帰	210	擇	283	縈	24	覷	238
綫	299	弊	84	寏	211			諸	82	氀	241

二十二畫	【一】	襻 233	二十五畫	二十八畫	疊 96
【一】	鬻 86	灘 275	【丨】	【一】	殘字
囊 186	轚 161	【一】	髖 127	黿 305	芑 38
【丨】	爇 261	齮 125	髖 127	二十九畫	甶 127
體 127	繰 303	纓 299	【丿】	【一】	卽 188
轡 143	二十三畫	二十四畫	艟 235	驪 256	邖 195
鄺 195	【一】	【一】	蠱 304	三十五畫	龢 204
鑑 317	靐 276	觀 238	【丶】	【一】	礽 233
【丶】	【丨】	【丨】	禳 156	瓃 305	覘 238
糲 195	鼉 305	髖 127	纍 303	四十七畫	犲 254
顫 239	【丿】	【丿】	二十七畫	【丨】	汜 275
蠋 261	鏽 318	鑪 316	【一】		伐 288
蠾 303	【丶】	【丶】	轤 321		紝 303
戴 311	癟 217	贛 187			軛 321

圖書在版編目(CIP)數據

楚系簡帛字形合編系列五種. 豫出楚簡字形合編 /
俞紹宏主編;宋麗璇編著. —上海:上海古籍出版社,
2023.12
ISBN 978-7-5732-0908-5

Ⅰ.①楚⋯ Ⅱ.①俞⋯ ②宋⋯ Ⅲ.①竹簡文-字形
-研究-河南-楚國(?-前 223) Ⅳ.①K877.54

中國國家版本館 CIP 數據核字(2023)第 202322 號

楚系簡帛字形合編系列五種

豫出楚簡字形合編

俞紹宏　主編
宋麗璇　編著
上海古籍出版社出版發行
(上海市閔行區號景路 159 弄 1-5 號 A 座 5F　郵政編碼 201101)
(1) 網址:www.guji.com.cn
(2) E-mail:guji1@guji.com.cn
(3) 易文網網址:www.ewen.co
上海中華印刷有限公司印刷
開本 787×1092　1/16　印張 28.5　插頁 5　字數 596,000
2023 年 12 月第 1 版　2023 年 12 月第 1 次印刷
印數:1—1,300
ISBN 978-7-5732-0908-5
H·269　定價:228.00 元
如有質量問題,請與承印公司聯繫